证券业从业人员专项业务类资格考试（专业资格考试）
考点解读与实战模拟

证券分析师胜任能力考试

发布证券研究报告业务

证券业从业人员资格考试研究中心　编著

中国发展出版社
CHINA DEVELOPMENT PRESS

图书在版编目（CIP）数据

发布证券研究报告业务/证券业从业人员资格考试研究中心编著．—北京：中国发展出版社，2017.1

ISBN 978-7-5177-0596-3

Ⅰ.①发…　Ⅱ.①证…　Ⅲ.①证券投资—投资分析—资格考试—自学参考资料　Ⅳ.①F830.91

中国版本图书馆 CIP 数据核字（2016）第 257881 号

书　　名：发布证券研究报告业务
著作责任者：证券业从业人员资格考试研究中心　编著
出 版 发 行：中国发展出版社
（北京市西城区百万庄大街 16 号 8 层　100037）
标 准 书 号：ISBN 978-7-5177-0596-3
经 销 者：各地新华书店
印 刷 者：北京科信印刷有限公司
开　　本：710 mm×1000 mm　1/16
印　　张：20.5
字　　数：424 千字
版　　次：2017 年 1 月第 1 版
印　　次：2017 年 1 月第 1 次印刷
定　　价：60.00 元
咨 询 电 话：（010）68990642　68990692
购 书 热 线：（010）68990682　68990686
网　　址：http：//www.develpress.com.cn
电 子 邮 件：fazhanreader@163.com
fazhan02@drc.gov.cn

前　言

根据中国证券业协会在2015年7月发布的《关于证券业从业人员资格考试测试制度改革有关问题的通知》（中证协发〔2015〕147号），为适应资本市场创新发展，根据证券市场法规变化情况和从业人员管理工作的需要，中国证券业协会对证券业从业人员资格考试测试制度实施了改革。改革后的证券业从业资格考试测试划分为一般从业资格考试、专项业务类资格考试和管理类资格考试三种类别。证券从业资格专项业务类资格考试，主要面向已经进入证券业行业的人员，主要测试考生是否具备从事证券业务的专业人员履行法定职责所必备的专业知识、专业技能和专业操守。

“证券业从业人员专项业务类资格考试（专业资格考试）考点解读与实战模拟”系列丛书严格遵循改革后的考试制度，以最新的考试大纲为指导，结合最新的法律法规，由多位专家共同编写而成。

本套丛书包括证券分析师胜任能力考试：《发布证券研究报告业务》，证券投资顾问胜任能力考试：《证券投资顾问业务》，保荐代表人胜任能力考试：《投资银行业务》。具体的编写体例安排如下。

第一部分——教材解读　分章节按【考点归纳】【考点解读】【真题回顾】【典型习题】来阐述。

【考点归纳】　分条列明本节的主要考点及对考生的学习要求。

【考点解读】　将考试大纲对应的考点一一列出并进行详述，详细剖析大纲要求，深入推敲历年考题，准确定位命题规律，引导考生正确把握学习的方向，为考生节约学习时间，提高学习效率。

【真题回顾】　编者详尽收录考试制度改革后的相关考试题目，并按照章节顺序进行了归纳，每道题目都附有详尽的解析，力求帮助考生掌握考试重难点，提高考试分数。

【典型习题】　该部分是编者通过对考试大纲和历年考题的分析、

推敲、预测编写而成的，权威预测必考题目。通过这些习题的练习，有助于考生全面理解和掌握大纲的重点内容与题型结构，将所学知识融会贯通。

第二部分——实战模拟试卷 安排了两套实战模拟试卷，针对性强，贴近考试，帮助考生熟悉考试题型、掌握命题规律、提高解题能力。

本套丛书的独到之处是重点突出、通俗易懂、注重实效、把握题源、找出规律、理顺思路、引导学法、提高效率。

本套丛书是在作者团队的通力合作下完成的，若能对广大考生顺利通过资格考试有所帮助，我们将感到莫大的欣慰。祝所有参加证券业从业人员资格考试的考生取得优异成绩，成为合格的证券业从业人员。

参加本书编写的人员主要有高海静、葛新丽、江超、朱思光、梁燕、张蔷、吕君、李芳芳、张越、刘海明、魏文彪等，在此一并表示感谢！为了配合考生的复习备考，我们配备了专家答疑团队，开通了答疑 QQ1653586681，以便随时答复考生所提问题。由于时间和水平有限，书中难免有疏漏和不当之处，敬请广大读者批评指正。

编者

2016 年 12 月

目 录

第一部分 考点解读

第二部分　实战模拟试卷

第一部分　考点解读

第一章　发布证券研究报告业务监管

第一节　资格管理

【考点归纳】

> ➢ 了解证券分析师执业资格的取得方式。
> ➢ 熟悉证券分析师的监管、自律管理和机构管理。
> ➢ 了解证券分析师后续职业培训的要求

【考点解读】

考点一　证券分析师职业资格的取得方式（表1—1）

表1—1　证券分析师职业资格的取得方式

项　　目	内　　容
依法取得证券投资咨询执业资格	证券分析师是依法取得证券投资咨询执业资格，并在证券经营机构就业，主要就与证券市场相关的各种因素进行研究和分析，包括证券市场、证券价值及变动趋势进行分析预测，并向投资者发布投资价值报告等，以书面或者口头的方式向投资者提供上述报告及分析、预测或建议等服务的专业人员
取得从业资格证书	随着证券业市场的迅猛发展，新的证券业从业人员资格管理制度明确规定，证券公司、基金管理公司、基金托管机构、基金销售机构、证券投资咨询机构、证券资信评估机构及中国证监会认定的其他从事证券业务的机构中从事证券业务的专业人员必须取得从业资格证书
法律规定	《证券法》第一百七十条规定，分析师即投资咨询机构从业人员，必须具备证券专业知识和从事证券业务或证券服务业务两年以上经验。认定其证券从业资格的标准和管理办法，由中国证监会制定。目前，在我国希望成为证券分析师的人员，首先须参加中国证券业从业人员资格考试取得从业资格证书

考点二　证券分析师的监管、自律管理和机构管理及后续职业培训的要求（表1—2）

表1—2　证券分析师的监管、自律管理和机构管理及后续职业培训的要求

项　　目	内　　容
证券分析师的监管、自律管理和机构管理	（1）取得执业证书的人员，连续3年不在机构从业的，由协会注销其执业证书；重新执业的，应当参加协会组织的执业培训，并重新申请执业证书。 （2）从业人员取得执业证书后，辞职或者不为原聘用机构所聘用的，或者其他原因与原聘用机构解除劳动合同的，原聘用机构应当在上述情形发生后10日内向协会报告，由协会变更该人员执业注册登记。 取得执业证书的从业人员变更聘用机构的，新聘用机构应当在上述情形发生后10日内向协会报告，由协会变更该人员执业注册登记。 （3）机构不得聘用未取得执业证书的人员对外开展证券业务。 （4）从业人员在执业过程中违反有关证券法律、行政法规以及中国证监会有关规定，受到聘用机构处分的，该机构应当在处分后10日内向协会报告。 （5）协会、机构应当定期组织取得执业证书的人员进行后续职业培训，提高从业人员的职业道德和专业素质。 （6）协会依据本办法及中国证监会有关规定制定的从业资格考试办法、考试大纲、执业证书管理办法以及执业行为准则等，应当报中国证监会核准。 （7）协会应当建立从业人员资格管理数据库，进行资格公示和执业注册登记管理
证券分析师后续职业培训的要求	（1）后续职业培训。从业人员依照《证券业从业人员资格管理办法》必须接受的持续教育培训。 （2）后续职业培训的主要内容包括法律法规、执业操守、新产品和新业务的实施规则与操作要点等。 （3）各培训单位举办的下列培训为后续职业培训： ①由协会、会员公司和地方协会按照后续职业培训大纲组织实施的培训； ②由证券监管部门组织的法律法规等业务知识培训； ③由证券交易所和登记结算公司组织的业务准则、技术标准和操作规则等业务培训。 （4）会员公司和地方协会自行组织的培训，满足下列条件，可作为后续职业培训：

续表

项　　目	内　　容
证券分析师后续职业培训的要求	①培训内容为法律法规、职业操守、执业准则、操作规程及专业知识； ②培训项目有明确的师资、讲义，且时间为 4 个学时以上。 （5）从业人员的后续职业培训学时是指在年检期间应达到的培训学时。从业人员年检期间培训学时为 20 学时（简称总学时）

【典型习题】

1. 下列关于证券分析师执业纪律的说法，不正确的是(　　)。

A. 证券分析师必须以真实姓名执业

B. 证券分析师的执业活动应当接受所在执业机构的管理，在执业过程中应充分尊重和维护所在执业机构的合法利益

C. 证券分析师及其执业机构不得在公共场合及媒体对其自身能力进行过度或不实的宣传，更不得捏造事实以招揽业务

D. 证券分析师可以兼营或兼任与其执业内容有利害关系的其他业务或职务，但不得超过三家

2. 证券分析师后续职业培训的主要内容包括(　　)。

Ⅰ. 法律法规　　Ⅱ. 职业操守

Ⅲ. 新产品和新业务的实施规则　　Ⅳ. 操作要点

A. Ⅰ、Ⅱ、Ⅲ　　B. Ⅰ、Ⅱ、Ⅳ

C. Ⅰ、Ⅲ、Ⅳ　　D. Ⅰ、Ⅱ、Ⅲ、Ⅳ

【参考答案】

1. D　　2. D

第二节　主要职责

【考点归纳】

➢ 熟悉证券公司、证券投资咨询机构及证券分析师在发布证券研究报告中应履行的职责

【考点解读】

考点　证券公司、证券投资咨询机构及证券分析师在发布证券研究报告中应履行的职责

（1）证券公司、证券投资咨询机构发布证券研究报告，应当遵循独立、客观、公平、审慎原则，加强合规管理，提升研究质量和专业服务水平。

（2）证券公司、证券投资咨询机构发布证券研究报告，应当建立健全研究对象覆盖、信息收集、调研、证券研究报告制作、质量控制、合规审查、证券研究报告发布以及相关销售服务等关键环节的管理制度，加强流程管理和内部控制。

（3）证券公司、证券投资咨询机构应当从组织设置、人员职责上，将证券研究报告制作发布环节与销售服务环节分开管理，以维护证券研究报告制作发布的独立性。

（4）证券公司、证券投资咨询机构应当建立证券研究报告的信息来源管理制度，加强信息收集环节的管理，维护信息来源的合法合规性。

【典型习题】

下列关于证券公司、证券投资咨询机构及证券分析师在发布证券研究报告中应履行的职责说法错误的是（　　）。

A. 应当遵循独立、客观、公平、审慎原则

B. 加强合规管理，提升研究质量和专业服务水平

C. 维护证券研究报告制作发布的健全性

D. 加强信息收集环节的管理，维护信息来源的合法合规性

【参考答案】

C

第三节　工作规程

【考点归纳】

- 掌握证券投资咨询业务分类。
- 掌握证券研究报告的分类。
- 掌握证券研究报告的基本要素、组织结构和撰写要求。
- 熟悉证券研究报告对象覆盖的要求。
- 熟悉证券研究报告信息收集的要求。
- 熟悉对上市公司调研活动管理的规范要求。
- 熟悉证券研究报告制作的要求。

> ➢ 掌握证券研究报告的质量控制要求。
> ➢ 熟悉证券研究报告的合规审查要求。
> ➢ 熟悉发布研究报告的业务管理制度。
> ➢ 熟悉证券研究报告的销售服务要求

【考点解读】

考点一　证券投资咨询业务和证券研究报告分类（表1—3）

表1—3　　证券投资咨询业务和证券研究报告分类

项　目	内　容
概念	证券投资咨询业务是指取得监管部门颁发的相关资格的机构及其咨询人员为证券投资者或客户提供证券投资的相关信息、分析、预测或建议，并直接或间接收取服务费用的活动
证券投资咨询业务分类	根据服务对象的不同，证券投资咨询业务可以分为：面向公众的投资咨询业务；为签订了咨询服务合同的特定对象提供的证券投资咨询业务；为本公司投资管理部门、投资银行部门的投资咨询服务
证券研究报告的分类	（1）按研究内容分类。 宏观研究、行业研究、策略研究、公司研究、量化研究等。 （2）按研究品种分类。 股票研究、基金研究、债券研究、衍生品研究等

考点二　证券研究报告的要素、结构及要求（表1—4）

表1—4　　证券研究报告的要素、结构及要求

项　目	内　容
基本要素、组织结构和撰写要求	（1）发布证券研究报告，是证券投资咨询业务的一种基本形式，指证券公司、证券投资咨询机构对证券及证券相关产品的价值、市场走势或者相关影响因素进行分析，形成证券估值、投资评级等投资分析意见，制作证券研究报告，并向客户发布的行为。 （2）证券研究报告主要包括涉及证券及证券相关产品的价值分析报告、行业研究报告、投资策略报告等。证券研究报告可以采用书面或者电子文件形式。 （3）证券公司、证券投资咨询机构发布的证券研究报告，应当载明下列事项： ①“证券研究报告”字样； ②证券公司、证券投资咨询机构名称；

续表

项　　目	内　　容
基本要素、组织结构和撰写要求	③具备证券投资咨询业务资格的说明； ④署名人员的证券投资咨询执业资格证书编码； ⑤发布证券研究报告的时间； ⑥证券研究报告采用的信息和资料来源； ⑦使用证券研究报告的风险提示
证券研究报告对象覆盖的要求	（1）证券公司、证券投资咨询机构发布证券研究报告，应当加强研究对象覆盖范围管理。将上市公司纳入研究对象覆盖范围并作出证券估值或投资评级，或者将该上市公司移出研究对象覆盖范围的，应当由研究部门或者研究子公司独立作出决定并履行内部审核程序。 （2）证券公司、证券投资咨询机构应当公平对待证券研究报告的发布对象，不得将证券研究报告的内容或者观点，优先提供给公司内部部门、人员或者特定对象
证券研究报告信息收集的要求	（1）政府部门、行业协会、证券交易所等机构发布的政策、市场、行业以及企业相关信息。 （2）上市公司按照法定信息披露义务通过指定媒体公开披露的信息。 （3）上市公司及其子公司通过公司网站、新闻媒体等公开渠道发布的信息，以及上市公司通过股东大会、新闻发布会、产品推介会等非正式公告方式发布的信息。 （4）证券公司、证券投资咨询机构通过上市公司调研或者市场调查，从上市公司及其子公司、供应商、经销商等处获取的信息，但内幕信息和未公开重大信息除外。 （5）证券公司、证券投资咨询机构从信息服务机构等第三方合法取得的市场、行业及企业相关信息。 （6）经公众媒体报道的上市公司及其子公司的其他相关信息。 （7）其他合法合规信息来源。 （8）证券公司、证券投资咨询机构发布证券研究报告，应当审慎使用信息，不得将无法确认来源合法合规性的信息写入证券研究报告，不得将无法认定真实性的市场传言作为确定性研究结论的依据
对上市公司调研活动管理的规范要求	（1）事先履行所在证券公司、证券投资咨询机构的审批程序。 （2）不得向证券研究报告相关销售服务人员、特定客户和其他无关人员泄露研究部门或研究子公司未来一段时间的整体调研计划、调研底稿，以及调研后发布证券研究报告的计划、研究观点的调整信息。

续表

项　　目	内　　容
对上市公司调研活动管理的规范要求	(3) 不得主动寻求上市公司相关内幕信息或者未公开重大信息。 (4) 被动知悉上市公司内幕信息或者未公开重大信息的，应当对有关信息内容进行保密，并及时向所在机构的合规管理部门报告本人已获知有关信息的事实，在有关信息公开前不得发布涉及该上市公司的证券研究报告。 (5) 在证券研究报告中使用调研信息的，应当保留必要的信息来源依据
证券研究报告制作的要求	(1) 证券公司、证券投资咨询机构制作证券研究报告应当秉承专业的态度，采用严谨的研究方法和分析逻辑，基于合理的数据基础和事实依据，审慎提出研究结论。 (2) 证券公司、证券投资咨询机构制作证券研究报告应当坚持客观原则，避免使用夸大、诱导性的标题或者用语，不得对证券估值、投资评级作出任何形式的保证。 (3) 证券公司、证券投资咨询机构应提示投资者自主作出投资决策并自行承担投资风险，任何形式的分享证券投资收益或者分担证券投资损失的书面或口头承诺均为无效
证券研究报告的质量控制要求	(1) 证券研究报告应当由署名证券分析师之外的证券分析师或者专职质量审核人员进行质量审核。 (2) 质量审核应当涵盖信息处理、分析逻辑、研究结论等内容，重点关注研究方法和研究结论的专业性和审慎性
证券研究报告的合规审查要求	(1) 证券研究报告应当由公司合规部门或者研究部门、研究子公司的合规人员进行合规审查。 (2) 合规审查应当涵盖人员资质、信息来源、风险提示等内容，重点关注证券研究报告可能涉及的利益冲突事项
发布研究报告的业务管理制度	(1) 证券公司、证券投资咨询机构应当通过公司规定的证券研究报告发布系统平台向发布对象统一发布证券研究报告，以保障发布证券研究报告的公平性。 (2) 在证券研究报告发布之前，制作发布证券研究报告的相关人员不得向证券研究报告相关销售服务人员、客户及其他无关人员泄露研究对象覆盖范围的调整、制作与发布研究报告的计划，证券研究报告的发布时间、观点和结论，以及涉及盈利预测、投资评级、目标价格等内容的调整计划。 (3) 证券公司、证券投资咨询机构发布证券研究报告，应当按照《发布证券研究报告暂行规定》及《证券公司信息隔离墙指引》的有关规定，建立健全信息隔离墙制度，并遵循下列静默期安排：

续表

项目	内容
发布研究报告的业务管理制度	①担任发行人股票首次公开发行的保荐机构、主承销商或者财务顾问，自确定并公告发行价格之日起40日内，不得发布与该发行人有关的证券研究报告； ②担任上市公司股票增发、配股、发行可转换公司债券等再融资项目的保荐机构、主承销商或者财务顾问，自确定并公告公开发行价格之日起10日内，不得发布与该上市公司有关的证券研究报告； ③担任上市公司并购重组财务顾问，在证券公司、证券投资咨询机构的合规部门将该上市公司列入相关限制名单期间，按照合规管理要求限制发布与该上市公司有关的证券研究报告
证券研究报告的销售服务要求	（1）证券公司、证券投资咨询机构应当建立合理的发布证券研究报告相关人员绩效考核和激励机制，以维护发布证券研究报告行为的独立性。 ①证券公司、证券投资咨询机构应当综合考虑研究质量、客户评价、工作量等多种因素，设立发布证券研究报告相关人员的考核激励标准。发布证券研究报告相关人员的薪酬标准不得与外部媒体评价单一指标直接挂钩。 ②与发布证券研究报告业务存在利益冲突的部门不得参与对发布证券研究报告相关人员的考核。证券分析师跨越信息隔离墙参与公司承销保荐、财务顾问业务等项目的，其个人薪酬不得与相关项目的业务收入直接挂钩。 （2）证券公司、证券投资咨询机构的研究部门或者研究子公司接受特定客户委托，按照协议约定就尚未覆盖的具体股票提供含有证券估值或投资评级的研究成果或者投资分析意见的，自提供之日起6个月内不得就该股票发布证券研究报告。 ①证券公司、证券投资咨询机构的研究部门或者研究子公司不得就已经覆盖的具体股票接受委托提供仅供特定客户使用的、与最新已发布证券研究报告结论不一致的研究成果或者投资分析意见。 ②证券公司、证券投资咨询机构的研究部门或者研究子公司接受特定客户委托的，应当要求委托方同时提供对委托事项的合规意见

【真题回顾】

一、单项选择题（以下备选项中只有一项符合题目要求）

1. 证券公司、证券投资咨询机构及其人员违反《发布证券研究报告执业规范》，（　　）根据自律规定，视情节轻重采取自律管理措施或纪律处分。

A. 证券业协会　　B. 证监会

C. 证券交易所　　D. 证券信用评级机构

【答案】A

【解析】本题考核的是对证券公司实行自律管理的规定。根据《发布证券研究报告执业规范》第二十七条，证券公司、证券投资咨询机构及其人员违反本执业规范的，中国证券业协会将根据自律规定，视情节轻重采取自律管理措施或纪律处分，并将纪律处分结果报送中国证监会。

2. 下列关于证券公司、证券投资咨询机构发布证券研究报告的说法中，不正确的是（　　）。

A. 应当审慎使用信息

B. 不得将无法确认来源合法性的信息写入证券研究报告

C. 对于市场传言，可以根据自己的分析作为研究结论的依据

D. 不得将无法确认来源合规性的信息写入证券研究报告

【答案】C

【解析】本题考核的是证券公司、证券投资咨询机构发布证券研究报告的说法。根据《发布证券研究报告执业规范》第八条，证券公司、证券投资咨询机构发布证券研究报告，应当审慎使用信息，不得将无法确认来源合法合规性的信息写入证券研究报告，不得将无法认定真实性的市场传言作为确定性研究结论的依据。

3. 对证券公司、证券投资咨询机构发布证券研究报告行为实行自律管理的是（　　）。

A. 中国证券业协会

B. 国务院证券监督管理机构分支机构

C. 中国证监会

D. 证券交易所

【答案】A

【解析】本题考核的是对证券公司、证券投资咨询机构发布证券研究报告行为实行自律管理。根据《发布证券研究报告暂行规定》第四条，中国证监会及其派出机构依法对证券公司、证券投资咨询机构发布证券研究报告行为实行监督管理。中国证券业协会对证券公司、证券投资咨询机构发布证券研究报告行为实行自律管理，并依据有关法律、行政法规和本规定，制定相应的执业规范和行为

准则。

4. 发布对具体股票做出明确估值和投资评级的证券研究报告时，公司持有该股票达到相关上市公司已发行股份(　　)以上的，应当在证券研究报告中向客户披露本公司持有该股票的情况。

A. 1%　　B. 5%　　C. 10%　　D. 3%

【答案】A

【解析】本题考核的是在证券研究报告中向客户披露本公司持有该股票的情况。根据《发布证券研究报告暂行规定》第十二条，发布对具体股票做出明确估值和投资评级的证券研究报告时，公司持有该股票达到相关上市公司已发行股份1%以上的，应当在证券研究报告中向客户披露本公司持有该股票的情况，并且在证券报告发布日及第二个交易日，不得进行与证券研究报告观点相反的交易。

二、组合型选择题（以下备选项中只有一项最符合题目要求）

发布证券研究报告相关人员进行上市公司调研活动，应当符合的要求包括(　　)。

Ⅰ. 在证券研究报告中使用调研信息的，应当保留必要的信息来源依据

Ⅱ. 不得主动寻求上市公司相关内幕信息或者未公开重大信息

Ⅲ. 不得向证券研究报告相关销售服务人员、特定客户和其他无关人员泄露研究部门或研究子公司未来一段时间的整体调研计划

Ⅳ. 被动知悉上市公司内幕信息或者未公开重大信息的，应当及时发布涉及该上市公司的证券研究报告

A. Ⅰ、Ⅱ、Ⅲ　　B. Ⅰ、Ⅱ、Ⅳ

C. Ⅰ、Ⅲ、Ⅳ　　D. Ⅱ、Ⅲ、Ⅳ

【答案】A

【解析】本题考核的是发布证券研究报告相关人员进行上市公司调研活动，应当符合的要求。根据《发布证券研究报告执业规范》第十条，发布证券研究报告相关人员进行上市公司调研活动，应当符合的要求之一为：被动知悉上市公司内幕信息或者未公开重大信息的，应当对有关信息内容进行保密，并及时向所在机构的合规管理部门报告本人已获知有关信息的事实，在有关信息公开前不得发布涉及该上市公司的证券研究报告。

【典型习题】

1. 证券研究报告按研究内容分类不包括(　　)。

A. 宏观研究　　B. 行业研究

C. 策略研究　　D. 基金研究

2. 证券公司、证券投资咨询机构发布的证券研究报告，须载明的是(　　)。

Ⅰ．“证券研究报告”字样

Ⅱ．署名人员的证券投资咨询执业资格证书编码

Ⅲ．证券研究报告未采用的信息

Ⅳ．使用证券研究报告的风险提示

A. Ⅰ、Ⅱ、Ⅲ　　B. Ⅰ、Ⅱ、Ⅳ

C. Ⅰ、Ⅲ、Ⅳ　　D. Ⅰ、Ⅱ、Ⅲ、Ⅳ

【参考答案】

1. D　　2. B

第四节　执业规范

【考点归纳】

> ➢ 掌握发布证券研究报告业务的相关法规。
>
> ➢ 掌握证券公司、证券投资咨询机构及其人员从事发布证券研究报告业务，违反法律、行政法规和相关规定的法律后果、监管措施及法律责任

【考点解读】

考点一　发布证券研究报告业务的相关法规

(1)《中华人民共和国公司法》

(2)《中华人民共和国证券法》

(3)《证券、期货投资咨询管理暂行办法》

(4)《发布证券研究报告暂行规定》

(5)《中国证券业协会章程》

(6)《发布证券研究报告执业规范》

考点二　证券公司、证券投资咨询机构及其人员从事发布证券研究报告业务，违反法律、行政法规和相关规定的法律后果、监管措施及法律责任

(1) 证券公司、证券投资咨询机构及其人员违反法律、行政法规和本规定的，中国证监会及其派出机构可以采取责令改正、监管谈话、出具警示函、责令增加内部合规检查次数并提交合规检查报告、责令暂停发布证券研究报告、责令处分有关人员等监管措施；情节严重的，中国证监会依照法律、行政法规和有关规定作出行政处罚；涉嫌犯罪的，依法移送司法机关。

(2) 证券公司、证券投资咨询机构及其人员违反本执业规范的，中国证券业

协会将根据自律规定，视情节轻重采取自律管理措施或纪律处分，并将纪律处分结果报送中国证监会。

【典型习题】

以下属于发布证券研究报告业务的相关法规的是(　　)。

Ⅰ.《公司法》　Ⅱ.《证券法》

Ⅲ.《中国证券业协会章程》　Ⅳ.《发布证券研究报告暂行规定》

A. Ⅰ、Ⅱ、Ⅲ　B. Ⅰ、Ⅱ、Ⅳ

C. Ⅰ、Ⅲ、Ⅳ　D. Ⅰ、Ⅱ、Ⅲ、Ⅳ

【参考答案】

D

第二章　经济学

第一节　需求、供给和市场均衡

【考点归纳】

- 熟悉需求函数、需求曲线和需求弹性的含义。
- 熟悉供给函数、供给曲线和供给弹性的含义。
- 掌握市场均衡原理

【考点解读】

考点一　需求函数、需求曲线和需求弹性（表2－1）

表2－1　需求函数、需求曲线和需求弹性

项　目	内　容
需求函数	一种商品的市场需求量Q_d与该商品的价格P的关系是：降价使需求量增加，涨价使需求量减少，因此需求量Q_d可以看成是价格P的单调减少函数，称为需求函数，表示为： $Q_d=f(P)$ 一种商品的需求（有支付能力的需要）是指消费者在一定时期内在各种可能价格水平愿意而且能够购买的该商品数量。主要决定因素：商品的价格、消费者收入水平、相关商品的价格、消费者的偏好和消费者对该商品的价格预期等
需求曲线	需求曲线表示在每一价格下所需求的商品数量。需求曲线是显示价格与需求量关系的曲线，是指其他条件相同时，在每一价格水平上买主愿意购买的商品量的表或曲线。其中需求量是不能被观测的。需求曲线可以以任何形状出现，符合需求定理的需求曲线只可以是向右下倾斜的。需求曲线通常以价格为纵轴（y轴），以需求量为横轴（x轴），在一条向右下倾斜、且为直线的需求曲线中，在中央点的需求的价格弹性等于1，而以上部份的需求价格弹性大于1，以下部分的需求价格弹性则小于1

续表

项　　目	内　　容
需求弹性	需求的价格弹性又被简称为需求弹性，需求的价格弹性表示在一定时期内一种商品的需求量变动对于该商品的价格变动的反应程度。或者说，表示在一定时期内当一种商品的价格变化百分之一时所引起的该商品的需求量变化的百分比。 其公式为：需求的价格弹性系数＝需求量变动率/价格变动率

考点二　供给函数、供给曲线和供给弹性（表2—2）

表2—2　　供给函数、供给曲线和供给弹性

项　　目	内　　容
供给函数	一种商品的供给是生产者在一定时期内在各种可能的价格下愿意而且能够提供出售的该种商品的数量。 一种商品的市场供给量 Q_s 与商品的价格 P 存在一一对应的关系，一般情况下，价格上涨使供给量沿供给曲线增加，价格下降使供给量沿供给曲线减少，因此供给量 Q_s 是价格 P 的单调递增函数，称为供给函数，表示为： $Q_s=f(P)$
供给曲线	供给曲线是以几何图形表示商品的价格和供给量之间的函数关系，是根据供给表中的商品的价格——供给量组合在平面坐标图上所绘制的一条曲线。所谓供给是指个别厂商在一定时间内，在一定条件下，对某一商品愿意并且有商品出售的数量。供给曲线需满足两个条件：一是厂商愿意出售；二是厂商有商品出售，二者缺一不可
供给弹性	供给价格弹性是指供给量相对价格变化作出的反应程度，即某种商品价格上升或下降百分之一时，对该商品供给量增加或减少的百分比。供给量变化率对商品自身价格变化率反应程度的一种度量，等于供给变化率除以价格变化率

考点三　市场均衡原理（表2—3）

表2—3　　市场均衡原理

项　　目	内　　容
市场均衡的含义	市场交易行为中，当买者愿意购买的数量正好等于卖者所愿意出售的数量时，我们称之为市场均衡，也可以称之市场交易均衡量。在经济体系中，一个经济事务处在各种经济力量的相互作用之中，如果有关该经济事务各方面的各种力量能够相互制约或者相互抵消，那么该经济事务就处于相对静止状态，并将保持该状态不变，此时我们称该经济事务处于均衡状态

续表

项　目		内　容
市场均衡的分类		市场均衡分为一般均衡和局部均衡。 一般均衡是指一个经济社会所有市场的供给和需求相等的一种状态。一般均衡的理论代表人物是瓦尔拉斯。 局部均衡是指单个市场或部分市场的供给和需求相等的一种状态。局部均衡理论的代表人物是马歇尔
市场类型		微观经济学中的市场被划分为 4 个类型：完全竞争、垄断竞争、寡头、垄断。(后 3 个为不完全竞争)
市场架构		市场是各个经济单位产生经济关系进行交易的制度框架。 行业是指同一个商品市场和提供产品所有厂商的总体
市场划分		微观经济学根据市场竞争程度的强弱来划分市场类型，影响市场竞争程度的因素主要有： (1) 市场上厂商数目； (2) 厂商之间各自提供产品的差别程度； (3) 单个厂商对市场价格的控制程度； (4) 厂商进入或退出一个行业的难易程度
市场均衡论		(1) 完全市场上的均衡。 (2) 完全垄断市场上的均衡。 (3) 垄断市场上的均衡。 (4) 寡头市场上的均衡
价格决定	均衡价格和均衡数量含义	消费者和生产者根据市场价格决定愿意并且能够购买或者能够提供的商品数量。带着各自的盘算，消费者与生产者一起进入市场，最终决定市场的均衡。 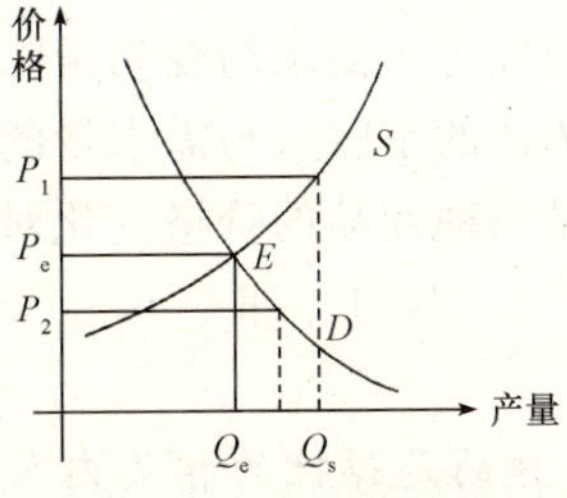 **图 2—1　市场均衡** 图 (2—1) D 线表示需求曲线，S 线表示供给曲线。我们把供求相等的点 E 定义为均衡点，把与 E 点相对应的价格水平定义为均衡价格 (P_e)，即供求平衡时的价格；把与 E 点相对应的产量定义为均衡产量 Q_e，即供求平衡的产量

续表

项目		内容
价格决定	需求和供给相互作用决定均衡价格和均衡数量的过程	（1）假设市场价格 $P_1>P_e$，如图 2－1 所示：此时，$Q_S>Q_D$，Q_D、Q_S的距离为供大于求的产品数量即过剩的产品的数量。如果市场是充分竞争的，过剩产品的存在必然导致价格下降，随着价格下降需求量扩大，供给量减少，最后达到 E 点。所以，价格的下降可以减少市场的产品积压，使供求保持平衡。 （2）假设市场价格 $P_2<P_e$，如图 2－1 所示：此时，Q_D、Q_S的距离即为短缺的量（供不应求）。此时，价格的上升可以扩大生产的产量，同时抑制消费。所以价格的上升可以清除市场上的短缺现象，从而使供求保持一致

【真题回顾】

一、单项选择题（以下备选项中只有一个符合题目要求）

假设有两家厂商，它们面临的是线性需求曲线 $P=A-BY$，每家厂商边际成本为 0，古诺均衡情况下的产量是(　　)。

A. $A/3B$　　B. $A/5B$　　C. $A/4B$　　D. $A/2B$

【答案】 A

【解析】 该市场仅有两家厂商，属于寡头垄断市场。根据市场的线性需求曲线 $P=A-BY$，完全垄断下，市场的总产量为：$Q_0=A/B$。寡头市场每个厂商的均衡产量相同，总产量为 $\frac{n}{n+1}Q_0$，因此，双头垄断每个厂商的均衡产量为 $A/3B$。

二、组合型选择题（以下备选项中只有一项最符合题目要求）

下列关于弹性的表达中，正确的有(　　)。

Ⅰ. 需求价格弹性是需求量变动对价格变动的敏感程度

Ⅱ. 需求价格弹性等于需求的变动量除以价格的变动量

Ⅲ. 收入弹性描述的是收入与需求量的关系

Ⅳ. 交叉弹性是一种商品的价格变化对另一种商品需求量的影响

A. Ⅰ、Ⅱ、Ⅲ　　B. Ⅰ、Ⅱ、Ⅳ　　C. Ⅰ、Ⅲ、Ⅳ　　D. Ⅱ、Ⅲ、Ⅳ

【答案】 C

【解析】 本题考核的是弹性的相关内容。需求价格弹性是用来测度商品需求量变动对于商品自身价格变动反应的敏感性程度，它等于需求变动的百分比除以价格变动的百分比。

【典型习题】

1. 一种商品的市场需求量 Q_d 与该商品的价格 P 的关系是：降价使需求量增加，

涨价使需求量减少，因此需求量 Q_d 可以看成是价格 P 的单调减少函数，称为(　　)。

A. 需求函数　　B. 需求曲线　　C. 需求弹性　　D. 供给函数

2. 微观经济学根据市场竞争程度的强弱来划分市场类型，影响市场竞争程度的因素主要有(　　)。

Ⅰ. 市场上厂商数目

Ⅱ. 厂商之间各自提供产品的差别程度

Ⅲ. 单个厂商对市场价格的控制程度

Ⅳ. 厂商进入或退出一个行业的难易程度

A. Ⅰ、Ⅱ、Ⅲ　　B. Ⅰ、Ⅱ、Ⅳ

C. Ⅰ、Ⅲ、Ⅳ　　D. Ⅰ、Ⅱ、Ⅲ、Ⅳ

3. 下列属于市场均衡论的是(　　)。

Ⅰ. 完全市场上的均衡　　Ⅱ. 完全垄断市场上的均衡

Ⅲ. 垄断市场上的均衡　　Ⅳ. 寡头市场上的均衡

A. Ⅰ、Ⅱ、Ⅲ　　B. Ⅰ、Ⅱ、Ⅳ

C. Ⅰ、Ⅲ、Ⅳ　　D. Ⅰ、Ⅱ、Ⅲ、Ⅳ

4. 供给曲线需满足的条件是(　　)。

Ⅰ. 厂商愿意出售　　Ⅱ. 厂商定价合理

Ⅲ. 厂商有商品出售　　Ⅳ. 厂商分配均匀

A. Ⅰ、Ⅲ　　B. Ⅱ、Ⅳ　　C. Ⅲ、Ⅳ　　D. Ⅱ、Ⅲ

【参考答案】

1. A　　2. D　　3. D　　4. A

第二节　市场结构与博弈论分析

【考点归纳】

- 熟悉完全竞争市场的特征。
- 熟悉利润最大化与完全竞争企业的供给曲线的含义。
- 熟悉完全垄断市场的特征。
- 熟悉垄断企业的需求和边际收益曲线的含义。
- 熟悉垄断企业的短期均衡与利润最大化原理。
- 熟悉垄断企业供给曲线的含义。
- 熟悉垄断企业的长期均衡与利润最大化原理。

> ➢ 熟悉垄断竞争市场的特征。
> ➢ 熟悉垄断竞争企业的短期均衡原理。
> ➢ 熟悉垄断竞争企业的长期均衡原理。
> ➢ 熟悉寡头市场的特征。
> ➢ 熟悉古诺模型的原理。
> ➢ 熟悉纳什均衡的基本原理。
> ➢ 熟悉囚徒困境的基本原理

【考点解读】

考点一　完全竞争市场和完全垄断市场的特征（表2—4）

表2—4　　完全竞争市场和完全垄断市场的特征

项　　目	特　　征
完全竞争市场	（1）有很多的生产者和消费者。 （2）生产者可以自由的进入和退出。 （3）生产的产品不存在差异。 （4）供应商和消费者都可以了解市场信息。 （5）可以充分利用资源
完全垄断市场	（1）市场上只有一个生产者和出售者，企业就是行业。 （2）垄断的产品没有非常类似的替代品，消费者无法进行其他选择，要么购买垄断者的产品，要么放弃消费。 （3）垄断者掌握了价格的决定权，原因很简单，由于它控制产品的全部供应量。 （4）新的厂商不能进入市场，由于存在着巨大的行业壁垒，如各种经济、技术、法律及其他方面的限制或障碍，使其他厂商无法进入垄断行业

考点二　利润最大化与完全竞争企业的供给曲线（表2—5）

表2—5　　利润最大化与完全竞争企业的供给曲线

项　　目	内　　容
利润最大化	厂商从事生产或出售商品的目的是为了赚取利润。如果总收益大于总成本，就会有剩余，这个剩余就是利润。值得注意的是，这里讲的利润，不包括正常利润，正常利润包括在总成本中，这里讲的利润是指超额利润。如果总收益等于总成本，厂商不亏不赚，只获得正常利润，如果总收益小于总成本，厂商便要发生亏损。

续表

<table>
<tr><th colspan="2">项　　目</th><th>内　　容</th></tr>
<tr><td colspan="2">利润最大化</td><td>厂商从事生产或出售商品不仅要求获取利润，而且要求获取最大利润，厂商利润最大化原则就是产量的边际收益等于边际成本的原则。边际收益是最后增加一单位销售量所增加的收益，边际成本是最后增加一单位产量所增加的成本。如果最后增加一单位产量的边际收益大于边际成本，就意味着增加产量可以增加总利润，于是厂商会继续增加产量，以实现最大利润目标。如果最后增加一单位产量的边际收益小于边际成本，那就意味着增加产量不仅不能增加利润，反而会发生亏损，这时厂商为了实现最大利润目标，就不会增加产量而会减少产量。只有在边际收益等于边际成本时，厂商的总利润才能达到极大值。所以 $MR=MC$ 成为利润极大化的条件，这一利润极大化条件适用于所有类型的市场结构</td></tr>
<tr><td rowspan="2">完全竞争企业的供给曲线</td><td>短期供给曲线</td><td>对于完全竞争厂商，有价格＝边际效益（$P=MR$）。在每一个给定的价格水平下，厂商应该选择最优的产量，使得 $P=MC(Q)$（短期边际成本），实现最大利润。这意味着在价格 P 和厂商的最优产量（厂商愿意且能够提供的产量）之间存在一一对应的关系，而厂商的 SMC（短期边际成本）表明了商品价格和厂商短期供给量之间的关系。
根据短期均衡条件（P 等于 SMC），在不同价格水平下会选择的不同的最优产量。只有当 P 大于 AVC，厂商才会去生产，P 小于 AVC 的时候，厂商停止生产。所以厂商的短期供给曲线用 SMC 曲线上大于和等于 AVC（短期平均可变成本）曲线最低部的部分来表示，即 SMC 曲线大于和等于停止营业点的部分来表示</td></tr>
<tr><td>长期供给曲线</td><td>短期供给曲线假定生产要素不变，但是长期情况下，当厂商进入或退出一个行业时，整个行业产量的变化可能对生产要素市场的需求产生影响，从而影响生产要素的价格。根据行业产量的变化对生产要素价格所可能产生的影响，将完全竞争行业分为成本不变行业、成本递增行业和成本递减行业</td></tr>
</table>

考点三　垄断企业的需求和边际收益曲线（表 2—6）

表 2—6　　垄断企业的需求和边际收益曲线

项　　目	内　　容
垄断企业的需求曲线	垄断企业的需求曲线是一条向右下方倾斜的曲线。表示垄断企业的销售量与市场价格反方向的变动，垄断企业可以采用改变销售量的办法来控制市场价格

续表

项　　目	内　　容
垄断企业的边际收益曲线	边际收益指企业增加一单位产品销售所获得的总收入的增量。边际收益的公式为： $$MR(Q)=\frac{\Delta TR(Q)}{\Delta Q}$$ 垄断企业的需求曲线和边际收益 *MR* 曲线如图 2－2（a）所示。垄断企业的 *MR* 曲线具有如下特征： （1）垄断企业的 *MR* 曲线位于需求曲线的左下方，且 *MR* 曲线也向右下方倾斜。 （2）由于每一销售量上的边际收益 *MR* 值就是相应的总收益 *TR* 曲线的斜率，所以在图 2－2（b）中，当 *MR*＞0 时，TR 曲线的斜率为正；当 *MR*＜0 时，TR 曲线的斜率为负；当 *MR*＝0 时，*TR* 曲线达最大值点。 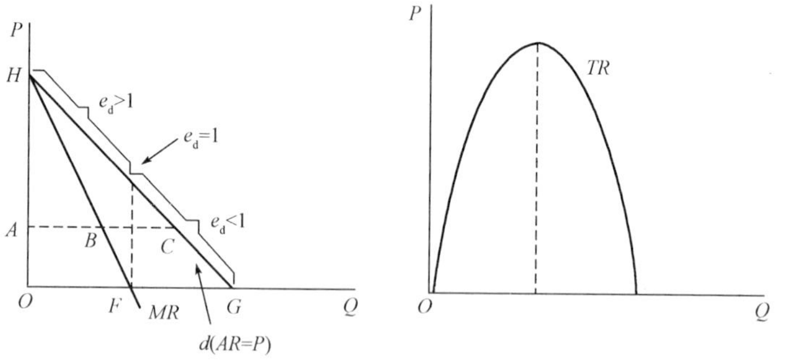 (a)　　(b) **图 2－2　垄断企业的需求曲线和收益曲线**

考点四　垄断企业的短期均衡与利润最大化原理

垄断企业为了获得最大的利润，必须遵循 *MR*＝*MC* 的原则。在短期内，垄断企业无法改变固定要素投入量。垄断企业是在既定的生产规模下通过对产量和价格的调整，来实现 *MR*＝*SMC* 的利润最大化的原则，如图 2－3 所示。

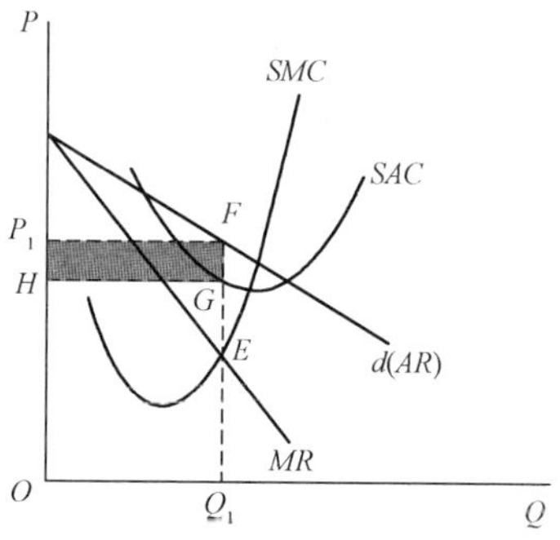

图 2－3　垄断企业的短期均衡

图中的 *SMC* 曲线和 *SAC* 曲线代表垄断企业的既定的生产规模，*d* 曲线和 *MR* 曲线代表垄断企业的需求和收益状况。垄断企业根据 *MR*＝*SMC* 的利润最大化的均衡条件，将产量和价格分别调整到 Q_1 和 P_1 的水平。在短期均衡点 *E* 上，垄断企业的平均收益为 FQ_1，平均成本为 GQ_1，平均收益大于平均成本，垄断企业获得利润。单位产品的平均利润为 *FG*，总利润量相当

于矩形 P_1HGF 的面积。

只要 $MR>SMC$，垄断企业增加一单位产量所得到的收益增量就会大于所付出的成本增量。这时，企业增加产量是有利的。随着产量的增加，如图 2—3 所示，MR 会下降，而 SMC 会上升，两者之间的差额会逐步缩小，最后达到 $MR=SMC$ 的均衡点，企业也由此得到了增加产量的全部好处。而 $MR<SMC$ 时，情况正好相反。所以，垄断企业的利润在 $MR=SMC$ 处达最大值。

由此可以得到垄断企业短期均衡条件为：

$$MR=SMC$$

垄断企业在短期均衡点上可以获得最大利润，可以利润为零，也可以蒙受最小亏损。

考点五　垄断企业供给曲线的含义

在垄断市场条件下，无法得到如同完全竞争市场条件下的具有规律性的，可以表示产量和价格之间一一对应的企业和行业的短期供给曲线。也就是说：凡是在或多或少的程度上带有垄断因素的不完全竞争市场中，或者说，凡是在单个企业对市场价格具有一定的控制力量，相应的，单个企业的需求曲线向右下方倾斜的市场中，是不存在具有规律性的厂商和行业的短期供给曲线的。

考点六　垄断企业的长期均衡与利润最大化原理

垄断企业在长期内可以调整全部生产要素的投入量即生产规模，从而实现最大的利润。垄断行业排除了其他企业加入的可能性，因此，与完全竞争企业不同，如果垄断企业在短期内获得利润，那么，它的利润在长期内不会因为新企业的加入而消失，垄断企业在长期内是可以保持利润的。如果垄断企业在长期内只能获得正常利润或存在亏损，在长期内企业可以通过调整规模来获得超额利润或者消除亏损。假如无论怎样调整都有亏损，垄断企业会离开该部门转移到有利的部门。下面用图 2—4 来分析。

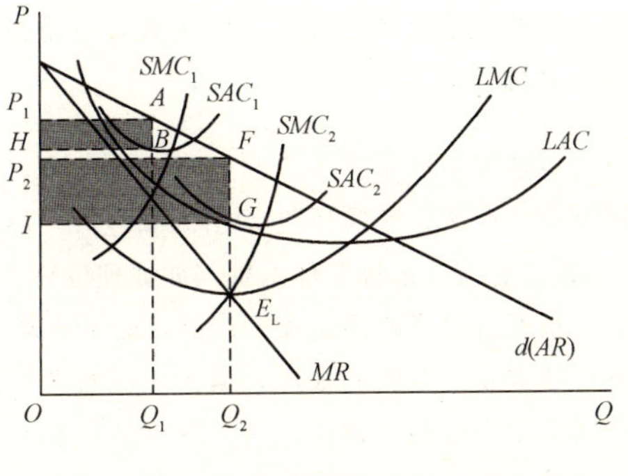

图 2—4　垄断企业的长期均衡

图中的 d 曲线和 MR 曲线分别表示垄断企业所面临的市场需求曲线和边际收益曲线，LAC 曲线和 LMC 曲线分别为垄断企业长期平均成本曲线和长期边际成本曲线。

假定开始时垄断企业是在由 SAC_1 曲线和 SMC_1 曲线所代表的生产规模上进行生产。在短期内，垄断企业只能按照 $MR=SMC$ 的原则，在现有的生产规模上将产量和价格分别调整到 Q_1 和 P_1。在短期均衡点 E_S 上，垄断企业获得的利润为图中的矩形面积 HP_1AB。

在长期中，垄断企业通过对生产规模的调整，进一步增大利润。按照 $MR=LMC$ 的长期均衡原则，垄断企业的长期均衡点为 E_L，长期均衡产量和均衡价格分别为 Q_2 和 P_2，垄断企业所选择的相应的最优生产规模由 SAC_2 曲线和 SMC_2 曲线所代表。此时，垄断企业获得了更大的利润，其利润量相当于图中的矩形面积 IP_2FG。

由此可见，垄断企业之所以能在长期内获得更大的利润，其原因在于长期内企业的生产规模是可变的和市场对新加入的企业是完全关闭的。

从图 2—4 可知，在垄断企业的 $MR=LMC$ 的长期均衡产量上，代表最优生产规模的 SAC 曲线和 LAC 曲线相切，相应的 SMC 曲线、LMC 曲线和 MR 曲线相交于一点。所以，垄断企业的长期均衡条件为：

$$MR=LMC=SMC$$

垄断厂商在长期均衡点上可以获得利润。

考点七　垄断竞争市场的特征（表 2—7）

表 2—7　　垄断竞争市场的特征

特　征	内　容
企业众多	市场上企业数目众多，每个企业都要在一定程度上接受市场价格，但每个企业又都可对市场施加一定程度的影响，不完全接受市场价格。另外，企业之间无法相互勾结来控制市场。对于消费者，情况是类似的。这样垄断竞争市场上的经济人是市场价格的影响者
互不依存	市场上的每个经济人都自以为可以彼此相互独立行动，互不依存。一个人的决策对其他人的影响不大，不易被察觉，可以不考虑其他人的对抗行动
产品差别	同行业中不同企业的产品互有差别，要么是质量差别，要么是功用差别，要么是非实质性差别（如包装、商标、广告等引起的印象差别），要么是销售条件差别（如地理位置、服务态度与方式的不同造成消费者愿意购买这家的产品，而不愿购买那家的产品）。产品差别是造成企业垄断的根源，但由于同行业产品之间的差别不是大到产品完全不能相互替代，一定程度的可相互替代性又让企业之间相互竞争，因而相互替代是企业竞争的根源。如果要准确说出产品差别的含义，则可这样来说：在同样的价格下，如果购买者对某家企业的产品表现出特殊的爱好时，就说该企业的产品与同行业内其他企业的产品具有差别

续表

特　　征	内　　容
进出容易	企业进、出一个行业比较容易。这一点同完全竞争类似，企业的规模不算很大，所需资本不是太多，进入和退出一个行业障碍不大，比较容易
可以形成产品集团	行业内部可以形成多个产品集团，即行业内生产类似商品的厂商可以形成团体，这些团体之间的产品差别程度较大，团体内部的产品之间差别程度较小

考点八　垄断竞争企业的短期均衡原理和长期均衡原理（表2—8）

表2—8　　垄断竞争企业的短期均衡原理和长期均衡原理

原　　理	内　　容
垄断竞争企业的短期均衡	（1）垄断竞争企业的短期均衡：在短期内，垄断竞争企业是在现有生产规模下，能通过对产量和价格的同时调整，来实现 $MR=SMC$ 的均衡条件。在均衡点上可能获得最大利润，也可能是最小的亏损，这取决于均衡价格是大于还是小于 SAC。在企业亏损时，只要均衡价格大于 AVC，企业在短期内总是继续生产的；只要均衡价格小于 AVC，企业在短期内就会停产。 （2）垄断竞争企业短期均衡条件是：$MR=SMC$。 （3）在短期均衡的产量上，必定存在一个 d 曲线和 D 曲线的交点，它意味着此时市场上的供求是相等的，垄断竞争企业可能获得最大利润，可能利润为零，也可能蒙受最小亏损，如图2—5所示。 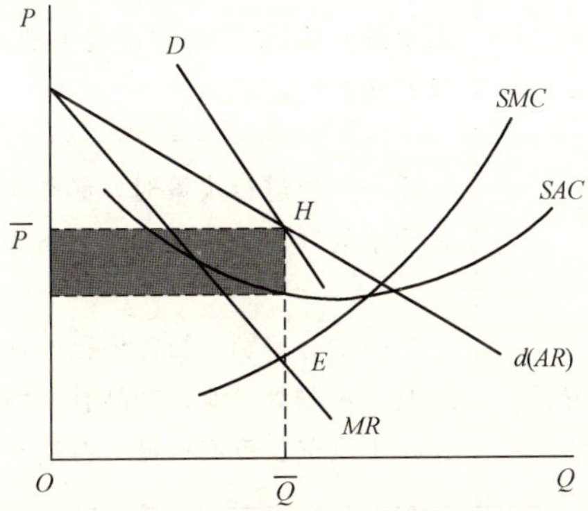 **图2—5　垄断竞争企业的短期均衡**
垄断竞争企业的长期均衡	（1）垄断竞争企业的长期均衡：在长期内，垄断竞争企业不仅可以调整生产规模，还可以加入或退出生产集团，因此，垄断竞争企业在长期均衡时的利润一定为零。即在垄断竞争企业的长期均衡点上，

续表

原　　理	内　　容
垄断竞争企业的长期均衡	如图 2—6 所示，*d* 需求曲线与 *LAC* 曲线相切，表示企业的利润为零；*d* 需求曲线与 *D* 需求曲线相交，表示市场的供求相等。 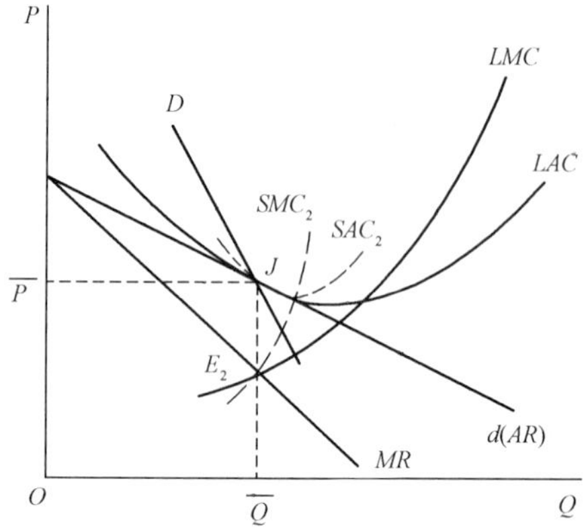 **图 2—6　垄断竞争企业的长期均衡** （2）垄断竞争企业长期均衡的条件为：$MR=LMC=SMC$；$AR=LAC=SAC$

考点九　寡头市场的特征（表 2—9）

表 2—9　寡头市场的特征

项　　目	内　　容
厂商极少	市场上的厂商只有一个以上的少数几个（当厂商为两个时，叫双头垄断），每个厂商在市场中都具有举足轻重的地位，对其产品价格具有相当的影响力
相互依存	任一厂商进行决策时，必须把竞争者的反应考虑在内，因而既不是价格的制定者，更不是价格的接受者，而是价格的寻求者
产品同质或异质	产品没有差别，彼此依存的程度很高，叫纯粹寡头，存在于钢铁、尼龙、水泥等产业；产品有差别，彼此依存关系较低，叫差别寡头，存在于汽车、重型机械、石油产品、电气用具、香烟等产业
进出不易	其他厂商进入相当困难，甚至极其困难。因为不仅在规模、资金、信誉、市场、原料、专利等方面，其他厂商难以与原有厂商匹敌，而且由于原有厂商相互依存，休戚相关，其他厂商不仅难以进入，也难以退出

考点十 古诺模型的原理、纳什均衡的基本原理和囚徒困境的基本原理（表2—10）

表2—10 古诺模型的原理、纳什均衡的基本原理和囚徒困境的基本原理

项 目	基本原理
古诺模型的原理	古诺模型又称古诺双寡头模型，或双寡头模型，是早期的寡头模型。它是由法国经济学家古诺于1838年提出的。古诺模型是纳什均衡应用的最早版本，古诺模型通常被作为寡头理论分析的出发点。古诺模型的结论可以很容易地推广到三个或三个以上的寡头厂商的情况中去。 古诺模型假定一种产品市场只有两个卖者，并且相互间没有任何勾结行为，但相互间都知道对方将怎样行动，从而各自怎样确定最优的产量来实现利润最大化，因此，古诺模型又称为双头垄断理论。 古诺模型的假定是：市场上只有A、B两个厂商生产和销售相同的产品，他们的生产成本为零；他们共同面临的市场的需求曲线是线性的，A、B两个厂商都准确地了解市场的需求曲线；A、B两个厂商都是在已知对方产量的情况下，各自确定能够给自己带来最大利润的产量，即每一个产商都是消极地以自己的产量去适应对方已确定的产量
纳什均衡的基本原理	纳什均衡，又称为非合作博弈均衡，是博弈论的一个重要术语，以约翰·纳什命名。 纳什均衡是一种策略组合，使得每个参与人的策略是对其他参与人策略的最优反应。 假设有n个局中人参与博弈，如果某情况下无一参与者可以独自行动而增加收益（即为了自身利益的最大化，没有任何单独的一方愿意改变其策略的），则此策略组合被称为纳什均衡。所有局中人策略构成一个策略组合。纳什均衡，从实质上说，是一种非合作博弈状态。 纳什均衡达成时，并不意味着博弈双方都处于不动的状态，在顺序博弈中这个均衡是在博弈者连续的动作与反应中达成的。纳什均衡也不意味着博弈双方达到了一个整体的最优状态，需要注意的是，只有最优策略才可以达成纳什均衡，严格劣势策略不可能成为最佳对策，而弱优势和弱劣势策略是有可能达成纳什均衡的。在一个博弈中可能有一个以上的纳什均衡，而囚徒困境中有且只有一个纳什均衡

续表

项　　目	基本原理
囚徒困境的基本原理	“囚徒困境”是1950年美国兰德公司提出的博弈论模型。两个共谋犯罪的人被关入监狱，不能互相沟通情况。如果两个人都不揭发对方，则由于证据不确定，每个人都坐牢一年；若一人揭发，而另一人沉默，则揭发者因为立功而立即获释，沉默者因不合作而入狱五年；若互相揭发，则因证据确凿，二者都判刑两年。由于囚徒无法信任对方，因此倾向于互相揭发，而不是同守沉默。 囚徒困境：两个被捕的囚徒之间的一种特殊博弈，说明为什么甚至在合作对双方都有利时，保持合作也是困难的。囚徒困境是博弈论的非零和博弈中具代表性的例子，反映个人最佳选择并非团体最佳选择。虽然困境本身只属模型性质，但现实中的价格竞争、环境保护等方面，也会频繁出现类似情况

【真题回顾】

一、单项选择题（以下备选项中只有一项符合题目要求）

1. 下列不属于垄断竞争型市场特点的是(　　)。

A. 生产者众多，各种生产资料可以流动

B. 生产的产品同种但不同质

C. 这类行业初始投入资本较大，阻止了大量中小企业的进入

D. 对其产品的价格有一定的控制能力

【答案】C

【解析】本题考核的是垄断竞争型市场特点。“初始投入资本较大，阻止了大量中小企业的进入”属于寡头垄断市场的特点。

2. 关于完全垄断市场，下列说法错误的是(　　)。

A. 能很大程度地控制价格，且不受管制

B. 有且仅有一个厂商

C. 产品唯一，且无相近的替代品

D. 进入或退出行业很困难，几乎不可能

【答案】A

【解析】本题考核的是完全垄断市场的内容。在完全垄断市场，垄断厂商控制了整个行业的生产和市场的销售，可以控制和操纵市场价格，但是受到政府的管制。

3. 完全垄断企业为了实现利润最大化，应遵循的决策原则是(　　)。

A. 按照价格弹性进行价格歧视　　　　B. 边际收益大于边际成本

C. 边际收益等于边际成本　　　　D. 边际收益等于平均收益曲线

【答案】C

【解析】本题考核的是完全垄断企业为了实现利润最大化，应遵循的决策原则。不论在何种市场上，企业实现利润最大化的决策原则都是边际收益等于边际成本。

二、组合型选择题（以下备选项中只有一项最符合题目要求）

1. 完全垄断型市场结构的特点有（　　）。

Ⅰ. 垄断者根据市场情况制定理想的价格和产量

Ⅱ. 产品没有或缺少合适的替代品

Ⅲ. 垄断者在制定理想的价格与产量时不会受到政府的约束

Ⅳ. 市场被独家企业所控制

A. Ⅰ、Ⅱ、Ⅲ　　　　B. Ⅰ、Ⅱ、Ⅳ

C. Ⅱ、Ⅲ、Ⅳ　　　　D. Ⅰ、Ⅱ、Ⅲ、Ⅳ

【答案】B

【解析】本套考核的是完全垄断型市场结构的特点。完全垄断型市场结构的特点有：（1）市场被独家企业所控制，其他企业不可以或不可能进入该行业；（2）产品没有或缺少相近的替代品；（3）垄断者能够根据市场的供需情况制定理想的价格和产量，在高价少销和低价多销之间进行选择，以获取最大的利润；（4）垄断者在制定产品的价格与生产数量方面的自由性是有限度的，要受到反垄断法和政府管制的约束。

2. 完全竞争市场具有的特征有（　　）。

Ⅰ. 同一行业中有为数不多的生产者

Ⅱ. 同一行业中，各企业或生产者生产的同一种产品没有质量差别

Ⅲ. 买卖双方对市场信息都有充分的了解

Ⅳ. 各企业或生产者可自由进出市场

A. Ⅰ、Ⅱ、Ⅲ　　　　B. Ⅰ、Ⅱ、Ⅳ

C. Ⅱ、Ⅲ、Ⅳ　　　　D. Ⅰ、Ⅱ、Ⅲ、Ⅳ

【答案】C

【解析】本套考核的是完全竞争市场具有的特征。完全竞争市场具有的特征有：（1）市场上有很多生产者与消费者，或买者和卖者，且生产者的规模都很小。每个生产者和消费者都只能是市场价格的接受者，不是价格的决定者；它们对市场价格没有任何控制的力量。（2）企业生产的产品是同质的，即不存在产品差别。（3）资源可以自由流动，企业可以自由进入或退出市场。（4）买卖双方对市场信息都有充分的了解。

【典型习题】

1. 任一厂商进行决策时，必须把竞争者的反应考虑在内，因而既不是价格

的制定者，更不是价格的接受者，而是价格的寻求者，这是垄断竞争市场的特征（　　）。

A. 企业众多　　B. 互不依存　　C. 进出容易　　D. 产品差别

2. 垄断竞争企业短期均衡条件是（　　）。

A. $MR=AVC$　　B. $MR=SAC$

C. $MR=SMC$　　D. $MR=LMC$

3. 一种策略组合，使得每个参与人的策略是对其他参与人策略的最优反应是指（　　）。

A. 寡头市场　　B. 古诺模型　　C. 纳什均衡　　D. 囚徒困境

4. 下列关于垄断竞争企业的短期均衡原理的说法，正确的是（　　）。

Ⅰ. 在均衡点上可能获得最大利润，也可能是最小的亏损

Ⅱ. 垄断竞争企业短期均衡条件是：$MR=SMC$

Ⅲ. 垄断竞争企业可能获得最大利润，可能利润为零，也可能蒙受最小亏损

Ⅳ. 在企业亏损时，只要均衡价格大于 AVC，企业在短期内总是继续生产的

A. Ⅰ、Ⅱ、Ⅲ　　B. Ⅰ、Ⅱ、Ⅳ

C. Ⅱ、Ⅲ、Ⅳ　　D. Ⅰ、Ⅱ、Ⅲ、Ⅳ

5. 关于完全竞争市场特征的描述，正确的是（　　）。

Ⅰ. 有很多的生产者和消费者

Ⅱ. 生产者可以自由地进入和退出

Ⅲ. 生产的产品不存在差异

Ⅳ. 供应商和消费者都可以了解市场信息

A. Ⅰ、Ⅱ、Ⅲ　　B. Ⅰ、Ⅱ、Ⅳ

C. Ⅱ、Ⅲ、Ⅳ　　D. Ⅰ、Ⅱ、Ⅲ、Ⅳ

6. 关于完全垄断市场的特征，描述正确的是（　　）。

Ⅰ. 市场上只有一个生产者和出售者，企业就是行业

Ⅱ. 垄断的产品没有非常类似的替代品，消费者无法进行其他选择，要么购买垄断者的产品，要么放弃消费

Ⅲ. 垄断者掌握了价格的决定权，原因很简单，由于它控制产品的全部供应量

Ⅳ. 新的厂商不能进入市场，由于存在着巨大的行业壁垒，如各种经济、技术、法律及其他方面的限制或障碍，使其他厂商无法进入垄断行业

A. Ⅰ、Ⅱ、Ⅲ　　B. Ⅰ、Ⅱ、Ⅳ

C. Ⅱ、Ⅲ、Ⅳ　　D. Ⅰ、Ⅱ、Ⅲ、Ⅳ

【参考答案】

1. B　2. C　3. C　4. D　5. D　6. D

第三节 宏观经济均衡分析

【考点归纳】

- 熟悉社会总需求、社会总供给的含义。
- 掌握宏观经济均衡的基本原理。
- 熟悉产品市场和货币市场的一般均衡。
- 掌握 IS-LM 模型。
- 熟悉可贷资金市场均衡、外汇市场均衡及可贷资金市场与外汇市场同时均衡

考点一 社会总需求（表 2－11）

表 2－11 社会总需求

项目		内容
含义		社会总需求是指一个国家或地区在一定时期内（通常 1 年）由社会可用于投资和消费的支出所实际形成的对产品和劳务的购买力总量
国内需求	投资需求	投资需求（又称投资支出）是指整个社会在一定时期内通过货币资金的支出所形成的对投资品的需求。 从构成上：对固定资产的投资，又包括对流动资产的投资。 从资金来源上：重置投资（更新改造投资）和新增投资（净投资）。其中新增投资，是指用社会积累资金进行的投资。它分为两部分：一部分用于新增固定资产投资，相当于通常所说的基本建设投资；另一部分用于新增流动资产投资，主要用于增加企业库存品和国家物资储备
国内需求	消费需求	消费需求（又称消费支出）是指整个社会在一定时期内通过货币资金的支出所形成的对消费品（包括服务）的需求。 从消费形式上看，社会总消费包括居民个人消费和社会公共消费两部分。 社会公共消费需求主要包括两部分：一是服务部门对公共消费品和服务的需求；二是物质生产部门为供集体消费之用而对消费品和服务的需求
国外需求		国外需求即产品和劳务的输出

考点二 社会总供给（表 2－12）

表 2－12 社会总供给

项目	内容
含义	社会总供给是指一个国家或地区在一定时期内（通常为 1 年）由社会生产活动实际可以提供给市场的可供最终使用的产品和劳务总量
组成	由国内生产活动提供的产品和劳务，包括农林牧渔业、工业、建筑业等行业提供的产品，也包括由交通运输、邮电通讯、银行保险、商业服务业等行业提供的服务，即国内生产总值。 由国外提供的产品和劳务，即商品和劳务输入
计算	社会总供给＝本期国内生产总值＋本期进口－本期不可分配部分 本期不可分配部分，是指国内生产总值中当年不能进行分配的部分，如人工培育正在生长过程中的牲畜、树木以及由于天灾人祸造成的损失等。 由于各时期的供求状况相互影响，在测算社会总供给时，应考虑各时期之间的衔接。其计算公式又可表示为： 社会总供给＝本期形成的社会总供给＋期末供给结余总额

考点三 宏观经济均衡（表 2－13）

表 2－13 宏观经济均衡

项目	内容
含义	宏观经济均衡是社会总需求与社会总供给在总量与结构之间的基本平衡。宏观经济政策的基本目标是经济增长、物价稳定、国际收支平衡和充分就业。各种资源的利用程度反映宏观经济运行质量的高低。 宏观经济均衡指的是总体经济处于一种相对稳定的状态，这种稳定关系体现在各种宏观经济变量上，这些宏观经济变量相互作用，各个变量在其他变量的影响下发生变动，反过来，这种变动又对其他变量产生影响。当各种宏观经济变量之间的相互作用达到某种平衡、彼此不再变化时，总体经济就达到了均衡状态。 一国的宏观经济均衡包括两个方面：内部均衡和外部均衡。内部均衡主要是指一国国内经济出现充分就业、经济增长和物价稳定的局面。外部均衡主要是指一国国际收支的基本平衡。如果一国同时达到内部均衡与外部均衡，经济就处于宏观经济的全面均衡状态，即最适宜的发展状态。追求宏观经济的均衡是各国的发展目标

续表

<table>
<tr><th colspan="2">项　　目</th><th>内　　容</th></tr>
<tr><td colspan="2">条件</td><td>在微观经济学中，如果某种商品的供给与需求相等，则供求关系就达到了均衡，此时该商品的价格和产量称为均衡价格和均衡产量。与此类似，当国民经济中的总供给等于总需求时，就实现了宏观经济均衡，此时的总体价格水平和产出水平称为均衡价格水平和均衡产出水平。
宏观经济均衡就是达到：意愿总需求等于意愿总供给的 GDP 水平。在均衡时，意愿的消费（C），政府支出（G），投资（I）和净出口（X）的总量正好等于在当前价格水平下企业所愿意出售的总量</td></tr>
<tr><td colspan="2">变量</td><td>研究宏观经济均衡需要考察的变量有总供给、总需求、总产出、总支出和总收入等。
总供给和总需求是一类的，属于理论概念；总产出、总支出和总收入是另一类的，属于统计概念。其中，总产出和总收入是总供给的度量指标，总支出是总需求的度量指标。
我们知道，GDP 也可以通过收入法得到。总产出是由各种要素生产出来的，产出的价值必然以工资、利息、地租、利润等形式支付给各种生产要素所有者，形成他们的收入，把所有人的收入加总起来就是国民经济中的总收入。总收入必然与总产出相等，总收入就是从另一个角度度量总供给的统计指标。当我们说总收入或者总产出时，就需要明白，它们代表的是总供给的意思。
总需求就是国民经济中对各种产品和劳务的有效需求之和，有效需求指既有需求的愿望，也有相应的支付能力。总支出是度量总需求的统计指标，总支出对应于用支出法核算的 GDP，包括家庭的消费 C、企业的投资 I、政府购买 G 和净出口 NX。家庭和政府需要购买产品和劳务，企业需要进行投资，这些都构成国民经济内部的需求，加上来自国外的需求构成国民经济中的总需求。总需求可以用总支出这个统计指标来度量</td></tr>
<tr><td>类型</td><td>短期宏观经济均衡</td><td>短期宏观经济均衡发生在总需求曲线和短期总供给曲线的交点处，在该点处，实际 GDP 的需求量等于实际 GDP 的供给量。如果实际 GDP 低于均衡 GDP，企业增加产量并提高价格；而如果实际 GDP 高于均衡 GDP，企业减少产量并降低价格。
短期宏观经济均衡可能出现三种状态：
（1）充分就业均衡，当总需求曲线与短期总供给曲线相交时的产量恰好处在长期总供给曲线上时，我们称这时的宏观经济均衡为充分就业均衡。这时资源得到充分利用，失业率处于自然失业率的水平上，这是宏观经济的理想状态。</td></tr>
</table>

续表

项　　目		内　　容
类型	短期宏观经济均衡	（2）低于充分就业的均衡（失业均衡），是宏观经济均衡时决定的实际国内生产总值小于充分就业时的国内生产总值，从而企业开工不足，失业率高于自然失业率。 （3）通货膨胀均衡，是宏观经济均衡时决定的实际国内生产总值大于充分就业时的实际国内生产总值，实际产出超过了潜在 GDP 的水平，推动了价格的上升。 以上分析说明，宏观经济均衡很难实现充分就业均衡，由于市场机制的自发调节，出现了经济的短期波动和商业周期
	长期宏观经济均衡	长期宏观经济均衡发生在实际 GDP 等于潜在 GDP 的位置上。长期均衡时，总需求曲线和长期总供给曲线相交

考点四　产品市场和货币市场的一般均衡（表 2－14）

表 2－14　　产品市场和货币市场的一般均衡

项　　目		内　　容
产品市场的均衡	两部门经济中产品市场的均衡方程	两部门经济中产品市场的均衡模型可以表示为： 均衡条件：$I=S$ 投资函数：$I=I(r)=e-dr$ 储蓄函数：$S=S(y)=-\alpha+(1+\beta)\gamma$ 得到： $r=\frac{e+\alpha}{d}-\frac{1-\beta}{d}$ 或 $y=\frac{\alpha+e-dr}{1-\beta}$ 以上就是两部门经济中 IS 曲线的方程
	三部门经济中产品市场的均衡方程	根据前面的分析，三部门经济中产品市场的均衡模型可以表示为： 均衡条件：$I+G=S+T$ 投资函数：$I=I(r)=e-dr$ 储蓄函数：$S=S(y)=\alpha+(1-\beta)YD$ 得到： $r=\frac{\alpha+e+G_0-\beta T_0+\beta TR}{d}-\frac{1-\beta(1-t)}{d}Y$

续表

项目	内容
货币市场的均衡	所谓货币市场的均衡，是指货币市场上货币需求等于货币供给时的状况。根据前面的分析我们可以得到： 货币市场均衡条件：$L=M_s$ 货币需求函数：$L=L_1(Y)+L_2(r)=K_y-h_r$ 货币供给常数：$M_s=m$ 得到 $K_y-h_r=m$ 在货币供给量既定时，货币市场的均衡就只能通过调节对货币的需求来实现。从上式中可知，当 m 为一定量时，若 L_1 增加，则 L_2 必须减少，否则就不能保持货币市场的均衡。即若国民收入增加，将使货币交易增加时，利率必须相应提高，从而使货币投机需求减少，才能维持货币市场的均衡。 总之，当 m 给定时，$m=K_y-h_r$ 就是表示满足货币市场的均衡条件

考点五 IS-LM 模型

IS-LM 模型是宏观经济分析的一个重要工具，是描述产品市场和货币之间相互联系的理论结构。在产品市场上，国民收入决定于消费 C、投资 I、政府支出 G 和净出口 $X-M$ 加合起来的总支出或者说总需求水平，而总需求尤其是投资需求要受到利率 r 影响，利率则由货币市场供求情况决定，就是说，货币市场要影响产品市场；另一方面，产品市场上所决定的国民收入又会影响货币需求，从而影响利率，这又是产品市场对货币市场的影响，可见，产品市场和货币市场是相互联系、相互作用的，而收入和利率也只有在这种相互联系、相互作用中才能决定。描述和分析这两个市场相互联系的理论结构，就称为 IS-LM，如图 2－7 所示。

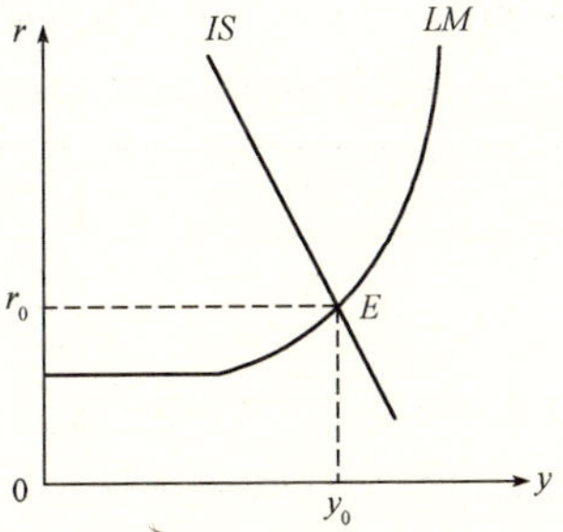

图 2－7 产品市场和货币市场的一般均衡

该模型要求同时达到下面的两个条件：

(1) $I(r)=S(Y)$ 即 IS，Investment-Saving

(2) $M/P=L_1(r)+L_2(Y)$ 即 LM，Liquidity preference-Money Supply

其中，I 为投资，S 为储蓄，M 为名义货币量，P 为物价水平，M/P 为实际货币量，Y 为总产出，r 为利率。

两条曲线交点处表示产品市场和货币市场同时达到均衡。

IS-LM 模型是宏观经济分析的一个重要工具，是描述产品市场和货币市场之间相互联系的理论结构。

IS 模型是描述产品市场均衡的模型，根据封闭经济中的等式：

Y（国民收入）$=C$（消费）$+I$（投资）$+G$（政府购买，经常被视为恒值）

其中 $C=C(Y)$，消费水平随收入正向变化；

$I=I(r)$，r 为利率

则可获得收入 Y 与利率 r 在产品市场均衡时的图像，斜率为负，斜率大小受投资与利率敏感度及投资乘数影响，曲线位置受自主性支出决定。LM 曲线是描述货币市场均衡的模型，根据等式：$M/P=L_1(r)+L_2(Y)$，其中，I 为投资，S 为储蓄，M 为名义货币量，P 为物价水平，M/P 为实际货币量，Y 为总产出，r 为利率，L 是货币需求。

通常将 M/P 视为由中央银行确定的定值，利率和货币量呈反向关系，而收入和货币量呈正向关系，从而得出一条收入 Y 与利率 r，斜率为正的直线，斜率大小由货币供应量对利率和收入分别的敏感度决定，而位置由货币供应量决定。

将 IS-LM 移至同一图上，二者交点便反映了产品市场和货币市场同时达到均衡时的利率水平和收入水平，对于分析宏观经济问题很有意义。

考点六　可贷资金市场均衡、外汇市场均衡及可贷资金市场与外汇市场同时均衡（表 2—15）

表 2—15　可贷资金市场均衡、外汇市场均衡及可贷资金市场与外汇市场同时均衡

项目		内容
可贷资金市场均衡	可贷资金市场的定义	可贷资金市场是指想借钱投资的人能够借贷资金、想储蓄的人可以提供资金的市场。投资是可贷资金需求的来源。可贷资金的供给来自国民储蓄，包括私人储蓄和公共储蓄

续表

项目		内容
可贷资金市场均衡	可贷资金的供给和需求曲线	利率是贷款的价格，代表贷款者从其储蓄或放贷中得到的货币量以及借款者要为借款支付的货币量。随着利率的上升，贷款者可以获得高利息，可贷资金供给量增加。然而，借款者需要支付高利息，可贷资金需求量减少，即可贷资金的供给曲线向右上方倾斜，而可贷资金的需求曲线向右下方倾斜。 可贷资金市场的需求曲线和供给曲线相交时，可贷资金市场实现了均衡，交点决定了均衡利率和均衡货币量。利率调整会使可贷资金需求与供给达到均衡水平
外汇市场均衡		外汇市场均衡的条件是：资本净流出（NCO）=净出口（NX）。 开放经济模型假设，这个恒等式的两边代表外汇市场上的双方。以美元代表外币，等式右边的代表外汇市场的需求方，表示为了购买美国物品与劳务的净出口而需要的美元量。等式左方的资本净流出代表外汇市场的供给方，表示为购买国外资产而供给的美元量。 需求曲线向右下方倾斜，即较低的真实汇率使美国的物品更加便宜，并增加了为购买这些物品而需求的美元量。供给曲线是垂直的，因为为资本净流出而供给的美元量并不取决于真实汇率。 外汇市场上的需求曲线与供给曲线相交时，交点决定的汇率是均衡汇率，此时外汇市场实现了均衡，人们为购买净出口而需求的美元数量正好等于为购买外国资产而供给的美元数量
可贷资金市场与外汇市场同时均衡		图 2－8（a）表示可贷资金市场。可贷资金需求主要来源于国内投资和资本净流出，可贷资金供给主要来源于国民储蓄，均衡的真实利率（r_1）使可贷资金需求量等于可贷资金供给量。 图 2－8（b）表示资本净流出。它说明从图 2－8（a）中得出的真实利率如何决定资本净流出。 国内真实利率低使国内资产更为便宜，而这增加了资本净流出。因此，图 2－8（b）中的资本净流出曲线向右下方倾斜。 图 2－8（c）表示外汇市场。对美元的需求来自净出口。外汇需求曲线向右下方倾斜，因为真实汇率上升减少了净出口。由于购买外国资产需要用外国通货，所以从图 2－8（b）中得出的资本净流出量决定了用于兑换外国通货的美元的供给。供给曲线是垂直的，因为真实汇率并不影响资本净流出。均衡的真实汇率（E_1）使外汇市场上美元的需求量等于供给量。

续表

项目	内容
可贷资金市场与外汇市场同时均衡	图 2—8 中所表示的两个市场决定了两个相对价格——真实汇率和真实利率。图 2—8（a）中可贷资金市场需求和供给决定的真实利率是相对于未来物品与劳务的现期物品与劳务的价格。图 2—8（c）中外汇市场需求和供给决定的真实汇率是相对于国外物品与劳务的国内物品与劳务的价格。这两个相对价格同时调整使可贷资金市场和外汇市场的供求达到均衡。当这两个相对价格调整时，它们就决定了国内投资、国民储蓄、净出口和资本净流出

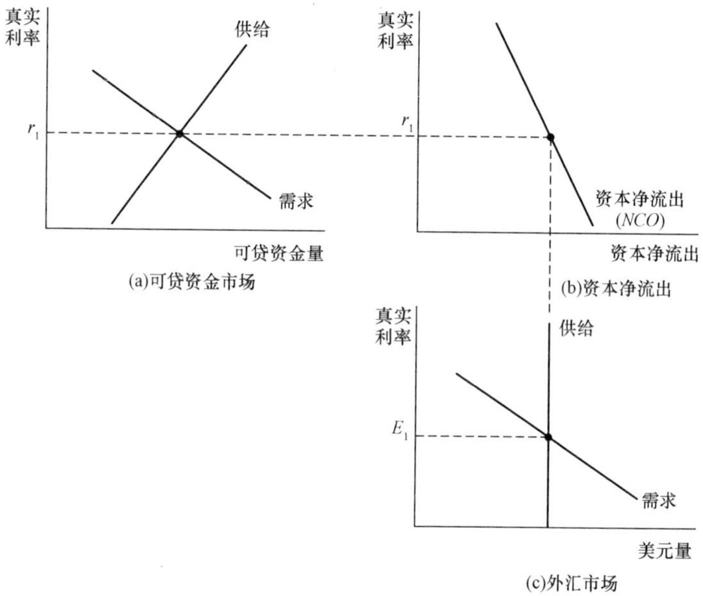

图 2—8　开放经济的实际均衡

【典型习题】

1. 当总需求曲线与短期总供给曲线相交时的产量恰好处在长期总供给曲线上时，我们称这时的宏观经济均衡为(　　)。

A. 低于充分就业的均衡　　B. 通货膨胀均衡

C. 充分就业均衡　　D. 失业均衡

2. 下列属于国内需求中消费需求的是(　　)。

A. 用于新增固定资产投资

B. 用于新增流动资产投资

C. 物质生产部门为供集体消费之用而对消费品和服务的需求

D. 产品和劳务输出

3. 宏观经济政策的基本目标是(　　)。

Ⅰ. 经济增长　　Ⅱ. 物价稳定

Ⅲ. 国际收支平衡　　Ⅳ. 充分就业

A. Ⅰ、Ⅱ、Ⅲ　　B. Ⅰ、Ⅱ、Ⅳ

C. Ⅱ、Ⅲ、Ⅳ　　D. Ⅰ、Ⅱ、Ⅲ、Ⅳ

4. 短期宏观经济均衡可能出现的状态包括(　　)。

Ⅰ. 充分就业均衡　　Ⅱ. 低于充分就业的均衡

Ⅲ. 通货膨胀均衡　　Ⅳ. 失业均衡

A. Ⅰ、Ⅱ、Ⅲ　　B. Ⅰ、Ⅱ、Ⅳ

C. Ⅱ、Ⅲ、Ⅳ　　D. Ⅰ、Ⅱ、Ⅲ、Ⅳ

【参考答案】

1. C　　2. C　　3. D　　4. D

第三章　金融学

第一节　利率、风险与收益

【考点归纳】

> ➢ 熟悉单利和复利的含义。
> ➢ 熟悉连续复利的含义。
> ➢ 熟悉终值、现值与贴现因子的含义。
> ➢ 掌握无风险利率和风险评价、风险偏好的概念。
> ➢ 熟悉无风险利率的度量方法及主要影响因素。
> ➢ 掌握风险溢价的度量方法及主要影响因素

【考点解读】

考点一　单利和复利的含义（表 3－1）

表 3－1　单利和复利的含义

项　目	内　容
单利	单利是指按照固定的本金计算的利息，是计算利息的一种方法。单利的计算取决于所借款项或贷款的金额（本金），资金借用时间的长短及市场一般利率水平等因素。 单利利息的计算公式为： 利息（I）＝本金（P）×利率（i）×时间（t） 式中　P——本金，又称期初金额或现值； i——利率，通常指每年利息与本金之比； I——利息； t——时间，通常以年为单位
复利	复利是与单利相对应的经济概念，单利的计算不用把利息计入本金，而复利恰恰相反，它的利息要并入本金中重复计息。复利就是复合利息，它是指每年的收益还可以产生收益，具体是将整个借贷

续表

项　　目	内　　容
复利	期限分割为若干段，前一段按本金计算出的利息要加入到本金中，形成增大了的本金，作为下一段计算利息的本金基数，直到每一段的利息都计算出来，加总之后，就得出整个借贷期内的利息，简单来说就是俗称的利滚利。 复利计算的特点是：把上期末的本利和作为下一期的本金，在计算时每一期本金的数额是不同的。 复利的计算公式是： $S=P(I+i)n$ 式中　I——利息； P——本金； n——时期； i——利率； S——本利和

考点二　连续复利的含义

连续复利是指在期数趋于无限大的极限情况下得到的利率，此时不同期之间的间隔很短，可看作是无穷小量。

设本金为 P_0，年利率为 i，当每年含有 m 个复利结算周期（若一个月为一个复利结算周期，则 $m=12$，若以一季度为一个复利结算周期，则 $m=4$）时，则 n 年后的本利和为：

$$P_{nm}=P_0\left(1+\frac{1}{m}\right)^{mn}=P_0\left(1+\frac{1}{m}\right)^{\frac{1}{i/m}ni}$$

当复利结算的周期数 $m\to\infty$（这意味着资金运用率最大限度的提高）时，$\left(1+\frac{1}{m}\right)^{\frac{1}{i/m}}$ 的极限为 e，即

$$\lim_{m\to\infty}\left(1+\frac{1}{m}\right)^{\frac{1}{i/m}}=2.7182818284590\cdots=e$$

所以当 $m\to\infty$ 连续复利本利和公式为：

$$P_n=\lim_{m\to\infty}P_0\left(1+\frac{i}{m}\right)^{mn}=P_0\lim_{m\to\infty}\left[\left(1+\frac{i}{m}\right)^{\frac{1}{i/m}}\right]^{ni}=P_0e^{ni}$$

即：

$$P_n=P_0e^{ni}$$

式中 e^{ni} 成为瞬间复利系数，或称一元钱的瞬间复利本利和。

考点三　终值、现值与贴现因子的含义（表3—2）

表3—2　终值、现值与贴现因子的含义

项　目	内　容
终值	终值又称将来值或本利和，是指现在一定量的资金在未来某一时点上的价值
现值	现值指资金折算至基准年的数值，也称折现值、在用价值，是指对未来现金流量以恰当的折现率进行折现后的价值。指资产按照预计从其持续使用和最终处置中所产生的未来净现金流入量折现的金额，负债按照预计期限内需要偿还的未来净现金流出量折现的金额
贴现因子	一般来说，当利率为 r 时，承诺 T 年之后支付 R 美元的现值是 $R/(1+r)^T$。其中 $1/(1+r)^T$ 被称为未来 T 时期的货币的贴现因子

考点四　无风险利率和风险评价、风险偏好的概念（表3—3）

表3—3　无风险利率和风险评价、风险偏好的概念

项　目	内　容
无风险利率	无风险利率是指将资金投资于某一项没有任何风险的投资对象而能得到的利息率
风险评价	风险评价是指风险在风险识别和风险估测的基础上，对风险发生的概率、损失程度，结合其他因素进行全面考虑，评估发生风险的可能性及其危害程度，并与公认的安全指标相比较，以衡量风险的程度，并决定是否需要采取相应的措施。处理风险需要一定费用，费用与风险损失之间的比例关系直接影响风险管理的效益。通过对风险的定性、定量分析和比较处理风险所支出的费用，来确定风险是否需要处理和处理程度，以判定为处理风险所支出的费用是否有效益
风险偏好	风险偏好是指为了实现目标，企业或个体投资者在承担风险的种类、大小等方面的基本态度。风险就是一种不确定性，投资实体面对这种不确定性所表现出的态度、倾向便是其风险偏好的具体体现

考点五　无风险利率的度量方法及主要影响因素（表3—4）

表3—4　无风险利率的度量方法及主要影响因素

项　目	内　容
度量方法	在债券市场较为完善的发达国家，无风险利率的度量方法主要有三种：用短期国债利率作为无风险利率；用利率期限结构中的远期利率来估计远期的无风险利率；用即期的长期国债利率作为无风险利率。在国际上，一般采用短期国债利率作为市场无风险利率

续表

项　　目	内　　容
主要影响因素	无风险利率的主要影响因素有资产市场化程度、信用风险因素以及流动性因素。资产市场化程度越高、信用风险越低、流动性越强，那么无风险利率越接近于实际情况

考点六　风险溢价的度量方法及主要影响因素（表 3—5）

表 3—5　　　　风险溢价的度量方法及主要影响因素

项　　目		内　　容
度量方法		风险溢价是指由于投资者承担了风险而相应可以获得高出无风险资产收益的收益，$r_m = r_f$ 为市场组合 M 的风险溢价。资产的市场风险溢价系数通常用 β 来表示。根据上述无风险利率的度量方法，可得到对应的三种风险溢价的度量方法
主要影响因素	信用风险因素	一般来说，国债、企业债、股票的信用风险依次升高，所要求的风险溢价也越来越高
	流动性因素	债券的流动性不同，所要求的风险溢价也不同。流动性越强，风险溢价越低；反之，则越高
	到期日因素	理论上来说，到期日不同的债券，其时间溢价也是不同的。到期日越长，风险溢价越高；反之，则越低

【真题回顾】

单项选择题（以下备选项中只有一个符合题目要求）

1. 在计算利息额时，按一定期限，将所生利息加入本金再计算利息的计息方法是(　　)。

A. 单利计息　　B. 存款计息　　C. 复利计息　　D. 贷款计息

【答案】 C

【解析】 本题考核的是复利计息的方法。复利计息是指在计算利息额时，要按一定期限（如一年），将所生利息加入本金再计算利息，逐期滚算的计息方法，俗称利滚利。

2. 某机构投资者计划进行为期 2 年的投资，预计第 2 年年末收回的现金流为 121 万元。如果按复利每年计息一次，年利率 10%，则第 2 年年末收回的现金流现值为(　　)万元。

A. 100　　B. 105　　C. 200　　D. 210

【答案】A

【解析】本题考核的是现值的计算。现值是指未来某一时点上的一定量现金折合到现在的价值，俗称“本金”。连续复利下的现值的计算公式为：$PV=\dfrac{A_n}{\left(1+\dfrac{r}{m}\right)^{mn}}$，式中，$A_n$表示第几年年末的现金流量，$m$是年计息次数，$r$是年贴现率。所以，第2年年末收回的现金流现值为$121/(1+10\%)^2=100$（万元）。

3. 某人按10%的年利率将1000元存入银行账户，若每年计算2次复利（即每年付息2次），则两年后其账户的余额为（　　）。

A. 1464.10元　　B. 1200元　　C. 1215.51元　　D. 1214.32元

【答案】C

【解析】本题考核的是账户余额的计算。由于每年付息2次，则$r=5\%$. $n=4$。因此，两年后账户的余额为：$S=P(1+r)^n=1000\times(1+5\%)^4\approx1215.51$（元）。

4. 某人在未来三年中，每年将从企业获得一次性劳务报酬50000元，企业支付报酬的时间既可在每年年初，也可在每年年末，若年利率为10%，由于企业支付报酬时点的不同，则三年收入的现值差为（　　）。

A. 12434.26元　　B. 14683. 49元　　C. 8677.69元　　D. 4545.45元

【答案】A

【解析】本题考核的是现值的计算。企业在年初支付报酬的现值为：

$$S_1=50000+\frac{50000}{(1+10\%)^2}+\frac{50000}{(1+10\%)^2}\approx136776.86\text{（元）}$$

企业在年末支付报酬的现值为：

$$S_2=\frac{50000}{1+10\%}+\frac{50000}{(1+10\%)^2}+\frac{50000}{(1+10\%)^3}\approx124342.60\text{（元）}$$

所以，由于支付报酬时点的不同，三年收入的现值差为：

136776.86－124342.60＝12434.26（元）。

【典型习题】

1. 为了实现目标，企业或个体投资者在承担风险的种类、大小等方面的基本态度是指（　　）。

A. 无风险利率　　B. 风险评价

C. 风险偏好　　D. 风险逃避

2. 资金折算至基准年的数值是指（　　）。

A. 本利和　　B. 终值　　C. 现值　　D. 贴现因子

3. 在金融学中，对未来现金流量以恰当的折现率进行折现后的价值属于（　　）。

A. 终值　　B. 现值　　C. 贴现因子　　D. 风险利率

4. 风险溢价的主要影响因素有(　　)。

Ⅰ. 信用风险因素　　Ⅱ. 期限结构因素

Ⅲ. 流动性因素　　Ⅳ. 到期日因素

A. Ⅰ、Ⅱ、Ⅲ　　B. Ⅰ、Ⅱ、Ⅳ　　C. Ⅱ、Ⅲ、Ⅳ　　D. Ⅰ、Ⅲ、Ⅳ

【参考答案】

1. C　　2. C　　3. B　　4. D

第二节　资本资产定价理论

【考点归纳】

- 熟悉资本资产定价模型的假设条件。
- 熟悉资本市场线和证券市场线的定义和图形。
- 了解证券系数 β 的含义和应用。
- 熟悉资本资产定价模型的含义及应用。
- 掌握因素模型的含义及应用

【考点解读】

考点一　资本资产定价模型的假设条件

资本资产定价模型是以有效市场作为分析的前提的。具体来说，它基于下列假设条件：

(1) 存在许多投资者，并且与整个市场相比每位投资者的财富份额都很小，所以投资者都是价格的接受者，不具备“做市”的力量，市场处于完善的竞争状态。

(2) 所有的投资者都有相同的投资期限。所有的投资者都是“近视”的，只关心投资计划期内的情况，不考虑计划期以后的事情。

(3) 投资者只能交易那些公开交易的金融工具，如股票、债券等，即不把人力资本（教育）、私人企业（指负债和权益不进行公开交易的企业）、政府融资项目等考虑在内。并假设投资者可以不受限制地以固定的无风险利率借入或贷出资金。

(4) 税收和交易成本都可以忽略不计，信息是免费的并且立即可得，即市场环境是无摩擦的。

（5）所有投资者的行为都是理性的，都遵循马科威茨的投资组合选择模型优化自己的投资行为。也就是说，当面临风险（标准差）相同的两种选择时，所有投资者都选择具有较高预期收益率的那一种；当面临预期收益率相同的两种选择时，所有投资者都选择具有较小风险的那一种。

（6）所有的投资者都以相同的观点和分析方法来对待各种投资工具，他们对所交易的金融工具未来的收益现金流的概率分布、预期收益率和方差等都有相同的估计，也就是具有一致的预期。

考点二　资本市场线和证券市场线的定义和图形（表 3－6）

表 3－6　　　　资本市场线和证券市场线的定义和图形

<table>
<tr><th>项　　目</th><th>内　　容</th></tr>
<tr><td>资本市场线</td><td>资本市场线是指表明有效组合的期望收益率和标准差之间的一种简单的线性关系的一条射线。它是沿着投资组合的有效边界，由风险资产和无风险资产构成的投资组合。
如图 3－1 所示，为资本市场线。
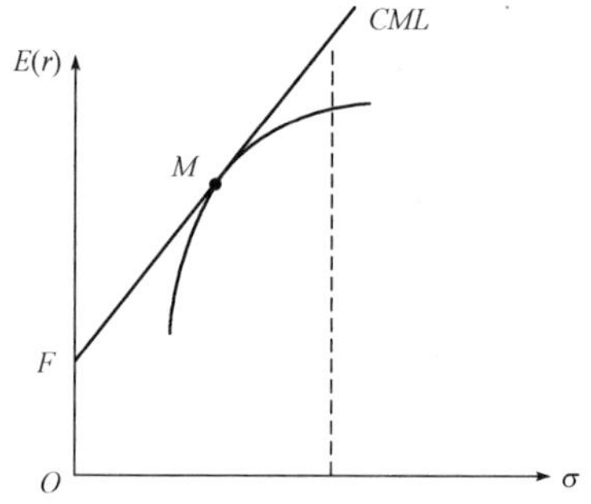

图 3－1　资本市场线</td></tr>
<tr><td>证券市场线</td><td>证券市场线简称为 SML，是资本资产定价模型（CAPM）的图示形式。可以反映投资组合报酬率与系统风险程度 β 系数之间的关系以及市场上所有风险性资产的均衡期望收益率与风险之间的关系。
如图 3－2 所示，为证券市场线。
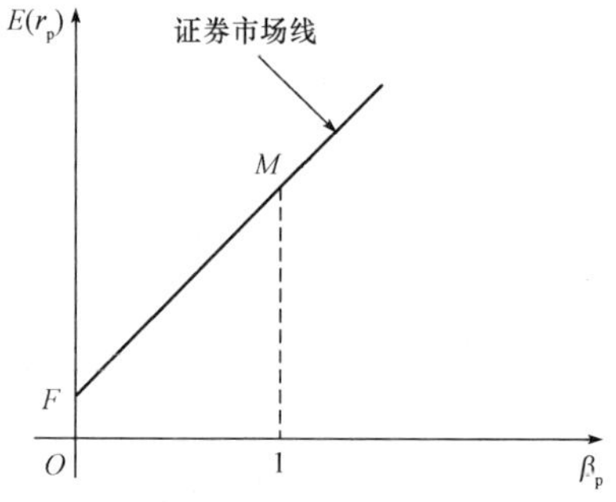

图 3－2　证券市场线</td></tr>
</table>

考点三 证券系数β的含义和应用（表3—7）

表3—7 **证券系数β的含义和应用**

项目	内容
含义	β系数也称为贝塔系数，是一种风险指数，用来衡量个别股票或股票基金相对于整个股市的价格波动情况。β系数是一种评估证券系统性风险的工具，用以度量一种证券或一个投资证券组合相对总体市场的波动性，在股票、基金等投资术语中常见
应用	β系数反映了个股对市场（或大盘）变化的敏感性，也就是个股与大盘的相关性或通俗说的“股性”。可根据市场走势预测选择不同的β系数的证券从而获得额外收益，特别适合作波段操作使用。当有很大把握预测到一个大牛市或大盘某个不涨阶段的到来时，应该选择那些高β系数的证券，它将成倍地放大市场收益率，为你带来高额的收益；相反在一个熊市到来或大盘某个下跌阶段到来时，你应该调整投资结构以抵御市场风险，避免损失，办法是选择那些低β系数的证券。 为避免非系统风险，可以在相应的市场走势下选择那些相同或相近β系数的证券进行投资组合

考点四 资本资产定价模型的含义及应用（表3—8）

表3—8 **资本资产定价模型的含义及应用**

<table>
<tr><th colspan="2">项目</th><th>内容</th></tr>
<tr><td colspan="2">含义</td><td>资本资产定价模型就是在投资组合理论和资本市场理论基础上形成发展起来的，主要研究证券市场中资产的预期收益率与风险资产之间的关系，以及均衡价格是如何形成的</td></tr>
<tr><td rowspan="2">应用</td><td>资产估值</td><td>在资产估值方面，资本资产定价模型主要被用来判断证券是否被市场错误定价。
根据资本资产定价模型，每一证券的期望收益率应等于无风险利率加上该证券由β系数测定的风险溢价。
市场对证券在未来所产生的收入流（股息加期末价格）有一个预期值，与证券i的期初市场价格及其预期收益率E（r_i）之间有如下关系：
$$E(r_i)=\frac{E(\text{股息}+\text{期末价格})}{\text{起初价格}}-1$$
在均衡状态下，上述E（r_i）应有相同的值。因此，均衡期初价格应定为：
$$\text{均衡的期初价格}=\frac{E(\text{股息}+\text{期末价格})}{1+E(r_i)}$$</td></tr>
<tr><td>资源配置</td><td>资本资产定价模型在资源配置方面的一项重要应用，就是根据对市场走势的预测来选择具有不同β系数的证券或组合以获得较高收益或规避市场风险</td></tr>
</table>

考点五　因素模型的含义及应用（表3—9）

表3—9　　因素模型的含义及应用

项　　目	内　　容
含义	因素模型是建立在证券收益率对各种因素或指数变动具有一定敏感性的假设基础之上的一种模型。证券的收益率具有相关性，这种相关性是通过对模型中的一个或多个因素的共同反应而体现出来。证券收益率中不能被因素模型所解释的部分被认为是各种证券的个性，因而与其他证券无关。“因素模型”也被称为指数模型或夏普模型
应用	假定除了证券市场风险（系统性风险）以外，还存在 n 个影响证券收益率的非市场风险因素（非系统性风险），则在资本资产定价模型的基础上可以得出多因素模型，其公式为： $$\bar{r}_i = r_f + \beta_{i,M}(\bar{r}_M - r_f) + \beta_{i,f_1}(\bar{r}_{f_1} - r_f) + \beta_{i,f_2}(\bar{r}_{f_2} - r_f) + \cdots + \beta_{i,f_n}(\bar{r}_{f_n} - r_f)$$ 式中　f_1、f_2，…，f_n——从1到 n 个非市场风险因素； $\beta_{i,M}$——第 i 种资产的市场风险溢价系数； β_{i,f_1}，β_{i,f_2}，…，β_{i,f_n}——第1到 n 个非市场风险因素的溢价系数； $\bar{r}_{f_1}$，$\bar{r}_{f_2}$，…，$\bar{r}_{f_n}$——因素1到 n 的期望收益率

【真题回顾】

下列关于证券市场线的叙述正确的有（　　）。

Ⅰ. 证券市场线是用标准差作为风险衡量指标

Ⅱ. 如果某证券的价格被低估，则该证券会在证券市场线的上方

Ⅲ. 如果某证券的价格被低估，则该证券会在证券市场线的下方

Ⅳ. 证券市场线说明只有系统风险才是决定期望收益率的因素

A. Ⅰ、Ⅱ　　B. Ⅰ、Ⅲ　　C. Ⅱ、Ⅳ　　D. Ⅲ、Ⅳ

【答案】 C

【解析】 本题考核的是证券市场线的内容。Ⅰ项，证券市场线是用贝塔系数作为风险衡量指标，即只有系统风险才是决定期望收益率的因素；Ⅲ项，如果某证券的价格被低估，意味着该证券的期望收益率高于理论水平，则该证券会在证券市场线的上方。

【典型习题】

1. 在资产估值方面，资本资产定价模型主要被用来(　　)。

A. 判断证券的均衡期初价格　　B. 判断证券是否被市场错误定价

C. 判断证券的期初市场价格　　D. 判断证券的预期收益率

2. 用以度量一种证券或一个投资证券组合相对总体市场的波动性的是(　　)。

A. 资本市场线　　B. 证券市场线

C. β系数　　D. 资本资产定价

3. 根据资本资产定价模型，每一证券的期望收益率应等于无风险利率加上该证券由β系数测定的(　　)。

A. 期末价格　　B. 期初价格　　C. 预期收益　　D. 风险溢价

4. 能用作资本资产定价模型假设条件的是(　　)。

Ⅰ. 存在许多投资者

Ⅱ. 所有的投资者都有相同的投资期限

Ⅲ. 投资者交易那些公开交易的私人企业

Ⅳ. 税收和交易成本都可以忽略不计

A. Ⅰ、Ⅱ、Ⅲ　　B. Ⅰ、Ⅱ、Ⅳ

C. Ⅱ、Ⅲ、Ⅳ　　D. Ⅰ、Ⅲ、Ⅳ

【参考答案】

1. B　2. C　3. D　4. B

第三节　有效市场和行为资产

【考点归纳】

- 熟悉市场有效性和信息类型。
- 熟悉有效市场假说的含义、特征、应用和缺陷。
- 熟悉预期效用理论。
- 熟悉判断与决策中的认知偏差。
- 熟悉金融市场中的行为偏差的原理。
- 了解行为资产定价理论。
- 了解行为资产组合理论

【考点解读】

考点一　市场有效性和信息类型（表 3－10）

表 3－10　　市场有效性和信息类型

项　　目		内　　容
市场有效性概念		有效市场的概念，最初是由 Fama 在 1970 年提出的。Fama 认为，当证券价格能够充分地反映投资者可以获得的信息时，证券市场就是有效市场，即在有效市场中，无论随机选择何种证券，投资者都只能获得与投资风险相当的正常收益率
信息类型	弱式市场	弱式有效市场中以往价格的所有信息已经完全反映在当前的价格之中，所以利用移动平均线和 K 线图等手段分析历史价格信息的技术分析法是无效的
	半强市场	除了证券市场以往的价格信息之外，半强形式有效市场假设中包含的信息还包括发行证券企业的年度报告，季度报告等在新闻媒体中可以获得的所有公开信息。依靠企业的财务报表等公开信息进行的基础分析法也是无效的
	强式市场	强式有效市场假说中的信息既包括所有的公开信息，也包括所有的内幕信息。如果强形式有效市场假设成立，上述所有的信息都已经完全反映在当前的价格之中，所以，即便是掌握内幕信息的投资者也无法持续获取非正常收益

考点二　有效市场假说的含义、特征、应用和缺陷（表 3－11）

表 3－11　　有效市场假说的含义、特征、应用和缺陷

项　　目	内　　容
含义	在信息有效的市场上，证券的价格应当能够反映该证券所有可获得的信息，包括基本面信息、风险信息等。证券在任一时点的价格都是对与证券相关的所有信息做出的即时、充分的反映称为有效市场假说
特征	将资本市场划分为弱式有效市场、半强式有效市场和强式有效市场三种形式。 证券的价格能充分反映该证券的所有可获得的信息，即“信息有效”。 证券的价格能够根据最新信息迅速做出调整

续表

项　目		内　容
应用	在高度有效的市场中	在高度有效的市场中，证券的价格应该与其预期价值一致，不存在偏离的情形；但是如果出现价格与价值偏离的情况，理性的投资者会立即掌握这一信息，迅速买进或卖出，使价格与价值趋于一致。 因此，在高度有效的市场中，所有投资者都不可能获得超额收益。此时正确的投资策略是：与市场同步，取得和市场一致的投资收益。具体做法是：按照市场综合价格指数组织投资
	在弱有效市场中	如果市场是弱有效的，即存在信息高度不对称，那么提前掌握大量消息或内部消息的投资者就可以比其他投资者更准确地识别证券的价值，并在价格与价值有较大偏离的情况下，通过买进或卖出的交易行为，获取超额收益。 此时正确的策略或做法是：设法得到第一手的有效信息，确定价格被高估或者低估的证券，并作卖出或者买进的处理
缺陷	理性人假设缺陷	限于先天的心智结构、后天的知识储备等，人们往往不能够做出实现效用最大化的理性行为
	完全信息假设缺陷	在实践中，大部分投资者并不能获得包括内部信息在内的所有信息，所以他们并不能做出理性自利的行为
	投资者均为风险厌恶者假设缺陷	现实中，并非所有的投资者都是保守型的，也有部分投资者是激进型的，他们偏好风险

考点三　预期效用理论（表 3－12）

表 3－12　　预期效用理论

项　目	内　容
定义	预期效用理论亦称期望效用函数理论，是 20 世纪 50 年代冯·纽曼和摩根斯坦在公理化假设的基础上，运用逻辑和数学工具，建立了不确定条件下对理性人选择进行分析的框架
期望效用函数	如果某个随机变量 X 以概率 P_i 取值 x_i（$i=1, 2, \cdots, n$），而某人在确定地得到 x_i 时的效用为 $u(x_i)$，那么，该随机变量给他的效用便是： $U(X)=E[u(X)]=P_1u(x_1)+P_2u(x_2)+\ldots+P_nu(x_n)$ 其中，$E[u(X)]$ 表示关于随机变量 X 的期望效用

考点四 判断与决策中的认知偏差（表3—13）

表3—13 判断与决策中的认知偏差

项目	内容
概念	所谓认知偏差是指人们根据一定表现的现象或虚假的信息而对他人作出判断，从而出现判断失误或判断本身与判断对象的真实情况不相符合
原因	(1) 人性存在包括自私、趋利避害等弱点。 (2) 投资者的认知中存在诸如有限的短时记忆容量，不能全面了解信息等生理能力方面的限制。 (3) 投资者的认知中存在信息获取、加工、输出、反馈等阶段的行为、心理偏差的影响

考点五 金融市场中的行为偏差的原理（表3—14）

表3—14 金融市场中的行为偏差的原理

项目	内容
处置效应	所谓处置效应，是指投资人在处置股票时，倾向卖出赚钱的股票、继续持有赔钱的股票，也就是所谓的“出赢保亏”效应
过度自信	投资者是过度自信的，尤其对其自身知识的准确性过度自信，从而系统性地低估某类信息并高估其他信息
注意力驱动交易	人类在不确定性决策中，存在有限注意力偏差，人难以同时处理多项信息，有限注意力使得人对一事物的注意必然牺牲以另一事物的注意为代价。 在“信息泛滥”的条件下，人倾向于关注显著刺激而忽视模糊刺激。有限注意力会影响投资者对信息的反应，进而影响股票价格。如有限注意的投资者会把更多的注意力放在处理宏观经济面和行业水平面的信息上，而忽视对特定公司的信息的注意
羊群效应产生原因	(1) 投资者信息不对称、不完全。模仿他人的行为以节约自己搜寻信息的成本。 (2) 推卸责任的需要。后悔厌恶心理使投资者选择与其他人相同的策略，或听从一些投资经理和股评人士的建议。 (3) 减少恐惧的需要。人类属于群体动物，偏离大多数人往往会产生一种孤单和恐惧感。 (4) 缺乏知识经验以及某些个性方面的特征。如知识水平、智力水平、接受信息的能力、思维的灵活性、自信心等都是产生羊群行为的影响因素。一般高焦虑的人从众性比较强；女性比男性更具有从众心理与行为

续表

项　　目	内　　容
本土偏差	投资者倾向投资于本国、距离自己较近或自己任职的公司股票，因为这样好像是比较熟悉、易于获得信息、易于控制，实际上并非如此。本土偏差主要由熟悉性偏好、模糊偏差造成
恶性增资	决策者往往出于对沉没成本的眷顾，倾向于继续投入资源，提升原方案的承诺，而随着投入资源的增加，决策者又表现出越来越强的“自我坚持”，从而导致更深的陷入。恶性增资行为主要由过度自信、损失厌恶、后悔厌恶、证实偏差造成

考点六　行为资产定价理论（表 3－15）

表 3－15　　行为资产定价理论

项　　目	内　　容
概念	行为资产定价模型（BAPM）是谢弗林和斯塔曼在 1994 年挑战资本资产定价模型的基础上提出来的。BAPM 是对现代资本资产定价模型（CAPM）的扩展
BAPM 模型和 CAPM 模型的不同之处	（1）在 BAPM 模型中，投资者被划分为信息交易者和噪声交易者两类。 信息交易者是“理性投资者”，他们通常支持现代 CAPM 模型，在避免出现认识性错误的同时具有均值方差偏好。 噪声交易者通常跳出 CAPM 模型，不仅易犯认识性错误，而且没有严格的均值方差偏好。 当信息交易者占据交易的主体地位时，市场是有效率的；而当噪声交易者占据交易的主体地位时，市场是无效率的。 （2）在 BAPM 模型中，证券的预期收益是由其“行为贝塔”决定的，行为资产组合（行为贝塔组合）中成长型股票的比例要比市场组合中的高。因此，在 BAPM 中，虽然均值方差有效组合会随时间而改变，但是资本市场组合的问题仍然存在。 （3）CAPM 模型只包括了人们的功利主义考虑，而 BAPM 把功利主义考虑和价值表达考虑都包括了进来。功利主义考虑（如产品成本，替代品价格）和价值表达考虑（如个人品位，特殊偏好）是由供求决定的。 （4）BAPM 在噪声交易者存在的条件下，对市场组合回报的分布、风险溢价、期限结构、期权定价等问题进行了全面研究。BAPM 模型既有限度地接受了市场有效性观点，也秉承了行为金融学所奉行的有限理性、有限控制力和有限自利观点

考点七　行为资产组合理论

行为资产组合理论是在现代资产组合理论的基础上发展起来的，行为资产组合理论是斯塔曼和谢弗林借鉴马可维茨的现代资产组合理论于2000年首创性地提出的，它针对均值一方差方法以及以其为基础的投资决策行为分析理论的缺陷，从投资人的最优投资决策实际上是不确定条件下的心理选择的事实出发，确立了以 $E(w)$ 和 Prob（$\omega \leqslant s$）$\leqslant \alpha$（其中 $E(w)$ 为预期财富，α 为某一预先确定的概率）来进行组合与投资选择的方法根基，以此来研究投资者的最优投资决策行为。

行为组合理论包括单一心理账户和多个心理账户，其中单一心理账户投资者关心投资组合中各资产的相关系数，所以他们会将投资组合整个放在一个心理账户中，而多个心理账户投资者会将投资组合分成不同的账户，忽视各个账户之间的相关关系。与现代资产组合理论认为投资者最优的投资组合应该在均值方差的有效前沿上不同的是，行为组合理论实际构建的资产组合是基于对不同资产的风险程度的认识以及投资目的所形成的一种金字塔式的资产组合。金字塔的每一层都对应着投资者特定的投资目的和风险特征。投资者通过综合考察现有财富、投资的安全性、期望财富水平、达到期望水平的概率等几个因素来选择符合个人愿望的最优投资组合。

【真题回顾】

一、单项选择题（以下备选项中只有一项符合题目要求）

如果当前的证券价格反映了历史价格信息和所有公开的价格信息，则该市场属于(　　)。

A. 弱式有效市场　　　　B. 半弱式有效市场

C. 强式有效市场　　　　D. 半强式有效市场

【答案】 D

【解析】 本题考核的是有效市场假说的内容。半强式有效市场假说是指当前的证券价格不仅反映了历史价格包含的所有信息，而且反映了所有有关证券的能公开获得的信息。

二、组合型选择题（以下备选项中只有一项最符合题目要求）

1. 根据资产定价理论中的有效市场假说，有效市场的类型包括(　　)。

Ⅰ. 弱式有效市场　　　　Ⅱ. 半弱式有效市场

Ⅲ. 半强式有效市场　　　　Ⅳ. 强式有效市场

A. Ⅰ、Ⅱ　　　　B. Ⅰ、Ⅳ

C. Ⅰ、Ⅲ、Ⅳ　　　　D. Ⅰ、Ⅱ、Ⅲ、Ⅳ

【答案】 C

【解析】 本题考核的是有效市场的类型。有效市场假说奠定了对资产价值的认知基础，该假说认为，相关的信息如果不受扭曲且在证券价格中得到充分反映，市场就是有效的。有效市场的类型包括：(1) 弱式有效市场；(2) 半强式有效市场；(3) 强式有效市场。

2. 在强势有效市场中，下列描述正确的是(　　)。

Ⅰ. 任何人都不可能通过对公开或内幕信息的分析获取额外收益

Ⅱ. 证券价格总是能及时充分地反映所有相关信息

Ⅲ. 每一位投资者都掌握了有关证券产品的所有公开可得信息

Ⅳ. 基本面分析是无效的

A. Ⅰ、Ⅱ、Ⅳ　　B. Ⅰ、Ⅱ、Ⅲ

C. Ⅰ、Ⅱ、Ⅲ、Ⅳ　　D. Ⅱ、Ⅲ、Ⅳ

【答案】C

【解析】本题考核的是强式有效市场的内容。在强式有效市场上，证券的价格反映了与证券相关的所有公开的和不公开的信息，证券价格能及时充分地反映所有相关信息，所以，基本分析无效，投资者无法利用公开或者内幕信息获取额外收益。

【典型习题】

1. 在高度有效的市场中，证券的价格应该与其(　　)一致，不存在偏离的情形。

A. 终值　　B. 折现值　　C. 预期价值　　D. 贴现因子

2. 下列关于有效市场假说，描述错误的是(　　)。

A. 在高度有效的市场中，所有投资者都不可能获得超额收益

B. 在实践中，大部分投资者并不能获得包括内部信息在内的所有信息，所以他们并不能做出理性自利的行为

C. 证券的价格能充分反映该证券的所有可获得的信息，即“信息有效”

D. 证券在规定时点的价格都是对与证券相关的所有信息做出的即时、充分的反映

3. 以往价格的所有信息已经完全反映在当前的价格之中，表现在(　　)。

A. 半弱市场　　B. 弱式市场　　C. 半强市场　　D. 强式市场

4. 有效市场假说的缺陷包括(　　)。

Ⅰ. 理性人假设缺陷

Ⅱ. 完全信息假设缺陷

Ⅲ. 投资者均为风险厌恶者假设缺陷

Ⅳ. 正确的策略缺陷

A. Ⅰ、Ⅱ、Ⅲ　　B. Ⅰ、Ⅱ、Ⅳ　　C. Ⅱ、Ⅲ、Ⅳ　　D. Ⅰ、Ⅲ、Ⅳ

5. 投资者在判断与决策中出现认知偏差的原因主要有(　　)。

Ⅰ. 人性存在包括自私、趋利避害等弱点

Ⅱ. 投资者的认知中存在诸如有限的短时记忆容量，不能全面了解信息等生理能力方面的限制

Ⅲ. 投资者的认知中存在信息获取、加工、输出、反馈等阶段的行为、心理偏差的影响

Ⅳ. 判断失误或判断本身与判断对象的真实情况不相符合

A. Ⅰ、Ⅱ、Ⅲ　　B. Ⅰ、Ⅱ、Ⅳ

C. Ⅱ、Ⅲ、Ⅳ　　D. Ⅰ、Ⅲ、Ⅳ

【参考答案】

1. C　2. D　3. B　4. A　5. A

第四章 数理方法

第一节 概率基础

【考点归纳】

> ➤ 熟悉概率与随机变量的含义、计算和原理。
> ➤ 熟悉多元分布函数及其数字特征。
> ➤ 掌握对数正态分布等统计分布的特征和计算

【考点解读】

考点一 概率与随机变量的含义、计算和原理（表4—1）

表4—1 概率与随机变量的含义、计算和原理

项目	内容
概率	概率，又称或然率、机会率、机率（几率）或可能性，是概率论的基本概念。概率是对随机事件发生的可能性的度量，一般以一个在0到1之间的实数表示一个事件发生的可能性大小。越接近1，该事件更可能发生；越接近0，则该事件更不可能发生。人们常说某人有百分之多少的把握能通过这次考试，某件事发生的可能性是多少，这都是概率的实例。 条件概率：在给定事件B已经发生的条件下事件A发生的概率为条件概率，记为$P(A\mid B)$，$P(A\mid B)=\frac{P(A\cap B)}{P(B)}$。 事件独立：如果$P(A\cap B)=P(A\mid B)P(B)=P(A)P(B)$，那么事件A和事件B是相互独立的。否则，事件$A$和事件$B$是相互依赖的
随机变量	随机变量表示随机试验各种结果的实值单值函数。例如某一时间内公共汽车站等车乘客人数，电话交换台在一定时间内收到的呼叫次数等等，都是随机变量的实例。 离散型随机变量及其概率分布函数：设随机变量X取值为有限个或者可列无限多个，则随机变量X为离散型随机变量，$P(X=x_i)=P_i$，$i=1, 2, \cdots, n$称为随机变量X的（概率）分布。

续表

项　目	内　容
随机变量	连续型随机变量与概率密度函数： (1) 连续型随机变量。 如果对于随机变量 X 的分布函数 $F(x)$，存在非负可积函数 $f(x)$，使对于任意实数 x 有： $F(x)=\int_{-\infty}^{x}f(t)\mathrm{d}t$ 则称 X 为连续型随机变量，$f(x)$ 称为 X 的概率密度函数，简称概率密度。 (2) 概率密度函数的性质。 对于所有的 $x\in R$,有 $f(x)\geqslant 0$； $\int_{-\infty}^{\infty}f(x)\mathrm{d}x=1$； 对于任意两个实数 a、b，$-\infty<a\leqslant b<\infty$，有 $P(a<X\leqslant b)=\int_{a}^{b}f(x)\mathrm{d}x$； 若 $f(x)$ 在点 x 处连续，则有 $f(x)=\frac{\mathrm{d}F(x)}{\mathrm{d}x}=F'(x)$

考点二　多元分布函数（表 4—2）

表 4—2　　**多元分布函数**

项　目	内　容
离散型随机变量	如果 X 和 Y 是两个离散型随机变量，其所有可能取值为 (x_1, y_1)，i，$j=1, 2, \cdots$，记 $P\{X=x_i, y=y_j\}=P_{ij}$，i，$j=1, 2, \cdots$，则由概率的定义有：$P_{ij}\geqslant 0$，$\sum_{i=1}^{\infty}\sum_{j=1}^{\infty}P_{ij}=1$。称 $P\{X=x_i, Y=y_j\}=P_{ij}$，i，$j=1, 2, \cdots$ 为二维离散型随机变量 (X, Y) 的分布律，或称为随机变量 X 和 Y 的联合分布律。 离散型随机变量 X 和 Y 的联合分布函数为 $F(x, y)=\sum_{x_i\leqslant x}\sum_{y_j\leqslant y}P_{ij}$，其中求和式是对一切满足 $x_i\leqslant x$，$y_j\leqslant y$ 的 i，j 来求和的
连续型随机变量的分布	(1) 如果 X 和 Y 是两个连续型随机变量，那么满足下列性质的二元函数 $f(x, y)$ 被称为 X 和 Y 的联合概率密度函数： ① $f(x, y)\geqslant 0$； ②设 A 是 xOy 平面上的区域，点 (X, Y) 落在 A 内的概率为：$P\{(X, Y)\in A\}=\iint_{A}f(x,y)\mathrm{d}x\mathrm{d}y$。

续表

项　目	内　容
连续型随机变量的分布	③ $\int_{-\infty}^{\infty}\int_{-\infty}^{\infty} f(x,y)\mathrm{d}x\mathrm{d}y = 1$ 。 （2）相应的联合累积分布函数为： $$F(x,y) = P(X \leqslant x, Y \leqslant y) = \int_{-\infty}^{x}\int_{-\infty}^{y} f(x,y)\mathrm{d}x\mathrm{d}y$$ （3）如果 $F(x, y)$ 的偏导数存在，那么联合密度函数为： $$f(x,y) = \frac{\partial^2 F(x,y)}{\partial x \partial y}$$ （4）X 和 Y 的边际概率密度函数为： $$g(x) = \int_{-\infty}^{\infty} f(x,y)\mathrm{d}y$$ $$h(y) = \int_{-\infty}^{\infty} f(x,y)\mathrm{d}y$$ （5）当两个随机变量相互独立时，联合概率密度是各个边际概率密度的乘积，即 $f(\mathrm{x}, y) = g(x) \cdot h(y)$

考点三　多元分布函数的特征（表 4－3）

表 4－3　　多元分部函数的特征

函　数	特　征
协方差	在概率论和统计学中，协方差用于衡量两个变量的总体误差。而方差是协方差的一种特殊情况，即当两个变量是相同的情况。 期望值分别为 $E(X) = \mu$ 与 $E(Y) = v$ 的两个实数随机变量 X 与 Y 之间的协方差定义为： $$\mathrm{cov}(X, Y) = E[(X-\mu)(Y-v)]$$ 其中，E 是期望值。它也可以表示为： $$\mathrm{cov}(X, Y) = E(X, Y) - \mu\nu$$ 直观上来看，协方差表示的是两个变量总体的误差，这与只表示一个变量误差的方差不同。 如果两个变量的变化趋势一致，也就是说如果其中一个大于自身的期望值，另外一个也大于自身的期望值，那么两个变量之间的协方差就是正值。 如果两个变量的变化趋势相反，即其中一个大于自身的期望值，另外一个却小于自身的期望值，那么两个变量之间的协方差就是负值。 如果 X 与 Y 是统计独立的，那么二者之间的协方差就是 0。这是因为： $$E(X \cdot Y) = E(X) \cdot E(Y) = \mu\nu$$

续表

函　　数	特　　征
协方差	但是，反过来并不成立。即如果 X 与 Y 的协方差为 0，二者并不一定是统计独立的。 协方差 cov（X，Y）的度量单位是 X 的协方差乘以 Y 的协方差。而取决于协方差的相关性，是一个衡量线性独立的无量纲数。 协方差为 0 的两个随机变量称为是不相关的
协方差矩阵	分别为 m 与 n 个标量元素的列向量随机变量 X 与 Y，二者对应的期望值分别为 μ 与 v，这两个变量之间的协方差定义为 $m\times n$ 矩阵。 $$\text{cov}(X,Y)=E[(X-\mu)(Y-v)]^T$$ 两个向量变量的协方差 cov（X，Y）与 cov（Y，X）互为转置矩阵。 协方差有时也称为是两个随机变量之间“线性独立性”的度量，但是这个含义与线性代数中严格的线性独立性不同

考点四　对数正态分布等统计分布的特征和计算

在概率论与统计学中，对数正态分布是对数为正态分布的任意随机变量的概率分布。如果 X 是服从正态分布的随机变量，则 exp（X）服从对数正态分布；同样，如果 Y 服从对数正态分布，则 ln（Y）服从正态分布。如果一个变量可以看做是许多很小独立因子的乘积，则这个变量可以看做是对数正态分布。一个典型的例子是股票投资的长期收益率，它可以看做是每天收益率的乘积。

设 X 服从对数正态分布，其密度函数为：

$$f(x)=\begin{cases}\dfrac{1}{\sqrt{2\pi}x\sigma}e^{-(\ln x-\mu)^2/2\sigma^2},x>0\\0,x\leqslant 0\end{cases}$$

数学期望和方差分别为：

$$E(X)=\int_0^{+\infty}xf(x)\mathrm{d}x=e^{\mu+\sigma^2/2}$$

$$D(X)=\int_0^{+\infty}[x-E(x)]^2f(x)\mathrm{d}x=(e^{\sigma^2}-1)e^{2\mu+\sigma^2}$$

【真题回顾】

一、单项选择题（以下备选项中只有一项符合题目要求）

1. 设随机变量 $X-N(3,2^2)$，且 $P(X>a)=P(X<a)$，则常数 a 为（　　）。

A. 0　　B. 2　　C. 3　　D. 4

【答案】C

【解析】本题考核的是随机变量的计算。由于 X 为连续型随机变量，所以 $P(X=a)=0$，已知 $P(X>a)=P(X<a)$，可得 $P(X<a)=P(X>a)=0.5$，即 a 处在正态分布的中心位置，根据题干中的条件可知该分布关于 $\mu=3$ 轴对称，所以 $a=3$。

2. 离散型随机变量的概率分布为 $P(X=K)=\dfrac{K+1}{10}$ $K=0，1，2，3$，则 $E(X)$ 为（　　）。

A. 2.4　　B. 1.8　　C. 2　　D. 1.6

【答案】C

【解析】本题考核的是离散型随机变量期望值的计算。离散型随机变量期望值为 $E[(X)]=\sum_{i=1}^{\infty}x_iP_i$。根据 $P(X=K)=\dfrac{K+1}{10}$，得：$P(x=0)=\dfrac{1}{10}$，$P(X=1)=\dfrac{2}{10}$，$P(X=2)=\dfrac{3}{10}$，$P(X=3)=\dfrac{4}{10}$。所以，$E(X)=0\times\dfrac{1}{10}+1\times\dfrac{2}{10}+2\times\dfrac{3}{10}+3\times\dfrac{4}{10}=2$。

二、组合型选择题（以下备选项中只有一项最符合题目要求）

下列属于二维连续随机变量（X，Y）概率密度 $f(x,y)$ 的性质是（　　）。

Ⅰ. $f(x,y)>0$

Ⅱ. $\int_{-\infty}^{\infty}\int_{-\infty}^{\infty}f(x,y)\,dxdy=F(-\infty,+\infty)=1$

Ⅲ. 若（x，y）在点（X，Y）处连续，则有 $f(x,y)=\dfrac{\partial^2F(x,y)}{\partial x\partial y}$

Ⅳ. 设 D 是 xOy 平面的一个区域，则点（X，Y）落在 D 内的概率为 $P\{(X,Y)\in D\}=\iint_D f(x,y)\,dxdy$。

A. Ⅰ、Ⅱ、Ⅲ　　B. Ⅰ、Ⅲ、Ⅳ　　C. Ⅱ、Ⅲ、Ⅳ　　D. Ⅰ、Ⅱ、Ⅳ

【答案】C

【解析】本题考核的是二维连续随机变量的性质。Ⅰ项，二维连续随机变量（x，y）概率密度 $f(x,y)\geqslant 0$。

【典型习题】

1. 如果 X 和 Y 是两个连续型随机变量，二元函数 $f(x,y)$ 被称为 X 和 Y 的联合概率密度函数，那么下列性质不需要满足的是（　　）。

A. $f(x,y)\geqslant 0$

B. 设 A 是 xOy 平面上的区域，点（X，Y）落在 A 内的概率为：P｛（X，Y）$P\{(X,Y)\in A\}=\iint_A f(x,y)\,dxdy$

C. $\int_{-\infty}^{\infty}\int_{-\infty}^{\infty} f(x,y)\mathrm{d}x\mathrm{d}y = 1$

D. $F(x,y) = P(X \leqslant x, Y \leqslant y) = \int_{-\infty}^{x}\int_{-\infty}^{y} f(x,y)\mathrm{d}x\mathrm{d}y$

2. 下列关于随机变量描述正确的是(　　)。

Ⅰ. 随机变量表示随机试验各种结果的实值单值函数

Ⅱ. 某一时间内公共汽车站等车乘客人数可以称为一个随机变量

Ⅲ. 设随机变量 X 取值为有限个或者可列无限多个，则随机变量 X 为离散型随机变量

Ⅳ. 随机变量是对随机事件发生的可能性的度量

A. Ⅰ、Ⅱ、Ⅲ　　B. Ⅰ、Ⅲ、Ⅳ

C. Ⅱ、Ⅲ、Ⅳ　　D. Ⅰ、Ⅱ、Ⅲ、Ⅳ

【参考答案】

1. D　　2. D

第二节　统计基础

【考点归纳】

- 熟悉总体、样本和统计量的含义。
- 熟悉统计推断的参数估计。
- 熟悉统计推断的假设检验

【考点解读】

考点一　总体、样本和统计量的含义（表 4－4）

表 4－4　总体、样本和统计量的含义

项　目	内　容
总体	总体是一个简化的概念，它可以分为自然总体和测量总体。所谓自然总体就是由客观存在的具有相同性质的许多个别事物构成的整体；自然总体中的个体通常都具有多种属性，我们把个体所具有某种共同那个属性的数值的整体称为一个测量总体。 如果统计总体中包括的单位数是有限的，则称为有限总体；如果一个统计总体中包括的单位数可以是无限的，称为无限总体

续表

项　　目	内　　容
样本	样本是总体中所抽取的一部分个体，而样本容量则是指样本中个体的数目
统计量	设 X_1，X_2，…，X_n 是从总体 X 中抽取的容量为 n 的一个样本，如果由此样本构造一个函数 T（X_1，X_2，…，X_n），不依赖于任何未知参数，则称函数 T（X_1，X_2，…，X_n）是一个统计量

考点二　统计推断的参数估计（表 4－5）

表 4－5　　**统计推断的参数估计**

项　　目	内　　容
点估计	（1）设 $X_1,X_2,\cdots,X_n$ 为总体 X 的样本，总体 X 的分布函数 $F(x,\theta)$ 形式已知，θ 为待估参数，x_1，x_2，…，x_n 为对应的样本观测值。点估计问题就是构造一个适当的统计量 $\hat{\theta}(X_1,X_2,\cdots,X_n)$，用其观测值 $\hat{\theta}(x_1,x_2,\cdots,x_n)$ 来估计待估参数 θ 的取值。这里 $\hat{\theta}(X_1,X_2,\cdots,X_n)$ 称为 θ 的估计量，$\hat{\theta}(x_1,x_2,\cdots,x_n)$ 称为 θ 的估计值，两者统称 θ 的估计。这种对未知参数的定点估计称为未知参数的点估计。 （2）以样本的各阶原点矩作为总体的各阶原点矩得到的估计量，以样本的各阶原点矩的连续函数作为总体的各阶原点矩的连续函数的估计量的估计方法称为矩估计法。 （3）设总体 X 具有分布率 p（x；θ）或概率密度 $f(x;\theta),\theta\in\Theta$ 为未知参数向量，设 $X_1,X_2,\cdots,X_n$ 为来自 X 的样本，则（$X_1,X_2,\cdots,X_n$）的联合分布率（或联合概率密度）： $L(x_1,x_2,\cdots,x_n;\theta)=\Pi_{i=1}^{n}p(x_i;\theta)$ 或 $\Pi_{i=1}^{n}f(x_i;\theta)$ 称为样本的似然函数。 对样本的任何观测值（$x_1,x_2,\cdots,x_n$），若 $L(x_1,x_2,\cdots,x_n;\hat{\theta})\ \sup\limits_{\theta\in\Theta}L(x_1,x_2,\cdots,x_n;\theta)$ 则称 $\hat{\theta}(x_1,x_2,\cdots,x_n)$ 为参数 θ 的最大似然估计值，$\hat{\theta}(X_1,X_2,\cdots,X_n)$ 为参数 θ 的最大似然估计量。 若 $p(x;\theta)$ 或 $f(x;\theta)$ 关于 θ 可微，则参数 θ 的最大似然估计 $\hat{\theta}$ 可以通过方程： $$\frac{\partial L(\theta)}{\partial\theta}=0$$ 得到。又 $Ln(x)$ 为 x 的单调函数，因此参数 θ 的最大似然估计 $\hat{\theta}$ 亦可通过方程： $$\frac{\partial LnL(\theta)}{\partial\theta}=0$$ 得到，后一方程的求解往往较前者方便得多

续表

项　目	内　容
区间估计	设总体 X 的分布函数 $F(x;\theta)$ 形式已知，$\theta\in\Theta$ 为未知参数，若对于给定 $\alpha(0<\alpha<1)$，存在两个统计量 $\hat{\theta}_1=\hat{\theta}_1(X_1,X_2,\cdots,X_n)$ 与 $\hat{\theta}_2=\hat{\theta}_2(X_1,X_2,\cdots,X_n)$，对于任意 $\theta\in\Theta$，满足： $p\{\hat{\theta}_1(X_1,X_2,\cdots,X_n)<\theta<\hat{\theta}_2(X_1,X_2,\cdots,X_n)\}\geqslant 1-\alpha$ 则称随机区间 $(\hat{\theta}_1,\hat{\theta}_2)$ 为参数 θ 的置信水平为 $1-\alpha$ 的双侧置信区间，$\hat{\theta}_1$ 和 $\hat{\theta}_2$ 分别称为对应置信区间的置信下限和置信上限，$1-\alpha$ 称为置信水平，α 称为显著性水平

考点三　统计推断的假设检验（表 4—6）

表 4—6　　统计推断的假设检验

项　目	内　容
概念	假设检验是数理统计学中根据一定假设条件由样本推断总体的一种方法。具体做法是：根据问题的需要对所研究的总体作某种假设，记作 H_0；选取合适的统计量，这个统计量的选取要使得在假设 H_0 成立时，其分布为已知；由实测的样本，计算出统计量的值，并根据预先给定的显著性水平进行检验，作出拒绝或接受假设 H_0 的判断
基本思想	假设检验的基本思想是小概率反证法思想。小概率思想是指小概率事件（$P<0.01$ 或 $P<0.05$）在一次试验中基本上不会发生。反证法思想是先提出假设（检验假设 H_0），再用适当的统计方法确定假设成立的可能性大小，如可能性小，则认为假设不成立，若可能性大，则还不能认为不假设成立
基本步骤	（1）根据实际情况提出原假设和备择假设； （2）根据假设的特征，选择合适的检验统计量； （3）根据样本观察值，计算检验统计量的观察值； （4）选择许容显著性水平，并根据相应的统计量的统计分布表查出相应的临界值； （5）根据检验统计量观察值的位置决定原假设取舍

【真题回顾】

一、单项选择题（以下备选项中只有一项符合题目要求）

下面几个关于样本均值分布的陈述中，正确的是（　　）。

Ⅰ. 当总体服从正态分布时，样本均值一定服从正态分布

Ⅱ. 当总体服从正态分布时，只要样本容量足够大，样本均值就服从正态分布

Ⅲ. 当总体不服从正态分布时，样本均值一定服从正态分布

Ⅳ. 当总体不服从正态分布时，无论样本容量多大，样本均值都不会近似服从正态分布

Ⅴ. 当总体不服从正态分布时，在小样本情况下，样本均值不服从正态分布

A. Ⅰ、Ⅳ　　B. Ⅰ、Ⅴ　　C. Ⅱ、Ⅲ　　D. Ⅱ、Ⅴ

【答案】B

【解析】本题考核的是样本均值。由中心极限定理可知：当总体服从正态分布时，样本均值一定服从正态分布，即 $X-N$（μ，σ^2）时，$\bar{X}\sim N(\mu,\frac{\sigma^2}{n})$；当总体为未知的分布时，只要样本容量 n 足够大（通常要求 $n\geqslant30$），样本均值 $\overline{X}$ 仍会接近正态分布，其分布的期望值为总体均值，方差为总体方差的 $1/n$；如果总体不是正态分布，当 n 为小样本时（通常 $n<30$），样本均值的分布则不服从正态分布。

二、组合型选择题（以下备选项中只有一项最符合题目要求）

统计假设检验决策结果可能包括的情形有(　　)。

Ⅰ. 原假设是真实的，判断结论接受原假设

Ⅱ. 原假设是不真实的，判断结论拒绝原假设

Ⅲ. 原假设是真实的，判断结论拒绝原假设

Ⅳ. 原假设是不真实的，判断结论接受原假设

A. Ⅰ、Ⅱ　　B. Ⅰ、Ⅳ　　C. Ⅱ、Ⅲ　　D. Ⅲ、Ⅳ

【答案】A

【解析】本题考核的是统计假设检验决策结果。Ⅲ、Ⅳ两项，假设检验中的两类错误：第一类错误（概率）即原假设成立，而错误地加以拒绝；第二类错误（概率）即原假设不成立，而错误地接受它。

【典型习题】

1. 下列关于总体的说法错误的是(　　)。

A. 自然总体就是由客观存在的具有相同性质的许多个别事物构成的整体

B. 自然总体中的个体通常都具有独特属性，我们把个体所具有某种共同那个属性的数值的整体称为一个测量总体

C. 如果统计总体中包括的单位数是有限的，则称为有限总体

D. 如果一个统计总体中包括的单位数可以是无限的，称为无限总体

2. 下列关于统计推断的假设检验的基本步骤说法正确的是(　　)。

Ⅰ.根据实际情况提出原假设和备择假设
Ⅱ.根据假设的特征，选择合适的检验统计量
Ⅲ.根据样本观察值，计算检验统计量的观察值
Ⅳ.根据检验统计量观察值的位置决定原假设取舍
A.Ⅰ、Ⅱ、Ⅲ　　B.Ⅰ、Ⅱ、Ⅳ
C.Ⅱ、Ⅲ、Ⅳ　　D.Ⅰ、Ⅱ、Ⅲ、Ⅳ

【参考答案】

1.B　2.D

第三节　回归分析

【考点归纳】

- 熟悉一元线性回归模型的含义和特征。
- 熟悉多元线性回归模型的含义和特征。
- 掌握非线性模型线性化的原理。
- 掌握回归模型常见问题和处理方法

【考点解读】

考点一　回归函数（表 4－7）

表 4－7　回归函数

项　目	内　容
总体回归函数	对于具有线性关系的两个变量，可以用一个线性方程来表示它们之间的关系。描述因变量 y 如何依赖于自变量 x 和误差项 u 的方程称为回归模型。只涉及一个自变量的一元线性回归模型可表示为： $y_i = \alpha + \beta x_i + u_i, (i = 1, 2, 3, \cdots, n)$ 式中　y——因变量或被解释变量； x——自变量或解释变量； u——随机变量，称为随机（扰动）项； α、β——两个常数，称为回归参数； i——变量的第 i 个观察值或者随机项

续表

项　　目	内　　容
样本回归函数	从总体中抽取一定样本数据进行观测，对于解释变量 x 的一定值，取得的被解释变量 y 的样本观测值也可计算其条件均值，y 的样本观测值的条件均值随解释变量 x 而变动的轨迹，称为样本回归线。样本回归函数如为线性函数，可表示为： $y_i = \hat{\alpha} + \hat{\beta}x_i + \varepsilon_i$ 式中　$\hat{\alpha}$、$\hat{\beta}$——α、β 的估计量； ε_i——剩余项，或残差。 ε_i 是实际观测的被解释变量值 y_i 与样本条件均值二者之差，即 $\varepsilon_i = y_i - \hat{y}_i$。$\varepsilon_i$ 在概念上类似于总体回归的随机扰动项 u_i，作为 u_i 估计量的残差 ε_i 是供观察的

考点二　回归参数（表 4－8）

表 4－8　　**回归参数**

项　　目	内　　容
回归参数 OLS 估计	为了使样本回归函数尽可能接近总体回归函数，就要使样本回归函数估计的 $\hat{y}_i$ 与实际的 Y_i 的误差尽量小，即使残差占 ε_i 越小越好。可是 ε_i 有正有负，其简单代数和会相互抵消而趋于零。为了在数学上便于处理，可采用剩余平方和 $\sum \varepsilon_i^2$；最小的准则，就是最小二乘准则，即： $\min\sum_{i=1}^{n}\varepsilon_i^2 = \min\sum_{i=1}^{n}(y_i - \hat{y}_i)^2 = \min\sum_{i=1}^{n}[y_i - (\hat{\alpha} + \hat{\beta}x_i)]^2$ 利用最小二乘准则估计回归参数的方法称为普通最小二乘法（简记 OLS），$\hat{\alpha}$、$\hat{\beta}$ 称为普通最小二乘估计量。 根据微积分的极值定理，对上式求相应于 $\hat{\alpha}$、$\hat{\beta}$ 的偏导数，并令其等于 0，便可求出 $\hat{\alpha}$、$\hat{\beta}$，即： $\begin{cases}\hat{\beta} = \dfrac{n\sum_{i=1}^{n}x_iy_i - \sum_{i=1}^{n}x_i\sum_{i=1}^{n}y_i}{n\sum_{i=1}^{n}x_i^2 - (\sum_{i=1}^{n}x_i)^2} \\ \hat{\alpha} = \bar{y} - \hat{\beta}\bar{x}\end{cases}$

续表

项　　目	内　　容
回归参数显著性检验	假定Y关于x的回归$\mu(x)$具有形式$a+bx$，在处理实际问题时，$\mu(x)$是否为x的线性函数，首先要根据有关专业知识和实践来判断，其次就要根据实际观察得到的数据运用假设检验的方法来判断。这就是说，求得的线性回归方程是否具有实用价值，一般来说，需要经过假设检验才能确定。若线性假设符合实际，则b不应为零，因为若$b=0$。则$E(Y)=\mu(x)$就不依赖于x了

考点三　多元线性回归模型（表4—9）

表4—9　　**多元线性回归模型**

项　　目	内　　容
表达式	多元线性回归模型，在实际经济问题中，一个变量往往受到多个变量的影响。 多元线性回归模型的一般形式为： $Y_i=\beta_0+\beta_1 X_{1i}+\beta_2 X_{2i}+\cdots+\beta_k X_{ki}+\mu_i \quad (i=1, 2, \cdots, n)$ 其中k为解释变量的数目，β_j（$j=1, 2, \cdots, k$）称为回归系数。上式也被称为总体回归函数的随机表达式。它的非随机表达式为： $E(Y \mid X_{1i}, X_{2i}, \cdots, X_{ki})=\beta_0+\beta_1 X_{1i}+\beta_2 X_{2i}+\cdots+\beta_k X_{ki}$ β_j也被称为偏回归系数
计算模型	一元线性回归是一个主要影响因素作为自变量来解释因变量的变化，在现实问题研究中，因变量的变化往往受几个重要因素的影响，此时就需要用两个或两个以上的影响因素作为自变量来解释因变量的变化，这就是多元回归亦称多重回归。当多个自变量与因变量之间是线性关系时，所进行的回归分析就是多元性回归。设y为因变量X_1，X_2，…，X_k为自变量，并且自变量与因变量之间为线性关系时，则多元线性回归模型为： $Y=b_0+b_1x_1+\cdots+b_kx_k+e$ 其中，b_0为常数项，b_1，b_2，…，b_k为回归系数，b_1为X_1，X_2，…，X_k固定时，x_1每增加一个单位对y的效应，即x_1对y的偏回归系数；同理b_2为X_1，$X_2 \cdots X_k$固定时，x_2每增加一个单位对y的效应，即，x_2对y的偏回归系数，等等。如果两个自变量x_1，x_2同一个因变量y呈线相关时，可用二元线性回归模型描述为： $y=b_0+b_1x_1+b_2x_2+e$

续表

项 目	内 容
线性回归模型的特征	通过引入随机误差项，将变量之间的关系用一个线性随机方程来描述，并用随机数学的方法来估计方程中的参数；在线性回归模型中，被解释变量的特征由解释变量与随机误差项共同决定

考点四 非线性模型线性化的原理

当变量 y 与 x 之间可能不存在线性关系时，有一部分可以通过变量的替换，转化为线性的回归模型处理。线性关系只是要求参数和随机扰动项是线性的，而并不要求变量之间是线性关系。典型的对数线性模型是经常使用的一个模型。它的表达式为：

$$y = e^{\beta_1} X_2^{\beta_2} X_2^{\beta_3} \cdots X_K^{\beta_K} e^{\varepsilon}$$

两边取自然对数可得：

$$\ln y = \beta_1 + \beta_2 \ln X_2 + \beta_3 \ln X_3 + \cdots + \beta_K \ln X_K + \varepsilon$$

考点五 回归模型多重共线性（表4—10）

表4—10 多重共线性

项 目	内 容
概念	所谓多重共线性是指线性回归模型中的解释变量之间由于存在精确相关关系或高度相关关系而使模型估计失真或难以估计准确。一般来说，由于经济数据的限制使得模型设计不当，导致设计矩阵中解释变量间存在普遍的相关关系。 完全共线性的情况并不多见，一般出现的是在一定程度上的共线性，即近似共线性
产生原因	(1) 经济变量相关的共同趋势。 (2) 滞后变量的引入。 (3) 样本资料的限制
产生影响	(1) 完全共线性下参数估计量不存在。 (2) 近似共线性下 OLS 估计量非有效。 (3) 参数估计量经济含义不合理。 (4) 变量的显著性检验失去意义，可能将重要的解释变量排除在模型之外。 (5) 模型的预测功能失效。变大的方差容易使区间预测的“区间”变大，使预测失去意义

续表

项　目	内　容
解决方法	（1）排除引起共线性的变量。 找出引起多重共线性的解释变量，将它排除出去，以逐步回归法得到最广泛的应用。 （2）差分法。 时间序列数据、线性模型：将原模型变换为差分模型。 （3）减小参数估计量的方差：岭回归法

考点六　回归模型异方差（表4—11）

表4—11　　异方差

项　目	内　容
概念	设线性回归模型为： $y_t = b_0 b_1 x_{1t} + b_2 x_{2t} + \cdots + b_k x_{kt} + u_t$ 经典回归中所谓同方差是指不同随机误差项 $u_t(t=1,2,\cdots,n)$ 的方差相同。 如果随机误差项的方差不是常数，则称随机项具有异方差性
产生原因	（1）模型中遗漏了某些解释变量。 （2）模型函数形式的设定误差。 （3）样本数据的测量误差。 （4）随机因素的影响
产生影响	（1）对模型参数估计值无偏性的影响。 （2）对模型参数估计值有效性的影响。 （3）对模型参数估计值显著性检验的影响
解决方法	（1）图示检验法。 ①相关图分析；②残差图分析。 （2）Goldfeld—Quandt检验法。 （3）怀特检验。 （4）帕克检验和格里奇检验

【真题回顾】

一、单项选择题（以下备选项中只有一项符合题目要求）

1. 一元线性回归模型的总体回归直线可表示为（　　）。

A. $E(y_i)=\alpha+\beta x_i$　　B. $\hat{y}_i=\hat{\alpha}+\hat{\beta}x_i$

C. $\hat{y}_i=\hat{\alpha}+\hat{\beta}x_i+e_i$　　D. $y_i=\alpha+\beta x_i+\mu_i$

【答案】 A

【解析】 本题考核的是总体回归直线的表示方式。对一元线性回归方程 $y_i=\alpha+\beta x_i$。两边同时求期望，则有 $E(y_i)=\alpha+\beta x_i$。表明点 $[x_i, E(y_i)]$ 在 $E(y_i)=\alpha+\beta x_i$ 对应的直线上，这条直线即为总体回归直线（或理论回归直线）。

2. 一元线性回归模型中，回归估计的标准误差越小，表明投资组合的样本回归线的离差程度（　　）。

A. 越大　　B. 不确定　　C. 相等　　D. 越小

【答案】 D

【解析】 本题考核的是估计标准误差。估计标准误差是说明实际值与其估计值之间相对偏离程度的指标，所以，回归估计的标准误差越小，表明投资组合的样本回归线的离差程度越小。

3. 关于多元线性回归模型的说法，正确的是（　　）。

A. 如果模型的 R^2 很接近 1，可以认为此模型的质量较好

B. 如果模型的 R^2 很接近 0，可以认为此模型的质量较好

C. R^2 的取值范围为 $R^2>1$

D. 调整后的 R^2 测度多元线性回归模型的解释能力没有 R^2 好

【答案】 A

【解析】 本题考核的是多元线性回归模型。R^2 表示总离差平方和中线性回归解释的部分所占的比例，其取值范围为：$0\leqslant R^2\leqslant 1$，$R^2$ 越接近于 1，线性回归模型的解释力越强。当利用 R^2 来度量不同多元线性回归模型的拟合优度时，存在一个严重的缺点：R^2 的值随着解释变量的增多而增大，即便引入一个无关紧要的解释变量，也会使得 R^2 变大。为了克服这个缺点，一般采用调整后的 R^2 来测度多元线性回归模型的解释能力。

【典型习题】

1. 下列属于多重共线性产生的影响的是（　　）。

Ⅰ. 完全共线性下参数估计量不存在

Ⅱ. 近似共线性下 OLS 估计量非有效

Ⅲ. 参数估计量经济含义不合理

Ⅳ. 变量的显著性检验失去意义，可能将重要的解释变量排除在模型之外

A. Ⅰ、Ⅱ、Ⅲ　　B. Ⅰ、Ⅱ、Ⅳ

C. Ⅱ、Ⅲ、Ⅳ　　D. Ⅰ、Ⅱ、Ⅲ、Ⅳ

2. 多重共线性的解决方法有（　　）。

Ⅰ. 排除法　　Ⅱ. 差分法

Ⅲ. 岭回归法　　Ⅳ. 图示检验法

A. Ⅰ、Ⅱ、Ⅲ　　B. Ⅰ、Ⅱ、Ⅳ

C. Ⅱ、Ⅲ、Ⅳ　　D. Ⅰ、Ⅱ、Ⅲ、Ⅳ

3. 多重共线性产生的原因主要有（　　）。

Ⅰ. 经济变量相关的共同趋势　　Ⅱ. 滞后变量的引入

Ⅲ. 样本资料的限制　　Ⅳ. 初步估计失真

A. Ⅰ、Ⅱ、Ⅲ　　B. Ⅰ、Ⅱ、Ⅳ

C. Ⅱ、Ⅲ、Ⅳ　　D. Ⅰ、Ⅱ、Ⅲ、Ⅳ

4. 异方差产生的原因主要有（　　）。

Ⅰ. 模型中遗漏了某些解释变量

Ⅱ. 模型函数形式的设定误差

Ⅲ. 样本数据的测量误差

Ⅳ. 随机因素

A. Ⅰ、Ⅱ、Ⅲ　　B. Ⅰ、Ⅱ、Ⅳ

C. Ⅱ、Ⅲ、Ⅳ　　D. Ⅰ、Ⅱ、Ⅲ、Ⅳ

5. 异方差产生的影响是（　　）。

Ⅰ. 对模型参数估计值无偏性的影响。

Ⅱ. 对模型参数估计值有效性的影响。

Ⅲ. 对模型参数估计值显著性检验的影响

Ⅳ. 参数估计量经济含义不合理

A. Ⅰ、Ⅱ、Ⅲ　　B. Ⅰ、Ⅱ、Ⅳ

C. Ⅱ、Ⅲ、Ⅳ　　D. Ⅰ、Ⅱ、Ⅲ、Ⅳ

【参考答案】

1. D　　2. A　　3. A　　4. D　　5. A

第四节　时间序列分析

【考点归纳】

- 了解时间序列的基本概念。
- 了解平稳时间序列模型的含义和应用。
- 了解非平稳时间序列模型的含义和应用。
- 熟悉协整分析和误差修正模型

【考点解读】

考点一 时间序列（表 4－12）

表 4－12 时间序列

<table>
<tr><th colspan="2">项 目</th><th>内 容</th></tr>
<tr><td colspan="2">概念</td><td>简单地说，所谓时间序列，在统计意义上就是将某一个指标在不同时间上的不同数值，按照时间的先后顺序排列而成的数列。
构成要素：长期趋势，季节变动，循环变动，不规则变动。
长期趋势（T）现象是在较长时期内受某种根本性因素作用而形成的总的变动趋势。
季节变动（S）现象是在一年内随着季节的变化而发生的有规律的周期性变动。
循环变动（C）现象是以若干年为周期所呈现出的波浪起伏形态的有规律的变动。
不规则变动（I）是一种无规律可循的变动，包括严格的随机变动和不规则的突发性影响很大的变动两种类型</td></tr>
<tr><td rowspan="3">分类</td><td>绝对数时间序列</td><td>（1）时期序列：由时期总量指标排列而成的时间序列 。
时期序列的主要特点有：
①序列中的指标数值具有可加性；
②序列中每个指标数值的大小与其所反映的时期长短有直接联系；
③序列中每个指标数值通常是通过连续不断登记汇总取得的；
（2）时点序列：由时点总量指标排列而成的时间序列。
时点序列的主要特点有：
①序列中的指标数值不具可加性；
②序列中每个指标数值的大小与其间隔时间的长短没有直接联系；
③序列中每个指标数值通常是通过定期的一次登记取得的</td></tr>
<tr><td>相对数时间序列</td><td>把一系列同种相对数指标按时间先后顺序排列而成的时间序列叫做相对数时间序列</td></tr>
<tr><td>平均数时间序列</td><td>平均数时间序列是指由一系列同类平均指标按时间先后顺序排列的时间序列</td></tr>
</table>

考点二 平稳时间序列 ARMA 模型（表 4－13）

表 4－13 平稳时间序列 ARMA 模型

项 目	内 容
自回归模型（AR）	由于经济系统惯性的作用，经济时间序列往往存在着前后依存关系。最简单的一种前后依存关系就是变量当前的取值主要与其前一时期的取值状况有关。用数学模型来描述这种关系就是如下的一阶自回归模型：

续表

项　　目	内　　容
自回归模型（AR）	$$X_t = \varphi X_{t-1} + \varepsilon_t$$ 常记作 AR（1）。其中 $\{X_t\}$ 为零均值（即已中心化处理）平稳序列，φ 为 X_t 对 X_{t-1} 的依赖程度，ε_t 为随机扰动项序列（外部冲击）。 如果 X_t 与过去时期直到 X_{t-p} 的取值相关，则需要使用包含 X_{t-1}，…，X_{t-p} 在内的 p 阶自回归模型来加以刻画。P 阶自回归模型的一般形式为：$$X_t = \varphi_1 X_{t-1} + \varphi_2 X_{t-2} + \cdots + \varphi_P X_{t-p} + \varepsilon_t$$ 为了简便运算和行文方便，我们引入滞后算子来简记模型。设 B 为滞后算子，即 $BX_t = X_{t-1}$，则 B（$B^{k-1}X_t$）$= B^k X_t = X_{t-k}$，B（C）$=C$（C 为常数）。利用这些记号，上式可化为：$$X_t = \varphi_1 BX_t + \varphi_2 B^2 X_t + \varphi_3 B^3 X_t + \cdots + \varphi_P B^P X_t + \varepsilon_t$$ 从而：$$(1 - \varphi_1 B - \varphi_2 B^2 - \cdots\cdots - \varphi_P B^P)X_t = \varepsilon_t$$ 记算子多项式 $\varphi(B) = (1 - \varphi_1 B - \varphi_2 B^2 - \cdots\cdots - \varphi_P B^P)$，则模型可以表示为：$$\varphi(B)X_t = \varepsilon_t$$
滑动平均模型（MA）	有时，序列 X_t 的记忆是关于过去外部冲击值的记忆，在这种情况下，X_t 可以表示成过去冲击值和现在冲击值的线性组合，即：$$X_t = \varepsilon_t - \theta_1 \varepsilon_{t-1} - \theta_2 \varepsilon_{t-2} - \cdots\cdots - \theta_q \varepsilon_{t-q}$$ 此模型常称为序列 X_t 的滑动平均模型，记为 MA（q），其中 q 为滑动平均的阶数，θ_1，θ_2，…，θ_q 为参滑动平均的权数。相应的序列 X_t 称为滑动平均序列。 使用滞后算子记号，上式可写成：$$X_t = (1 - \theta_1 B - \theta_2 B^2 - \cdots\cdots - \theta_q B^q)q_t = \theta(B)\varepsilon_t$$
自回归滑动平均模型	如果序列 $\{X_t\}$ 的当前值不仅与自身的过去值有关，而且还与其以前进入系统的外部冲击存在一定依存关系，则在用模型刻画这种动态特征时，模型中既包括自身的滞后项，也包括过去的外部冲击，这种模型叫做自回归滑动平均模型，其一般结构为：$$X_t = \varphi_1 X_{t-1} + \varphi_2 X_{t-2} + \cdots\cdots + \varphi_p X_{t-p} + \varepsilon_t - \theta_1 \varepsilon_{t-1} \theta_2 \varepsilon_{t-2} - \cdots\cdots - \theta_q \varepsilon_{t-q}$$ 简记为 ARMA（p，q）。利用滞后算子，此模型可写为：$$\varphi(B)X_t = \theta(B)\varepsilon_t$$

考点三　非平稳时间序列模型

平稳时间序列的均值为常数，自协方差函数与起点无关，而非平稳时间序列则不满足这两条要求。对于非平稳时序的分析处理，基本思路是考虑如何转化到平稳时序，或者如何与平稳时序联系起来。非平稳时序有两个最主要的表现形式，一个是序列带有趋势项，一个是单位根过程。

对于带有趋势项的时序，处理办法是从序列里减去趋势项，即减去一个函数；对于单位根过程，处理办法是作序列的差分，即序列自身前后项相减。还有一个办法，就是找到另外的有共同趋势的时序相减，即减去另外的序列，几个非平稳的时序组合可以变成平稳的。这样理解时序的平稳化办法，包括理解协稳过程，应该比较通俗形象。

考点四　协整分析和误差修正模型（表 4－14）

表 4－14　　协整分析和误差修正模型

项　　目	内　　容
协整分析	协整是指某些时间序列是非平稳时间序列，但其线性组合却存在长期的均衡关系。具体来讲，对于两个时间序列 $\{x_t\}$ 和 $\{y_t\}$ 均为一阶单整序列（一阶单整序列是指非平稳时间序列经过一阶差分之后变为平稳序列），即 $x_t \sim I$（1），$y_t \sim I$（1），若存在一组非零常数 α_1 和 α_2，使得 $\alpha_1 x_t + \alpha_2 y_t \sim I$（0），则称 x_t 和 y_t 之间存在协整关系
误差修正模型	误差修正模型是一种具有特定形式的计量经济学模型。误差修正模型的基本思想是，若变量间存在协整关系，则表明这些变量间存在着长期均衡关系，而这种长期均衡关系是在短期波动过程的不断调整下得以实现的。 由于大多数金融时间序列的一阶差分是平稳序列，受长期均衡关系的支配，这些变量的某些线性组合也可以是平稳的。即所研究变量中的各长期分量相互抵消，产生了一个平稳的时间序列，这是由于一种调节机制——所谓的误差修正机制在起作用，它防止长期均衡关系出现较大的偏差。因此，任何一组相互协整的时间序列变量都存在误差修正机制，通过短期调节行为，达到变量间长期均衡关系的存在。 如果 x_t 和 y_t 是协整的，则误差修正模型有以下基本形式： $$\Delta X = m_1 + \rho_1 \mu_{t-1} + \sum_{i=1}^{K} (\alpha_{1i} \Delta X_{t-i} + \beta_{1i} \Delta Y_{t-i}) + v_{1t}$$ $$\Delta Y = m_2 + \rho_2 \mu_{t-1} + \sum_{i=1}^{K} (\alpha_{2i} \Delta X_{t-i} + \beta_{2i} \Delta Y_{t-i}) + v_{2t}$$ 其中，v_{1t}，v_{2t} 是白噪声，ρ_1 和 ρ_2 是调节均衡偏差的幅度，同时它们中至少有一个不为零，k 为滞后期

【典型习题】

1. 下列不属于时期序列特点的是(　　)。

A. 序列中的指标数值具有可加性

B. 序列中每个指标数值的大小与其所反映的时期长短有直接联系

C. 序列中每个指标数值通常是通过连续不断登记汇总取得的

D. 序列中的指标数值不具可加性

2. 对于两个时间序列 $\{x_t\}$ 和 $\{y_t\}$ 均为一阶单整序列（一阶单整序列是指非平稳时间序列经过一阶差分之后变为平稳序列），即 $x_t \sim I(1)$，$y_t \sim I(1)$，若存在一组非零常数 α_1 和 α_2，使得 $\alpha_1 x_t + \alpha_2 y_t \sim I(0)$，则称 x_t 和 y_t 之间存在(　　)。

A. 互补关系　　B. 协整关系　　C. 依存关系　　D. 互修关系

3. 时间序列包括(　　)。

Ⅰ. 绝对数时间序列　　Ⅱ. 相对数时间序列

Ⅲ. 平均数时间序列　　Ⅳ. 最大数时间序列

A. Ⅰ、Ⅱ、Ⅲ　　B. Ⅰ、Ⅱ、Ⅳ

C. Ⅱ、Ⅲ、Ⅳ　　D. Ⅰ、Ⅱ、Ⅲ、Ⅳ

4. 时点序列的主要特点有(　　)。

Ⅰ. 序列中的指标数值不具可加性

Ⅱ. 序列中每个指标数值的大小与其间隔时间的长短没有直接联系

Ⅲ. 序列中每个指标数值通常是通过定期的一次登记取得的

Ⅳ. 序列中每个指标数值通常是通过连续不断登记汇总取得的

A. Ⅰ、Ⅱ、Ⅲ　　B. Ⅰ、Ⅱ、Ⅳ

C. Ⅱ、Ⅲ、Ⅳ　　D. Ⅰ、Ⅱ、Ⅲ、Ⅳ

【参考答案】

1. D　　2. B　　3. A　　4. A

第五节　常用统计软件及其应用

【考点归纳】

➢ 熟悉常用统计软件及其应用

【考点解读】

考点　常用统计软件及其应用（表 4—15）

表 4—15　　常用统计软件及其应用

项　目	内　容
SAS	SAS 系统具有十分完备的数据访问、数据管理、数据分析功能。SAS 系统是一个模块组合式结构的软件系统，共有 30 多个功能模块，其基本部分是 BASE SAS 模块。SAS 是用汇编语言编写而成的，通常使用 SAS 需要编写程序，比较适合统计专业人员使用
SPSS	SPSS 系统特点是操作比较方便，统计方法比较齐全，绘制图形、表格比较方便，输出结果比较直观。SPSS 是用 FORTRAN 语言编写而成，适合进行从事社会学调查中的数据分析处理
EXCEL	EXCEL 电子表格是 Microsoft 公司推出的 Office 系列产品之一，是一个功能强大的电子表格软件。特点是对表格的管理和统计图制作功能强大，容易操作。Excel 的数据分析插件 XLSTAT，也能进行数据统计分析，但不足的是运算速度慢，统计方法不全
Minitab	Minitab 的特点是简单易懂，很方便进行试验设计及质量控制功能
Statistica	Statistica 为一套完整的统计资料分析、图表、资料管理、应用程式发展系统；美国 StatSoft 公司开发。能提供使用者所有需要的统计及制图程序，制图功能强大，能够在图表视窗中显示各种统计分析和作图技术
Eviews	使用 Eviews 可以迅速地从数据中寻找出统计关系，并用得到的关系去预测数据的未来值。Eviews 的应用范围包括：科学实验数据分析与评估、金融分析、宏观经济预测、仿真、销售预测和成本分析等

【典型习题】

EXCEL 电子表格的特点是(　　)。

A. 适合统计专业人员使用

B. 统计方法比较齐全

C. 运算速度慢，统计方法不全

D. 能提供使用者所有需要的统计及制图程序

【参考答案】

C

第五章　基本分析

第一节　宏观经济分析

【考点归纳】

- 熟悉宏观经济分析的信息来源。
- 熟悉宏观经济分析所需信息和数据的内容。
- 熟悉宏观经济分析信息和数据的质量要求。
- 熟悉宏观经济分析信息的收集与处理方法。
- 熟悉宏观经济分析的总量分析法和结构分析法。
- 熟悉长期分析和短期分析的应用与局限。
- 掌握国内生产总值的概念及计算方法。
- 掌握经济增长率的概念及计算方法。
- 掌握固定资产投资的概念及分类。
- 熟悉工业增加值、社会消费品零售总额的概念。
- 熟悉失业率与通货膨胀率的概念及衡量方式。
- 掌握居民消费价格指数与生产者价格指数的概念及计算方法。
- 掌握采购经理指数（PMI）的概念及应用。
- 掌握国际收支中商品贸易、资本流动的概念。
- 掌握主要的宏观经济政策。
- 熟悉宏观调控的手段和目标。
- 熟悉宏观调控对证券市场的影响。
- 熟悉主要的产业政策工具及其对证券市场的影响。
- 掌握主要的货币政策工具。
- 掌握货币供应量的三个层次。
- 掌握社会融资总量的含义与构成。
- 熟悉我国货币政策的传导机制。
- 掌握货币政策变动对实体经济和证券市场的影响。
- 掌握汇率的概念。

➢ 熟悉汇率制度及汇率变动对证券市场的影响。
➢ 熟悉外汇储备与外汇占款的含义。
➢ 了解货币当局和金融机构资产负债表的构成及含义。
➢ 了解利率和汇率市场化改革的方向。
➢ 了解资本账户改革方向。
➢ 掌握主要的财政政策工具。
➢ 掌握扩张性财政政策、中性财政政策和紧缩性财政政策对实体经济和证券市场的影响。
➢ 熟悉财政收支以及财政赤字或结余的概念。
➢ 熟悉主权债务的概念。
➢ 熟悉主权债务相关的分析预警指标。
➢ 掌握主要的税收制度。
➢ 掌握影响证券市场供给和需求的主要因素。
➢ 熟悉股市制度改革的方向。
➢ 熟悉股市制度变革对股市运行的影响。
➢ 熟悉国际金融市场环境对我国证券市场的影响

【考点解读】

考点一　宏观经济分析的信息来源及所需信息和数据的内容（表5—1）

表5—1　　宏观经济分析的信息来源及所需信息和数据的内容

项　　目	内　　容
宏观经济分析的信息来源	（1）从电视、广播、报纸、杂志等了解世界经济动态与国内经济大事。 （2）政府部门与经济管理部门，省、市、自治区公布的各种经济政策、计划、统计资料和经济报告，各种统计年鉴等。如《中国统计年鉴》《中国经济年鉴》《经济白皮书》等。 （3）各主管公司、行业管理部门搜集和编制的统计资料。 （4）部门与企业内部的原始记录。 （5）各预测、情报和咨询机构公布的数据资料。 （6）国家和省市领导人报告或讲话中的统计数字和信息等
宏观经济分析所需信息和数据的内容	进行宏观分析时，各项数据必须口径一致，否则就不能用于直接比较，因此必须对这些数据进行处理。另外，由于一些特殊原因，在搜集到的数据中往往包含一些异常数据，如果直接把这些异常数据用于分析，就会影响分析的结果，得出不确切的结论，不能反映在正常情况下经济运行的规律，因而也需要进行处理加工

考点二　宏观经济分析信息和数据的质量要求（表5—2）

表5—2　　宏观经济分析信息和数据的质量要求

项目		内容
宏观经济分析信息		数据资料是宏观分析与预测，尤其是定量分析预测的基础，无论是对历史与现状的总结，还是对未来的预测，都必须以它为依据
数据的质量要求	准确性	数据资料必须准确可靠，虚假的数据资料将导致得出不真实的结论
	系统性	数据资料要连续和系统，要有历史各期的统计数据资料。连续而系统的信息资料是分析比较、掌握经济运行规律的基础。支离破碎、零零散散的数据资料对于分析价值不大
	时间性	数据资料要新，要有近期和最新的数据资料。某些数据资料的时效性很强，搜集或处理不及时就会失去利用价值
	可比性	由于社会变革、经济变革、统计制度的变化、物价涨落，及行政区划、企业归属、市场供应范围的改变等原因，常使历史统计数据不可比，直接使用这些数据将造成很大的误差。因此必须对不可比数据调整口径或进行单位换算，使之具有可比性
	适用性	许多数据资料虽然符合上述四项标准，但与分析目标无关，如果把它们搜集进来，不仅浪费时间和精力，而且不利于提高分析的效率与精确度

考点三　宏观经济分析信息的收集与处理方法（表5—3）

表5—3　　宏观经济分析信息的收集与处理方法

项目	内容
宏观经济分析信息的收集	进行宏观分析时，各项数据必须口径一致，否则就不能用于直接比较，因此必须对这些数据进行处理。另外，由于一些特殊原因，在搜集到的数据中往往包含一些异常数据，如果直接把这些异常数据用于分析，就会影响分析的结果，得出不确切的结论，不能反映在正常情况下经济运行的规律，因而也需要进行处理加工

续表

项　目		内　容
宏观经济分析信息的处理方法	对不可比数据的处理方法	(1) 由于国家政策法规造成数据统计口径不一致。 例如，我国 1981 年开始利改税，则因税法的变化造成税收额的历史统计数据不可比。对此可用利税额代替税收额进行分析，或者在样本数据够用时，只用利改税之后的数据资料。 (2) 因价格因素造成的统计数据不可比。 当国民生产总值、国民收入、国内生产总值、工农业总产值、社会商品零售额等用价格计算出的货币量数据进行分析时，都应按某年不变价格进行折算，剔除价格的影响，使数据之间具有可比性。具体做法是将按当年价格计算的经济指标值除以当年对基年的物价指数，就得到按基年不变价格计算的指标数值
	对异常数据的处理方法	由于建国后我国曾经发生过“大跃进”“三年自然灾害”“文化大革命”等特殊历史事件，而使不少经济数据大起大落，成为不能反映变化规律的连续几年的异常值。因此，在进行分析时应将这些异常值剔除。 但是，有时由于数据较少，若剔除这些异常数据就会更少，也不利于正确分析，此时就需要采取一定的方法。最简单的就是利用平均值法，即将异常值前后相邻两期数据的算术平均值作为当期修正值

考点四　宏观经济分析的总量分析法和结构分析法（表 5—4）

表 5—4　　**宏观经济分析的总量分析法和结构分析法**

项　目	内　容
总量分析法	总量分析法就是指对宏观经济运行总量指标的影响因素及其变动规律进行分析，如对国民生产总值、消费额、投资额、银行贷款总额及物价水平的变动规律的分析等，进而说明整个经济的状态和全貌。总量分析主要是一种动态分析，因为它主要研究总量指标的变动规律。同时，也包括静态分析，因为总量分析包括考察同一时期内各总量指标的相互关系，如投资额、消费额和国民生产总值的关系等
结构分析法	结构分析法是指对经济系统中各组成部分及其对比关系变动规律的分析。如国民生产总值中三种产业的结构及消费和投资的结构分析、经济增长中各因素作用的结构分析等。结构分析主要是一种静态分析，即对一定时间内经济系统中各组成部分变动规律的分析。如果对不同时期内经济结构变动进行分析，则属动态分析

续表

项　　目	内　　容
总量分析法和结构分析法对比	总量分析侧重于总量指标速度的考察，侧重分析经济运行的动态过程；结构分析侧重于对一定时期经济整体中组成部分相互关系的研究，侧重分析经济现象的相对静止状态。总量分析方法重要，但它需要结构分析来深化和补充，而结构分析要服从于总量分析指标。为使经济正常运行，需要对经济运行进行全面把握，将总量分析方法与结构分析方法结合起来使用

5．长期分析和短期分析的应用与局限（表5—5）

表5—5　　　　长期分析和短期分析的应用与局限

项　　目		内　　容
凯恩斯的短期与比较静态分析		凯恩斯在《就业利息和货币通论》（以下简称《通论》）中采用的分析方法除了总量分析之外，主要运用了比较静态的分析法。汉森指出："凯恩斯在本书中许多地方所用的方法其实可以称之为比较静态论。"比较静态分析法的主题是"从一个均衡状态到另一个均衡状态的变化"，而把变化所需要的时间跳跃了过去。凯恩斯在《通论》中的整个分析是建立在"现有劳力之技巧与数量，现有资本设备之质与量，现有生产技术，竞争程序，消费者之嗜尚与习惯，各种各类劳力活动（包括监督组织等劳心活动）之负效用，以及社会结构"假定不变的基础上的。很显然，上述假定不变因素在短期内是可以成立的，但在长期内则不成立。因此，这种方法其实也是一种不涉及时间因素的短期分析方法
预期的两种形式	短期预期	短期预期，也就是对于价格的预期，即"制造者在开始一生产过程，以生产某产品时预测此产品制成时，其售价为何"
	长期预期	长期预期，是关于未来报酬之预期。凯恩斯对长期预期又作了进一步分析，研究了长期预期状态

考点五　国内生产总值的概念、表现形态及计算方法（表5—6）

表5—6　　　　国内生产总值的概念、表现形态及计算方法

项　　目	内　　容
概念	国内生产总值（GDP）是指在一定时期内（一个季度或一年），一个国家或地区的经济中所生产出的全部最终产品和劳务的价值，常被公认为衡量国家经济状况的最佳指标。 （1）国内生产总值是用最终产品和服务来计量的，即最终产品和服务在该时期的最终出售价值。

续表

项　　目		内　　容
概念		（2）国内生产总值是一个市场价值的概念。 （3）国内生产总值一般仅指市场活动导致的价值。 （4）GDP 是计算期内生产的最终产品价值，因而是流量而不是存量。 （5）GDP 不是实实在在流通的财富，它只是用标准的货币平均值来表示财富的多少
表现形态		国内生产总值有 3 种表现形态，即价值形态、收入形态和产品形态。从价值形态看，它是所有常住单位在一定时期内所生产的全部货物和服务价值超过同期投入的全部非固定资产货物和服务价值的差额，即所有常住单位的增加值之和；从收入形态看，它是所有常住单位在一定时期内所创造并分配给常住单位和非常住单位的初次分配收入之和；从产品形态看，它是最终使用的货物和服务减去进口货物和服务
计算方法	生产法	用生产法核算 GDP，是指按提供物质产品与劳务的各个部门的产值来计算国内生产总值。生产法又叫部门法。这种计算方法反映了国内生产总值的来源。计算公式为： GDP＝劳动者报酬＋生产税净额＋固定资产折旧＋营业盈余
	收入法	收入法核算 GDP，就是从收入的角度，把生产要素在生产中所得到的各种收入相加来计算的 GDP，即把劳动所得到的工资、土地所有者得到的地租、资本所得到的利息以及企业家才能得到的利润相加来计算 GDP。这种方法又叫要素支付法、要素成本法。计算公式为： GDP＝工资＋利息＋利润＋租金＋间接税和企业转移支付＋折旧 或　GDP＝生产要素的收入＋非生产要素的收入 从理论上讲，用收入法计算出的 GDP 与用支出法计算出的 GDP 在量上是相等的
	支出法	支出法核算 GDP，就是从产品的使用出发，把一年内购买的各项最终产品的支出加总而计算出的该年内生产的最终产品的市场价值。这种方法又称最终产品法、产品流动法。计算公式为： 如果用 Q_1、Q_2、…、Q_n 代表各种最终产品的产量，P_1、P_2、…、P_n 代表各种最终产品的价格，则使用支出法核算 GDP 的公式是： $Q_1P_1+Q_2P_2+\cdots+Q_nP_n=\mathrm{GDP}$

考点六　经济增长率的概念及计算方法（5—7）

表 5—7　　经济增长率的概念及计算方法

项目		内容
概念		经济增长率（RGDP）是末期国民生产总值与基期国民生产总值的比较，以末期现行价格计算末期 GNP，得出的增长率是名义经济增长率，以不变价格（即基期价格）计算末期 GNP，得出的增长率是实际经济增长率。在量度经济增长时，一般都采用实际经济增长率，经济增长率也称经济增长速度，它是反映一定时期经济发展水平变化程度的动态指标，也是反映一个国家经济是否具有活力的基本指标
计算方法	年度经济增长率	年度经济增长率衡量的是两年之间经济的变化。计算比较简单，就是后一年的经济指标（如 GDP 或人均 GDP）减去前一年的经济指标再除以前一年的经济指标，如果我们用百分数来表示的话还要再乘上百分百，比如我国 2003 年的 GDP 是 61687.9 亿元（按 1990 年价格计算，以下同），而 2004 年的 GDP 是 67548.2 亿元，因此 2004 年的经济增长率就是 0.095，用百分数来表示就是 9.5%
	年均经济增长率	年均经济增长率衡量的是若干年来经济的平均变化情况。计算就比较复杂，为了准确起见，我们用数学符号和公式来表述。假设一个经济变量 y 的值由初始值 y_0 经过 n 个时间段（比如年、月、日等）后变为 y_n，则在每个时间段里 y 的平均增长率应该是 $g=\sqrt[n]{\frac{y_n}{y_0}}-1$

考点七　固定资产投资的概念及分类（表 5—8）

表 5—8　　固定资产投资的概念及分类

项目		内容
概念		固定资产投资是建造和购置固定资产的经济活动，即固定资产再生产活动。固定资产再生产过程包括固定资产更新（局部和全部更新）、改建、扩建、新建等活动。固定资产投资是社会固定资产再生产的主要手段。固定资产投资额是以货币表现的建造和购置固定资产活动的工作量，它是反映固定资产投资规模、速度、比例关系和使用方向的综合性指标
分类	按类型分类	全社会固定资产投资按经济类型可分为国有、集体、个体、联营、股份制、外商、港澳台商等
	按渠道分类	按照管理渠道，全社会固定资产投资总额分为基本建设、更新改造、房地产开发投资和其他固定资产投资四个部分

考点八　工业增加值、社会消费品零售总额的概念（表5—9）

表5—9　　工业增加值、社会消费品零售总额的概念

项　目	内　容
工业增加值	工业增加值是指工业企业在报告期内以货币形式表现的工业生产活动的最终成果；是工业企业全部生产活动的总成果扣除了在生产过程中消耗或转移的物质产品和劳务价值后的余额；是工业企业生产过程中新增加的价值。增加值是国民经济核算的一项基础指标。各部门增加值之和即是国内生产总值，它反映的是一个国家（地区）在一定期时期内所生产的和提供的全部最终产品和服务的市场价值的总和，同时也反映了生产单位或部门对国内生产总值的贡献。因此，建立增加值统计，将为计算国内生产总值提供可靠依据，是建立资金流量的基础
社会消费品零售总额	社会消费品零售总额是指批发和零售业、住宿和餐饮业以及其他行业直接售给城乡居民和社会集团的消费品零售额。其中，对居民的消费品零售额，是指售予城乡居民用于生活消费的商品金额；对社会集团的消费品零售额，是指售给机关、社会团体、部队、学校、企事业单位、居委会或村委会等，公款购买的用作非生产、非经营使用与公共消费的商品金额

考点九　失业率与通货膨胀率的概念及衡量方式（表5—10）

表5—10　　失业率与通货膨胀率的概念及衡量方式

项　目	内　容
失业率	失业率是指劳动力人口中失业人数所占的百分比。劳动力人口是指年龄在16岁以上具有劳动能力的人的全体。 目前，我国统计部门公布的失业率为城镇登记失业率，即城镇登记失业人数占城镇从业人数与城镇登记失业人数之和的百分比。 城镇登记失业率＝城镇登记失业人数/（城镇从业人数＋城镇登记失业人数）
通货膨胀率	通货膨胀是指一般物价水平持续、普遍、明显的上涨。对通货膨胀的衡量可以通过对一般物价水平上涨幅度的衡量来进行。一般说来，常用的指标有：零售物价指数、生产者价格指数、国民生产总值物价平减指数等。零售物价指数又称消费物价指数（CPI）或生活费用指数，反映消费者为购买消费品而付出的价格的变动情况；生产者价格指数（PPI）是衡量工业企业产品出厂价格变动趋势和变动

续表

项　　目	内　　容
通货膨胀率	程度的指数，是反映某一时期生产领域价格变动情况的重要经济指标；国民生产总值物价平减指数则是按当年不变价格计算的国民生产总值与按基年不变价格计算的国民生产总值的比率。由于以上指标在衡量通货膨胀时各有优缺点，且所涉及商品和劳务的范围不同，计算口径不同，即使在同一国家的同一时期，各种指数所反映的通货膨胀程度也不尽相同，所以，在衡量通货膨胀时需要选择适当的指数。一般说来，在衡量通货膨胀时，零售物价指数使用得最多、最普遍

考点十　居民消费价格指数与生产者价格指数的概念及计算方法（表5—11）

表5—11　　居民消费价格指数与生产者价格指数的概念及计算方法

项　　目	内　　容
居民消费价格指数	CPI是居民消费价格指数的简称。居民消费价格指数，是一个反映居民家庭一般所购买的消费商品和服务价格水平变动情况的宏观经济指标。它是度量一组代表性消费商品及服务项目的价格水平随时间而变动的相对数，是用来反映居民家庭购买消费商品及服务的价格水平的变动情况。 计算CPI是确定一个固定的代表平均水平的一篮子商品和服务，并根据其当前价值除以基准年份的价值，则t年CPI表示为： $$CPI_t = \frac{\sum_{i}^{N} P_{it} \times q_i^*}{\sum_{i}^{N} P_i^* \times q_i^*}$$ 式中　P_{it}——t年第i最终商品或服务的价格； q_i^*——一篮子中第i最终商品或服务的数量； P_i^*——基准年第i最终商品或服务的价格； 通货膨胀率（π_i^{CPI}）是CPI在两个时期之间的变化率： $$\pi_i^{CPI} = \frac{CPI_t - CPI_{t-1}}{CPI_{t-1}}$$
生产者价格指数	生产者价格指数（PPI）是衡量工业企业产品出厂价格变动趋势和变动程度的指数，是反映某一时期生产领域价格变动情况的重要经济指标

考点十一　采购经理指数（PMI）的概念及应用（表 5－12）

表 5－12　　采购经理指数（PMI）的概念及应用

项　目	内　容
采购经理指数的概念	采购经理指数（PMI）是根据企业采购与供应经理的问卷调查数据而编制的月度公布指数。采购经理根据企业财务数据进行填报，反映企业实际财务和运行状况，取得的原始数据不做任何修改，汇总结果采用科学方法进行统计和计算，保证了数据来源的真实性。从国际上看，PMI 分为制造业 PMI 和服务业 PMI，也有些国家建立了建筑业 PMI。采购经理指数的应用起源于美国，目前全球有 20 多个国家建立了 PMI，已经是全球范围内非常核心的一个经济分析指标
采购经理指数的应用	制造业 PMI 是一个综合指数，由 5 个扩散指数（分类指数）加权计算而成。5 个分类指数及其权数是依据其对经济的先行影响程度确定的，具体包括：新订单指数，权数为 30%；生产量指数，权数为 25%；从业人员指数，权数为 20%；供应商配送指数，权数为 15%；原材料库存指数，权数为 10%。我国制造业 PMI 以制造业法人企业（或依照法人单位进行统计的制造业产业活动单位）为抽样单位。非制造业 PMI 以服务业、建筑业等几个大类行业的法人企业为抽样单位。抽样方法采用分层 PPS 抽样。 PMI 具有明显的先导性，是经济先行指标，是国际上通行的宏观经济监测指标体系之一，对国家经济活动的监测和预测具有重要作用。通常以 50%作为经济强弱的分界点，PMI 高于 50%，反映制造业经济扩张；低于 50%，则反映制造业经济衰退。根据美国专家分析，PMI 指数与 GDP 具有高度相关性，且转折点往往领先于 GDP 几个月。在过去 40 多年里，美国制造业 PMI 的峰值可领先商业高潮 6～18 个月，领先商业低潮一般 2～16 个月

考点十二　国际收支中商品贸易、资本流动的概念（表 5－13）

表 5－13　　国际收支中商品贸易、资本流动的概念

项　目	内　容
国际收支中商品贸易	国际收支一般是一国居民在一定时期内与非本国居民在政治、经济、军事、文化及其他往来中所产生的全部交易的系统记录。这里的居民是指在国内居住 1 年以上的自然人和法人。国际收支主要反映如下： （1）一国与他国之间的商品、劳务和收益等交易行为； （2）该国持有的货币、黄金、特别提款权的变化以及与他国债权、债务关系的变化； （3）凡不需要偿还的单方转移项目和相应的科目，由于会计上必须用来平衡的尚未抵消的交易

续表

项　目	内　容
资本流动	国际收支包括经常项目和资本项目。经常项目主要反映一国的贸易和劳务往来状况，包括贸易收支（也就是通常的进出口）、劳务收支（如运输、港口、通讯和旅游等）和单方面转移（如侨民汇款、无偿援助和捐赠、国际组织收支等），是最具综合性的对外贸易的指标。资本项目则集中反映一国同国外资金往来的情况，反映一国利用外资和偿还本金的执行情况。资本项目一般分为长期资本和短期资本。长期资本是指合同规定偿还期超过 1 年的资本或未定偿还期的资本（如公司股本），其主要形式有直接投资、政府和银行的长期借款及企业信贷等。短期资本指即期付款的资本和合同规定借款期为 1 年或 1 年以下的资本

考点十三　主要的宏观经济政策（表 5—14）

表 5—14　　主要的宏观经济政策

项　目	内　容
财政政策	财政政策是政府依据客观经济规律制定的指导财政工作和处理财政关系的一系列方针、准则和措施的总称。财政政策是当代市场经济条件下国家干预经济、与货币政策并重的一项手段。财政政策手段主要包括国家预算、税收、国债、财政补贴、财政管理体制、转移支付制度等。这些手段可以单独使用，也可以配合协调使用
货币政策	货币政策是指政府为实现一定的宏观经济目标所制定的关于货币供应和货币流通组织管理的基本方针和基本准则。货币政策工具是指中央银行为实现货币政策目标所采用的政策手段。货币政策工具可分为一般性政策工具（包括法定存款准备金率、再贴现政策、公开市场业务）和选择性政策工具（包括直接信用控制、间接信用指导等）
汇率	汇率是国际贸易中最重要的调节杠杆。一国货币兑换另一国货币的比率，是以一种货币表示另一种货币的价格。由于世界各国货币的名称不同，币值不一，所以一国货币对其他国家的货币要规定一个兑换率，即汇率。通常来讲，汇率制度主要有四种：自由浮动汇率制度、有管理的浮动汇率制度、目标区间管理和固定汇率制度

续表

项 目	内 容
收入政策	收入政策是国家为实现宏观调控总目标和总任务，针对居民收入水平高低、收入差距大小在分配方面制定的原则和方针。与财政政策、货币政策相比，收入政策具有更高一层次的调节功能，它制约着财政政策和货币政策的作用方向和作用力度，而且收入政策最终也要通过财政政策和货币政策来实现。收入政策目标包括收入总量目标和收入结构目标。收入总量调控政策主要通过财政、货币机制来实施，还可以通过行政干预和法律调整等机制来实施。财政机制通过预算控制、税收控制、补贴调控和国债调控等手段贯彻收入政策。货币机制通过调控货币供应量、调控货币流通量、调控信贷方向和数量、调控利息率等贯彻收入政策

考点十四 宏观调控的手段和目标（表 5－15）

表 5－15　　宏观调控的手段和目标

项 目	内 容
经济手段	经济手段是指政府在自觉依据和运用价值规律的基础上借助于经济杠杆的调节作用，对国民经济进行宏观调控。经济杠杆是对社会经济活动进行宏观调控的价值形式和价值工具，主要包括价格、税收、信贷、工资等。 经济手段中的政策：税收政策、信贷政策、利率政策、汇率政策、产品购销政策、价格政策、扶贫政策、产业政策等
法律手段	法律手段是指政府依靠法制力量，通过经济立法和司法，运用经济法规来调节经济关系和经济活动，以达到宏观调控目标的一种手段。通过法律手段可以有效地保护公有财产、个人财产，维护各种所有制经济、各个经济组织和社会成员个人的合法权益；调整各种经济组织之间横向和纵向的关系，以保证经济运行的正常秩序。 法律手段的内容包括经济司法和经济立法两个方面。经济立法主要是由立法机关制定各种经济法规，保护市场主体权益；经济司法主要是由司法机关按照法律规定的制度、程序，对经济案件进行检察和审理的活动，维护市场秩序，惩罚和制裁经济犯罪
行政手段	行政手段是依靠行政机构，采取强制性的命令、指示、规定等行政方式来调节经济活动，以达到宏观调控目标的一种手段。行政手段具有权威性、纵向性、无偿性及速效性等特点。社会主义宏观经济调控还不能放弃必要的行政手段。因为计划手段、经济手段的调节

续表

项　　目	内　　容
行政手段	功能都有一定的局限性，如计划手段有相对稳定性，不能灵活地调节经济活动；经济手段具有短期性、滞后性和调节后果的不确定性。当计划、经济手段的调节都无效时，就只能采取必要的行政手段。尤其当国民经济重大比例关系失调或社会经济某一领域失控时，运用行政手段调节将能更迅速地扭转失控，更快地恢复正常的经济秩序。当然行政手段是短期的非常规的手段，不可滥用，必须在尊重客观经济规律的基础上，从实际出发加以运用。如政府下令关闭污染严重的小煤窑、小油田等。 国家宏观调控，应该以经济手段和法律手段为主，辅之以必要的行政手段，形成有利于科学发展观的宏观调控体系，充分发挥宏观调控手段的总体功能
目标	宏观调控的目标是保持社会总供给与总需求的基本平衡，弥补市场调节的不足。从而促进经济增长，增加就业，稳定物价，保持国际收支平衡

考点十五　宏观调控对证券市场的影响（表5－16）

表5－16　　宏观调控对证券市场的影响

项　　目	内　　容
企业经济效益	无论从长期看还是从短期看，宏观经济环境是影响公司生存、发展的最基本因素。公司的经济效益会随着宏观经济运行周期、宏观经济政策、利率水平和物价水平等宏观经济因素的变动而变动。如果宏观经济运行趋好，企业总体盈利水平提高，证券市场的市值自然上涨；如果政府采取强有力的宏观调控政策，紧缩银根，企业的投资和经营会受到影响，盈利下降，证券市场市值就可能缩水
居民收入水平	在经济周期处于上升阶段或在提高居民收入政策的作用下，居民收入水平提高将会在一定程度上拉动消费需求，从而增加相关企业的经济效益。另外，居民收入水平的提高也会直接促进证券市场投资需求的提高
投资者对股价的预期	投资者对股价的预期，也就是投资者的信心，是宏观经济影响证券市场走势的重要途径。当宏观经济趋好时，投资者预期公司效益和自身的收入水平会上升，证券市场自然人气旺盛，从而推动市场平均价格走高，反之，则会令投资者对证券市场信心下降

续表

项　　目	内　　容
资金成本	当国家经济政策发生变化，如采取调整利率水平、实施消费信贷政策、征收利息税等政策，居民、单位的资金持有成本将随之变化。如利率水平的降低和征收利息税的政策，将会促使部分资金由银行储蓄变为投资，从而影响证券市场的走向

考点十六　主要的产业政策工具及其对证券市场的影响（表5－17）

表5－17　　主要的产业政策工具及其对证券市场的影响

项　　目		内　　容
产业结构政策	概念	产业结构政策是选择行业发展重点的优先顺序的政策措施，其目标是促使行业之间的关系协调、社会资源配置更合理，使产业结构高级化
	产业结构长期构想	根据现阶段发展水平和进一步发展的要求，遵循产业发展演变的规律，提出在较长一段时期内产业发展的目标和方向
	对战略产业的保护和扶植	对战略产业的保护和扶植政策是产业结构政策的重点。所谓战略产业，一般是指具有较高需求弹性和收入弹性、能够带动国民经济其他部门发展的产业
	对衰退产业的调整和援助	对衰退产业的调整和援助政策主要包括限制进口、财政补贴、减免税等。对衰退产业及时进行救援和调整，有利于减少经济损失、避免社会动乱
产业组织政策	概念	产业组织政策是调整市场结构和规范市场行为的政策，以“反对垄断、促进竞争、规范大型企业集团、扶持中小企业发展”为主要核心，其目的在于实现同一产业内企业组织形态和企业间关系的合理化。所谓同一产业是指具相同使用功能和替代功能的产品或劳务的集合，实质上就是具有竞争关系的卖方企业的集合
	市场秩序政策	其目的在于鼓励竞争、限制垄断
	产业合理化政策	其目的在于确保规模经济的充分利用，防止过度竞争
	产业保护政策	其目的在于减小国外企业对本国幼稚产业的冲击。我国有关外商投资的产业政策中，对外商投资方式的限制规定在一定程度上起到了对本国部分产业内的现有企业进行保护的作用

续表

项目	内容
产业技术政策	产业技术政策是促进产业技术进步的政策，是产业政策的重要组成部分。它主要包括两方面内容： （1）产业技术结构的选择和技术发展政策。主要涉及制定具体的技术标准，规定各产业的技术发展方向，鼓励采用先进技术等方面； （2）促进资源向技术开发领域投入的政策。主要包括技术引进政策、促进技术开发政策和基础技术研究的资助与组织政策
产业布局政策	产业布局是产业存在和发展的空间形式。产业布局政策的目标是实现产业布局的合理化。产业布局政策一般遵循以下原则： （1）经济性原则，即保证那些投资效率高、经济效益好、发展速度快的地区优先发展； （2）合理性原则，即鼓励各地区根据自身资源、经济、技术条件，发展具有相对优势的产业； （3）协调性原则，即促进地区间的经济、技术交流，形成合理的分工协作体系； （4）平衡性原则，即在加快先进地区发展的同时，逐步缩小先进地区与落后地区的差距

考点十七　主要的货币政策工具（表5—18）

表5—18　　主要的货币政策工具

项目		内容
概念		货币政策工具是指中央银行为实现货币政策目标所采用的政策手段。货币政策工具可分为一般性政策工具（包括法定存款准备金率、再贴现政策、公开市场业务）和选择性政策工具（包括直接信用控制、间接信用指导等）
一般性政策工具	法定存款准备金率	法定存款准备率是指中央银行规定的金融机构为保证客户提取存款和资金清算需要而准备的在中央银行的存款占其存款总额的比例。当中央银行提高法定存款准备金率时，商业银行可运用的资金减少，贷款能力下降，货币乘数变小，市场货币流通量便会相应减少。所以，在通货膨胀时，中央银行可提高法定准备金率；反之，则降低法定准备金率。由于货币乘数的作用，法定存款准备金率的作用效果十分明显。人们通常认为这一政策工具效果过于猛烈，它的调整会在很大程度上影响整个经济和社会心理预期，因此，一般对法定存款准备金率的调整都持谨慎态度

续表

项　　目		内　　容
一般性政策工具	再贴现政策	再贴现政策是指中央银行对商业银行用持有的未到期票据向中央银行融资所作的政策规定。再贴现政策一般包括再贴现率的确定和再贴现的资格条件。再贴现率主要着眼于短期政策效应。中央银行根据市场资金供求状况调整再贴现率，以影响商业银行借入资金成本，进而影响商业银行对社会的信用量，从而调整货币供给总量。在传导机制上，若商业银行需要以较高的代价才能获得中央银行的贷款，便会提高对客户的贴现率或提高放款利率，其结果就会使信用量收缩，市场货币供应量减少；反之，则相反。中央银行对再贴现资格条件的规定则着眼于长期的政策效用，以发挥抑制或扶持作用，并改变资金流向
	公开市场业务	回购交易分为正回购和逆回购两种。正回购为中国人民银行向一级交易商卖出有价证券，并约定在未来特定日期买回有价证券的交易行为。正回购为中国人民银行从市场收回流动性的操作，正回购到期则为中国人民银行向市场投放流动性的操作。逆回购为中国人民银行向一级交易商购买有价证券，并约定在未来特定日期将有价证券卖给一级交易商的交易行为。逆回购为中国人民银行向市场上投放流动性的操作，逆回购到期则为中国人民银行从市场收回流动性的操作。 现券交易分为现券买断和现券卖断两种。前者为中国人民银行直接从二级市场买入债券，一次性地投放基础货币；后者为中国人民银行直接卖出持有债券，一次性地回笼基础货币。 中央银行票据即中国人民银行发行的短期债务凭证。中国人民银行通过发行中央银行票据可以回笼基础货币，中央银行票据到期则体现为投放基础货币
选择性政策工具	直接信用控制	直接信用控制是指以行政命令或其他方式，直接对金融机构尤其是商业银行的信用活动进行控制。其具体手段包括：规定利率限额与信用配额、信用条件限制，规定金融机构流动性比率和直接干预等
	间接信用指导	间接信用指导是指中央银行通过道义劝告、窗口指导等办法间接影响商业银行等金融机构行为的做法

考点十八　货币供应量的三个层次（表 5—19）

表 5—19　　货币供应量的三个层次

项　　目	内　　容
货币供应量	货币供应量是单位和居民个人在银行的各项存款和手持现金之和，其变化反映了中央银行货币政策的变化，对企业生产经营、金融市场尤其是证券市场的运行和居民个人的投资行为有着重大的影响。中央银行一般根据宏观监测和宏观调控的需要，根据流动性的大小将货币供应量划分为不同的层次
货币供应量的三个层次	我国现行货币统计制度将货币供应量划分为三个层次： （1）流通中现金（M_0），指单位库存现金和居民手持现金之和，其中“单位”指银行体系以外的企业、机关、团体、部队、学校等单位； （2）狭义货币供应量（M_1），指 M_0 加上单位在银行的可开支票进行支付的活期存款； （3）广义货币供应量（M_2），指 M_1 加上单位在银行的定期存款和城乡居民个人在银行的各项储蓄存款以及证券公司的客户保证金

考点十九　社会融资总量的含义与构成（表 5—16）

表 5—16　　社会融资总量的含义与构成

项　　目	内　　容
概念	社会融资总量是全面反映金融与经济关系，以及金融对实体经济资金支持的总量指标。社会融资总量是指一定时期内（每月、每季或每年）实体经济从金融体系获得的全部资金总额。这里的金融体系为整体金融的概念，从机构看，包括银行、证券、保险等金融机构；从市场看，包括信贷市场、债券市场、股票市场、保险市场以及中间业务市场等
内涵	（1）金融机构通过资金运用对实体经济提供的全部资金支持，即金融机构资产的综合运用，主要包括人民币各项贷款、外币各项贷款、信托贷款、委托贷款、金融机构持有的企业债券、非金融企业股票、保险公司的赔偿和投资性房地产等。 （2）实体经济利用规范的金融工具、在正规金融市场、通过金融机构服务所获得的直接融资，主要包括银行承兑汇票、非金融企业股票筹资及企业债的净发行等。 （3）其他融资，主要包括小额贷款公司贷款、贷款公司贷款、产业基金投资等

续表

项　目	内　容
构成	社会融资总量是增量概念，为期末、期初余额的差额，或当期发行或发生额扣除当期兑付或偿还额的差额，统计上表现为每月、每季或每年新增量。社会融资总量各项指标统计，均采用发行价或账面价值进行计值，以避免股票、债券及保险公司投资性房地产等金融资产的市场价格波动扭曲实体经济的真实筹资。社会融资总量中以外币标值的资产折算成人民币单位，折算的汇率为所有权转移日的汇率买卖中间价。在数据汇总方面，金融机构之间的债权和所有权关系相互轧差，不存在重复计算问题

考点二十　我国货币政策的传导机制（表5－17）

表5－17　　我国货币政策的传导机制

项　目	内　容
利率传递途径	利率传导理论是最早被提出的货币政策传导理论，但从早期休谟的短期分析、费雪的过渡期理论、魏克赛尔的累积过程理论中所涉及的利率传导理论均未得到关注。直到凯恩斯的《通论》问世及IS-LM模型的建立才正式引起学术界对利率传导机制的研究。利率传导机制的基本途径可表示为： 货币供应量 M↑→实际利率水平 i↓→投资 I↑→总产出 Y↑
信用传递途径	威廉斯提出的贷款人信用可能性学说是最早有关货币政策信用传导途径的理论，伯南克则在此理论基础上进一步提出了银行借贷渠道和资产负债渠道两种理论，并得出货币政策传递过程中即使利率没发生变化也会通过信用途径来影响国民经济总量。信用传导机制的基本途径可表示为： 货币供应量 M↑→贷款供给 L↑→投资 I↑→总产出 Y↑
非货币资产价格传递途径	托宾的Q理论与莫迪利亚尼的生命周期理论则提出了货币政策的非货币资产价格传递途径。资产价格传导理论强调资产相对价格与真实经济之间的关系，其基本途径可表示为： 货币供应量 M↑→实际利率 i↓→资产（股票）价格 P↑→投资 I↑→总产出 Y↑
汇率传递途径	汇率是开放经济中一个极为敏感的宏观经济变量，因而它也引起了众多学者的研究，而关于货币政策的汇率传导机制的理论主要有购买力平价理论、利率平价理论和蒙代尔—弗莱明模型等。货币政策的汇率传导机制的基本途径可表示为： 货币供应量 M↑→实际利率 i↓→汇率 E↓→净出口 NX↑→总产出 Y↑

考点二十一　货币政策变动对实体经济和证券市场的影响（表5—18）

表5—18　　货币政策变动对实体经济和证券市场的影响

项　目	内　容
货币政策变动对实体经济的影响	（1）通过调控货币供应总量保持社会总供给与总需求的平衡。 （2）通过调控利率和货币总量控制通货膨胀，保持物价总水平的稳定。 （3）调节国民收入中消费与储蓄的比例。 （4）引导储蓄向投资的转化并实现资源的合理配置
货币政策变动对证券市场的影响	（1）中央银行调整基准利率的高低，对证券价格产生影响。 （2）中央银行的公开市场业务对证券价格的影响。 （3）调节货币供应量对证券市场的影响。 （4）选择性货币政策工具对证券市场的影响

考点二十二　汇率的概念

汇率是国际贸易中最重要的调节杠杆。一国货币兑换另一国货币的比率，是以一种货币表示另一种货币的价格。由于世界各国货币的名称不同，币值不一，所以一国货币对其他国家的货币要规定一个兑换率，即汇率。

考点二十三　汇率制度及汇率变动对证券市场的影响（表5—19）

表5—19　　汇率制度及汇率变动对证券市场的影响

项　目		内　容
汇率制度	自由浮动汇率	自由浮动汇率制度是指汇率由货币的供求关系决定，央行不对外汇市场实施任何干预措施，市场参与者根据物价水平变化、利差、经济增长和其他相关的变量决定买卖外汇。这些经济变量会受政府政策等多种因素的影响；同时，市场参与者对此作出反应并不断调整自己的买卖决策。因此，在自由浮动汇率制度下，汇率往往很不稳定
	有管理的浮动汇率	汇率大幅度波动可能会危害一个国家的经济稳定。央行干预是避免汇率大幅度波动的手段，主要有三种干预措施：（1）一些中央银行的干预目标是平滑日常的波动，它们偶尔进入市场，但不会尝试干预货币的基本趋势。（2）一种更加积极的干预是逆经济风向而行。阻止那些由于暂时性的事件引起的外汇市场上突然的短期或中期波动。然而，这种干预意在推延而非抵抗货币的基本趋势。（3）最后一种干预称为非官方盯住，指的是央行通过对市场的干预使汇率变化不得超出官方非公开的汇价上下限。非官方盯住干预下的汇率制度和固定汇率制度有些类似，区别在于前者政府只是努力保持汇率在某个区间，而后者则规定如此

续表

项　　目		内　　容
汇率制度	目标区间管理	目标区间管理是减少汇率波动的另一种汇率制度。在目标区间汇率制度下，一个国家的中央银行将调整其货币政策以保持汇率在一个以中心汇率为基准上下浮动的区间内。1978～1998年欧洲货币体系（EMS）就是这样一种汇率制度
	固定汇率	在固定汇率制度下，政府将汇率维持在某一个目标水平。事实上，固定汇率制度相当于浮动区间很小的目标区间汇率制度，一旦这个国家的汇率偏离固定水平超过一个既定的百分比，央行将进入外汇市场进行干预
汇率变动对证券市场的影响		汇率对证券市场的影响是多方面的。一般来讲，一国的经济越开放，证券市场的国际化程度越高，证券市场受汇率的影响越大。这里汇率用单位外币的本币标值来表示。 一般而言，以外币为基准，汇率上升，本币贬值，本国产品竞争力强，出口型企业将增加收益，因而企业的股票和债券价格将上涨；相反，依赖于进口的企业成本增加，利润受损，股票和债券的价格将下跌。同时，汇率上升，本币贬值，将导致资本流出本国，资本的流失将使得本国证券市场需求减少，从而市场价格下跌。 另外，汇率上升时，本币表示的进口商品价格提高，进而带动国内物价水平上涨，引起通货膨胀。通货膨胀对证券市场的影响需根据当时的经济形势和具体企业以及政策行为进行分析

考点二十四　外汇储备与外汇占款的含义（表5—20）

表5—20　　外汇储备与外汇占款的含义

项　　目	内　　容
外汇储备	外汇储备是一国对外债权的总和，用于偿还外债和支付进口，是国际储备的一种。一国当前持有的外汇储备是以前各时期一直到现期为止的国际收支顺差的累计结果。一国的国际储备除了外汇储备外，还包括黄金储备、特别提款权和在国际货币基金组织（IMF）的储备头寸。我国后两者所占比例较低，国际储备主要由黄金和外汇储备构成。在一个时期内，国际储备中可能发生较大变动的主要是外汇储备。外汇储备的变动是由国际收支产生差额引起的。在国际收支账户中，经常账户和资本账户都会产生差额，但如果两者方向不同，就会相互抵消。只有在国际收支账户上的所有项目综合起来产生综合差额，才会引起国际储备变动特别是外汇储备变动

续表

项　　目	内　　容
外汇占款	外汇占款是指受资国中央银行收购外汇资产而相应投放的本国货币。由于人民币是非自由兑换货币，外资引入后需兑换成人民币才能进入流通使用，国家为了外资换汇要投入大量的资金增加了货币的需求量，形成了外汇占款。 外汇占款也就相应具有两种含义：一是中央银行在银行间外汇市场中收购外汇所形成的人民币投放；二是统一考虑银行柜台市场与银行间外汇市场两个市场的整个银行体系（包括央行和商业银行）收购外汇所形成的向实体经济的人民币资金投放。其中前一种外汇占款属于央行购汇行为，反映在中央银行资产负债表中。后一种外汇占款属于整个银行体系（包括中央银行与商业银行）的购汇行为，反映在全部金融机构人民币信贷收支表中。两种含义的外汇占款对国内的人民币货币、资金各有不同的影响。具体表现为： （1）中央银行购汇→形成央行所持有的外汇储备→投放基础货币； （2）整个银行体系购汇→形成全社会外汇储备→形成社会资金投放

考点二十五　货币当局和金融机构资产负债表的构成及含义（表5－21）

表5－21　　货币当局和金融机构资产负债表的构成及含义

项　　目	内　　容
货币政策变动对实体经济的影响	货币当局是指代表国家制定并执行货币政策、金融运行规则，管理国家储备，从事货币发行与管理，与国际货币基金组织交易及向其他存款性公司提供信贷，以及承担其他相关职能的金融机构或政府部门。我国的货币当局是中国人民银行和国家外汇管理局
货币政策变动对证券市场的影响	资产负债表是反映企业在某一特定日期财务状况的会计报表，它表明权益在某一特定日期所拥有或控制的经济资源、所承担的现有义务和所有者对净资产的要求权。我国资产负债表按账户式反映，即资产负债表分为左方和右方，左方列示资产各项目，右方列示负债和所有者权益各项目。总资产＝负债＋净资产（资本、股东权益、所有者权益），即资产各项目的合计等于负债和所有者权益各项目的合计。通过账户式资产负债表，可以反映资产、负债和所有者权益之间的内在关系，并达到资产负债表左方和右方平衡。同时，资产负债表还提供年初数和期末数的比较资料

考点二十六　利率和汇率市场化改革的方向（表 5—22）

表 5—22　　利率和汇率市场化改革的方向

项　　目	内　　容
利率市场化改革	（1）在利率制度方面，国家应尽早建立并完善利率决定机制以及利率风险管理制度，保证利率决定机制在最大程度的灵活性和自主性的基础上实现利率风险水平的最小化。 （2）在金融市场方面，国家应努力朝着建立统一、开放、竞争、有序的金融体系的目标迈进，为市场上的各类竞争主体提供一个尽可能公平、公正的投融资环境，从而为利率市场化改革的最终实现创造条件。 （3）在规范微观主体行为方面，应首先解决长期以来困扰我国经济发展的问题，加速国有企业改革，逐步建立和完善现代企业管理制度，同时进一步推进国有商业银行的改革进程，在产权制度和银行治理结构等方面加大改革力度
汇率市场化改革	（1）人民币汇率浮动幅度要提高，汇率变化的频率要增加。 （2）培育新颖的外汇市场，将外汇储备疏导到外汇市场，推进藏汇于民。 （3）外汇管理政策从“奖入限出”改为“限入奖出”

考点二十七　资本账户改革方向

资本金账户是记录资本的国际流动。资本账户是指用以核算和监督投资者投入的资本或留存收益的增减变动及其结存情况的账户。

资本账户改革的方向为资本项目可兑换。资本账户开放意味着更少的政府干预，但并不是完全取消所有的管制。

考点二十八　主要的财政政策工具（表 5—23）

表 5—23　　主要的财政政策工具

项　　目	内　　容
国家预算	国家预算是财政政策的主要手段。作为政府的基本财政收支计划，国家预算能够全面反映国家财力规模和平衡状态，并且是各种财政政策手段综合运用结果的反映，因而在宏观调控中具有重要的作用。国家预算收支的规模和收支平衡状态可以对社会供求的总量平衡产生影响。在一定时期，当其他社会需求总量不变时，财政赤字具有扩张社会总需求的功能，财政采用结余政策和压缩财政支出具有减少社会总需求的功能。 国家预算的支出方向可以调节社会总供求的结构平衡。财政投资主要运用于能源、交通及重要的基础产业、基础设施的建设，财政投资的多少和投资方向直接影响和制约国民经济的部门结构，因而具有造就未来经济结构框架的功能，也有矫正当期结构失衡状态的功能

续表

项　　目	内　　容
税收	税收是国家凭借政治权力参与社会产品分配的重要形式。税收具有强制性、无偿性和固定性的特征，它既是筹集财政收入的主要工具，又是调节宏观经济的重要手段。税制的设置可以调节和制约企业间的税负水平。税收还可以根据消费需求和投资需求的不同对象设置税种或在同一税种中实行差别税率，以控制需求数量和调节供求结构。进口关税政策和出口退税政策对于国际收支平衡具有重要的调节功能
国债	国债是国家按照有偿信用原则筹集财政资金的一种形式，也是实现政府财政政策、进行宏观调控的重要工具。国债可以调节国民收入的使用结构和产业结构，用于农业、能源、交通和基础设施等国民经济的薄弱部门和瓶颈产业的发展，调整固定资产投资结构，促进经济结构的合理化。政府还可以通过发行国债调节资金供求和货币流通量。另外，国债的发行对证券市场资金的流向格局也有较大影响。如果一段时间内，国债发行量较大且具有一定的吸引力，将会分流证券市场的资金
财政补贴	财政补贴是国家为了某种特定需要，将一部分财政资金无偿补助给企业和居民的一种再分配形式。我国财政补贴主要包括价格补贴、企业亏损补贴、财政贴息、房租补贴、职工生活补贴和外贸补贴等
财政管理体制	财政管理体制是中央与地方、地方各级政府之间以及国家与企事业单位之间资金管理权限和财力划分的一种根本制度，其主要功能是调节各地区、各部门之间的财力分配
转移支付制度	转移支付制度是中央财政将集中的一部分财政资金，按一定的标准拨付给地方财政的一项制度。其主要功能是调整中央政府与地方政府之间的财力纵向不平衡，调整地区间财力横向不平衡

考点二十九　扩张性财政政策、中性财政政策和紧缩性财政政策对实体经济和证券市场的影响（表5—24）

表5—24　　扩张性财政政策、中性财政政策和紧缩性财政政策对实体经济和证券市场的影响

项　　目	内　　容
减少税收，降低税率，扩大减免税范围	其政策的经济效应是：增加微观经济主体的收入，以刺激经济主体的投资需求，从而扩大社会供给，增加人们的收入，并同时增加了他们的投资需求和消费支出。减少税收对证券市场的影响为：增加收入直接引起证券市场价格上涨，增加投资需求和消费支出又会

续表

项　　目	内　　容
减少税收，降低税率，扩大减免税范围	拉动社会总需求；而总需求增加又反过来刺激投资需求，从而使企业扩大生产规模，增加企业利润；利润增加，又将刺激企业扩大生产规模的积极性，进一步增加利润总额，从而促进股票价格上涨。因市场需求活跃，企业经营环境改善，盈利能力增强，进而降低了还本付息风险，债券价格也将上扬
扩大财政支出，加大财政赤字	其政策效应是：扩大社会总需求，从而刺激投资，扩大就业。政府通过购买和公共支出增加对商品和劳务的需求，激励企业增加投入，提高产出水平，于是企业利润增加，经营风险降低，使得股票价格和债券价格上升。同时，居民在经济复苏中增加了收入，持有货币增加，景气的趋势更增加了投资者的信心，买气增强，证券市场和债券市场趋于活跃，价格自然上扬。特别是与政府购买和支出相关的企业将最先、最直接从财政政策中获益，有关企业的股票价格和债券价格将率先上涨。但过度使用此项政策，财政收支出现巨额赤字时，虽然进一步扩大了需求，但却进而增加了经济的不稳定因素。通货膨胀加剧，物价上涨，有可能使投资者对经济的预期不乐观，反而造成股价下跌
减少国债发行（或回购部分短期国债）	国债是证券市场上重要的交易券种，国债发行规模的缩减使市场供给量减少，从而对证券市场原有的供求平衡发生影响，导致更多的资金转向股票，推动证券市场上扬
增加财政补贴	财政补贴往往使财政支出扩大。其政策效应是扩大社会总需求和刺激供给增加，从而使整个证券市场的总体水平趋于上涨。紧缩财政政策的经济效应及其对证券市场的影响与上述情况相反

考点三十　财政收支以及财政赤字或结余的概念（表 5－25）

表 5－25　　财政收支以及财政赤字或结余的概念

项　　目	内　　容
财政收入	财政收入指国家财政参与社会产品分配所取得的收入，是实现国家职能的财力保证。财政收入的内容几经变化，目前主要包括： （1）各项税收：增值税、营业税、消费税、土地增值税、城市维护建设税、资源税、城市土地使用税、印花税、个人所得税、企业所得税、关税、农牧业税和耕地占用税等。 （2）专项收入：征收排污费收入、征收城市水资源费收入、教育费附加收入等。

续表

项　　目	内　　容
财政收入	（3）其他收入：基本建设贷款归还收入、基本建设收入、捐赠收入等。 （4）国有企业计划亏损补贴。这项为负收入，冲减财政收入
财政支出	财政支出是指国家财政将筹集起来的资金进行分配使用，以满足经济建设和各项事业的需要。主要包括：基本建设支出、企业挖潜改造资金、地质勘探费用、科技三项费用（即新产品试制费、中间试验费、重要科学研究补助费）、支援农村生产支出、农林水利气象等部门的事业费用、工业交通商业等部门的事业费、文教科学卫生事业费、抚恤和社会福利救济费、国防支出、行政管理费和价格补贴支出。 上述财政支出可归类为两部分：一部分是经常性支出，包括政府的日常性支出、公共消费产品的购买、经常性转移等；另一部分是资本性支出，就是政府的公共性投资支出，包括政府在基础设施上的投资、环境改善方面的投资以及政府储备物资的购买等。这两部分支出的变化对国内总供需的影响是不同的
财政赤字或结余	财政收入与财政支出的差额即为赤字（差值为负时）或结余（差值为正时）。核算财政收支总额主要是为了进行财政收支状况的对比。财政收入大于支出表现为结余，财政收不抵支则出现赤字。如果财政赤字过大，就会引起社会总需求的膨胀和社会总供求的失衡。 同时，财政赤字或结余也是宏观调控中应用最普遍的一个经济变量。财政发生赤字的时候有两种弥补方式：一是通过举债即发行国债来弥补，二是通过向银行借款来弥补

考点三十一　主权债务的概念及其相关的分析预警指标（表 5—26）

表 5—26　　主权债务的概念及其相关的分析预警指标

项　　目	内　　容
主权债务概念	主权债务是指一国以自己的主权为担保向外（不管是向国际货币基金组织，还是向世界银行或其他国家）借来的债务。因此，从概念上讲，主权债是一国对国外的负债。一国适度举债，可以利用国外资本发展本国经济，但过度举债，超越国家的财政偿还能力就会引发主权债务危机
主权债务预警指标	（1）主权债务危机的实质是国家债务信用危机。一般对债务风险的判断都是基于国债负担率、赤字率、债务依存度、偿债率这样一些指标。

续表

项　　目	内　　容
主权债务预警指标	(2) 国债负担率又称国民经济承受能力，是指国债累计余额占国内生产总值（GDP）的比重。 (3) 债务依存度是指当年的债务收入与财政支出的比例关系。 (4) 按照该条约规定，财政赤字占 GDP 的比例（赤字率）不得超过 3%，国债负担率（公共部门债务率）不得超过 GDP 的 60%。这被认为是目前国际上通行的一国政府债务风险的警戒线指标。 (5) 主权债务危机一般会产生以下的负面影响：①导致新的贸易保护；②危机国财政紧缩、税收增加和失业率增加，社会矛盾激化；③危机国货币贬值，资金外流；④危机国国债收益率上升，筹资成本大幅度增加，甚至无法发行国债

考点三十二　主要的税收制度

税收制度简称"税制"，它是国家以法律形式确定的各种税收法律法规总和，反映国家与纳税人之间的经济关系，是国家财政制度的主要内容，是国家以法律形式规定的各种税收法令和征收管理办法的总称。税收制度的内容包括税种的设计、各个税种的具体内容，如征税对象、纳税人、税率、纳税环节、纳税期限、违章处理等。广义的税收制度还包括税收管理制度和税收征收管理制度。一个国家制定什么样的税收制度，是生产力发展水平、生产关系性质、经济管理体制以及税收应发挥的作用决定的。

考点三十三　证券市场供给和需求的主要因素（表 5－27）

表 5－27　　证券市场供给和需求的主要因素

项　　目		内　　容
证券市场供给的决定因素与变动特点	上市公司质量	上市公司的质量状况影响到证券市场的前景、投资者的收益及投资热情、个股价格及大盘指数变动，这些因素将直接或间接影响证券市场的供给。质量高的上市公司易于为证券市场所接受，因而有利于股票供给的增加；反之，质量低的上市公司，其股票很难被市场接受，对股票的供给增加不利。上市公司的质量和业绩情况也影响到公司本身的再筹资功能和筹资规模，从而影响股票的供给。因此，上市公司质量与经济效益状况是影响证券市场供给的最根本因素
	上市公司数量	与上市公司质量相比，上市公司数量直接决定证券市场供给。而影响公司数量的主要因素包括：①宏观经济环境；②制度因素；③市场因素

续表

项目		内容
证券市场需求的决定因素与变动特点	宏观经济环境	如果宏观经济运行良好，银根较松，整个社会的资金供给就会呈现出比较充裕的局面。同时，由于宏观经济向好，作为微观主体的上市公司业绩的预期会得到相应改善，将会吸引投资者进一步进入证券市场，从而增加对股票的需求，有效增加证券市场资金的供给量。反之，如果宏观经济的前景堪忧，整个社会的资金供给可能会呈现出比较紧张的局面，而且由于投资者调低对上市公司业绩的预期，会减少对证券市场的投资，证券市场的资金供应量会减少
	政策因素	由于中国证券市场还处于不太成熟的发展阶段，有关部门为了防范证券市场的风险，对进人证券市场的投资主体有着严格的规定，一些不符合规定的资金不能进入证券市场。但是，随着中国证券市场的不断成熟，有关部门会逐步开放证券市场，使进入证券市场的投资主体越来越多，为证券市场提供新的增量资金，扩大证券市场的资金供应量。包括市场准入政策、融资融券政策、金融监管政策甚至货币与财政政策在内的一系列政策，将对证券市场的需求产生影响
	居民金融资产结构的调整	居民的金融资产主要由银行存款、证券投资基金、股票、债券及信托资产等构成。中国居民以前金融资产的绝大部分是银行储蓄，证券投资尤其股票和证券投资基金投资占金融资产的比例相当小。但是，随着人民生活水平的不断提高、金融投资意识的加强，不断有居民将原先的银行储蓄转化为股票和基金投资。股票与基金投资占个人金融资产的比例不断提高，而且这种变化趋势是长期的
	机构投资者的培育和壮大	我国证券市场机构投资者的发展大致可以分为三个阶段： 第一阶段是 1991～1997 年。该阶段的机构投资者为证券公司、信托公司、老基金和非专业证券投资的企业法人。由于当时国家对机构投资者投资范围没有明确限制，部分机构投资者的资金并没有全部用于股票投资，如不少证券公司和老基金投资房地产和上市公司法人股。 第二阶段是 1998～2000 年。该阶段的特点是管理层开始有计划、有步骤地推出一系列旨在培育机构投资者的政策措施。 第三阶段是 2001 年至今，开放式基金的出现是该阶段的特点。2001 年 9 月 22 日，第一只华安创新开放式基金宣告成立，从而使基金的发展跨入新的历史时期，标志着我国证券市场真正开始步入机构投资者时代。 目前，我国证券市场机构投资者已经形成了以证券投资基金、券商、保险公司、社会保障基金、QFII、信托公司、财务公司、企业法人以及私募投资机构等为主体的多元化格局

续表

项　　目		内　　容
证券市场需求的决定因素与变动特点	资本市场的逐步对外开放	资本市场服务性开放是金融服务业开放的主要内容之一，它主要包括以下两个方面：①允许投资银行、可以经营证券的商业银行、资产管理公司、各种基金（如养老基金、对冲基金、保险基金等）及基金管理公司、律师事务所、投资咨询公司等外国资本市场中介机构在本国资本市场上为证券投融资提供各种服务。②允许本国资本市场中介机构在其他国家的资本市场上为证券投融资提供各种服务。 资本市场的投资性开放包括两方面的含义：①融资的开放，即允许本国居民在国际资本市场上融资和外国居民在本国资本市场上融资。②投资的开放，即允许外国居民投资于本国的资本市场和允许本国居民投资于国际资本市场。投资性开放的结果是资本可在全球范围内充分配置，使全球任何地方的资本资产的价格趋于一致

考点三十四　股市制度改革的方向和股市制度变革对股市运行的影响（表5—28）

表5—28　股市制度改革的方向和股市制度变革对股市运行的影响

项　　目		内　　容
股市制度改革的方向	第一阶段	股权分置问题的形成。我国证券市场在设立之初，对国有股流通问题总体上采取搁置的办法，在事实上形成了股权分置的格局
	第二阶段	通过国有股变现解决国有企业改革和发展资金需求的尝试，开始触动股权分置问题。1998年下半年到1999年上半年，为了推进国有企业改革发展的资金需求和完善社会保障机制，开始国有股减持的探索性尝试。但由于实施方案与市场预期存在差距，试点很快被停止。2001年6月12日，国务院颁布《减持国有股筹集社会保障资金管理暂行办法》也是该思路的延续。但同样由于市场效果不理想，于当年10月22日宣布暂停
	第三阶段	作为推进资本市场改革开放和稳定发展的一项制度性变革，股权分置问题正式被提上日程。2004年1月31日，国务院发布《国务院关于推进资本市场改革开放和稳定发展的若干意见》，明确提出“积极稳妥解决股权分置问题”
股市制度变革对股市运行的影响		（1）不同股东之间的利益行为机制在股改后趋于一致化。 （2）股权分置改革有利于上市公司定价机制的统一，市场的资源配置功能和价值发现功能进一步得到优化。 （3）股权分置改革完成后，大股东违规行为将被利益牵制，理性化行为趋于突出。

续表

项　　目	内　　容
股市制度变革对股市运行的影响	(4) 股权分置改革有利于建立和完善上市公司管理层的激励和约束机制。 (5) 股权分置改革后上市公司整体目标趋于一致，长期激励将成为战略规划的重要内容。 (6) 股权分置改革之后金融创新进一步活跃，上市公司重组并购行为增多。 (7) 股权分置改革之后市场供给增加，流动性增强

考点三十五　国际金融市场环境对我国证券市场的影响（表5—29）

表5—29　　国际金融市场环境对我国证券市场的影响

国际金融市场动荡通过人民币汇率预期影响证券市场	从趋势上看，由于中国经济的持续高速发展，人民币渐进升值对股票市场的影响主要体现在两个层面：其一，将全面提升人民币资产升值，对内外资投资于中国资本市场都将产生极大的吸引力，特别是伴随金融业的全面开放、合格境外机构投资者(QFII) 投资额度放宽、市场扩容和金融衍生工具的增加等，我国资本市场正在迎来一个加速发展的时期；其二，拥有人民币资本类的行业或企业将特别受到投资者的青睐，比如零售商业、房地产业、金融业等。这类行业在2006年和2007年伴随人民币升值，成为股指上扬的龙头
国际金融市场动荡通过宏观面间接影响我国证券市场	改革开放以来，我国国民经济的对外依存度大大提高，国际金融市场动荡会导致出口增幅下降、外商直接投资下降，从而影响经济增长率。宏观经济环境的恶化导致上市公司业绩下降和投资者信心下降，最终使证券市场行情下跌。其中，国际金融市场的动荡对外向型上市公司和外贸行业上市公司的业绩影响最大，对其股价的冲击也最大
国际金融市场动荡通过微观面直接影响我国证券市场	随着中国经济实力的不断壮大，国内企业的国际竞争能力也在不断增强。一些大型企业最近几年通过跨国兼并参与国际竞争。国内主要上市公司通过购买境外企业的股份，以达到参股或控股的目的。另外一些大型上市公司通过购买境外企业债券进行组合投资套期保值。国际金融市场的动荡造成境外企业的股票和债券价格大幅度缩水，严重影响了上述公司的业绩

【真题回顾】

一、单项选择题（以下备选项中只有一项符合题目要求）

1. 1975 年，美国经济学家戈登（Robert J. Gordon）提出的衡量通货膨胀的最佳指标是（　　）。

A. 生活费用指数　　B. 生产者价格指数

C. 综合物价指数　　D. 核心消费价格指数

【答案】 D

【解析】 本题考核的是衡量通货膨胀的最佳指标。核心 CPI 被认为是衡量通货膨胀的最佳指标，是指将受气候和季节因素影响较大的产品价格剔除之后的居民消费物价指数，由美国经济学家戈登于 1975 年提出，其含义代表消费价格长期趋势。

2. 宏观经济学的总量分析方法是（　　）的分析方法。

A. 从微观分析的加总中引出宏观　　B. 从宏观分析的分拆中引出微观

C. 从个量分析的加总中引出总量　　D. 从总量分析的分拆中引出个量

【答案】 C

【解析】 本题考核的是宏观经济学的总量分析方法。总量分析法是指为了说明整个经济的状态和全貌，对影响宏观经济运行总量指标的因素及其变动规律进行分析。总量分析法侧重于总量指标速度的考察，侧重分析经济运行的动态过程总量分析。

二、组合型选择题（以下备选项中只有一项最符合题目要求）

1. 以下属于宏观经济指标中的主要经济指标的是（　　）。

Ⅰ. 失业率　　Ⅱ. 货币供应量

Ⅲ. 国内生产总值　　Ⅳ. 价格指数

A. Ⅰ、Ⅱ　　B. Ⅰ、Ⅲ　　C. Ⅱ、Ⅲ、Ⅳ　　D. Ⅰ、Ⅲ、Ⅳ

【答案】 D

【解析】 本题考核的是宏观经济指标中的主要经济指标。宏观经济指标中的主要经济指标包括：(1) 国内生产总值；(2) 失业率、非农就业数据；(3) 消费者价格指数、生产者价格指数；(4) 采购经理人指数。Ⅱ项，货币供应量属于货币金融指标。

2. 宏观分析所需的有效材料一般包括（　　）等。

Ⅰ. 金融物价统计资料　　Ⅱ. 贸易统计资料

Ⅲ. 一般生产统计资料　　Ⅳ. 国民收入统计与景气动向

A. Ⅰ、Ⅳ　　B. Ⅰ、Ⅲ、Ⅳ

C. Ⅰ、Ⅱ、Ⅲ　　D. Ⅰ、Ⅱ、Ⅲ、Ⅳ

【答案】 D

【解析】 本题考核的是宏观分析所需的有效材料。宏观分析信息包括政府的重点经济政策与措施、一般生产统计资料、金融物价统计资料、贸易统计资料、每年国民收入统计与景气动向、突发性非经济因素等。

【典型习题】

1. 计算 CPI 是确定一个固定的代表平均水平的一篮子商品和服务，并根据其(　　)除以基准年份的价值。

A. 当前净值　　B. 当前价值　　C. 当前市值　　D. 历史价值

2. 在计算 GDP 时，区分国内生产和国外生产一般以“常住居民”为标准，“常住居民”指的是(　　)。

A. 居住在本国的公民

B. 居住在本国的公民和外国居民

C. 居住在本国的公民和暂居外国的本国公民

D. 居住在本国的公民、暂居外国的本国公民和长期居住在本国但未加入本国国籍的外国居民

3. 国际收支中的居民指的是(　　)。

A. 在国内居住 1 年以上的自然人

B. 在国内居住 1 年以上的自然人和法人

C. 在国内居住 2 年以上的自然人

D. 在国内居住 2 年以上的自然人和法人

4. 我国现阶段占主导地位的投资主体，不包括(　　)。

A. 外商投资　　B. 企业投资　　C. 个人投资　　D. 政府投资

5. 国际收支的资本项目包括(　　)。

Ⅰ. 贸易收支　　Ⅱ. 短期资本　　Ⅲ. 劳务收支　　Ⅳ. 长期资本

A. Ⅰ、Ⅱ　　B. Ⅱ、Ⅳ　　C. Ⅱ、Ⅲ、Ⅳ　　D. Ⅰ、Ⅲ、Ⅳ

【参考答案】

1. B　　2. D　　3. B　　4. C　　5. B

第二节　行业分析

【考点归纳】

> ➢ 熟悉行业分析的信息来源。
> ➢ 熟悉行业分析所需信息和数据的内容。

> ➢ 熟悉行业分析信息和数据的质量要求。
>
> ➢ 熟悉行业分析信息的收集与处理方法。
>
> ➢ 了解对所获得的行业部门、行业内部竞争、部门需求和供给数据进行分析的方法。
>
> ➢ 掌握行业分类方法。
>
> ➢ 掌握描述行业基本状况的各种指标。
>
> ➢ 掌握行业的市场结构。
>
> ➢ 掌握行业供需分析方法。
>
> ➢ 熟悉行业盈利模式。
>
> ➢ 熟悉行业集中度的概念。
>
> ➢ 掌握以行业集中度为划分标准的产业市场结构分类。
>
> ➢ 了解产业价值链概念。
>
> ➢ 熟悉价值链上不同环节的各种特征及竞争策略。
>
> ➢ 熟悉各类行业的运行状态与经济周期的变动关系、具体表现、产生原因及投资者偏好等。
>
> ➢ 熟悉行业生命周期的含义、发展顺序、表现特征与判断标准。
>
> ➢ 掌握行业兴衰的实质及影响因素。
>
> ➢ 熟悉技术进步的行业特征及影响。
>
> ➢ 了解政府和行业监管、货币政策、财政政策对行业的影响。
>
> ➢ 熟悉重组、并购等对行业的影响

【考点解读】

考点一　行业分析的信息来源

行业分析是指根据经济学原理，综合应用统计学、计量经济学等分析工具对行业经济的运行状况、产品生产、销售、消费、技术、行业竞争力、市场竞争格局、行业政策等行业要素进行深入的分析，从而发现行业运行的内在经济规律，进而进一步预测未来行业发展的趋势。

行业分析的信息来源主要有：

（1）统计年鉴及其他政府部门公开公布的统计数据。

（2）专门行业协会编制的本行业相关信息。

（3）专门咨询机构发布的专门咨询报告。

（4）工商行政管理部门的企业报表。

（5）报纸、杂志、学术论文、学术著作归纳或转载的行业相关信息。

（6）国家专利部门公布的行业相关专利信息。

（7）国家制订并公布的行业、产业政策。

（8）中国海关、国家发展改革委公布的倾销、反倾销调查信息及相关政策。

（9）行业内专家或资深从业人士对行业内某话题的归纳、观点或分析结论。

（10）IPO招股说明书等公开披露资料中归纳汇总的行业相关信息。

（11）政府内参及其他信息来源。

考点二　行业分析相关内容（表5－30）

表5－30　行业分析相关内容

项　目	内　容
行业分析所需信息和数据的内容	行业分析包括：基本状况分析、一般特征分析、行业结构分析
行业分析所需信息和数据的质量要求	行业分析信息和数据的质量要求包括：完整性；一致性；准确性；及时性
行业分析信息的信息收集	信息收集工作的好坏，直接关系到整个信息管理工作的质量。为了保证信息收集的质量，应遵循以下原则：准确性；全面性；时效性。 信息收集方法包括：调查法；观察法；实验方法；文献检索；网络信息收集
行业分析信息的处理方法	信息处理就是对信息的接收、存储、转化、传送和发布等。信息处理的目的主要是：提高有效性；提高抗干扰性；改善主观感觉的效果；对信息进行识别和分类；分离和选择信息
行业分析方法	行业分析方法包括：历史资料研究法；调查研究法；归纳与演绎法；比较研究法；数理统计法

考点三　对所获得的行业部门、行业内部竞争、部门需求和供给数据进行分析的方法（表5－31）

表5－31　对所获得的行业部门、行业内部竞争、部门需求和供给数据进行分析的方法

项　目	内　容
历史资料研究法	历史资料研究法是通过对已有资料的深入研究，寻找事实和一般规律，然后根据这些信息去描述、分析和解释过去的过程；同时，揭示当前的状况，并依照这种一般规律对未来进行预测。这种方法的优点是省时、省力并节省费用。缺点是只能被动地囿于现有资料，不能主动地去提出问题并解决问题。只要是追溯事物发展轨迹，探

续表

项　　目	内　　容
历史资料研究法	究发展轨迹中某些规律性的东西，就不可避免地需要采用历史资料研究法。各个行业都在不断地发展，如果从一个行业的发展历程来认识它，更有助于较为全面深刻地认识和理解该行业，并把握它的发展脉搏
调查研究法	调查研究法是一项非常古老的研究技术，也是科学研究中一个常用的方法，在描述性、解释性和探索性的研究中都可以运用调查研究的方法。它一般通过抽样调查、实地调研、深度访谈等形式，通过对调查对象的问卷调查、访查、访谈获得资讯，并对此进行研究。调查研究是收集第一手资料用以描述一个难以直接观察的群体的最佳方法。当然，也可以利用他人收集的调查数据进行分析，即所谓的二手资料分析方法，这样可以节约费用。这种方法的优点是可以获得最新的资料和信息，并且研究者可以主动提出问题并获得解释，适合对一些相对复杂的问题进行研究时采用。缺点是这种方法的成功与否取决于研究者和访问者的技巧和经验。在向相关部门的官员咨询行业政策、向特定企业了解特定事件、与专家学者探讨重大话题的时候，特别适用这种方法
归纳与演绎法	归纳法是从个别出发以达到一般性，从一系列特定的观察中发现一种模式，在一定程度上代表所有给定事件的秩序。值得注意的是，这种模式的发现并不能解释为什么这个模式会存在。演绎法是从一般到个别，从逻辑或者理论上预期的模式到观察检验预期的模式是否确实存在。演绎法是先推论后观察，归纳法则是从观察开始
比较研究法	在进行行业分析的时候，比较研究法是一种较为常用的分析方法。比较研究又可以分为横向比较和纵向比较两种方法。横向比较一般是取某一时点的状态或者某一固定时段（比如 1 年）的指标，在这个横截面上对研究对象及其比较对象进行比较研究。比如将行业的增长情况与国民经济的增长进行比较，从中发现行业增长速度快于还是慢于国民经济的增长；或者将不同的行业进行比较，研究本行业的成长性；或者将不同国家或者地区的同一行业进行比较，研究行业的发展潜力和发展方向等等。纵向比较主要是利用行业的历史数据，如销售收入、利润、企业规模等，分析过去的增长情况，并据此预测行业的未来发展趋势。利用比较研究法可以直观和方便地观察行业的发展状态和比较优势

续表

项　　目	内　　容
数理统计法	随着研究的深入，分析师们将不再仅仅依靠简单的比较和直观的分析来寻找答案。数理统计和计量经济学的理论和方法将会被越来越多地应用到行业分析中来。这里介绍最常用的相关分析、一元线性回归和时间数列。 相关分析主要用于探索两个数量指标之间的依存关系，比如行业产品的销售总量和销售价格之间的关系、行业发展速度与国民经济发展速度之间的关系等等， 一元线性回归是对两个具有相关关系的数量指标进行线性拟合获得最佳直线回归方程，从而在相关分析的基础上进行指标预测。 时间数列则比较常见，比如行业的年度或者月度指标按时间顺序排列形成的数列即是一个时间数列，根据数列的特征就可以用多种方法来预测未来一期或若干期的指标

考点四　行业分类方法（表 5－32）

表 5－32　　行业分类方法

项　　目	内　　容
道·琼斯分类法	道·琼斯分类法将大多数股票分为三类：工业、运输业和公用事业，然后选取有代表性的股票。虽然入选的股票并不涵盖这类行业中的全部股票，但所选择的这些股票足以表明行业的一种趋势。 在道·琼斯指数中，工业类股票取自工业部门的 30 家公司，包括采掘业、制造业和商业；运输业类股票取自 20 家交通运输业公司，包括航空、铁路、汽车运输与航运业；公用事业类股票取自 6 家公用事业公司，主要包括电话公司、煤气公司和电力公司等。作为计算道·琼斯股价指数的股票类别，公用事业行业直到 1929 年才被确认添加进来
标准行业分类法	为便于汇总各国的统计资料并进行互相对比，联合国经济和社会事务统计局曾制定了一个《全部经济活动国际标准行业分类》（简称《国际标准行业分类》），建议各国采用。它把国民经济划分为 10 个门类：农业、畜牧狩猎业、林业和渔业；采矿业及土石采掘业；制造业；电、煤气和水；建筑业；批发和零售业、饮食和旅馆业；运输、仓储和邮电通信业；金融、保险、房地产和工商服务业；政府、社会和个人服务业；其他

考点五　描述行业基本状况的指标（表 5－33）

表 5－33　　描述行业基本状况的指标（行业景气分析）

项　目	内　容
行业景气基本内涵	处于周期波动不同周期节点的行业将有明显的表现差异。处于周期上升期的行业出现需求旺盛、生产满负荷和买卖活跃的景象。反之，处于周期下降期的行业出现需求萎靡、生产能力过剩、产品滞销、应收款增加、价格下跌和多数企业亏损的景象。行业周期波动是行业在市场经济下的必然规律，根据这一特点并综合目前国内外有关行业景气方面的定义，行业景气可定义如下：当行业处于不同的周期节点时呈现不同的市场景象，称之为行业景气
行业景气指数	景气指数又称为景气度，它是采用定量的方法综合反映某一特定调查群体或某一社会经济现象所处的状态或发展趋势的一种指标。 景气指数通常以 100 为临界值，范围在 0～200 点之间，景气指数高于 100，表明调查对象的状态趋于上升或改善，处于景气状态；景气指数低于 100，表明其处于下降或恶化，处于不景气状态。描述行业发展、变动的指标很多，既有总量指标又有比率指标，不同指标从不同方面描述行业。为了对行业经济有整体把握，同时能分析行业变动状况，有必要构建一个反映行业景气度的指标——行业景气指数。 行业景气指数是将能综合反映行业的各种指标进行加权编制而成的能够反映行业变动趋势的一种综合指数
影响行业景气的几个重要因素	影响行业景气的外因是宏观经济指标波动、经济周期、上下游产业链的供应需求变动，内因是行业的产品需求变动、生产能力变动、技术水平变化及产业政策的变化等。在分析行业景气变化时，通常会关注到以下几个重要因素： （1）需求。当行业产品需求增加时，会导致销售增加和总产量提高，行业景气由差向好转变，但这取决于需求量的多少和维持时间的长短。短时间的需求量提高不能作为景气转好的特征，仅作为波动而已。 （2）供应。当行业内部因竞争或产业政策限制，使总供应下降，而总需求不变，这时企业效益好转，景气转好。只要总需求不变，这种景气转变往往能维持较长的时间。 （3）产业政策。由于环保因素或产业升级，使行业的企业数减少，导致竞争下降，效益转好，这种景气能长时间维持。 （4）价格。价格因素是比较敏感的因素，也是波动较多的因素。价格上涨，一般实际需求增加，行业景气向好。但价格上涨是由于原料价格上涨造成反而使行业景气向淡。价格因素导致的景气转变往往持续时间不长，这时由于价格因素改变会导致供应能力变化，供求关系改变进一步影响价格

续表

项　　目	内　　容
中经产业景气指数	中经产业景气指数是目前我国比较成熟和权威的行业类景气指数，其是经济日报社中经产业指数研究中心与国家统计局中国经济景气监测中心共同研究编制而成。该指数于2009年4月正式发布，首次发布了家电、乳制品和钢铁3个产业景气指数。此后两年，中经产业景气指数按季度对外发布（具体时间为1月、4月、7月和10月的下旬），截至2011年末，所监测行业也从最初的3个逐步增加为10个。中经产业景气指数是一个指数体系。各产业指数都包括景气指数（以行业生产、销售、利润、就业、投资等主要经济指标合成），预警指数（以10个左右行业先行指标合成反映行业发展态势），以及用红、黄、绿、浅蓝和蓝色灯号直观描述行业经济冷热状况的行业预警灯号

考点六　行业的市场结构（表5—34）

表5—34　　行业的市场结构

项　　目	内　　容
完全竞争	完全竞争型市场是指竞争不受任何阻碍和干扰的市场结构。其特点是： （1）生产者众多，各种生产资料可以完全流动； （2）产品不论是有形或无形的，都是同质的、无差别的； （3）没有一个企业能够影响产品的价格，企业永远是价格的接受者而不是价格的制定者； （4）企业的盈利基本上由市场对产品的需求来决定； （5）生产者可自由进入或退出这个市场； （6）市场信息对买卖双方都是畅通的，生产者和消费者对市场情况非常了解。 从上述特点可以看出，完全竞争是一个理论上的假设，该市场结构得以形成的根本因素在于企业产品的无差异，所有的企业都无法控制产品的市场价格。在现实经济中，完全竞争的市场类型是少见的，初级产品（如农产品）的市场类型较类似于完全竞争
垄断竞争	垄断竞争型市场是指既有垄断又有竞争的市场结构。在垄断竞争型市场上，每家企业都在市场上具有一定的垄断力，但它们之间又存在激烈的竞争。其特点是： （1）生产者众多，各种生产资料可以流动。 （2）生产的产品同种但不同质，即产品之间存在着差异。产品的差异性是指各种产品之间存在着实际或想象上的差异。这是垄断竞争与完全竞争的主要区别。

续表

<table>
<tr><th colspan="2">项　目</th><th>内　容</th></tr>
<tr><td colspan="2">垄断竞争</td><td>（3）由于产品差异性的存在，生产者可以树立自己产品的信誉，从而对其产品的价格有一定的控制能力。可以看出，垄断竞争型市场中有大量企业，但没有一个企业能有效影响其他企业的行为。该市场结构中，造成垄断现象的原因是产品差别；造成竞争现象的是产品同种，即产品的可替代性。在国民经济各行业中，制成品（如纺织、服装等轻工业产品）的市场类型一般都属于垄断竞争</td></tr>
<tr><td colspan="2">寡头垄断</td><td>寡头垄断型市场是指相对少量的生产者在某种产品的生产中占据很大市场份额，从而控制了这个行业的供给的市场结构。
该市场结构得以形成的原因有：
（1）这类行业初始投入资本较大，阻止了大量中小企业的进入；
（2）这类产品只有在大规模生产时才能获得好的效益，这就会在竞争中自然淘汰大量的中小企业</td></tr>
<tr><td rowspan="3">完全垄断</td><td>概念</td><td>完全垄断型市场是指独家企业生产某种特质产品的情形，即整个行业的市场完全处于一家企业所控制的市场结构。特质产品是指那些没有或缺少相近的替代品的产品</td></tr>
<tr><td>分类</td><td>（1）政府完全垄断。通常在公用事业中居多，如国有铁路、邮电等部门。
（2）私人完全垄断。如根据政府授予的特许专营，或根据专利生产的独家经营以及由于资本雄厚、技术先进而建立的排他性的私人垄断经营</td></tr>
<tr><td>特点</td><td>（1）市场被独家企业所控制，其他企业不可以或不可能进入该行业。
（2）产品没有或缺少相近的替代品。
（3）垄断者能够根据市场的供需情况制定理想的价格和产量，在高价少销和低价多销之间进行选择，以获取最大的利润。
（4）垄断者在制定产品的价格与生产数量方面的自由性是有限度的，要受到有关反垄断法和政府管制的约束。
在当前的现实生活中没有真正的完全垄断型市场，每个行业都或多或少地引进了竞争。公用事业（如发电厂、煤气公司、自来水公司和邮电通信等）和某些资本、技术高度密集型或稀有金属矿藏的开采等行业属于接近完全垄断的市场类型</td></tr>
</table>

考点七　行业供需分析方法与盈利模式（表 5－35）

表 5－35　行业供需分析方法与盈利模式

项　目	内　容
行业供需分析方法	行业供需分析方法，是利用行业内供给和需求情况来对行业进行分析预测的方法。在实际的行业分析中，供需分析主要包括： （1）供给与市场价格的关系。包括供给法则、供给弹性、供给量的构成和影响供给的一般因素。 （2）需求与市场价格的关系。包括需求法则、需求弹性、需求量构成和影响需求的因素
行业盈利模式	盈利模式，是管理学的重要研究对象之一。盈利模式指按照利益相关者划分的企业的收入结构、成本结构以及相应的目标利润。 盈利模式是对企业经营要素进行价值识别和管理，在经营要素中找到盈利机会，即探求企业利润来源、生产过程以及产出方式的系统方法。还有观点认为，它是企业通过自身以及相关利益者资源的整合并形成的一种实现价值创造、价值获取、利益分配的组织机制及商业架构。 盈利模式分为自发的盈利模式和自觉的盈利模式两种，前者的盈利模式是自发形成的，企业对如何赢利，未来能否赢利缺乏清醒的认识，企业虽然盈利，但赢利模式不明确不清晰，其赢利模式具有隐蔽性、模糊性、缺乏灵活性的特点；后者，也就是自觉的赢利模式，是企业通过对赢利实践的总结，对赢利模式加以自觉调整和设计而成的，它具有清晰性、针对性、相对稳定性、环境适应性和灵活性的特征。 在市场竞争的初期和企业成长的不成熟阶段，企业的赢利模式大多是自发的，随着市场竞争的加剧和企业的不断成熟，企业开始重视对市场竞争和自身赢利模式的研究，即使如此，也并不是所有企业都有找到赢利模式的幸运。 盈利分析主要通过分析盈利模式，对现有的盈利方式进行改进

考点八　行业集中度的概念与产业市场结构分类（表 5－36）

表 5－36　行业集中度的概念与产业市场结构分类

项　目	内　容
行业集中度的概念	在分析行业的市场结构时，通常会使用到行业集中度。行业集中度又称行业集中率或市场集中度，是指某行业相关市场内前 N 家最大的企业所占市场份额（产值、产量、销售额、销售量、职工人数、资产总额等）的总和。行业集中度（*CR*）一般以某一行业排名前 4 位的企业的销售额（或生产量等数值）占行业总的销售额的比例来度

续表

项　目	内　容
行业集中度的概念	量，表示为 CR_4。CR_4 越大，说明这一行业的集中度越高，市场越趋向于垄断；反之，集中度越低，市场越趋向于竞争。集中度是衡量行业市场结构的一个重要指标。 已知该行业的企业的产值、产量、销售额、销售量、职工人数、资产总额等的情况下，其计算公式为： $$CR_n = \frac{\sum (X_i)_n}{\sum (X_i)_N}(N > n)$$ 式中　CR_n——规模最大的前几家企业的行业集中度； X_i——第 i 家企业的产值、产量、销售额、销售量、职工人数、资产总额等； n——产业内规模最大的前几家企业数； N——产业内的企业总数
以行业集中度为划分标准的产业市场结构分类	根据美国经济学家贝恩和日本通产省对产业集中度的划分标准，产业市场结构粗分为寡占型（$CR_8 \geqslant 40\%$）和竞争型（$CR_8 < 40\%$）两类。其中，寡占型又细分为极高寡占型（$CR_8 \geqslant 70\%$）和低集中寡占型（$40\% \leqslant CR_8 < 70\%$）；竞争型又细分为低集中竞争型（$20\% \leqslant CR_8 < 40\%$）和分散竞争型（$CR_8 < 20\%$）

考点九　产业价值链概念及不同环节的各种特征及竞争策略（表 5－37）

表 5－37　　产业价值链概念及不同环节的各种特征及竞争策略

项　目	内　容
产业价值链概念	企业内部各业务单元的联系构成了企业的价值链，一般企业都可以视为一个由管理、设计、采购、生产、销售、交货等一系列创造价值的活动所组成的链条式集合体。对于具体企业来说，它所从事的处于该链条上的每一项活动都会产生成本，同时也会带来一定的价值增值。当它出售产品或服务的价格比其创造所花费的成本高时，就可以获得一定的利润。因此，企业的总价值包括价值活动和利润这两部分。 价值链在经济活动中是无处不在的，将企业价值链根据企业与相应供应方和需求方的关系，分别向其前、后延伸就形成了产业价值链。由于每个产业的技术特点不同，相应的每一产业都有其结构独特的产业价值链，而处于产业价值链条上的每个企业的价值链就是一个产业环节

续表

项　　目	内　　容
产业价值链不同环节的各种特征及竞争策略	对产业链进行分析，实质上就是将某一产业价值链进行分解考察，通过区分和界定处于产业价值链上的不同企业在某一特定产业内的各种活动，比较各个环节的价值和变化，以分析产业链上企业的竞争力和产业的发展方向。产业链分析有利于不同国家或地区的企业和行业根据自己独特的比较优势和竞争优势进行相应产业价值链环节的选择，进而一方面因正确的产业定位和选择而形成自己独特的产业竞争力，另一方面也促使不同国家或地区的生产者在同一产业价值链上不同环节间的有效协作和分工的形成。因此，从价值链的角度来看，对不同国家或地区间产业竞争力的比较，并不一定需要建立在最终产品或服务的比较上，只需要就产业价值链条上的某几个价值环节的经济效益进行比较或对其中间产品或半成品进行比较

考点十　各类行业的运行状态与经济周期的分析（表5－38）

表5－38　　各类行业的运行状态与经济周期的分析

项　　目	内　　容
增长型行业	增长型行业的运行状态与经济活动总水平的周期及其振幅并不紧密相关。这些行业收入增长的速率并不会总是随着经济周期的变动而出现同步变动，因为它们主要依靠技术的进步、新产品推出及更优质的服务，从而使其经常呈现出增长形态。 在过去的几十年内，计算机和复印机行业表现出了这种形态。投资者对高增长的行业十分感兴趣，主要是因为这些行业对经济周期性波动来说，提供了一种财富套期保值的手段。在经济高涨时，高增长行业的发展速度通常高于平均水平；在经济衰退时期，其所受影响较小甚至仍能保持一定的增长。然而，这种行业增长的形态却使得投资者难以把握精确的购买时机，因为这些行业的股票价格不会明显地随着经济周期的变化而变化
周期型行业	周期型行业的运行状态与经济周期紧密相关。当经济处于上升时期，这些行业会紧随其扩张；当经济衰退时，这些行业也相应衰落，且该类型行业收益的变化幅度往往会在一定程度上夸大经济的周期性。产生这种现象的原因是，当经济上升时，对这些行业相关产品的购买相应增加；当经济衰退时，这些行业相关产品的购买被延迟到经济改善之后

续表

项　　目	内　　容
防守型行业	防守型行业的经营状况在经济周期的上升和下降阶段都很稳定。这种运动形态的存在是因为该类型行业的产品需求相对稳定，需求弹性小，经济周期处于衰退阶段对这种行业的影响也比较小。甚至有些防守型行业在经济衰退时期还会有一定的实际增长。该类型行业的产品往往是生活必需品或是必要的公共服务，公众对其产品有相对稳定的需求，因而行业中有代表性的公司盈利水平相对较稳定

考点十一　行业生命周期分析（表5－39）

表5－39　　行业生命周期分析

项　　目	内　　容
幼稚期	一个行业的萌芽和形成，最基本和最重要的条件是人们的物质文化需求。社会的物质文化需要是行业经济活动的最基本动力。 在这一阶段，由于新行业刚刚诞生或初建不久，只有为数不多的投资公司投资于这个新兴的行业。另外，创业公司的研究和开发费用较高，而大众对其产品尚缺乏全面了解，致使产品市场需求狭小，销售收入较低，因此这些创业公司财务上可能不但没有盈利，反而出现较大亏损。 同时，较高的产品成本和价格与较小的市场需求之间的矛盾使得创业公司面临很大的市场风险，而且还可能因财务困难而引发破产风险。因此，这类企业更适合投机者和创业投资者。 在幼稚期后期，随着行业生产技术的成熟、生产成本的降低和市场需求的扩大，新行业逐步由高风险、低收益的幼稚期迈入高风险、高收益的成长期
成长期	判断一个行业的成长能力，可以从以下几个方面考察： ①需求弹性；②生产技术；③产业关联度；④市场容量与潜力；⑤行业在空间的转移活动；⑥产业组织变化活动。 在成长期的初期，企业的生产技术逐渐成形，市场认可并接受了行业的产品，产品的销量迅速增长，市场逐步扩大，然而企业可能仍然处于亏损或者微利状态，需要外部资金注入以增加设备、人员，并着手下一代产品的开发。进入加速成长期后，企业的产品和劳务已为广大消费者接受，销售收入和利润开始加速增长，新的机会不断出现，但企业仍然需要大量资金来实现高速成长。在这一时期，拥有较强研究开发实力、市场营销能力、雄厚资本实力和畅通融资渠道的企业逐渐占领市场。这个时期的行业增长非常迅猛，部分优势企业脱颖而出，投资于这些企业的投资者往往获得极高的投资回报，所以成长期阶段有时被称为投资机会时期。

续表

项目		内容
成长期		这一时期企业的利润虽然增长很快，但所面临的竞争风险也非常大，破产率与被兼并率相当高。由于市场竞争优胜劣汰规律的作用，市场上生产厂商的数量会在一个阶段后出现大幅度减少，之后开始逐渐稳定下来。由于市场需求趋向饱和，产品的销售增长率减慢，迅速赚取利润的机会减少，整个行业便开始进入成熟期
成熟期	表现	（1）产品的成熟。产品的成熟是行业成熟的标志。产品的基本性能、式样、功能、规格、结构都将趋向成熟，且已经被消费者习惯使用。 （2）技术上的成熟，即行业内企业普遍采用的是适用的且至少有一定先进性、稳定性的技术。 （3）生产工艺的成熟。 （4）产业组织上的成熟。也就是说，行业内企业间建立起了良好的分工协作关系，市场竞争是有效的，市场运作规则合理，市场结构稳定
	特点	（1）企业规模空前、地位显赫，产品普及程度高。 （2）行业生产能力接近饱和，市场需求也趋于饱和，买方市场出现。 （3）构成支柱产业地位，其生产要素份额、产值、利税份额在国民经济中占有一席之地。但通常在短期内很难识别一个行业何时真正进入成熟期
衰退期		行业衰退是客观的必然，是行业经济新陈代谢的表现。行业衰退可以分为自然衰退和偶然衰退。衰退期出现在较长的稳定期之后。由于大量替代品的出现，原行业产品的市场需求开始逐渐减少，产品的销售量也开始下降，某些厂商开始向其他更有利可图的行业转移资金，因而原行业出现了厂商数目减少、利润水平停滞不前或不断下降的萧条景象。至此，整个行业便进入了衰退期。但在很多情况下，行业的衰退期往往比行业生命周期的其他三个阶段的总和还要长，大量的行业都是衰而不亡，甚至会与人类社会长期共存。 综上所述，在一个行业生命周期的不同阶段会表现出不同特点（见图5－1）。

续表

<table>
<tr><th>项　　目</th><th>内　　容</th></tr>
<tr><td>衰退期</td><td>
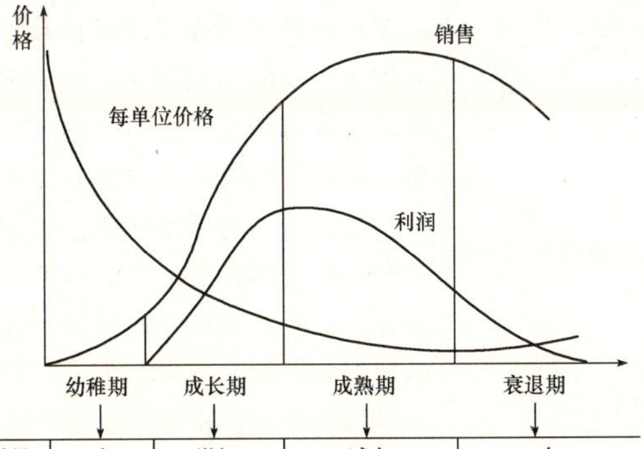

<table>
<tr><td>公司数量</td><td>少</td><td>增加</td><td>减少</td><td>少</td></tr>
<tr><td>产品价格</td><td>高</td><td>下降</td><td>稳定</td><td></td></tr>
<tr><td>利润</td><td>亏损</td><td>增加</td><td>高</td><td>减少→亏损</td></tr>
<tr><td>风险</td><td>高</td><td>高</td><td>降低</td><td>增大</td></tr>
</table>
图 5－1　行业生命周期各阶段“价格—销售—利润—风险”情况图
</td></tr>
</table>

考点十二　行业兴衰的实质及影响因素（表 5－40）

表 5－40　　行业兴衰的实质及影响因素

项　　目	内　　容
实质	行业兴衰的实质是行业在整个产业体系中的地位变迁，也就是行业经历“幼稚产业——先导产业——主导产业——支柱产业——夕阳产业”的过程，是资本在某一行业领域“形成——集中——大规模聚集——分散”的过程，是新技术的“产生——推广——应用——转移——落后”的过程
影响因素	一个行业的兴衰受到技术进步、产业政策、产业组织创新、社会习惯改变和经济全球化等因素影响

考点十三　技术进步的行业特征及影响（表 5－41）

表 5－41　　技术进步的行业特征及影响

项　　目	内　　容
当前技术进步的行业特征	（1）以信息通信技术为核心的高新技术成为 21 世纪国家产业竞争力的决定性因素之一。 （2）信息技术的扩散与应用引起相关行业的技术革命，并加速改造着传统产业。 （3）研发活动的投入强度成为划分高技术群类和衡量产业竞争力的标尺。 （4）技术进步速度加快，周期明显缩短，产品更新换代频繁

续表

项　　目	内　　容
当前技术进步的影响	当前正是科学技术日新月异的时代，不仅新兴学科不断涌现，而且理论科学向实用技术的转化过程也被大大缩短，速度大大加快。技术进步对行业的影响是巨大的，它往往催生了一个新的行业，同时迫使一个旧的行业加速进入衰退期 当然，新、旧行业并存是未来全球行业发展的基本规律和特点，大部分行业都是国民经济不可缺少的。多数行业都会在竞争中发生变化，以新的增长方式为自己找到生存的空间。例如，传统农业已经遍布全世界，未来农业还会靠技术创新获得深度增长。传统工业在通过技术创新获得深度增长的同时，还可以通过行业的国际转移，在其他相对落后的国家获得广度增长的机会

考点十四　政府和行业监管、货币政策、财政政策对行业的影响（表 5－42）

表 5－42　　政府和行业监管、货币政策、财政政策对行业的影响

项　　目	内　　容
技术进步	技术进步对行业的影响是巨大的，它往往催生了一个新的行业，同时迫使一个旧的行业加速进入衰退期。 新兴行业能够很快超过并代替旧行业，或严重地威胁原有行业的生存。未来优势行业将伴随新的技术创新而到来，处于技术尖端的基因技术、纳米技术等将催生新的优势行业
产业政策	政府对于行业的管理和调控主要是通过产业政策来实现的。产业政策是国家干预或参与经济的一种形式，是国家（政府）系统设计的有关产业发展的政策目标和政策措施的总和。一般认为，产业政策可以包括产业结构政策、产业组织政策、产业技术政策和产业布局政策等部分。其中，产业结构政策与产业组织政策是产业政策的核心
产业组织创新	产业组织是指同一产业内企业的组织形态和企业间的关系，包括市场结构、市场行为、市场绩效三方面内容。因此，所谓产业组织创新，是指同一产业内企业的组织形态和企业间关系的创新。产业组织的创新过程（活动）实际上是对影响产业组织绩效的要素进行整合优化的过程，是使产业组织重新获取竞争优势的过程。 从作用的效果来看，产业政策的调控与产业组织的创新都有优化产业组织的功能，但产业政策在产业组织合理化过程中的作用是一种经济过程中的被组织力量，而产业组织创新则往往是产业及产业内企业的自组织过程

续表

项　　目	内　　容
社会习惯的改变	随着人们生活水平和受教育程度的提高，消费心理、消费习惯、文明程度和社会责任感会逐渐改变，从而使某些商品的需求发生变化并进一步影响行业的兴衰。在解决基本温饱之后，人们更注重生活的质量，不受污染的天然食品备受人们青睐；对健康投资从注重保健品转向健身器材；在物质生活丰富后，注重智力投资和丰富的精神生活，旅游、音响成了新的消费热点；快节奏的现代生活使人们更偏好便捷的交通和通信工具；高度工业化和生活现代化又使人们认识到保护生存环境免受污染的重要性。发达国家的工业部门每年都要花费几十亿美元的经费来研制和生产与环境保护有关的各种设备，以便使工业排放的废渣、废水和废气能够符合规定的标准。所有这些社会观念、社会习惯、社会趋势的变化对企业的经营活动、生产成本和收益等方面都会产生一定的影响，足以使一些不再适应社会需要的行业在衰退的同时激发新兴行业的发展
经济全球化	经济全球化导致产业的全球性转移。发达国家将低端制造技术加速向发展中国家进行产业化转移。随着高新技术行业逐渐成为发达国家的主导产业，传统的劳动密集型（如纺织服装、消费类电子产品）甚至是低端技术的资本密集型行业（如中低档汽车制造）将加快向发展中国家转移。发达国家在将发展中国家变成它的加工组装基地和制造工厂的同时，仍然可以掌握传统行业的核心技术，并通过不断向发展中国家转让其技术专利取得市场利益。 国际分工的基础出现了重要变化。传统的国际分工理论认为，国家间分工的基础是各国的资源禀赋。各国自然资源禀赋的差异导致各国产业结构的不同，通过不同商品的贸易可以增进各国的福利。经济全球化的不断深化，使生产要素与商品、服务跨国界流动的障碍与成本大大降低，一个国家的优势行业也不再主要取决于资源禀赋。 经济全球化导致贸易理论与国际直接投资理论一体化

考点十五　重组、并购等对行业的影响（表 5－43）

表 5－43　　重组、并购等对行业的影响

项　　目		内　　容
重组对行业的影响	对组织结构和权力的影响	对企业的冲击是巨大的，现代企业的职能部门数量及级别会大大压缩，因人设岗将被打破。企业的组织机构不再是多级管理而是呈现扁平化趋势。以专业技术组织的职能部门仍将存在但部门之间的边界大大淡化。部门经理权力有限但主要只是制订战略、培训及管理人员，员工直接服务对象是顾客而不是上司

续表

项　　目		内　　容
重组对行业的影响	对企业管理体系的影响	按照一定的流程组成的团队活跃在企业经营活动中，团队可以是临时的也可以是永久的。一个团队可以跨越许多专业部门，如在一个 IT 公司内为了一个项目可以由市场部、销售部、技术部、客户服务部、财务部等多部门共同组成一个临时的团队。这样企业以一个整体共同面向用户避免了在销售时同一公司的不同部门络绎不绝地出现在同一个用户面前，而在系统维护时用户则不知道去找谁的局面
	对企业人事管理岗位、绩效考核和薪酬制度的影响	由于采用流程为工作重点对以官本位为基础的专业职能及人事管理体制产生了极其猛烈甚至是残酷无情的冲击，分析并量化工作流程将是一项复杂及崭新的挑战。对各级管理人员的评定将不再是各种行政级别整个流程的执行结果，将是人员的考核、薪酬评定的标准，一切以事实和数据说话是根本
	对企业员工的影响	在运作中员工将分为具有领导及沟通能力的流程领导者和各类应用专家，每个人可以根据自身特点选择自己的发展方向，这样只要认真努力自然会拥有名誉及地位
并购对行业的影响		行业并购包含行业内部企业的整合性并购以及行业外企业的进入性并购。然而不管以哪一类企业作为并购目标，都必须以价值的最大化为原则进行产业链的重构，也就是说首先应该以生产相同或相近产品的企业集合所在产业为单位形成价值链，然后由承担着不同的价值创造职能的相互联系的产业围绕核心产业展开活动。构建产业链包括接通产业链和延伸产业链两个层面，接通产业链是将一定地域空间范围内的产业链的断环和孤环借助某种产业合作形式串联起来；延伸产业链则是将一条已经存在的产业链尽可能地向上游延伸或下游拓展。产业链向上游延伸一般使得产业链进入到基础产业环节或技术研发环节，向下游拓展则进入到市场销售环节

【真题回顾】

一、单项选择题（以下备选项中只有一项符合题目要求）

1. 在经济周期的四阶段下，大类行业的板块轮动规律基本符合投资时钟的内在逻辑。一般来说，在衰退阶段表现较好的是(　　)。

A. 医疗保健、公共事业、日常消费　　B. 能源、金融、可选消费

C. 能源、材料、金融　　D. 电信服务、日常消费、医疗保健

【答案】 A

【解析】 本题考核的是衰退阶段的表现。经济周期的上升和下降对防守型行

业的经营状况的影响很小。有些防守型行业甚至在经济衰退时期还会有一定的实际增长。该类型行业的产品往往是必要的公共服务或是生活必需品，公众对其产品有相对稳定的需求，因而行业中有代表性的公司盈利水平相对较稳定。典型代表行业有食品业和公用事业。

2. 央行采取降低准备金率政策，其政策效应是(　　)。

A. 商业银行体系创造派生存款的能力上升

B. 商业银行可用资金减少

C. 证券市场价格下跌

D. 货币乘数变大

【答案】 A

【解析】 本题考核的是央行采取降低准备金率政策的效应。法定存款准备金率是中央银行经常采用的三大政策工具之一，降低法定准备金率，商业银行可运用的资金增加，贷款能力上升，货币乘数变大，市场货币流通量相应增加，证券市场价格趋于上涨。

3. 下列属于周期型行业的是(　　)。

A. 公用事业　　B. 信息技术行业

C. 耐用品制造业　　D. 食品业务

【答案】 C

【解析】 本题考核的是周期型行业的内容。周期型行业的运行状态与经济周期紧密相关。典型的周期性行业有消费品业、耐用品制造业及其他需求收入弹性较高的行业。

4. 通常影响行业景气的几个重要因素是(　　)。

A. 需求、供应、产业政策、消费习惯

B. 需求、供应、产业政策、价格

C. 需求、供应、国际市场、价格

D. 需求、供应、国际市场、行业技术

【答案】 B

【解析】 本题考核的是影响行业景气的重要因素。影响行业景气的外因是经济周期、宏观经济指标波动、上下游产业链的供需变动；内因是行业的产品需求变动、技术水平变化、生产能力变动、产业政策的变化等。分析行业景气变化时，通常会关注以下重要因素：供应、需求、价格、产业政策。

二、组合型选择题（以下备选项中只有一项最符合题目要求）

1. 行业分析方法包括(　　)。

Ⅰ. 历史资料研究法　　Ⅱ. 调查研究法

Ⅲ. 归纳与演绎法　　Ⅳ. 比较分析法

A. Ⅰ、Ⅱ、Ⅲ　　B. Ⅰ、Ⅲ、Ⅳ

C. Ⅱ、Ⅲ、Ⅳ　　D. Ⅰ、Ⅱ、Ⅲ、Ⅳ

【答案】 D

【解析】 本题考核的是行业分析方法。除Ⅰ、Ⅱ、Ⅲ、Ⅳ四项外，行业分析的方法还包括数理统计法。

2. 在通货膨胀时期，政府应当（　　）。

Ⅰ. 增加税收　　Ⅱ. 减少税收

Ⅲ. 增加财政支出　　Ⅳ. 减少财政支出

A. Ⅰ、Ⅳ　　B. Ⅱ、Ⅲ　　C. Ⅰ、Ⅲ　　D. Ⅱ、Ⅳ

【答案】 A

【解析】 本题考核的是通货膨胀表现。通货膨胀表现为流通中的货币超过社会在不变价格下所能提供的商品和劳务总量，政府应该实行从紧的财政政策，增加税收或者减少财政支出，从而减少流通中的货币量。

3. 关于防守型行业，下列说法错误的是（　　）。

Ⅰ. 该类型行业的产品需求相对稳定，需求弹性大

Ⅱ. 该类型行业的产品往往是生活必需品或是必要的公共服务

Ⅲ. 有些防守型行业甚至在经济衰退时期还是会有一定的实际增长

Ⅳ. 投资于防守型行业一般属于资本利得型投资，而非收入型投资

A. Ⅰ、Ⅲ　　B. Ⅰ、Ⅳ　　C. Ⅱ、Ⅲ、Ⅳ　　D. Ⅰ、Ⅲ、Ⅳ

【答案】 B

【解析】 本题考核的是防守型行业的内容。防守型行业的产品需求相对稳定，需求弹性小；投资于防守型行业一般属于收入型投资，而非资本利得型投资。

【典型习题】

1. 在道·琼斯指数中，公用事业类股票取自（　　）家公用事业公司。

A. 6　　B. 10　　C. 15　　D. 30

2. 联合国《国际标准行业分类》把国民经济划分为（　　）个门类。

A. 10　　B. 9　　C. 5　　D. 3

3. 上海证券交易所依据2007年最新行业分类，沪市上市公司分为（　　）大行业。

A. 3　　B. 5　　C. 7　　D. 10

4. 以下说法中，正确的是（　　）。

Ⅰ. 行业经济是宏观经济的构成部分，宏观经济活动是行业经济活动的总和

Ⅱ. 解释行业本身所处的发展阶段及其在国民经济中的地位，分析影响行业发展的各种因素以及判断对行业影响的力度是行业分析的主要任务之一

Ⅲ. 行业经济活动是介于宏观经济活动和微观经济活动中的经济层面，是中观经济分析的主要对象之一

Ⅳ. 宏观经济分析能提供具体的投资领域和投资对象的建议，有利于我们掌

握证券投资的宏观环境，把握证券市场的总体趋势

A. Ⅰ、Ⅱ、Ⅲ　B. Ⅰ、Ⅱ、Ⅳ　C. Ⅱ、Ⅲ、Ⅳ　D. Ⅰ、Ⅲ、Ⅳ

【参考答案】

1. A　2. A　3. D　4. A

第三节 公司分析

【考点归纳】

➢ 熟悉上市公司调研的目的和对象。

➢ 熟悉上市公司调研的分类内容和重点。

➢ 熟悉上市公司调研的流程。

➢ 熟悉公司分析所需信息和数据的来源。

➢ 熟悉公司分析所需信息和数据的内容。

➢ 熟悉公司分析信息和数据的质量要求。

➢ 熟悉公司分析信息的收集与处理方法。

➢ 掌握公司法人治理结构、股权结构规范和相关利益者的含义。

➢ 熟悉健全的法人治理机制的具体体现和独立董事制度的有关要求。

➢ 熟悉监事会的作用及责任。

➢ 熟悉公司盈利能力和成长性分析的内容。

➢ 熟悉资产负债表、利润分配表、现金流量表和股东权益变动表的含义、内容、格式、编制方式以及资产、负债和股东权益、现金流量的内在关系。

➢ 熟悉使用财务报表的主体、目的以及报表分析的功能、方法和原则。

➢ 熟悉财务比率的含义与分类。

➢ 掌握公司变现能力、营运能力、长期偿债能力、盈利能力、投资收益和现金流量的含义、影响因素及其计算。

➢ 熟悉公司会计报表附注项目的主要项目。

➢ 掌握会计报表附注对基本财务比率的影响。

➢ 熟悉预测公司潜在收益的方法。

➢ 熟悉公司经营的安全边际。

➢ 熟悉公司资产重组和关联交易的主要方式、具体行为、特点、性质以及与其相关的法律规定。

> ➢ 熟悉资产重组和关联交易对公司业绩和经营的影响。
> ➢ 熟悉会计政策的含义以及会计政策与税收政策变化对公司的影响。
> ➢ 熟悉运用市场价值法、重置成本法、收益现值法评估公司资产价值的步骤和优缺点

【考点解读】

考点一　上市公司调研的目的和对象（表5—43）

表5—43　　上市公司调研的目的和对象

项　　目	内　　容
调研目的	（1）核实公司公开信息中披露的信息，如重要项目的进展、融资所投项目等是否与信息披露一致。 （2）对公司公开信息中披露的对其利润有重大影响的会计科目或对主营业务发生重大改变的事项进行实地考察和咨询。 （3）通过与公司管理层的对话与交谈，深入了解公司管理层对公司未来战略的设想（包括新的融资计划等），并对其基本素质有一个基本的判断。 （4）通过对车间或工地的实地考察，对公司的开工率和员工精神面貌有比较清醒的认识。 （5）深入了解公司可能面临的风险。 （6）提高公司盈利预测模型中相关参数确定的准确性
调研对象	（1）公司管理层及员工。 （2）公司本部及子公司。 （3）公司车间及工地。 （4）公司所处行业协会。 （5）公司供应商。 （6）公司客户。 （7）公司产品零售网点

考点二　上市公司调研的分类内容与重点及流程（表5—45）

表5—45　　上市公司调研的分类内容与重点及流程

项　　目	内　　容
调研的分类内容与重点	根据调研所涉及问题的广度不同，可以分为全面调查和专项调查。

续表

项　　目	内　　容
调研的分类内容与重点	具体来看，公司基本情况（包括重大股权变动、重大重组、主要股东及相关利益人情况、历史沿革及独立情况、商业信用等）、业务与技术（包括行业优势与竞争、购产销环节、核心技术与研发情况等）、同业竞争与关联交易（包括关联方情况）、高级管理人员信息（包括高级管理人员变动及持股投资情况等）、组织结构与内部控制、财务与会计信息、业务发展目标（包括发展战略、经营理念及模式、发展计划执行及实现情况、募集资金投向及使用情况等），以及公司风险因素及其他重要事项，在结合特定或非特定的公司调研目标下，将不同程度地成为公司调研的重点内容
调研流程	（1）调研前的室内案头工作，包括资料收集和分析。 （2）编写调研计划，计划内容包括：调研目的、调研对象、调研内容、调研参与人员、调研时间、调研费用等。该计划得到研究主管批准后开展室外调研。 （3）实地调研，包括访谈、考察、笔录。 （4）编写调研报告，主要包括调研成果和投资建议。 （5）报告发表。报告发表应当遵循相关的法律法规

考点三　公司分析所需数据和信息的来源、内容、质量要求及收集与处理方法（表5－46）

表5－46　公司分析所需数据和信息的来源、内容、质量要求及处理方法

项　　目	内　　容
公司分析所需数据和信息的来源	公司分析所需数据和信息的来源包括：①行业咨询报告；②市场调查报告；③上市公司财务报表；④媒体报道；⑤公开来源，如统计局、财政税务、海关等官方数据；⑥非正式来源，如实地考察、公司内部人员的告知等
公司分析所需数据和信息的内容	（1）基本分析，包括以下六个方面：①公司行业地位分析；②公司经济区位分析；③公司产品竞争能力分析；④公司经营能力分析；⑤公司盈利能力和公司成长性分析；⑥公司偿债能力分析。 （2）财务分析，包括公司主要的财务报表分析、公司财务比率分析、会计报表附注分析和财务状况综合分析。 （3）重大事项分析，包括《上市公司信息披露管理办法》规定的重大事件、公司的资产重组、公司的关联交易、会计政策和税收政策的变化

续表

项目	内容
公司分析所需数据和信息的质量要求	公司数据是组织最具价值的资产之一。公司的数据质量与业务绩效之间存在着直接联系，高质量的数据可以使公司保持竞争力并在经济动荡时期立于不败之地。质量要求为：①精度；②准确性；③关联性；④及时性；⑤一致性；⑥最低成本
公司分析所需数据和信息的收集与处理方法	（1）信息收集是指通过各种方式获取所需要的信息。收集方法有：①调查法，包括普查和抽样调查；②观察法，通过开会、深入现场、参加生产和经营、实地采样、进行现场观察并准确记录；③实验法，通过实验获取与管理或经济相关的信息；④文献检索；⑤网络信息收集。 （2）信息处理是指获取信息并对它进行加工处理，使之成为有用信息并发布出去的过程，主要包括信息的获取、储存、转化、传送和发布等

考点四　公司法人治理结构、股权结构规范和相关利益者的含义（表5—47）

表5—47　公司法人治理结构、股权结构规范和相关利益者的含义

项目	内容
公司法人治理结构	狭义上的公司法人治理结构是指有关公司董事会的功能、结构和股东的权利等方面的制度安排；广义上的法人治理结构是指有关企业控制权和剩余索取权分配的一整套法律、文化和制度安排，包括人力资源管理、收益分配和激励机制、财务制度、内部制度和管理等等
公司股权结构规范和相关利益者	规范的股权结构包括三层含义：①降低股权集中度，改变“一股独大”局面；②流通股股权适度集中，发展机构投资者、战略投资者，发挥他们在公司治理中的积极作用；③股权的流通性。 相关利益者包括员工、供应商、债权人和客户等主要利益相关者。相关利益者共同参与的共同治理机制可以有效建立公司外部治理机制，弥补公司内部治理机制的不足

考点五　公司法人治理机制和独立董事制度（表5—48）

表5—48　公司法人治理机制和独立董事制度及监事会的作用和责任

项目	内容
公司法人治理机制	健全的公司法人治理机制至少体现在以下七个方面：

续表

项　　目	内　　容
公司法人治理机制	（1）规范的股权结构；（2）有效的股东大会制度；（3）董事会权力的合理界定与约束；（4）完善的独立董事制度；（5）监事会的独立性和监督责任；（6）优秀的职业经理层；（7）相关利益者的共同治理
独立董事制度	独立董事制度是指在董事会中设立独立董事，以形成权力制衡与监督的一种制度。独立董事是指不在公司担任除董事外的其他职务，并与其所受聘的上市公司及其主要股东不存在可能妨碍其进行独立客观判断的关系的董事。独立董事对上市公司及全体股东负责。 担任独立董事应当符合下列基本条件： （1）根据法律、行政法规及其他有关规定，具备担任上市公司董事的资格； （2）具有《指导意见》所要求的独立性； （3）具备上市公司运作的基本知识，熟悉相关法律、行政法规、规章及规则； （4）具有5年以上法律、经济或者其他履行独立董事职责所必需的工作经验； （5）公司章程规定的其他条件
监事会的作用和责任	监事有权了解公司经营情况，并承担相应的保密义务。监事会应当制定规范的监事会议事规则，经股东会审议通过。监事会对公司财务以及公司董事、经理层人员履行职责的合法合规性进行监督，并向股东会负责。监事会可以检查公司财务，监督董事会、经理层履行职责的情况，对董事及经理层人员的行为进行质询，要求董事、经理层人员纠正其损害公司和客户利益的行为，提议召开临时股东会，组织对高级管理人员进行离任审计以及行使法律法规和公司章程规定的其他职权。监事会可根据需要对公司财务情况、合规情况进行专项检查，必要时可聘请外部专业人士协助，其合理费用由公司承担

考点六　公司盈利能力和成长性分析（表5－49）

表5－49　　公司盈利能力和成长性分析

项　　目		内　　容
公司盈利预测	销售收入预测	包括销售收入的历史数据和发展趋势、公司产品的需求变化、市场占有率和销售网络、主要产品的存货情况、销售收入的明细等方面。销售收入预测的准确性也是公司盈利预测中最为关键的因素

续表

项目		内容
公司盈利预测	生产成本预测	包括生产成本的结构、主要原材料的价格走势和每年所需原材料的总量、成本变动和销售情况变动、能否将上涨的成本转嫁给下游、毛利率的变化情况等
	管理和销售费用预测	包括销售费用和销售费用占销售收入的比例、管理费用的变化、新市场的拓展、每年的研究和开发费用占销售收入的比例等
	财务费用预测	包括新增长期贷款和短期贷款等
	其他	包括主营业务利润占税前利润的百分比、非经常项目及其他利润占税前利润的比例、到目前为止利润的完成情况等
公司经营战略分析		经营战略是企业面对激烈的市场变化与严峻挑战，为求得长期生存和不断发展而进行的总体性谋划。它是企业战略思想的集中体现，是企业经营范围的科学规定，也是制订规划的基础。经营战略是在符合和保证实现企业使命的条件下，在充分利用环境中存在的各种机会和创造新机会的基础上，确定企业同环境的关系，规定企业从事的经营范围、成长方向和竞争对策，合理地调整企业结构和分配企业的资源。经营战略具有全局性、长远性和纲领性的特征，它从宏观上规定了公司的成长方向、成长速度及其实现方式。由于经营战略决策直接关系到企业的未来发展，其决策对象是复杂的，所面对的问题常常是突发性的、难以预料的，因此，对公司经营战略的评价比较困难，难以标准化
公司规模变动特征及扩张潜力分析		公司规模变动特征和扩张潜力一般与其所处的行业发展阶段、市场结构、经营战略密切相关，它是从微观方面具体考察公司的成长性，可以从以下几个方面进行分析： （1）公司规模的扩张是由供给推动还是由市场需求拉动引致，是通过公司的产品创造市场需求还是生产产品去满足市场需求，是依靠技术进步还是依靠其他生产要素等等，以此找出企业发展的内在规律； （2）纵向比较公司历年的销售、利润、资产规模等数据，把握公司的发展趋势是加速发展、稳步扩张，还是停滞不前； （3）将公司销售、利润、资产规模等数据及其增长率与行业平均水平及主要竞争对手的数据进行比较，了解其行业地位的变化； （4）分析预测公司主要产品的市场前景及公司未来的市场份额，分析公司的投资项目，预计其销售和利润水平； （5）分析公司的财务状况以及公司的投资和筹资潜力

续表

考点七　财务报表（表 5—50）

表 5—50　　财务报表

项　　目	内　　容
资产负债表	资产负债表是反映企业在某一特定日期财务状况的会计报表，它表明权益在某一特定日期所拥有或控制的经济资源、所承担的现有义务和所有者对净资产的要求权。我国资产负债表按账户式反映，即资产负债表分为左方和右方，左方列示资产各项目，右方列示负债和所有者权益各项目。总资产＝负债＋净资产（资本、股东权益、所有者权益），即资产各项目的合计等于负债和所有者权益各项目的合计
利润表	利润表是反映企业一定期间生产经营成果的会计报表，表明企业运用所拥有的资产进行获利的能力。利润表把一定期间的营业收入与其同一会计期间相关的营业费用进行配比，以计算企业一定时期的净利润（或净亏损）。 利润表主要反映以下七个方面的内容： （1）构成营业收入的各项要素。营业收入由主营业务收入和其他业务收入组成。 （2）构成营业利润的各项要素。营业收入减去营业成本（主营业务成本、其他业务成本）、营业税金及附加、销售费用、管理费用、财务费用、资产减值损失，加上公允价值变动收益、投资收益，即为营业利润。 （3）构成利润总额（或亏损总额）的各项要素。利润总额（或亏损总额）在营业利润的基础上加营业外收入，减营业外支出后得到。 （4）构成净利润（或净亏损）的各项要素。净利润（或净亏损）在利润总额（或亏损总额）的基础上，减去本期计入损益的所得税费用后得出。 （5）每股收益。普通股或潜在普通股已公开交易的企业以及处于公开发行普通股或潜在普通股过程中的企业，还应在利润表中列示每股收益的信息，包括基本每股收益和稀释每股收益两项指标。 （6）其他综合收益。该项目反映企业根据企业会计准则规定未在损益中确认的各项利得和损失扣除所得税影响后的净额。 （7）综合收益总额。该项目反映企业净利润与其他综合收益的合计金额

项　目	内　容
现金流量表	无论是资产负债表还是利润表都不足以用来判断一个公司的经营状况的好坏。从短期经营看，流动性对于一个企业的生存至关重要。分析者要想了解企业流动性方面的信息就要通过现金流量表进行分析。现金流量表反映企业一定期间现金的流入和流出，弥补了因使用权责发生制概念编制资产负债表和利润表而产生的不足。通过对现金流量表的分析，分析者可以更深入地了解企业当前和未来获得现金和现金等价物的能力及现金组成项目的变化趋势，有助于对诸如融资、股利分配和投资方面做出重要的决策
所有者权益变动表	所有者权益变动表（又称股东权益变动表）是反映公司本期（年度或中期）内截至期末所有者权益各组成部分变动情况的报表。该表全面反映了企业的股东权益在年度内的变化情况，便于会计信息使用者深入分析企业股东权益的增减变化情况，并进而对企业的资本保值增值情况作出正确判断，提供对决策有用的信息。 股东权益增减变动表的各项内容包括： （1）净利润； （2）直接计入所有者权益的利得和损失项目及其总额； （3）会计政策变更和差错更正的累积影响金额； （4）所有者投入资本和向所有者分配利润等； （5）按照规定提取的盈余公积； （6）实收资本（或股本）、资本公积、盈余公积、未分配利润的期初和期末余额及其调节情况

考点八　财务报表的使用（表5—51）

表5—51　　财务报表的使用

项　目	内　容
财务报表的主体和目的	从共性的角度来看，财务报表分析的目的是为有关各方提供可以用来作出决策的信息。但具体而言，公司财务报表的使用主体不同，其分析的目的也不完全相同。 （1）公司的经理人员。通过分析财务报表判断公司的现状、可能存在的问题，以便进一步改善经营管理。 （2）公司的现有投资者及潜在投资者。主要关心公司的财务状况、盈利能力。通过对财务报表所传递的信息进行分析、加工，得到反映公司发展趋势、竞争能力等方面的信息；计算投资收益率，评价风险，比较该公司和其他公司的风险和收益，决定自己的投资策略。

续表

项　目		内　容
财务报表的主体和目的		（3）公司的债权人。主要关心自己的债权能否收回。通过密切观察公司有关财务情况，分析财务报表，得出对公司短期偿债能力和长期偿债能力的判断，以决定是否需要追加抵押和担保、是否提前收回债权等。此外，公司财务报表的使用主体还包括供应商、政府、雇员和工会、中介机构等。其中，专业的财务分析人员（或机构）作为公司财务报表使用人中的特殊群体，不同程度地承担了为各类报表使用人提供专业咨询服务的任务，也逐渐成为推动财务报表分析领域不断扩展的中坚力量。综上所述，财务报表分析的一般目的可以概括为：评价过去的经营业绩，衡量现在的财务状况，预测未来的发展趋势。 （4）公司雇员与供应商。公司雇员评估企业的稳定性和盈利能力，关心企业是否有能力提供报酬和养老金。供应商评估企业是否有能力如期支付到期货款
财务报表分析的功能		（1）通过账户式资产负债表，可以反映资产、负债和所有者权益之间的内在关系，并达到资产负债表左方和右方平衡。同时，资产负债表还提供年初数和期末数的比较资料。 （2）现金流量表通过单独反映经营活动产生的现金流量，可以了解企业在不动用企业外部筹得资金的情况下，凭借经营活动产生的现金流量是否足以偿还负债、支付股利和对外投资。 （3）所有者权益变动表应当全面反映一定时期所有者权益变动的情况，包括所有者权益总量的增减变动、所有者权益增减变动的重要结构性信息、直接计入所有者权益的利得和损失
财务报表分析方法		财务报表分析的方法有比较分析法和因素分析法两大类。财务报表的比较分析法是指对两个或几个有关的可比数据进行对比，揭示财务指标的差异和变动关系，是财务报表分析中最基本的方法。财务报表的因素分析法则是依据分析指标和影响因素的关系，从数量上确定各因素对财务指标的影响程度
财务报表分析的原则	坚持全面原则	财务分析可以得出很多比率指标，每个比率指标都从某个角度、方面揭示了公司的状况，但任何一个比率都不足以为评价公司提供全面的信息；同时，某一指标的不足可以由其他方面得到补充。因此，分析财务报表要坚持全面原则，将多个指标、比率综合在一起得出对公司全面客观的评价
	坚持考虑个性原则	一个行业的财务平均状况是行业内各公司的共性，但一个行业的各公司在具体经营管理活动中会采取不同的方式，这会在财务报表数据中体现出来。在对公司进行财务分析时，要考虑公司的特殊性，不能简单地与同行业公司直接比较

考点九　财务比率的含义与分类（表5－52）

表5－52　财务比率的含义与分类

项　目	内　容
财务比率含义	财务比率是指同一张财务报表的不同项目之间、不同类别之间、在同一年度不同财务报表的有关项目之间，各会计要素的相互关系。财务比率是比较分析的结果，但同时财务比率分析也是对公司财务报表进行更深层次的比较分析或因素分析的基础。分析财务报表所使用的比率以及对同一比率的解释和评价，因使用者的着眼点、目标和用途不同而异
财务比率分类	比率分析涉及公司管理的各个方面，比率指标也特别多，大致可归为以下几大类：变现能力分析、营运能力分析、长期偿债能力分析、盈利能力分析、投资收益分析、现金流量分析等

考点十　变现能力分析（表5－53）

表5－53　变现能力分析

项　目	内　容
含义	变现能力是公司产生现金的能力，它取决于可以在近期转变为现金的流动资产的多少，是考察公司短期偿债能力的关键。反映变现能力的财务比率主要有流动比率和速动比率
流动比率	流动比率是流动资产与流动负债的比值。其计算公式为： $$流动比率=\frac{流动资产}{流动负债}$$
速动比率	流动比率虽然可以用来评价流动资产总体的变现能力，但人们（特别是短期债权人）还希望获得比流动比率更进一步的有关变现能力的比率指标。这个指标被称为速动比率，也被称为酸性测试比率。 速动比率是从流动资产中扣除存货部分，与流动负债的比值。速动比率的计算公式为： $$速动比率=\frac{流动资产-存货}{流动负债}$$ 上述影响变现能力的因素，都是从财务报表资料中取得的。还有一些财务报表资料中没有反映出的因素，也会影响公司的变现能力及短期偿债能力。证券分析师多了解些这方面的情况，有利于作出正确的判断。

续表

项　　目	内　　容
速动比率	以下几种因素会增强公司的变现能力： ①可动用的银行贷款指标；②准备很快变现的长期资产；③偿债能力的声誉。 以下几种因素会减弱公司的变现能力： ①未作记录的或有负债；②担保责任引起的负债

考点十一　营运能力分析（表5—54）

表5—54　营运能力分析

项　　目	内　　容
含义	营运能力是指公司经营管理中利用资金运营的能力，一般通过公司资产管理比率来衡量，主要表现为资产管理及资产利用的效率。因此，资产管理比率通常又称为运营效率比率，主要包括存货周转率（存货周转天数）、应收账款周转天数（应收账款周转率）、流动资产周转率和总资产周转率等
存货周转率和存货周转天数	在流动资产中，存货所占的比重较大。存货的流动性将直接影响公司的流动比率，因此，必须特别重视对存货的分析。存货的流动性一般用存货的周转速度指标来反映，即存货周转率或存货周转天数。 存货周转率是营业成本被平均存货所除得到的比率，即存货的周转次数。它是衡量和评价公司购入存货、投入生产、销售收回等各环节管理状况的综合性指标。用时间表示的存货周转率就是存货周转天数。其计算公式为： $$存货周转率=\frac{营业成本}{平均存货}（次）$$ $$存货周转天数=\frac{360}{存货周转率}（天）=\frac{360}{\frac{营业成本}{平均存货}}（天）=\frac{平均存货\times 360}{营业成本}（天）$$ 公式中的“营业成本”数据来自利润表，“平均存货”数据来自资产负债表中的“存货”期初数与期末数的平均数。

续表

项　　目	内　　容
存货周转率和存货周转天数	一般来讲，存货周转速度越快，存货的占用水平越低，流动性越强，存货转换为现金或应收账款的速度越快。提高存货周转率可以提高公司的变现能力，存货周转速度越慢则变现能力越差。存货周转天数（存货周转率）指标的好坏反映存货管理水平，它不仅影响公司的短期偿债能力，也是整个公司管理的重要内容。公司管理者和有条件的外部报表使用者，除了分析批量因素、季节性生产的变化等情况外，还应对存货的结构以及影响存货周转速度的重要项目进行分析，如分别计算原材料周转率、在产品周转率或某种存货的周转率等。其计算公式如下： $$原材料周转率=\frac{耗用原材料成本}{平均原材料存货}$$ $$在产品周转率=\frac{制造成本}{平均在产品存货}$$ 存货周转分析的目的是从不同的角度和环节上找出存货管理中的问题，使存货管理在保证生产经营连续性的同时，尽可能少占用经营资金，提高资金的使用效率，增强公司短期偿债能力，促进公司管理水平的提高
应收账款周转率和应收账款周转天数	应收账款周转率是营业收入与平均应收账款的比值。它反映年度内应收账款转为现金的平均次数，说明应收账款流动的速度。应收账款周转天数是应收账款周转率的倒数乘以360天，也称应收账款回收期或平均收现期。它表示公司从取得应收账款的权利到收回款项转换为现金所需要的时间，是用时间表示的应收账款周转速度。 应收账款和存货一样，在流动资产中有着举足轻重的地位。及时收回应收账款，不仅能增强公司的短期偿债能力，也能反映出公司管理应收账款方面的效率。应收账款周转率和应收账款周转天数的计算公式分别为： $$应收账款周转率=\frac{营业收入}{平均应收账款}（次）$$ $$应收账款周转天数=\frac{360}{应收账款周转率}（天）$$ $$=\frac{平均应收账款\times 360}{营业收入}（天）$$ 公式中的营业收入数据来自利润表。平均应收账款是指未扣除坏账准备的应收账款金额，是资产负债表中的应收账款期初数与期末数及对应坏账准备的平均数

续表

项　　目	内　　容
流动资产周转率	流动资产周转率是营业收入与全部流动资产的平均余额的比值。其计算公式为： $$流动资产周转率=\frac{营业收入}{平均流动资产}（次）$$ 公式中的平均流动资产是资产负债表中的流动资产合计期初数与期末数的平均数。 流动资产周转率反映流动资产的周转速度。周转速度快，会相对节约流动资产，等于相对扩大资产投入，增强公司盈利能力；而延缓周转速度，需要补充流动资产参加周转，形成资金浪费，降低公司盈利能力
总资产周转率	总资产周转率是营业收入与平均资产总额的比值。其计算公式为： $$总资产周转率=\frac{营业收入}{平均资产总额}（次）$$ 公式中的平均资产总额是资产负债表中的资产总计的期初数与期末数的平均数。 该项指标反映资产总额的周转速度。周转越快，反映销售能力越强。公司可以通过薄利多销的方法，加速资产的周转，带来利润绝对额的增加

考点十二　长期偿债能力分析（表 5—55）

表 5—55　　长期偿债能力分析

项　　目	内　　容
含义	长期偿债能力是指公司偿付到期长期债务的能力，通常以反映债务与资产、净资产的关系的负债比率来衡量。负债比率主要包括：资产负债率、产权比率、有形资产净值债务率、已获利息倍数、长期债务与营运资金比率等
资产负债率	资产负债率是负债总额除以资产总额的百分比，也就是负债总额与资产总额的比例关系。它反映在总资产中有多大比例是通过借债来筹资的，也可以衡量公司在清算时保护债权人利益的程度。其计算公式如下： $$资产负债率=\frac{负债总额}{资产总额}\times 100\%$$ 公式中的负债总额不仅包括长期负债，还包括短期负债。这是因为，从总体上看，公司总是长期性占用着短期负债，可以视同长期性资本来源的一部分

续表

项　　目	内　　容
产权比率	产权比率是负债总额与股东权益总额之间的比率，也称为债务股权比率。其计算公式如下： $$产权比率=\frac{负债总额}{股东权益}\times 100\%$$ 该项指标反映由债权人提供的资本与股东提供的资本的相对关系，反映公司基本财务结构是否稳定
有形资产净值债务率	有形资产净值债务率是公司负债总额与有形资产净值的百分比。有形资产净值是股东权益减去无形资产净值后的净值，即股东具有所有权的有形资产的净值。其计算公式为： $$有形资产净值债务率=\frac{负债总额}{股东权益-无形资产净值}\times 100$$ 有形资产净值债务率指标实质上是产权比率指标的延伸，其更为谨慎、保守地反映了公司清算时债权人投入的资本受到股东权益的保障程度。所谓谨慎和保守，是指该指标不考虑无形资产——商誉、商标、专利权以及非专利技术等的价值。鉴于它们不一定能用来还债，为谨慎起见，一律视为不能偿债，将其从分母中扣除
已获利息倍数	已获利息倍数指标是指公司经营业务收益与利息费用的比率，用以衡量偿付借款利息的能力，也称利息保障倍数。其计算公式如下： $$已获利息倍数=\frac{税息前利润}{利息费用}（倍）$$ 从债权人的立场出发，他们除了通过计算公司资产负债率这一方式来审查公司借入资本占全部资本的比例以判断向公司投资的风险外，还可以通过计算已获利息倍数来测试债权人投入资本的风险
长期债务与营运资金比率	公司在经营好的年度要偿债，而在经营不好的年度也要偿还大约等量的债务。某一个年度利润很高，已获利息倍数就会很高，但未必能年年如此。采用指标最低年度的数据，可保证最低的偿债能力。证券分析师在分析时，一般情况下应采纳这一原则，但遇有特殊情况，需结合实际来确定。与此同时，结合这一指标，公司还可以测算长期负债与营运资金的比率。它是用公司的长期债务与营运资金相除计算的，其计算公式如下： $$长期债务与营运资金比率=\frac{长期负债}{流动资产-流动负债}$$

续表

<table>
<tr><th colspan="2">项　目</th><th>内　容</th></tr>
<tr><td rowspan="3">影响长期偿债能力的其他因素</td><td>长期租赁</td><td>当公司急需某种设备或资产而又缺乏足够的资金时，可以通过租赁的方式解决。财产租赁有两种形式：融资租赁和经营租赁。
融资租赁是由租赁公司垫付资金购买设备租给承租人使用，承租人按合同规定支付租金（包括设备买价、利息、手续费等），且一般情况下，在承租方付清最后一笔租金后，租赁物所有权归承租方所有，实际上等于变相地分期付款购买固定资产。因此，在融资租赁形式下，租入的固定资产作为公司的固定资产入账进行管理，相应的租赁费用作为长期负债处理。这种资本化的租赁，在分析长期负债能力时已经包括在债务比率指标计算之中。
在经营租赁形式下，租入的固定资产并不作为固定资产入账，相应的租赁费作为当期的费用处理。当公司的经营租赁量比较大、期限比较长或具有经常性时，则构成一种长期性筹资。这种长期性筹资虽然不包括在长期负债之内，但到期时必须支付租金，会对公司的偿债能力产生影响。因此，如果公司经常发生经营租赁业务，应考虑租赁费用对偿债能力的影响</td></tr>
<tr><td>担保责任</td><td>由于担保项目的时间长短不一，有的担保项目涉及公司的长期负债，有的涉及公司的短期负债。证券分析师在分析公司长期偿债能力时，应根据有关资料判断担保责任带来的潜在长期负债问题</td></tr>
<tr><td>或有项目</td><td>或有项目的特点是现存条件的最终结果不确定，对它的处理方法要取决于未来的发展。或有项目一旦发生，便会影响公司的财务状况，因此公司不得不对它们予以足够的重视，证券分析师在评价公司长期偿债能力时也要考虑它们的潜在影响</td></tr>
</table>

考点十三　盈利能力分析（表 5－56）

表 5－56　　盈利能力分析

<table>
<tr><th>项　目</th><th>内　容</th></tr>
<tr><td>含义</td><td>盈利能力就是公司赚取利润的能力。一般来说，公司的盈利能力只涉及正常的营业状况。非正常的营业状况也会给公司带来收益或损失，但这只是特殊情况下的个别情况，不能说明公司的能力。因此，证券分析师在分析公司盈利能力时，应当排除以下因素：证券买卖等非正常项目、已经或将要停止的营业项目、重大事故或法律更改等特别项目、会计准则和财务制度变更带来的累计影响等。
反映公司盈利能力的指标很多，通常使用的主要有营业净利率、营业毛利率、资产净利率、净资产收益率等</td></tr>
</table>

续表

项目	内容
营业净利率	营业净利率是指净利润与营业收入的百分比，其计算公式为： $$营业净利率=\frac{净利润}{营业收入}\times 100\%$$ 该指标反映每1元营业收入带来的净利润是多少，表示营业收入的收益水平。从营业净利率的指标关系看，净利额与营业净利率成正比关系，而营业收入额与营业净利率成反比关系。公司在增加营业收入额的同时，必须相应获得更多的净利润，才能使营业净利率保持不变或有所提高。通过分析营业净利率的升降变动，可以促使公司在扩大营业业务收入的同时，注意改进经营管理，提高盈利水平
营业毛利率	营业毛利率是毛利占营业收入的百分比，其中毛利是营业收入与营业成本的差。其计算公式为： $$营业毛利率=\frac{营业收入-营业成本}{营业收入}\times 100\%$$ 营业毛利率表示每1元营业收入扣除营业成本后，有多少钱可以用于各项期间费用和形成盈利。营业毛利率是公司营业净利率的基础，没有足够高的毛利率便不能盈利
资产净利率	资产净利率是公司净利润与平均资产总额的百分比。其计算公式如下： $$资产净利率=\frac{净利润}{平均资产总额}\times 100\%$$ 把公司一定期间的净利润与公司的资产相比较，可表明公司资产利用的综合效果。指标越高，表明资产的利用效率越高，说明公司在增加收入和节约资金使用等方面取得了良好的效果，否则相反。资产净利率是一个综合指标，公司的资产是由投资人投资或举债形成的。净利润的多少与公司资产总量、资产结构、经营管理水平有着密切的关系。为了正确评价公司经济效益的高低、挖掘提高利润水平的潜力，证券分析师可以用该项指标与本公司前期、与计划、与本行业平均水平和本行业内先进公司进行对比，分析形成差异的原因。影响资产净利率高低的因素主要有产品的价格、单位成本的高低、产品的产量和销售的数量、资金占用量的大小等
净资产收益率	净资产收益率是净利润与净资产的百分比，也称净值报酬率或权益报酬率。按照《公开发行证券公司信息披露编报规则第9号——净资产收益率和每股收益的计算及披露》（2010年修订）规定，目前我国上市公司须根据归属于公司普通股股东的净利润和扣除非经常性损益后归属于公司普通股股东的净利润分别计算和披露加权平均净资产收益率，以反映报告期中各种权益要素的综合收益水平，其计算公式为：

续表

项　　目	内　　容
净资产收益率	加权平均净资产收益率 $=\dfrac{P_0}{E_0+\dfrac{N_P}{2}+E_i\cdot\dfrac{M_i}{M_0}-\dfrac{E_jM_j}{M_0}\pm E_k\cdot\dfrac{M_k}{M_0}}\times100\%$ 式中　P_0——归属于公司普通股股东的净利润或扣除非经常性损益后归属于公司普通股股东的净利润； N_P——归属于公司普通股股东的净利润； E_0——归属于公司普通股股东的期初净资产； E_i——报告期发行新股或债转股等新增的、归属于公司普通股股东的净资产； E_j——报告期回购或现金分红等减少的、归属于公司普通股股东的净资产； M_0——报告期月份数； M_i——新增净资产次月起至报告期期末的累计月数； M_j——减少净资产次月起至报告期期末的累计月数； E_k——因其他交易或事项引起的、归属于公司普通股股东的净资产增减变动； M_k——发生其他净资产增减变动次月起至报告期期末的累计月数

考点十四　投资收益分析（表5－57）

表5－57　　**投资收益分析**

项　　目	内　　容
每股收益	每股收益是净利润与公司发行在外普通股总数的比值。按照《公开发行证券公司信息披露编报规则第9号——净资产收益率和每股收益的计算及披露》（2010年修订）规定，目前我国上市公司须根据归属于公司普通股股东的净利润和扣除非经常性损益后归属于公司普通股股东的净利润分别计算和披露基本每股收益和稀释每股收益。其计算公式分别为： 基本每股收益 $=\dfrac{P_0}{S_0+S_1+S_i\times M_i\div M_0-S_j\times M_j\div M_0-S_k}$ 稀释每股收益 $=P_1/$（$S_0+S_1+S_i\times M_i\div M_0-S_j\times M_j\div M_0-S_k+$ 认购权证、股份期权、可转换债券等增加的普通股加权平均数） 式中　P_0——归属于公司普通股股东的净利润或扣除非经常性损益后归属于普通股股东的净利润； P_1——归属于公司普通股股东的净利润或扣除非经常性损益后归属于公司普通股股东的净利润（考虑稀释性潜在普通股对其影响，按《企业会计准则》及有关规定进行调整）；

续表

项　　目	内　　容
每股收益	S_0——期初股份总数； S_1——报告期因公积金转增股本或股票股利分配等增加股份数； S_i——报告期因发行新股或债转股等增加股份数； S_j——报告期因回购等减少股份数； S_k——报告期缩股数； M_0——报告期月份数； M_i——增加股份次月起至报告期期末的累计月数； M_j——减少股份次月起至报告期期末的累计月数
市盈率	市盈率是（普通股）每股市价与每股收益的比率，亦称本益比。其计算公式为： $$市盈率=\frac{每股市价}{每股收益}（倍）$$ 该指标是衡量上市公司盈利能力的重要指标，反映投资者对每1元净利润所愿支付的价格，可以用来估计公司股票的投资报酬和风险，是市场对公司的共同期望指标。一般说来，市盈率越高，表明市场对公司的未来越看好。在市价确定的情况下，每股收益越高，市盈率越低，投资风险越小；反之亦然。在每股收益确定的情况下，市价越高，市盈率越高，风险越大；反之亦然
股利支付率	股利支付率是普通股每股股利与每股收益的百分比。其计算公式为： $$股利支付率=\frac{普通股每股股利}{普通股每股收益}\times100\%$$ 该指标反映公司股利分配政策和支付股利的能力。 与股利支付率指标关系比较紧密的一个指标是股票获利率，是指每股股利与股票市价的比率。其计算公式如下： $$股票获利率=\frac{普通股每股股利}{普通股每股市价}\times100\%$$ 股票获利率主要应用于非上市公司的少数股权。在这种情况下，股东难以出售股票，也没有能力影响股利分配政策，他们持有公司股票的主要动机在于获得稳定的股利收益
每股净资产	每股净资产是年末净资产（即年末股东权益）与发行在外的年末普通股总数的比值，也称为每股账面价值或每股权益。用公式表示为：

续表

项　　目	内　　容
每股净资产	$$每股净资产=\frac{年末净资产}{发行在外的年末普通股股数}$$ 这里的年末股东权益指扣除优先股权益后的余额。 该指标反映发行在外的每股普通股所代表的净资产成本即账面权益。在投资分析时，只能有限地使用这个指标，因其是用历史成本计量的，既不反映净资产的变现价值，也不反映净资产的产出能力。每股净资产在理论上提供了股票的最低价值
市净率	市净率是每股市价与每股净资产的比值。计算公式为： $$市净率=\frac{每股市价}{每股净资产}（倍）$$ 市净率是将每股股价与每股净资产相比，表明股价以每股净资产的若干倍在流通转让，评价股价相对于每股净资产而言是否被高估。市净率越小，说明股票的投资价值越高，股价的支撑越有保证；反之，则投资价值越低。这一指标同样是证券分析师判断某股票投资价值的重要指标

考点十五　现金流量分析（表 5—58）

表 5—58　　**现金流量分析**

项　　目	内　　容
含义	现金流量分析是在现金流量表出现以后发展起来的，其方法体系并不完善，一致性也不充分。现金流量分析不仅要依靠现金流量表，还要结合资产负债表和利润表
流动性分析	流动性，是指将资产迅速转变为现金的能力。根据资产负债表确定的流动比率虽然也能反映流动性，但有很大的局限性。一般来讲，真正能用于偿还债务的是现金流量，所以，现金流量和债务的比较可以更好地反映公司偿还债务的能力。 （1）现金到期债务比。现金到期债务比是经营现金净流量与本期到期债务的比值，其计算公式如下： $$现金到期债务比=\frac{经营现金净流量}{本期到期的债务}$$ 公式中，经营现金净流量是现金流量表中的经营活动产生的现金流量净额，本期到期的债务是指本期到期的长期债务和本期应付的应付票据。 （2）现金流动负债比。现金流动负债比是经营现金净流量与流动负债的比值，其计算公式如下：

续表

项　目	内　容
流动性分析	$$现金流动负债比=\frac{经营现金净流量}{流动负债}$$ (3) 现金债务总额比。现金债务总额比是经营现金净流量与负债总额的比值，其计算公式如下：$$现金债务总额比=\frac{经营现金净流量}{债务总额}$$
获取现金能力分析	获取现金能力是指经营现金净流入和投入资源的比值。投入资源可以是营业收入、总资产、营运资金、净资产或普通股股数等。 (1) 营业现金比率：$$营业现金比率=\frac{经营现金净流量}{营业收入}$$ 公式中的营业收入是指营业收入和应向购买者收取的增值税进项税额。 该比率反映每1元营业收入得到的净现金，其数值越大越好。 (2) 每股营业现金净流量：$$每股营业现金净流量=\frac{经营现金净流量}{普通股股数}$$ 该指标反映公司最大的分派股利能力，超过此限度，就要借款分红。 (3) 全部资产现金回收率：$$全部资产现金回收率=\frac{经营现金净流量}{资产总额}\times 100\%$$ 该指标说明公司资产产生现金的能力
财务弹性分析	财务弹性是指公司适应经济环境变化和利用投资机会的能力。这种能力来源于现金流量和支付现金需要的比较。现金流量超过需要，有剩余的现金，适应性就强。财务弹性是用经营现金流量与支付要求进行比较。支付要求可以是投资需求或承诺支付等。 (1) 现金满足投资比率：$$现金满足投资比率=\frac{近5年经营活动现金净流量}{近5年资本支出、存货增加、现金股利之和}$$ 该比率越大，说明资金自给率越高。达到1时，说明公司可以用经营活动获取的现金满足扩充所需资金；若小于1，则说明公司是靠外部融资来补充。 (2) 现金股利保障倍数：$$现金股利保障倍数=\frac{每股营业现金净流量}{每股现金股利}$$ 该比率越大，说明支付现金股利的能力越强

续表

项 目	内 容
收益质量分析	收益质量是指报告收益与公司业绩之间的关系。如果收益能如实反映公司业绩，则认为收益的质量好；如果收益不能很好地反映公司业绩，则认为收益的质量不好。 从现金流量表的角度来看，收益质量分析主要是分析会计收益与现金净流量的比率关系，其主要的财务比率是营运指数。 $营运指数=\frac{经营现金净流量}{经营所得现金}$ 经营所得现金＝经营净收益＋非付现费用 ＝净利润－非经营收益＋非付现费用 关于收益质量的信息，列示在现金流量表的补充资料中。其中，非经营收益涉及处置固定资产、无形资产和其他资产的损失，固定资产报废损失，财务费用，投资损失等项目；非付现费用涉及计提的资产减值准备、固定资产折旧、无形资产摊销、长期待摊费用摊销、待摊费用的减少、预提费用的增加等项目

考点十六 公司会计报表附注的主要项目及对基本财务比率的影响（表5－59）

表5-59 公司会计报表附注的主要项目及对基本财务比率的影响

项 目	内 容
公司会计报表附注的主要项目	（1）不符合会计核算前提的说明。 （2）重要会计政策和会计估计的说明。 （3）重要会计政策和会计估计变更的说明以及重大会计差错更正的说明。 （4）或有事项的说明。 （5）资产负债表日后事项的说明。 （6）对关联方关系及其交易的说明。 （7）重要资产转让及其出售的说明。 （8）企业合并、分立的说明。 （9）会计报表重要项目的说明。 （10）企业所有者权益中，国家所有者权益各项目的变化数额及其变化原因。 （11）收入说明。 （12）所得税的会计处理方法，即企业的所得税会计处理是采用应付税款法，还是采用纳税影响会计法。 （13）合并会计报表的说明。 （14）企业执行国家统一规定的各项改革措施、政策，对财务状况发生重大事项的说明。 （15）企业主辅分离辅业改制情况的说明。 （16）有助于理解和分析会计报表需要说明的其他事项

续表

<table>
<tr><th colspan="2">项　　目</th><th>内　　容</th></tr>
<tr><td rowspan="3">公司会计报表附注对基本财务比率的影响</td><td>对变现能力比率的影响</td><td>变现能力比率主要有流动比率和速动比率，其分母均为流动负债，不包括或有负债。
变现能力分析应该结合会计报表附注，如果存在或有负债，显然会减弱企业流动资产的变现能力。如果存在未披露的或有负债，更会令变现能力指标的准确性大打折扣</td></tr>
<tr><td>对运营能力比率的影响</td><td>（1）对应收账款周转率的影响：
$$\text{应收账款周转率}=\frac{\text{营业收入}}{\text{平均应收账款}}$$
平均应收账款指未扣除坏账准备的应收账款余额，即资产负债表中期初应收账款余额与期末应收账款余额的平均数。营业收入数据来自利润表。由于收入确认是一项重要的会计政策，因而本指标的分析不可避免地要参考会计报表附注。有关收入确认方法的规定包括行业会计制度和收入准则（目前仅适用上市公司）。对于同一笔业务是否确认收入，收入准则较行业会计制度要严格得多，因而对于同样的业务，按收入准则确认的收入一般较遵照行业会计制度确认的收入要少，因而其应收账款周转率也偏低。
（2）对存货周转率的影响：
$$\text{存货周转率}=\frac{\text{营业成本}}{\text{平均存货}}$$
正确理解其分子和分母的意义都应该仔细阅读会计报表附注。由于除了个别计价法外，存货的实物流转与价值流转并不一致，只有应用个别计价法计算出来的存货周转率才是“标准的”存货周转率。因而，其他存货流转假设，都是采用一定技术方法在销售成本和期末存货之间进行分配。营业成本和平均存货存在着此消彼长的关系，这种关系在应用先进先出法和后进先出法时表现得特别明显。在现实经济生活中，由于通货膨胀是个不容忽视的全球性客观经济现象，物价普遍呈现持续增长的趋势，在先进先出法下销售成本偏低，而期末存货则高，这样计算出来的存货周转率毫无疑问偏低；而应用后进先出法则恰恰相反，存货周转率会偏高。同时，按照企业会计准则，上市公司期末存货应按成本与可变现净值孰低法计价。在计提存货跌价准备的情况下，期末存货价值小于其历史成本。分母变小，存货周转率必然变大</td></tr>
<tr><td>对负债比率的影响</td><td>负债比率包括资产负债率、产权比率、有形净值债务率等。产权比率和有形净值债务率其实是资产负债率的自然延伸，其分子都是企业的负债总额，是更为谨慎、保守地反映在企业清算时债权人投入的资本受到股东权益的保障程度，因而这两个指标的分析与资产负债率相同。</td></tr>
</table>

续表

项　　目		内　　容
公司会计报表附注对基本财务比率的影响	对负债比率的影响	此外，还有一项重要因素影响企业的长期偿债能力，即长期租赁。当企业急需某种设备或资产而又缺乏足够的资金时，可以通过租赁的方式解决。财产租赁有两种方式：融资租赁和经营租赁
	对盈利能力比率的影响	盈利能力比率包括营业净利率、营业毛利率、资产净利率和净值报酬率。其分子都是净利润，影响利润的因素就是影响盈利能力的因素。一般来说，企业的盈利能力分析只涉及正常的营业状况。非正常的营业状况也会给企业带来收益或损失，但只是特殊状况下的个别结果，不能说明企业的盈利能力。 影响企业利润的因素主要有： （1）存货流转假设；（2）计提的损失准备；（3）长期投资核算方法；（4）固定资产折旧是采用加速折旧法还是直线法；（5）收入确认方法；（6）或有事项的存在；（7）关联方交易

考点十七　预测公司潜在收益的方法（表 5—60）

表 5—60　　**预测公司潜在收益的方法**

项　　目	内　　容
综合调整法	该方法是以企业收益现状为基础，考虑现有资产所决定的未来变化因素的预期影响，对收益进行调整以确定收益的方法。其公式为： 预期年收益＝当前正常年收益额＋ $\sum Y_i - \sum Z_j$ 其中，Y_i 表示预期各有利因素增加收益额；Z_j 表示预期各不利因素减少收益额
产品周期法	产品周期法是根据企业主导产品生命周期的特点，评估企业收益增减变化趋势的方法。应用该方法预测企业收益，一般是为了预期获得产品高额盈利的持续时间，这主要适用三种情况： （1）企业产品单一且为高利产品； （2）企业拥有专利或专有技术，在未来将为企业带来超额利润； （3）企业处于垄断地位，可获高额利润
时间趋势法	时间趋势法是根据过去几年企业收益的增长变化总趋势，预计未来一定期限内各年度收益的方法，即将影响收益变动的各种因素均看为时间因素

考点十八 公司经营的安全边际及影响公司收益或增长预测因素（表5—61）

表5—61 公司经营的安全边际

项目	内容
安全边际概念	安全边际是根据实际或预计的销售业务量与保本业务量的差量确定的定量指标。 财务管理中，安全边际是指正常销售额超过盈亏临界点销售额的差额，它表明销售量下降多少企业仍不致亏损。 投资领域中的安全边际是指证券的市场价格低于其内在价值的部分。对普通股而言，它代表了计算出的内在价值高于市场价格的部分，或者特定年限内预期收益或红利超过正常利息率的部分；就债券或优先股而言，它通常代表盈利能力超过利率或者必要红利率，或者代表企业价值超过其优先索偿权的部分
安全边际内容	安全边际可以用绝对数和相对数两种形式来表现，其计算公式为： 安全边际＝现有销售量－盈亏临界点销售量 安全边际率＝安全边际/现有销售量 因为只有盈亏临界点以上的销售额（即安全边际部分）才能为企业提供利润，所以销售利润又可按下列公式计算： 销售利润＝安全边际销售量×单位产品贡献毛益 销售利润率＝安全边际率×贡献毛益率 此外，以盈亏临界点为基础，还可得到另一个辅助性指标，即达到盈亏临界点的作业率。其计算公式为： 达到盈亏临界点的作业率＝盈亏临界点的销售量/正常开工的作业量 当企业作业率低于盈亏临界点的作业率时就会亏损。所以，该指标对企业的生产安排具有一定的指导意义
影响公司收益或增长预测因素	产品的需求因素；产品的经营、销售能力；新产品的开发能力；如果产品需求量大，生产所需要的资金、设备、运输、电力等能否满足；职工队伍的素质；行业、政府及社会的各项政策保证状况等

考点十九 公司资产重组含义和分类（表5—62）

表5—62 资产重组含义和分类

项目	内容
含义	我国资产重组概念所包含的内容比国外的企业重组的概念要广，而且我国资产重组概念是从股市习惯用语上升到专业术语的。因此，对资产重组给出一个内涵和外延都明确的定义是非常困难的。目前国内资产重组的概念多种多样，甚至有些混乱。中国证监会颁布的自

续表

项　目	内　容
含义	2008年5月18日起施行《上市公司重大资产重组管理办法》，将重大资产重组定义为：上市公司及其控股或者控制的公司在日常经营活动之外购买、出售资产或者通过其他方式进行资产交易达到规定的比例，导致上市公司的主营业务、资产、收入发生重大变化的资产交易行为。 这一定义包括以下几个方面的含义： （1）重组行为应当是与他人发生法律和权利义务关系； （2）企业内部的资产重新配置不属于资产重组范畴； （3）重组行为必须达到一定量的要求
分类	资产重组根据重组对象的不同大致可分为对企业资产的重组、对企业负债的重组和对企业股权的重组。对企业资产的重组包括收购资产、资产置换、资产出售、租赁和托管资产、受赠资产；对企业负债的重组主要是指债务重组。根据债务重组的对方不同，又可以分为与银行之间和与债权人之间进行的资产重组。资产重组根据是否涉及股份的存量和增量，又大致可以分为战略性资产重组和战术性资产重组。 战略性资产重组根据股权的变动情况又可分为股权存量变更、股权增加、股权减少（回购）三类。股权存量变更在实务中又存在股权无偿划拨、股权有偿协议转让、股权抵押拍卖、国有股权配售、二级市场举牌、间接股权收购等多种形式。股权增加包括吸收合并和定向增发等方式。而股权回购根据回购支付方式不同，则可分为以现金回购和以资产回购两种形式

考点二十　公司主要的重组手段和方法（表5—63）

表5—63　　主要的重组手段和方法

项　目	内　容
购买资产	购买资产通常指购买房地产、债权、业务部门、生产线、商标等有形或无形的资产。收购资产的特点在于收购方不必承担与该部分资产有关联的债务和义务。以多元化发展为目标的扩张通常不采取收购资产而大多采取收购公司的方式来进行，这是因为缺乏有效组织的资产通常并不能为公司带来新的核心能力
收购公司	收购公司通常是指获取目标公司全部股权，使其成为全资子公司或者获取大部分股权处于绝对控股或相对控股地位的重组行为。购买公司不仅获得公司的产权与相应的法人财产，也是所有因契约而产生的权利和义务的转让。因此，通过收购，收购公司不仅可以获得目标公司拥有的某些专有权利，如专营权、经营特许权等，而且能快速获得由公司特有组织资本产生的核心能力

续表

项　　目	内　　容
收购股份	收购股份通常指以获取参股地位而非目标公司控制权为目的的股权收购行为。收购股份通常是试探性的多元化经营的开始和策略性的投资，或是为了强化与上游、下游企业之间的协作关联，如参股原材料供应商以求保证原材料供应的及时和价格优惠，参股经销商以求产品销售的顺畅、货款回收的及时等等
合资或联营组建子公司	公司在考虑如何将必要的资源与能力组织在一起从而能在其选择的产品市场中取得竞争优势的时候，通常有三种选择，即内部开发、收购以及合资。对于那些缺少某些特定能力或者资源的公司来说，合资或联营可以作为合作战略最基本的手段。它可以将公司与其他具有互补技能和资源的合作伙伴联系起来，获得共同的竞争优势
公司合并	公司合并是指两家以上的公司结合成一家公司，原有公司的资产、负债、权利和义务由新设或存续的公司承担。我国《公司法》界定了两种形式的合并——吸收合并和新设合并。公司合并的目的是实现战略伙伴之间的一体化，进行资源、技能的互补，从而形成更强、范围更广的公司核心能力，提高市场竞争力。同时，公司合并还可以减少同业竞争，扩大市场份额
股权置换	其目的通常在于引入战略投资者或合作伙伴。通常，股权置换不涉及控股权的变更。股权置换的结果是：实现公司控股股东与战略伙伴之间的交叉持股，以建立利益关联
股权—资产置换	股权—资产置换是由公司原有股东以出让部分股权为代价，使公司获得其他公司或股东的优质资产。其最大优点就在于，公司不用支付现金便可获得优质资产，扩大公司规模。股权—资产置换的另一种形式是以增发新股的方式来获得其他公司或股东的优质资产，实质上也是一种以股权方式收购资产的行为
资产置换	资产置换是指公司重组中为了使资产处于最佳配置状态获取最大收益，或出于其他目的而对其资产进行交换。双方通过资产置换，能够获得与自己核心能力相协调的、相匹配的资产
资产出售或剥离	资产出售或剥离是指公司将其拥有的某些子公司、部门、产品生产线、固定资产等出售给其他的经济主体。由于出售这些资产可以获得现金回报，因此从某种意义上来讲，资产剥离并未减少资产的规模，而只是公司资产形式的转化，即从实物资产转化为货币资产

续表

项　　目	内　　容
公司分立	公司分立是指公司将其资产与负债转移给新建立的公司，把新公司的股票按比例分配给母公司的股东，从而在法律上和组织上将部分业务从母公司中分离出去，形成一个与母公司有着相同股东的新公司。通过这种资产运作方式，新分立出来的公司管理权和控股权也会发生变化。公司分立有许多做法，包括并股和裂股两种方式。其结果是母公司以子公司股权向母公司股东回购母公司股份，而子公司则成为由母公司原有股东控股的、与母公司没有关联的独立公司
资产配负债剥离	资产配负债剥离是将公司资产配上等额的负债一并剥离出公司母体，而接受主体一般为其控股母公司。这一方式在甩掉劣质资产的同时能够迅速减小公司总资产规模，降低负债率，而公司的净资产不会发生改变。对资产接受方来说，由于在获得资产所有权的同时也承担了偿债的义务，其实质也是一种以承担债务为支付手段的收购行为
股权的无偿划拨	国有股的无偿划拨是当前证券市场上公司重组的一种常见方式，通常发生在属同一级财政范围或同一级国有资本运营主体的国有企业和政府机构之间。国有股的受让方一定为国有独资企业。由于股权的最终所有者没有发生改变，因而国有控股权的划拨实际是公司控制权的转移和管理层的重组。其目的或是为调整和理顺国有资本运营体系，或是为了利用优势企业的管理经验来重振处于困境中的上市公司
股权的协议转让	股权的协议转让是指股权的出让与受让双方不是通过交易所系统集合竞价的方式进行买卖，而是通过面对面的谈判方式，在交易所外进行交易，故通常称之为场外交易。这些交易往往出于一些特定的目的，如引入战略合作者或被有较强实力的对手善意收购等。在我国资本市场上，场外协议转让案例产生的主要原因在于证券市场中大量处于控股地位的非流通股的存在
公司股权托管和公司托管	公司股权托管和公司托管是指公司股东将其持有的股权以契约的形式，在一定条件和期限内委托给其他法人或自然人，由其代为行使对公司的表决权。当委托人为公司的控股股东时，公司股权托管就演化为公司的控制权托管，使受托人介入公司的管理和运作，成为整个公司的托管

续表

项　　目	内　　容
表决权信托与委托书	表决权信托是指许多分散股东集合在一起设定信托，将自己拥有的表决权集中于受托人，使受托人可以通过集中原本分散的股权实现对公司的控制。表决权委托书是指中小股东可以通过征集其他股东的委托书来召集临时股东大会以达到改组公司董事会控制公司目的的一种方式
股份回购	股份回购是指公司或是用现金，或是以债权换股权，或是以优先股换普通股的方式购回其流通在外的股票的行为。它会导致公司股权结构的变化。由于公司股本缩减，而控股大股东的股权没有发生改变，因而原有大股东的控股地位得到强化。我国《公司法》对上市公司回购股份有着较为严格的限制，除非有下列情形之一，否则公司不得收购本公司股份：减少公司注册资本；与持有本公司股份的其他公司合并；将股份奖励给本公司职工；股东因对股东大会作出的公司合并、分立决议持异议，要求公司收购其股份的
交叉控股	交叉控股是指母、子公司之间互相持有绝对控股权或相对控股权，使母、子公司之间可以互相控制运作。交叉控股产生的原因是母公司增资扩股时，子公司收购母公司新增发的股份。我国有关法律对对外投资占本公司净资产的相对比例有一定限制，这在一定程度上限制了母、子公司间的交叉控股，但亦可以通过多层的逐级控股方式迂回地达到交叉控股的目的。交叉控股的一大特点是企业产权模糊化，找不到最终控股的大股东，公司的经理人员取代公司所有者成为公司的主宰，从而形成内部人控制

考点二十一　资产重组对公司的影响

从理论上讲，资产重组可以促进资源的优化配置，有利于产业结构的调整，增强公司的市场竞争力，从而使一批上市公司由小变大、由弱变强。但在实践中，许多上市公司进行资产重组后，其经营和业绩并没有得到持续、显著的改善。究其原因，最关键的是重组后的整合不成功。

重组后的整合主要包括企业资产的整合、人力资源配置和企业文化的融合、企业组织的重构。不同类型的重组对公司业绩和经营的影响也是不一样的。对于扩张型资产重组而言，通过收购、兼并，对外进行股权投资，公司可以拓展产品市场份额，或进入其他经营领域。但这种重组方式的特点之一，就是其效果受被收购兼并方生产及经营现状影响较大，磨合期较长，因而见效可能较慢。有关统计数据表明，上市公司在实施收购兼并后，主营业务收入的增长幅度要小于净利润的增长幅度，每股收益和净资产收益率仍是负增长。这说明，重组后公司的规模扩大了，主营业务收入和净利润有一定程度的增长，但其盈利能力并没有同步提高。从长远看，这类重组往往能够使公司在行业利润率下降的情况下，通过扩大市场规模和生产规模，降低成本，巩固或增强其市场竞争力。

由于多方面的原因，我国证券市场存在着上市公司资产质量较差、股权结构和公司治理结构不合理等客观状况，因此，着眼于改善上市公司经营业绩、调整股权结构和治理结构的调整型公司重组和控制权变更型重组，成为我国证券市场最常见的资产重组类型。

对于公司控制权发生变化的资产重组而言，由于控制权的变更并不代表公司的经营业务活动必然随之发生变化，因此，一般而言，控制权变更后必须进行相应的经营重组才会对公司经营和业绩产生显著效果。

在分析资产重组对公司的影响时，分析师首先需鉴别报表性重组和实质性重组。区分报表性重组和实质性重组的关键是看有没有进行大规模的资产置换或合并。实质性重组一般要将被并购企业50%以上的资产与并购企业的资产进行置换，或双方资产合并；而报表性重组一般都不进行大规模的资产置换或合并。

考点二十二　公司关联交易含义及具体行为（表5－64）

表5－64　　公司关联交易含义及具体行为

项　目	内　容
公司关联交易含义	关联方交易，是指关联方之间转移资源、劳务或义务的行为，而不论是否收取价款。《企业会计准则第36号——关联方披露》第三条对关联方进行了界定，即“一方控制、共同控制另一方或对另一方施加重大影响，以及两方或两方以上同受一方控制、共同控制或重大影响的，构成关联方”
公司关联交易具体行为	所谓控制，是指有权决定一个企业的财务和经营政策，并能据以从该企业的经营活动中获取利益。所谓共同控制，是指按照合同约定对某项经济活动所共有的控制，仅在与该项经济活动相关的重要财务和经营决策需要分享控制权的投资方一致同意时存在。所谓重大影响，是指对一个企业的财务和经营政策有参与决策的权力，但并不能够控制或者与其他方一起共同控制政策的制定

考点二十三　公司关联交易特点、性质和方式（表5－65）

表5－65　　公司关联交易特点、性质和方式

项　目	内　容
公司关联交易特点和性质	我国上市公司的关联交易具有形式繁多、关系错综复杂、市场透明度较低的特点。按照交易的性质划分，关联交易主要可划分为经营往来中的关联交易和资产重组中的关联交易。前者符合一般意义上关联交易的概念；而后者则具有鲜明的中国特色，是在目前现实法律、法规环境下使用频率较高的形式

续表

项　　目		内　　容
公司关联交易的方式	关联购销	关联购销类关联交易，主要集中在以下几个行业：一种是资本密集型行业，如冶金、有色、石化和电力行业等；另一种是市场集中度较高的行业，如家电、汽车和摩托车行业等。一些上市公司仅是集团公司的部分资产，与集团其他公司间产生关联交易在所难免。除了集团公司以外，其他大股东如果在业务上与上市公司有联系的话，也有可能产生关联交易。因此，此类关联交易在众多上市公司中或多或少存在，交易量在各类关联交易中居首位
	资产租赁	由于非整体上市，上市公司与其集团公司之间普遍存在着资产租赁关系，包括土地使用权、商标等无形资产的租赁和厂房、设备等固定资产的租赁
	担保	涉及上市公司的关联信用担保也普遍存在，上市公司与集团公司或者各个关联公司可以相互提供信用担保。关联公司之间相互提供信用担保虽能有效解决各公司的资金问题，但也会形成或有负债，增加上市公司的财务风险，有可能引起经济纠纷。上市公司与其主要股东，特别是控股股东之间的关联担保可以是双向的，既可能是上市公司担保主要股东的债务，也可能反过来是主要股东为上市公司提供担保
	托管经营、承包经营等管理方面的合同	绝大多数的托管经营和承包经营属于关联交易，关联方大多是控股股东。托管方或是上市公司，或是关联企业。所托管的资产要么质量一般，要么是上市公司没有能力进行经营和管理的资产。但自己的资产被关联公司托管或承包经营以后，可以获得比较稳定的托管费用和承包费用。另外，关联托管和承包往往是进行关联收购的第一步。因为在托管期间，可以对所托管或承包的企业进行深入细致的了解，考察企业的发展潜力以降低收购的风险
	关联方共同投资	共同投资形式的关联交易通常是指上市公司与关联公司就某一具体项目联合出资，并按事前确定的比例分配收益。这种投资方式因关联关系的存在达成交易的概率较高，但操作透明度较低，特别是分利比例的确定

考点二十四　关联交易对公司的影响

从理论上说，关联交易属于中性交易，它既不属于单纯的市场行为，也不属于内幕交易的范畴，其主要作用是降低交易成本，促进生产经营渠道的畅通，提供扩张所需的优质资产，有利于实现利润的最大化等。但在实际操作过程中，关联交易有其非经济特性。与市场竞争、公开竞价的方式不同，关联交易价格可由关联双方协商决定，特别是在我国评估和审计等中介机构尚不健全的情况下，关联交易容易成为企业调节利润、避税和一些部门及个人获利的途径，往往使中小投资者利益受损。交易价格如果不能按照市场价格来确定，就有可能成为利润调节的工具。如各项服务收费的具体数量和摊销原则因外界无法准确判断其是否合理，操作弹性较大。目前通常的做法是，当上市公司经营不理想时，集团公司或者调低上市公司应缴纳的费用标准，或者承担上市公司的相关费用，甚至将以前年度已缴纳的费用退回，从而达到转移费用、增加利润的目的。又由于各类资产租赁的市场价格难以确定，租赁也可能成为上市公司与集团公司等关联公司之间转移费用、调节利润的手段。上市公司利润水平不理想时，集团公司调低租金价格或以象征性的价格收费，或上市公司以远高于市场价格的租金水平将资产租赁给集团公司使用。有的上市公司将从母公司租来的资产同时以更高的租金再转租给其他关联方，形成股份公司的其他业务利润，实现向股份公司转移利润。

上市公司获得类似的贴补，从表面上看对于上市公司和投资者来说是好事，但这种贴补首先不可能持久且终究要付出代价；其次不利于上市公司核心竞争力的培育，对其长远发展不利。

资产重组中的关联交易，其对公司经营和业绩的影响需要结合重组目的、重组所处的阶段、重组方的实力、重组后的整合具体分析。首先，重组谈判过程一般长达几个月，其中变数颇多，因此在重组的谈判或审批阶段，难以判断重组成功的概率和绩效。如果上市公司重组目的带有短期化倾向，如为了短期业绩的改观、配股融资能力的增强等，企业经营现状的改变将是非质变性的。其次，重组后能否带来预期效益还要看后期整合的结果。由于原有企业的文化、管理模式具有一定程度的排他性，新资产从进入到正常运转还要面临一段时间的磨合。由此可见，资产重组类股票的投资不确定性较大，而带有关联交易性质的资产重组，由于其透明度较低，更需要进行较长时期的、仔细的跟踪分析。在分析关联交易时，尤其要注意关联交易可能给上市公司带来的隐患，如资金占用，信用担保、关联购销等。证券投资分析师在分析关联交易时，应尤其关注交易价格的公允性、关联交易占公司资产的比重、关联交易的利润占公司利润的比重以及关联交易的披露是否规范等事项。

考点二十五　会计政策的含义以及会计政策与税收政策变化对公司的影响（表5－66）

表5－66　会计政策的含义以及会计政策与税收政策变化对公司的影响

项　　目	内　　容
会计政策的含义	会计政策是指企业在会计确认、计量和报告中所采用的原则、基础和会计处理方法。企业基本上是在法规所允许的范围内选择适合本企业实际情况的会计政策。当会计制度发生变更，或企业根据实际情况认为需要变更会计政策时，企业可以变更会计政策

续表

项　　目	内　　容
会计政策的变化及其对公司的影响	当会计制度发生变更，或企业根据实际情况认为需要变更会计政策时，企业可以变更会计政策。企业的会计政策发生变更将影响公司年末的资产负债表和利润表。如果采用追溯调整法进行会计处理，则会计政策的变更将影响公司年初及以前年度的利润、净资产、未分配利润等数据。例如，2000 年财政部颁布了《企业会计制度》，按照相关规定，股份公司除了计提坏账准备、短期投资跌价准备、存货跌价准备和长期投资减值准备四项减值准备以外，还要计提固定资产减值准备、无形资产减值准备、在建工程减值准备和委托贷款减值准备，并要求对计提的前四项准备采用追溯调整法来处理。企业采取这一新的会计政策后，上市公司 2000 年度及以前年度的报表都受到了一定影响。2006 年，财政部发布新的《企业会计准则》，并于 2007 年 1 月 1 日起在上市公司范围内实施，对上市公司年度报表也带来较大影响
税收政策的变化及其对公司的影响	税收政策的变更也将对上市公司的业绩产生一定的影响。如 1999 年国务院发布了《关于纠正地方自定税收先征后返政策的通知》，明确要求各级地方政府一律不得自行制定税收先征后返政策。各地区自行制定的税收先征后返政策从 2000 年 1 月 1 日起一律停止执行，这意味着多数企业在利润保持不变的情况下收益要减少 18%。因此，取消先征后返对上市公司的收益形成了较大的冲击。又如增值税的出口退税。增值税作为价外税，其出口退税是指销售时免征增值税，同时将购进时支付的增值税进项税额退给企业，这就意味着产品是以不含税的价格进入国际市场的，因此从价格上提高了企业在国际市场上的竞争能力。对于出口比重较大的上市公司来说，这一政策对经营会产生明显有利的影响。由于增值税的出口退税额作为一种收益只计入会计利润而不计入应纳税所得额，因而不需要征收企业所得税。因此，出口退税一方面会使现金流量表有明显改观，使经营活动产生的现金流量净额有一个正增加；另一方面，使利润表中的营业收入增加。这主要是由于退税额的再投入，解决了企业资金不足、运转不灵的困难，使出口业务扩大，销售收入增加。 国家有关部门对增值税政策的频繁调整也会影响有关行业乃至上市公司的效益

考点二十六　市场价值法（表5－67）

表5－67　市场价值法

项　　目	内　　容
行业内的可比性	市场法假设从财务角度上看同一行业的公司是大致相同的。在估计目标公司的价值时，先选出一组在业务与财务方面与目标公司类似的公司。通过对这些公司经营历史、财务状况、成交行情以及未来展望的分析，确定估价指标和比率系数，再用之估计目标公司的价格。如果目标公司是一综合性公司，则可针对其几个主要经营业务，挑选出几家类似的公司，分别确定估价指标和比率系数，得出各业务部门的价格，将之加总后就是收购该综合性公司的价格
应用市场法估计目标公司价格时需要注意的问题	正确利用市场法估计目标公司的价格，需要注意三个方面的问题：一是估价结果的合理性，二是选择正确的估价指标和比率系数，三是估价要着眼于公司未来的情况而不是历史情况。 在市场法中，目标公司的价格是通过估价指标（如税后利润）与比率系数（如市盈率）的乘积获得的。这两个数字必须慎重选择，以保证两者之积内在的经济含义。例如，如果目标公司是处于一个周期性波动很强的行业，则近期的数字显然不尽合理。此时可用历史平均的估价指标和比率系数来估计。另外，也要考虑相关事件对目标公司价格的影响，如会计政策的调整、股票的回购等因素对目标公司财务结果产生的影响，并作出合理的调整
估价指标和比率系数的选择	通常，可选择的估价指标包括：税后利润、现金流量、营业收入、股息、资产的账面价值或有形资产价值等。确定了估价指标后，再用样本公司的价值可算出相应的比率系数。如对税后利润而言，相应的比率系数就是市盈率。 用市场法对普通公司估价，最常用的估价指标是税后利润。但对某些特殊行业的公司，用税后利润并不能合理反映目标公司的价值。例如广播公司或饮料公司，其特点是销售相对稳定，所需投入的有形资本有限，商誉等无形资产较多。对此类公司估价，就可用现金流量作为估价指标。炼钢厂等重工业企业是夕阳产业，盈利情况不佳，一般用有形资产的账面价值作为估价指标。而经营杠杆较高（即流动资产与固定资产之比较高）的企业，如零售业或消费品制造企业，经常用营业收入作为估价指标。 估价指标的选择，关键是要反映企业的经济意义，并且要选择对企业未来价值有影响的指标。而在计算比率系数时，要注意它在各样本公司中的稳定性。该系数越稳定，则估价结果越可靠

续表

项　　目	内　　容
市场法的优缺点	虽然市场法缺乏明显的理论依据，但是它却具有以下两方面的优点：首先，市场法是从统计的角度总结出相同类型公司的财务特征，得出结论有一定的可靠性；其次，市场法简单易懂，容易使用

考点二十七　重置成本法（表5—68）

表5—68　　重置成本法

项　　目	内　　容
重置成本法及其理论依据	重置成本法也称成本法，是指在评估资产时按被评估资产的现时重置成本扣减其各项损耗价值来确定被评估资产价值的方法。采用重置成本法对资产进行评估的理论依据是：资产的价值取决于资产的成本，资产的价值是一个变量
重置成本法中各类指标的估算	根据重置成本法的定义，重置成本法的基本计算公式可以表述为： 被评估资产评估值＝重置成本－实体性贬值－功能性贬值－经济性贬值 被评估资产评估值＝重置成本×成新率 （1）重置成本一般可以分为复原重置成本和更新重置成本。 （2）重置成本的估算一般可以采用的方法有直接法、功能价值法和物价指数法。 （3）资产的实体性贬值是由于使用和自然力损耗形成的贬值。实体性贬值的估算，一般可以采用的方法有观察法和公式计算法。 （4）功能性贬值是由于技术相对落后造成的贬值。 （5）经济性贬值是由于外部环境变化造成资产的贬值。计算经济性贬值时，主要是根据因产品销售困难而开工不足或停止生产等情况，确定其贬值额。评估时应根据资产的具体情况加以分析确定。 （6）成新率反映评估对象的当前价值与其全新状态重置价值的比率
运用重置成本法评估资产的程序及其优缺点分析	采用重置成本法评估资产的优点有：比较充分地考虑了资产的损耗，评估结果更加公平合理，有利于单项资产和特定用途资产的评估，在不易计算资产未来收益或难以取得市场参照物条件下可广泛应用，有利于企业资产保值。 但是，采用重置成本法的缺点是工作量巨大。它是以历史资料为依据确定目前价值，必须充分分析这种假设的可行性。另外，经济性损耗（贬值）也不易全面准确计算

考点二十八　收益现值法（表5－69）

表5－69　收益现值法

项　　目	内　　容
收益现值法及其适用前提条件	收益现值法是通过估算被评估资产未来预期收益并折算成现值，借以确定被评估资产价值的一种资产评估方法。 采用收益现值法对资产进行评估所确定的资产价值，是指为获得该项资产预期收益的权利所支付的金额。这里不难看出，资产的评估价值与资产的效用或有用程度密切相关。资产的效用越大，获利能力越强，它的价值就越大。从收益现值法概念本身，也可以分析确定收益现值法应用的前提条件
收益现值法应用的形式	（1）资产未来收益期有限的情形。资产的未来预期收益在具体的特定时期，通过预测有限期限内各期的收益额，以适当的折现率进行折现后求和获得，各年预期收益折现之和即为评估值。基本公式是： $$资产评估值=\sum_{i=1}^{n}\frac{R_i}{(1+r)^i}$$ 式中　R_i——未来第i个收益期的预期收益额，收益期有限时R_i还包括期末资产剩余净额； n——收益年期； r——折现率。 （2）资产未来收益期无限期的情形。无限收益期包含两种情形，即未来收益年金化情形和未来收益不等额情形。 在未来收益年金化情形下，首先预测其年收益额，然后对其年收益额进行本金化处理，即可确定其评估值。基本公式为： $$资产评估值（收益现值）=\frac{年收益}{本金化率}$$ 这是预期收益折现值求和的特殊形式，推导过程如下： 假如未来预期收益分别为R_1、R_2、…、R_n，折现率为r，折现值之和为PV，则有： $$PV=\frac{R_1}{(1+r)^1}+\frac{R_2}{(1+r)^2}+\cdots+\frac{R_n}{(1+r)^n}$$ 当$R_1=R_2=\cdots=R_n=A$且$n\to\infty$时，$PV=\frac{A}{r}$。 在未来收益不等额情形下，首先预测若干年内（一般为5年）各年预期收益额。再假设若干年的最后一年开始，以后各年预期收益额均相同；最后，将企业未来预期收益进行折现和本金化处理。基本公式为： $$\begin{matrix}资产评估值\\（预期收益现值）\end{matrix}=\sum\begin{matrix}前若干年\\各年收益额\end{matrix}\times\begin{matrix}各年\\折现系数\end{matrix}+\frac{以后各年的年金化收益}{本金化率}\times 前若干年最后一年的折现系数$$

续表

项　　目	内　　容
收益现值法中各项指标的确定	收益现值法的应用，不仅在于掌握其在各种情况下的计算过程，更重要的是科学、合理地确定各项指标。收益现值法中的主要指标有三个，即收益额、折现率或本金化率、收益期限。 收益现值法在运用中，收益额的确定是关键。收益额是指被评估资产在使用过程中产生的未来收益期望值。对于收益额的确定应把握两点：一是收益额指的是资产使用带来的未来收益期望值，是通过预测分析获得的。无论对所有者还是购买者，判断该项资产是否有价值首先应判断该项资产是否有收益。评估是对其收益的判断，不仅仅看其现在的收益能力，更重要的是预测未来的收益能力。二是收益额必须是评估资产直接形成的，而不是由评估资产直接形成的收益分离出来的
收益现值法评估资产的优缺点	收益现值法评估资产的程序为：首先，收集验证有关经营、财务状况的信息资料；其次，计算和对比分析有关指标及其变化趋势；再次，预测资产未来预期收益，确定折现率或本金化率；最后，将预期收益折现或本金化处理，确定被评估资产价值。 采用收益现值法评估资产的优点：能真实和较准确地反映企业本金化的价格；与投资决策相结合，用此评估法评估资产的价格，易为买卖双方接受。 采用收益现值法评估资产的缺点：预期收益额预测难度较大，受较强的主观判断和未来不可预见因素的影响；在评估中适用范围较小，一般适用于企业整体资产和可预测未来收益的单项资产评估

【真题回顾】

一、单项选择题（以下备选项中只有一项符合题目要求）

某公司的流动比率是1.9，如果该公司用现金偿还部分应付账款，则该公司的流动比率将会(　　)。

A. 保持不变　　B. 无法判断

C. 变小　　D. 变大

【答案】 D

【解析】 本题考核的是流动比率的概念。流动比率是流动资产与流动负债的比值，反映短期偿债能力。该公司用现金偿还应付账款，流动资产和流动负债减少相同的金额，由于该公司的流动比率为1.9＞1，所以，流动比率会变大。

二、组合型选择题（以下备选项中只有一项最符合题目要求）

关于上市公司调研的说法，正确的是（　　）。

Ⅰ. 调研之前要先做好该上市公司的案头分析工作

Ⅱ. 调研之前要先跟上市公司联系预约，有时还要提交调研提纲

Ⅲ. 既然是调研，当然包括打探和套取上市公司的内幕敏感信息

Ⅳ. 调研之后撰写正式报告之前，可以先出具调研提纲发送给投资者，保证公平对待对所有投资者客户

A. Ⅰ、Ⅱ、Ⅳ　　B. Ⅱ、Ⅲ　　C. Ⅰ、Ⅳ　　D. Ⅰ、Ⅱ、Ⅲ

【答案】 A

【解析】 本题考核的是上市公司调研的说法。上市公司接受投资者调研的，不得提供内幕信息。

【典型习题】

1. 公司分析中最重要的是（　　）。

A. 公司经营能力分析　　B. 公司行业地位分析

C. 公司产品分析　　D. 公司财务状况分析

2. 从经济学角度来看，公司是指依法设立的从事经济活动并以（　　）为目的的企业法人。

A. 营利　　B. 控制权　　C. 效益　　D. 所有

3. 证券分析师对（　　）财务报表的分析，是其预测公司股东收益和现金流的各项因素的基础，也是其作出具体投资建议的直接依据之一。

Ⅰ. 真实　　Ⅱ. 完整　　Ⅲ. 准确　　Ⅳ. 详细

A. Ⅰ、Ⅱ、Ⅳ　　B. Ⅱ、Ⅲ

C. Ⅰ、Ⅳ　　D. Ⅰ、Ⅱ、Ⅲ

4. 上市公司调研的对象包括（　　）。

Ⅰ. 公司管理层及员工　　Ⅱ. 公司本部及子公司

Ⅲ. 公司车间及工地　　Ⅳ. 公司所处行业协会

A. Ⅰ、Ⅱ、Ⅳ　　B. Ⅱ、Ⅲ

C. Ⅰ、Ⅳ　　D. Ⅰ、Ⅱ、Ⅲ、Ⅳ

5. 健全的公司法人治理机制体现在（　　）。

Ⅰ. 规范的股权结构

Ⅱ. 有效的股东大会制度

Ⅲ. 董事会权力的合理界定与约束

Ⅳ. 完善的独立董事制度

A. Ⅰ、Ⅱ、Ⅳ　　B. Ⅱ、Ⅲ

C. Ⅰ、Ⅳ　　D. Ⅰ、Ⅱ、Ⅲ、Ⅳ

6. 公司盈利预测包括（　　）。

Ⅰ. 销售收入预测　　Ⅱ. 生产成本预测

Ⅲ. 管理和销售费用预测　　Ⅳ. 财务费用预测

A. Ⅰ、Ⅱ、Ⅳ　　B. Ⅱ、Ⅲ

C. Ⅰ、Ⅳ　　D. Ⅰ、Ⅱ、Ⅲ、Ⅳ

7. 下列关于公司资产重组的描述正确的是（　　）。

Ⅰ. 重组行为应当是与他人发生法律和权利义务关系

Ⅱ. 企业内部的资产重新配置不属于资产重组范畴

Ⅲ. 重组行为必须达到一定量的要求

Ⅳ. 资产重组根据是否涉及股份的存量和增量，大致可以分为对企业资产的重组、对企业负债的重组和对企业股权的重组

A. Ⅰ、Ⅱ、Ⅳ　　B. Ⅰ、Ⅱ、Ⅲ

C. Ⅰ、Ⅳ　　D. Ⅰ、Ⅱ、Ⅲ、Ⅳ

【参考答案】

1. D　2. B　3. A　4. D　5. D　6. D　7. B

第四节　策略分析

【考点归纳】

➢ 掌握投资策略的分类。

➢ 掌握投资策略研究大势研判的方法。

➢ 熟悉大势研判的超预期理论。

➢ 熟悉驱动市场变动的重要因素和维度。

➢ 熟悉投资时钟的方法

➢ 熟悉股票投资策略的含义与分类。

➢ 掌握趋势型策略、事件驱动型策略、相对价值型策略、套利型策略的概念。

➢ 掌握主题投资的含义和特征。

➢ 熟悉主题投资的主要类型和特点。

➢ 掌握主题投资的方法。

➢ 熟悉主题投资介入时机的因素

【考点解读】

考点一　投资策略的分类（表 5－70）

表 5－70　　投资策略的分类

项目		内容
根据投资决策的灵活性不同分类	主动型投资策略	主动型策略的假设前提是市场有效性存在瑕疵，有可供选择的套利机会。它要求投资者根据市场情况变动对投资组合进行积极调整，并通过灵活的投资操作获取超额收益，通常将战胜市场作为基本目标。根据板块轮动、市场风格转换调整投资组合就是一种常见的主动型投资策略
	被动型投资策略	被动型策略是指根据事先确定的投资组合构成及调整规则进行投资，不根据对市场环境的变化主动地实施调整。其理论依据主要是市场有效性假说，如果所有证券价格均充分反映了可获得的信息，则买入并持有证券，被动接受市场变化而不进行调整，更有可能获取市场收益，并避免了过多的交易成本和误判市场走势造成的损失
按照策略适用期限的不同分类	战略性投资策略	（1）买入持有策略。确定恰当的资产组合，并在诸如 3～5 年的适当持有时间内保持这种组合。买入持有策略是一种典型的被动型投资策略，通常与价值型投资相联系，具有最小的交易成本和管理费用，但不能反映环境的变化。 （2）固定比例策略。保持投资组合中各类资产占总市值的比例固定不变。在各类资产的市场表现出现变化时应进行相应调整，买入下跌的资产，卖出上涨的资产。 （3）投资组合保险策略。投资组合保险策略是一大类投资策略的总称，这些策略的共性是强调投资人对最大风险损失的保障
	战术性投资策略	（1）交易型策略。根据市场交易中经常出现的规律性现象，制定某种获利策略。代表性策略包括均值—回归策略、动量策略或趋势策略。 均值—回归策略通常假定证券价格或收益率走势存在一个正常值或均值，高于或低于此均值时会发生反向变动，投资者可以依据该规律进行低买高卖。 动量策略也称惯性策略，其基本原理是“强者恒强”，投资者买入所谓赢家组合（即历史表现优于大盘的组合），试图获取惯性高收益。 趋势策略与动量策略的操作思路类似，只不过动量策略更侧重量化分析，而趋势策略往往会与技术分析相联系。 （2）多一空组合策略，有时也称为成对交易策略，通常需要买入某个看好的资产或资产组合，同时卖空另外一个看淡的资产或资产组合，试图抵消市场风险而获取单个证券的阿尔法收益差额。 （3）事件驱动型策略。根据不同的特殊事件（例如公司结构变动、行业政策变动、特殊自然或社会事件等等）制定相应的灵活投资策略

续表

项　目		内　容
根据投资品种的不同分类	股票投资策略	(1) 按照投资风格划分，可以区分为价值型投资策略、成长型投资策略和平衡型投资策略。 (2) 按收益与市场比较基准的关系划分，可以分为市场中性策略、指数化策略、指数增强型策略以及绝对收益策略。 (3) 按照投资决策的层次划分，可以分为配置策略、选股策略和择时策略
	债券投资策略	(1) 消极投资策略，例如指数化投资策略、久期免疫策略、现金流匹配策略、阶梯型组合策略、哑铃型组合策略等等。 (2) 积极投资策略，例如子弹型策略、收益曲线骑乘策略、或有免疫策略、债券互换策略等等
	另类投资策略	通常将除股票、债券之外的其他投资品称为另类投资，例如大宗商品、贵金属、房地产、艺术品、古玩、金融衍生品等等，不同类别的投资品均有其较为专业化的投资策略

考点二　大势研判（表5—71）

表5—71　　大势研判

项　目		内　容
大势研判的方法	用 K 线判断短期走势	(1) 十字星，涨跌幅在0.6%以内。十字星是一种变盘信号，股价将在次日或3日内做出方向性的选择。 (2) 小阴小阳线，涨跌幅在0.6%～1.5%之间。 (3) 中阴中阳线，涨跌幅在1.5%～3.6%之间。 (4) 大阴大阳线，涨跌幅在3.6%以上
	量能决定趋势方向	(1) 成交量会沿主要趋势方向价升量增（验证牛市），或价跌量缩（熊市）。 (2) 市场最后拉升阶段成交量缩量上涨（量价背离）的现象。 (3) 熊市反弹阶段的量能总是一波低于前一波，直至后量超前量方可判断市场见底
	空间决定趋势大小	(1) 运用筹码分布图，K 线应以普通 K 线即等量 K 线为准。 (2) 区间选择最近两个高点或低点开始观察
	权重股对指数的撬动作用	主力控制权重指标股往往使市场产生二八分化现象，其意义有三个： (1) 政府救市或政策性护盘； (2) 主升行情的前奏； (3) 掩护其他股票出货

续表

项目		内容
大势研判的方法	市场强弱度	采用A股指数与个股涨跌进行比较，以周为单位。 （1）周涨跌幅33%以内，弱势。 （2）周涨跌幅34%～66%以内，中势。 （3）周涨跌幅66%以上，强势
	利用市场重心判断大势和指标判断	（1）中低价股数量减少，高价股数量增多，重心上移，上升趋势良好。 （2）中低价股数量增加，高价股数量减少，重心下移，大盘即将转势或者已经处于下降趋势。 （3）指标判断
大势研判的超预期理论		超预期理论的中心思想是：市场是由超预期决定的，投资也只有围绕着超预期事件进行分析和操作才能盈利。投资即对未来、预期进行投资，目前的市场普遍预期都已经反应在了目前的价格上面，符合市场预期的事件的发生对市场的影响作用很小，只有超过市场普遍预期的事件才会对市场影响很大
驱动市场变动的重要因素和维度	顾客需求逐渐趋同	随着科技的发展和交通运输工具的进步，来自不同国家的顾客的生活方式等方面差异在逐步减少，共同需求越来越多。例如，各国的传统美食，如法国的红葡萄酒、意大利的比萨饼、日本海鲜料理、韩国烧烤都已经风靡世界，在中国的每个大城市都可以品尝到这些异国美食，而东方食品也进入了美国、加拿大等地的餐馆
	全球顾客群的成长	所谓全球顾客群，主要是指突破了传统的国界限定，可以利用年龄、收入、职业、教育背景，和由此决定的价值观念和生活方式来进行甄别的顾客群体。在消费者市场上，存在热衷购买全球标准化产品的全球性顾客。例如，在不同的国家进行国际商务的顾客都希望能享受到他们熟悉的、值得信赖的服务，例如酒店服务、广告服务及通信服务，他们的需求促进了全球连锁旅店、全球广告代理商和全球通信事业的发展。在产业市场上，则有专门购买标准化服务的全球性客户。这些全球性的客户，本身就实行了高度的全球标准化，在行业内极富盛名和经验，要为他们提供服务，跨国公司也必须适应客户需求，提高自身产品和服务的标准化水平及全球客户管理方面的能力

续表

项　目		内　容
驱动市场变动的重要因素和维度	全球市场的形成	全球市场的形成与顾客需求的趋同以及全球顾客群的成长有直接的联系，即各国顾客具有相似的偏好。各国市场可能存在几个具有不同偏好的细分市场，但细分的标准化并非是传统的国家变量，而很可能是心理需求、生活方式等非国界变量。其特征不仅体现在消费者需求的趋同，还体现在商业客户建立起集中采购的全球网络、消费者对全球品牌的认同等方面。同时在竞争方面，全球市场上都会存在全球性的竞争对手，竞争对手实施的也都是全球营销战略。在很多时候，全球市场体现为区域市场，比如北美自由贸易区、欧盟等。这些区域市场内部的消费群体虽然跨越了国界，但是却基本具有相似偏好，往往是全球营销公司理想的市场目标

考点三　投资时钟（表5—72）

表5—72　　投资时钟

项　目	内　容
概念	“投资时钟”理论是一种将“资产”“行业轮动”“债券收益率曲线”以及“经济周期四个阶段”联系起来的方法，是一个非常实用的指导投资周期的工具。 “投资时钟”的分析框架，可以帮助投资者识别经济周期的重要转折点。而正确识别经济增长的拐点，投资者可以通过转换资产以实现获利
周期阶段	投资时钟理论按照经济增长与通胀的不同搭配，将经济周期划分为四个阶段： （1）“经济上行，通胀下行”构成复苏阶段，此阶段由于股票对经济的弹性更大，其相对债券和现金具备明显超额收益； （2）“经济上行，通胀上行”构成过热阶段，在此阶段，通胀上升增加了持有现金的机会成本，可能出台的加息政策降低了债券的吸引力，股票的配置价值相对较强，而商品则将明显走牛； （3）“经济下行，通胀上行”构成滞胀阶段，在滞胀阶段，现金收益率提高，持有现金最明智，经济下行对企业盈利的冲击将对股票构成负面影响，债券相对股票的收益率提高； （4）“经济下行，通胀下行”构成衰退阶段，在衰退阶段，通胀压力下降，货币政策趋松，债券表现最突出，随着经济即将见底的预期逐步形成，股票的吸引力逐步增强

考点四　股票投资策略分类（表 5—73）

表 5—73　　**股票投资策略**

项　　目	内　　容
趋势型策略	趋势型策略，主要是分析宏观经济走向、行业趋势和企业的经营形式，通过选择和把握基本趋势获得预期的收益
事件驱动型策略	事件驱动型策略，也可以称之为主题投资，往往依赖于某些事件或某种预期，引发投资热点
相对价值型策略、套利型策略	相对价值型策略、套利型策略都可以理解为上述策略类型下的延伸。当某类股票上涨或下跌以后，会出现脱离其所属群体的情况，从而使得相关股票出现相对低估高估的情形，从而提供新的盈利的机会

考点五　主题投资（表 5—74）

表 5—74　　**主题投资**

<table>
<tr><th colspan="2">项　　目</th><th>内　　容</th></tr>
<tr><td colspan="2">主题投资的含义</td><td>主题投资是国际新兴的投资策略。所谓主题投资，就是通过分析实体经济中结构性、周期性及制度性变动趋势，挖掘出对经济变迁具有大范围影响的潜在因素，对受益的行业和公司进行投资。其特点在于它并不按照一般的行业划分方法来选择股票，而是将驱动经济体长期发展趋势的某个因素作为“主题”，来选择地域、行业、板块或个股</td></tr>
<tr><td colspan="2">主题投资的特征</td><td>（1）以对事件发展趋势预期的判断为主要基础。
（2）投资过程体现预期趋势持续发展或偏差纠正。
（3）主题投资更加强调把握主题核心驱动因素。
（4）主题投资策略“核心假设变量”相对较少</td></tr>
<tr><td rowspan="3">主题投资的类型</td><td>宏观性主题</td><td>可以促进经济长期发展趋势或短期变化及结构性变化的宏观驱动因素。例如：金砖四国、中国城镇化、人民币升值、通货膨胀、消费升级、区域经济振兴</td></tr>
<tr><td>事件性主题</td><td>某些确定性事件会提升相关企业的资产价值或盈利水平所衍生的主题性机会。例如：奥运会、世博会、迪斯尼、H1N1 流感、央企重组、上海国资重组</td></tr>
<tr><td>制度性主题</td><td>因制度性变革所促发的红利性投资机会。如资源要素价格改革、医疗制度改革、股指期货、创业板</td></tr>
</table>

续表

<table>
<tr><th colspan="2">项　　目</th><th>内　　容</th></tr>
<tr><td>主题投资的类型</td><td>产业性主题</td><td>来自政策扶持或者产业升级的驱动作用所引发的行业性投资机会。如十大产业振兴计划、低碳经济、互联网、3G、进口产业替代、战略性新兴产业</td></tr>
<tr><td colspan="2">主题投资的方法</td><td>（1）分析投资主题：从宏观经济、政策制度、技术进步和确定性事件等多个角度，挖掘投资主题。
（2）预期趋势判断：把握经济发展、企业盈利、事件确定性等趋势因素，多顶具有长期发展前景主题。
（3）投资目标选择：主题行业配置、主题行业精选，主题配置动态调整。
（4）投资组合卖出：密切跟踪投资主题驱动因素强弱变化选择合适时点、卖出投资组合。
主题投资的核心步骤就是要素分析、驱动力分析和逻辑分析。要素分析是主题投资的内涵，一切主题投资都要依赖一定的要素，这是肢体投资的出发点。驱动力分析是主题投资的外在表现，要素确立了，驱动股价上涨的动力自然就确立了。逻辑分析则是主题投资的灵魂和方法论</td></tr>
<tr><td rowspan="3">主题投资介入时机的因素</td><td>催化剂</td><td>具有持续、升温驱动力的因素显现，且获得市场认同的概率较大。一般具有影响范围广、程度深的特点</td></tr>
<tr><td>爆炸性</td><td>符合可行性的客观现实，同时，至少理论或逻辑上存在巨大成长空间</td></tr>
<tr><td>新颖性</td><td>首次出现在资本市场上的新兴命题，具有率先爆发和较高集中度的可能性</td></tr>
</table>

【真题回顾】

1. 关于证券投资策略，下列说法正确的是(　　)。

A. 选择什么样的投资策略与市场是否有效无关

B. 如果市场是有效的，可以采取主动型投资策略

C. 如果市场是有效的，可以采取被动型投资策略

D. 如果市场是无效的，可以采取被动型投资策略

【答案】 B

【解析】 本题考核的是证券投资策略。被动型策略是指根据事先确定的投资

组合构成及调整规则进行投资，不根据对市场环境的变化主动地实施调整，其理论依据主要是市场有效性假说；主动型策略的假设前提是市场有效性存在瑕疵，有可供选择的套利机会，通常将战胜市场作为基本目标。

2. 根据美国经济学家贝恩和日本通产省对产业集中度（CR）的划分标准，产业市场结构可粗分寡占型和竞争型，其相对应的集中度值分别为(　　)。

A. $CR_8 \geqslant 40\%$，$CR_8 < 40\%$　　B. $CR_4 \geqslant 40\%$，$CR_4 < 40\%$

C. $CR_4 \geqslant 50\%$，$CR_4 < 50\%$　　D. $CR_8 \geqslant 50\%$，$CR_8 < 50\%$

【答案】 A

【解析】 本题考核的是产业市场结构。根据美国经济学家贝恩和日本通产省对产业集中度的划分标准，市场结构可以粗分为寡占型（$CR_8 \geqslant 40\%$）和竞争型（$CR_8 < 40\%$）。其中，寡占型可分为极高寡占型（$CR_8 \geqslant 70\%$）和极低寡占型（$40\% \leqslant CR_8 < 70\%$）；竞争型可分为低集中竞争型（$20\% \leqslant CR_8 < 40\%$）和分散竞争型（$CR_8 < 20\%$）。

【典型习题】

1. 根据投资决策的灵活性不同分类，投资策略分为(　　)。

A. 主动型投资策略和被动型投资策略

B. 战略性投资策略和战术性投资策略

C. 股票投资策略和债券投资策略

D. 买入持有策略和固定比例策略

2. 突破了传统的国界限定，可以利用年龄、收入、职业、教育背景，和由此决定的价值观念和生活方式来进行甄别的顾客群体是(　　)。

A. 顾客需求　　B. 全球顾客群

C. 全球市场　　D. 顾客满意度

3. 投资时钟理论按照经济增长与通胀的不同搭配，将经济周期划分为(　　)。

Ⅰ. 经济上行，通胀下行　　Ⅱ. 经济上行，通胀上行

Ⅲ. 经济下行，通胀上行　　Ⅳ. 经济下行，通胀下行

A. Ⅰ、Ⅱ、Ⅳ　　B. Ⅱ、Ⅲ

C. Ⅰ、Ⅳ　　D. Ⅰ、Ⅱ、Ⅲ、Ⅳ

4. 主题投资的特征包括(　　)。

Ⅰ. 以对事件发展趋势预期的判断为主要基础

Ⅱ. 投资过程体现预期趋势持续发展或偏差纠正

Ⅲ. 主题投资更加强调把握主题核心驱动因素

Ⅳ. 主题投资策略“核心假设变量”相对较多

A. Ⅰ、Ⅱ、Ⅳ　　B. Ⅰ、Ⅱ、Ⅲ

C. Ⅰ、Ⅳ　　D. Ⅰ、Ⅱ、Ⅲ、Ⅳ

5. 属于主题投资类型的是(　　)。

Ⅰ. 宏观性主题　　Ⅱ. 事件性主题

Ⅲ. 制度性主题　　Ⅳ. 产业性主题

A. Ⅰ、Ⅱ、Ⅳ　　B. Ⅰ、Ⅱ、Ⅲ

C. Ⅰ、Ⅳ　　D. Ⅰ、Ⅱ、Ⅲ、Ⅳ

【参考答案】

1. A　2. B　3. D　4. B　5. D

第六章　技术分析

第一节　基本概念

【考点归纳】

> ➢ 熟悉技术分析的含义、要素、假设和理论基础。
> ➢ 熟悉量价关系变化规律。
> ➢ 掌握道氏理论的原理

【考点解读】

考点一　技术分析的含义、要素、假设和理论基础（表 6－1）

表 6－1　　技术分析的含义、要素、假设和理论基础

项　目	内　容
含义	技术分析是以证券市场过去和现在的市场行为为分析对象，应用数学和逻辑的方法，探索出一些典型变化规律，并据此预测证券市场未来变化趋势的技术方法。由于技术分析运用了广泛的数据资料，并采用了各种不同的数据处理方法，因此受到投资者的重视和青睐。技术分析法不但用于证券市场，还广泛应用于外汇、期货和其他金融市场
要素	证券市场中，价格、成交量、时间和空间是技术分析的要素。这几个因素的具体情况和相互关系是正确分析的基础。市场行为最基本的表现就是成交价和成交量。过去和现在的成交价、成交量涵盖了过去和现在的市场行为。技术分析就是利用过去和现在的成交量、成交价资料，以图形和指标分析工具来分析、预测未来的市场走势。在某一时点上的价和量反映的是买卖双方在这一时点上共同的市场行为，是双方的暂时均势点。随着时间的变化，均势会不断变化，这就是价量关系的变化。一般说来，买卖双方对价格的认同程度通过成交量的大小得到确认。认同程度小，分歧大，成交量小；认同程度大，分歧小，成交量大。双方的这种市场行为反映在价、量上就

续表

项　　目		内　　容
要素		往往呈现出这样一种趋势规律：价升量增，价跌量减。根据这一趋势规律，当价格上升时，成交量不再增加，意味着价格得不到买方确认，价格的上升趋势就将会改变；反之，当价格下跌时，成交量萎缩到一定程度就不再萎缩，意味着卖方不再认同价格继续往下降了，价格下跌趋势就将会改变。成交价、成交量的这种规律关系是技术分析的合理性所在，因此，价、量是技术分析的基本要素，一切技术分析方法都是以价、量关系为研究对象的，目的就是分析、预测未来的价格趋势，为投资决策提供服务。 在进行行情判断时，时间有着很重要的作用。一个已经形成的趋势在短时间内不会发生根本改变，中途出现的反方向波动，对原来趋势不会产生大的影响。一个形成了的趋势又不可能永远不变，经过了一定时间又会有新的趋势出现。循环周期理论着重关心的就是时间因素，它强调了时间的重要性。 从某种意义上讲，波动空间可以认为是价格的一方面，指的是价格波动能够达到的极限
假设	市场行为涵盖一切信息	这条假设是进行技术分析的基础。其主要思想是：任何一个影响证券市场的因素，最终都必然体现在股票价格的变动上。外在的、内在的、基础的、政策的和心理的因素，以及其他影响股票价格的所有因素，都已经在市场行为中得到了反映。技术分析人员只需关心这些因素对市场行为的影响效果，而不必关心具体导致这些变化的原因究竟是什么。这一假设有一定的合理性，因为任何因素对证券市场的影响都必然体现在证券价格的变动上，所以它是技术分析的基础
	证券价格沿趋势移动	这一假设是进行技术分析最根本、最核心的条件。其主要思想是：证券价格的变动是有一定规律的，即保持原来运动方向的惯性，而证券价格的运动方向是由供求关系决定的。技术分析法认为，证券价格的运动反映了一定时期内供求关系的变化。供求关系一旦确定，证券价格的变化趋势就会一直持续下去。只要供求关系不发生根本改变，证券价格的走势就不会发生反转。这一假设也有一定的合理性，因为供求关系决定价格在市场经济中是普遍存在的。只有承认证券价格遵循一定的规律变动，运用各种方法发现、揭示这些规律并对证券投资活动进行指导的技术分析法才有存在的价值

续表

项目		内容
假设	历史会重演	这条假设是从人的心理因素方面考虑的。市场中进行具体买卖的是人，是由人决定最终的操作。这一行为必然要受到人类心理学中某些规律的制约。在证券市场上，一个人在某种情况下按一种方法进行操作取得成功，那么以后遇到相同或相似的情况，就会按同一方法进行操作。如果失败了，以后就不会按前一次的方法操作。证券市场的某个市场行为给投资者留下的阴影或快乐是会长期存在的。因此，技术分析法认为，根据历史资料概括出来的规律已经包含了未来证券市场的一切变动趋势，所以可以根据历史预测未来。这一假设也有一定的合理性，因为投资者的心理因素会影响投资行为，进而影响证券价格
理论基础		道氏理论是技术分析的理论基础，许多技术分析方法的基本思想都来自于道氏理论。该理论的创始人是美国人查尔斯·亨利·道。为了反映市场总体趋势，他与爱德华·琼斯创立了著名的道·琼斯平均指数。他们在《华尔街日报》上发表的有关证券市场的文章，经后人整理，成为我们今天看到的道氏理论

考点二 量价关系变化规律（表6—2）

表6—2 **量价关系变化规律**

项目	内容
含义	市场行为最基本的表现就是成交价和成交量。过去和现在的成交价、成交量涵盖了过去和现在的市场行为。技术分析就是利用过去和现在的成交量、成交价资料，以图形和指标分析工具来分析、预测未来的市场走势。在某一时点上的价和量反映的是买卖双方在这一时点上共同的市场行为，是双方的暂时均势点。随着时间的变化，均势会不断变化，这就是价量关系的变化
变化规律	一般说来，买卖双方对价格的认同程度通过成交量的大小得到确认。认同程度小，分歧大，成交量小；认同程度大，分歧小，成交量大。双方的这种市场行为反映在价、量上就往往呈现出这样一种趋势规律：价升量增，价跌量减。根据这一趋势规律，当价格上升时，成交量不再增加，意味着价格得不到买方确认，价格的上升趋势就将会改变；反之，当价格下跌时，成交量萎缩到一定程度就不再萎缩，意味着卖方不再认同价格继续往下降了，价格下跌趋势就将会改变。成交价、成交量的这种规律关系是技术分析的合理性所在，因此，价、量是技术分析的基本要素，一切技术分析方法都是以价、量关系为研究对象的，目的就是分析、预测未来的价格趋势，为投资决策提供服务

考点三　道氏理论的原理（表6－3）

表6－3　道氏理论的原理

项　目	内　容
市场平均价格指数可以解释和反映市场的大部分行为	这是道氏理论对证券市场的重大贡献。道氏理论认为收盘价是最重要的价格，并利用收盘价计算平均价格指数。目前，世界上所有的证券交易所计算价格指数的方法大同小异，都源于道氏理论。此外，查尔斯·道还提出平均价格涵盖一切信息的假设。目前，这仍是技术分析的一个基本假设
市场波动具有某种趋势	道氏理论认为，价格的波动尽管表现形式不同，但最终可以将它们分为三种趋势：主要趋势、次要趋势和短暂趋势。主要趋势是那些持续1年或1年以上的趋势，看起来像大潮；次要趋势是那些持续3周至3个月的趋势，看起来像波浪，是对主要趋势的调整；短暂趋势持续时间不超过3周，看起来像波纹，其波动幅度更小
主要趋势有三个阶段（以上升趋势为例）	第一个阶段为累积阶段。该阶段中，股价处于横向盘整时期。在这一阶段，聪明的投资者在得到信息并进行分析的基础上开始买入股票。第二个阶段为上涨阶段。在这一阶段，更多的投资者根据财经信息并加以分析，开始参与股市。尽管趋势是上升的，但也存在股价修正和回落。第三个阶段为市场价格达到顶峰后出现的又一个累积期。在这一阶段，市场信息变得更加为众人所知，市场活动更为频繁。第三个阶段结束的标志是下降趋势，并又回到累积期
两种平均价格指数必须相互加强	道氏理论认为，工业平均指数和运输业平均指数必须在同一方向上运行才可确认某一市场趋势的形成
趋势必须得到交易量的确认	在确定趋势时，交易量是重要的附加信息，交易量应在主要趋势的方向上放大
一个趋势形成后将持续，直到趋势出现明显的反转信号	这是趋势分析的基础。然而，确定趋势的反转却不太容易

【真题回顾】

一、单项选择题（以下备选项中只有一项符合题目要求）

道氏理论中，最重要的价格是（　　）。

A. 最低价　　B. 开盘价　　C. 最高价　　D. 收盘价

【答案】 D

【解析】 本题考核的是道氏理论中，最重要的价格。市场的大部分行为可以由市场平均价格指数来解释和反映。这是道氏理论对证券市场的重大贡献。道氏理论认为最重要的价格是收盘价，并以此来计算平均价格指数。

二、组合型选择题（以下备选项中只有一项最符合题目要求）

根据道氏理论的分类，下列（　　）是三种趋势的最大区别。

Ⅰ. 趋势持续时间的长短　　Ⅱ. 趋势波动的幅度大小

Ⅲ. 趋势的变动方向　　Ⅳ. 趋势的变动斜率

A. Ⅰ、Ⅱ　　B. Ⅰ、Ⅳ

C. Ⅰ、Ⅱ、Ⅳ　　D. Ⅰ、Ⅱ、Ⅲ、Ⅳ

【答案】 A

【解析】 本题考核的是道氏理论的分类。道氏理论将股票的价格波动分为三种趋势：主要趋势、次要趋势和短暂趋势。趋势持续时间的长短和趋势波动的幅度大小是三种趋势的最大区别。

【典型习题】

1. 道氏理论中，不同种类的趋势最大的区别是（　　）。

A. 趋势持续期间成交量的大小

B. 趋势持续的方向不同

C. 趋势在不同的上升或下降预期中

D. 趋势持续时间的长短和波动幅度的大小

2. 关于证券投资技术分析的要素，下列表述正确的有（　　）。

Ⅰ. 当价格下跌时，成交量继续增加，价格的下跌趋势可能将会继续

Ⅱ. 当价格上升时，成交量不再增加，价格的上升趋势可能将会改变

Ⅲ. 当价格下跌时，成交量不再增加，价格的下跌趋势可能将会改变

Ⅳ. 当价格上升时，成交量继续增加，价格的上升趋势可能将会继续

A. Ⅰ、Ⅱ、Ⅳ　　B. Ⅰ、Ⅱ、Ⅲ　　C. Ⅰ、Ⅳ　　D. Ⅱ、Ⅲ、Ⅳ

3. 证券市场中，（　　）是技术分析的要素。

Ⅰ. 价格　　Ⅱ. 成交量　　Ⅲ. 时间　　Ⅳ. 空间

A. Ⅰ、Ⅱ、Ⅳ　　B. Ⅰ、Ⅱ、Ⅲ

C. Ⅰ、Ⅳ　　D. Ⅰ、Ⅱ、Ⅲ、Ⅳ

【参考答案】

1. D　　2. D　　3. D

第二节　主要理论及应用

【考点归纳】

- 熟悉 *K* 线理论。
- 掌握 *K* 线的主要形状及其组合的应用。
- 熟悉切线理论。
- 熟悉趋势的定义和类型。
- 熟悉技术支撑和阻力的含义和作用。
- 掌握趋势线、通道线、黄金分割线、百分比线的画法及应用。
- 熟悉形态理论。
- 掌握各主要反转形态和整理形态的定义、特性及应用。
- 熟悉各种缺口类型的定义、特性及应用

【考点解读】

考点一　*K* 线的主要形状（表 6－4）

表 6－4　　**K 线的主要形状**

项　　目	内　　容
K 线的画法	*K* 线是一条柱状的线条，由影线和实体组成。影线在实体上方的部分叫上影线，下方的部分叫下影线。实体表示一日的开盘价和收盘价。上影线的上端顶点表示一日的最高价，下影线的下端顶点表示一日的最低价。根据开盘价和收盘价的关系，*K* 线又分为阳（红）线和阴（黑）线两种，收盘价高于开盘价时为阳线，收盘价低于开盘价时为阴线（图 6－1）。 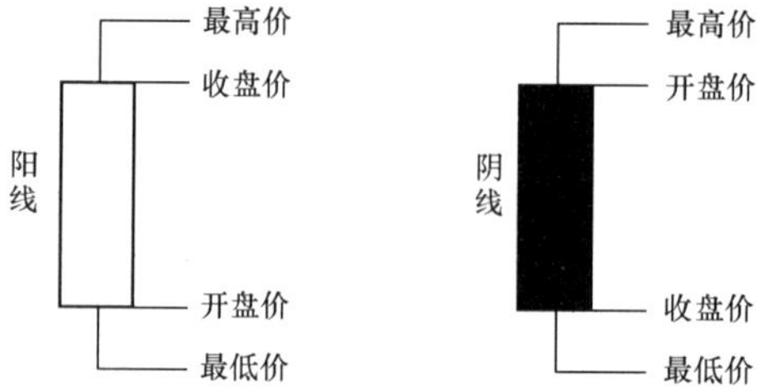 **图 6－1　*K* 线的两种常见形状**

续表

项　目	内　容
K 线的画法	除了图 6—1 所画的 K 线形状外，由于 4 个价格的不同取值，还会产生其他形状的 *K* 线（图 6—2）。 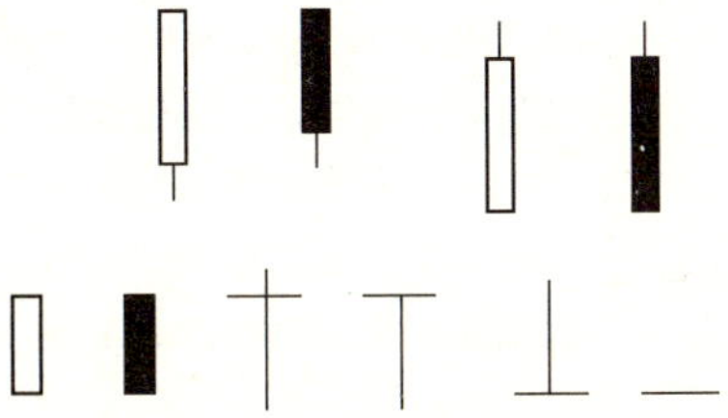 **图 6—2　*K* 线的几种其他形状**
光头阳线和光头阴线	这是没有上影线的 *K* 线。当收盘价或开盘价正好与最高价相等时，就会出现这种 *K* 线
光脚阳线和光脚阴线	这是没有下影线的 *K* 线。当开盘价或收盘价正好与最低价相等时，就会出现这种 *K* 线
光头光脚的阳线和阴线	这种 *K* 线既没有上影线也没有下影线。当收盘价和开盘价分别与最高价和最低价中的一个相等时，就会出现这种 *K* 线
十字形	当收盘价与开盘价相同时，就会出现这种 *K* 线，它的特点是没有实体
T 字形和倒 T 字形	当收盘价、开盘价和最高价三价相等时，就会出现 T 字形 *K* 线图；当收盘价、开盘价和最低价三价相等时，就会出现倒 T 字形 *K* 线图。它们没有实体，也没有上影线或者下影线
一字形	当收盘价、开盘价、最高价、最低价 4 个价格相等时，就会出现这种 *K* 线图。在存在涨跌停板制度时，当一只股票一开盘就封死在涨跌停板上，而且一天都不打开时，就会出现这种 *K* 线。同十字形和 T 字形 *K* 线一样，一字形 *K* 线同样没有实体

考点二　*K* 线组合应用（表 6—5）

表 6—5　　　　　　　　　　　　　　*K* 线组合应用

<table>
<tr><th colspan="2">项　　目</th><th>内　　容</th></tr>
<tr><td rowspan="3">单根 K 线的应用</td><td>大阳线实体和大阴线实体</td><td>（1）大阳线实体，如图 6—3（左）。它是大幅低开高收的阳线，实体很长以至于可以忽略上下影线的存在。这种 K 线说明多方已经取得了决定性胜利，这是一种涨势的信号。如果这条长阳线出现在一段盘局的末端，它所包含的内容将更有说服力。
（2）大阴线实体，如图 6—3（右），含义正好同大阳线实体相反。这时，空方已取得优势地位，是一种跌势的信号。如果这条长阴线出现在一段上涨行情的末端，行情下跌的可能性将更大。

图 6—3　大阳线与大阴线实体</td></tr>
<tr><td>有上下影线的阳线和阴线</td><td>如图 6—4 所示，这是两种最为普遍的 K 线形状，说明多空双方争斗很激烈。双方一度都占据优势，把价格抬到最高价或压到最低价，但是，又都被对方顽强地拉回。阳线是到了收尾时多方才勉强占优势，阴线则是到收尾时空方勉强占优势。

图 6—4　有上下影线的阳线和阴线
对多方与空方优势的衡量，主要依靠上下影线和实体的长度来确定。一般说来，上影线越长，下影线越短，阳线实体越短或阴线实体越长，越有利于空方占优；上影线越短，下影线越长，阴线实体越短或阳线实体越长，越有利于多方占优。上影线和下影线相比的结果，可以判断多方和空方的努力对比。上影线长于下影线，利于空方；下影线长于上影线，则利于多方</td></tr>
<tr><td>十字星</td><td>十字星的出现表明多空双方力量暂时平衡，使市势暂时失去方向，但却是一个值得警惕、随时可能改变趋势方向的 K 线图形。十字星分为两种，一种是大十字星，如图 6—5（左）所示，它有很长的上下影线，表明多空双方争斗激烈，最后回到原处，后市往往有变化。另一种为小十字星，如图 6 —5（右）所示，它的上下影线较短，表明窄幅盘整，交易清淡。</td></tr>
</table>

续表

项　　目		内　　容
单根 *K* 线的应用	十字星	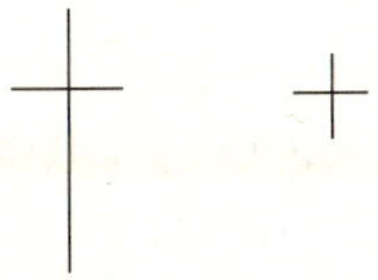 **图 6－5　十字星**
由多根 *K* 线的组合推测行情		*K* 线组合的情况非常多，要综合考虑各根 *K* 线的阴阳、高低、上下影线的长短等。无论是 2 根 *K* 线、3 根 *K* 线乃至多根 *K* 线，都是以各根 *K* 线的相对位置和阴阳来推测行情的。 将前一天的 *K* 线画出，然后，将这根 *K* 线按数字划分成 5 个区域（图 6－6）。  **图 6－6　*K* 线区域划分** 对于 2 根 *K* 线的组合来说，第二天的 *K* 线是进行行情判断的关键。简单地说，第二天多空双方争斗的区域越高，越有利于上涨；越低，越有利于下跌。也就是说，从区域 1 到区域 5 是多方力量减少、空方力量增加的过程。 总之，无论 *K* 线的组合多复杂，考虑问题的方式是相同的，都是由最后一根 *K* 线相对于前面 *K* 线的位置来判断多空双方的实力大小。由于 3 根 *K* 线组合比 2 根 *K* 线组合多了 1 根 *K* 线，获得的信息就多些，得出的结论相对于 2 根 *K* 线组合来讲要准确些，可信度更大些。也就是说，*K* 线多的组合要比 *K* 线少的组合得出的结论可靠

考点三　切线理论和趋势分析（表 6－6）

表 6－6　　切线理论和趋势分析

项　　目	内　　容
切线理论	简单地说，趋势就是股票价格的波动方向，或者说是股票市场运动的方向。趋势的方向有三个：（1）上升方向；（2）下降方向；（3）水平方向，也就是无趋势方向。 按道氏理论的分类，趋势分为三个类型：主要趋势、次要趋势和短暂趋势

续表

项　　目		内　　容
趋势的定义		趋势是指股票价格的波动方向。若确定了一段上升或下降的趋势，则股价的波动必然朝着这个方向运动。上升的行情中，虽然也时有下降，但不影响上升的大方向；同样，下降行情中也可能上升，但不断出现的新低使下降趋势不变。 一般说来，市场变动不是朝一个方向直来直去，中间肯定要有曲折，从图形上看就是一条曲折蜿蜒的折线，每个折点处就形成一个峰或谷。由这些峰和谷的相对高度，我们可以看出趋势的方向。 技术分析的三大假设中的第二条明确说明价格的变化是有趋势的，没有特别的理由，价格将沿着这个趋势继续运动。这一点就说明趋势这个概念在技术分析中的重要地位
趋势的方向	上升方向	如果图形中每个后面的峰和谷都高于前面的峰和谷，则趋势就是上升方向。这就是常说的一底比一底高或底部抬高
	下降方向	如果图形中每个后面的峰和谷都低于前面的峰和谷，则趋势就是下降方向。这就是常说的一顶比一顶低或顶部降低
	水平方向（无趋势方向）	如果图形中后面的峰和谷与前面的峰和谷相比，没有明显的高低之分，几乎呈水平延伸，这时的趋势就是水平方向。水平方向趋势是被大多数人忽视的一种方向，这种方向在市场上出现的机会是相当多的。就水平方向本身而言，也是极为重要的。大多数的技术分析方法，在对处于水平方向的市场进行分析时，都容易出错，或者说作用不大。这是因为这时的市场正处在供需平衡的状态，股价下一步朝哪个方向走没有规律可循，可以向上也可以向下，而对这样的对象去预测它朝何方运动是极为困难的，也是不明智的
趋势的类型	主要趋势	主要趋势是趋势的主要方向，是股票投资者极力要弄清楚的。了解了主要趋势才能顺势而为。主要趋势是股价波动的大方向，一般持续的时间比较长（这是技术分析第二大假设所决定的）
	次要趋势	次要趋势是在主要趋势过程中进行的调整。由于趋势不会是直来直去的，总有个局部的调整和回撤，次要趋势完成的正是这一使命
	短暂趋势	短暂趋势是在次要趋势中进行的调整。短暂趋势与次要趋势的关系就如同次要趋势与主要趋势的关系一样

考点四 技术支撑和阻力的含义和作用（表6—7）

表6—7 技术支撑和阻力的含义和作用

<table>
<tr><th>项　目</th><th>内　容</th></tr>
<tr><td>技术支撑和压力线的含义</td><td>支撑线又称为抵抗线，是指当股价下跌到某个价位附近时，会出现买方增加、卖方减少的情况，从而使股价停止下跌，甚至有可能回升。支撑线起阻止股价继续下跌的作用。这个起着阻止股价继续下跌的价格就是支撑线所在的位置。
压力线又称为阻力线，是指当股价上涨到某价位附近时，会出现卖方增加、买方减少的情况，股价会停止上涨，甚至回落。压力线起阻止股价继续上升的作用。这个起着阻止股价继续上升的价位就是压力线所在的位置</td></tr>
<tr><td>支撑线和压力线的作用</td><td>支撑线和压力线的作用是阻止或暂时阻止股价朝一个方向继续运动。
（1）支撑线和压力线有被突破的可能，它们不足以长久地阻止股价保持原来的变动方向，只不过是暂时停顿而已（图6—7）。
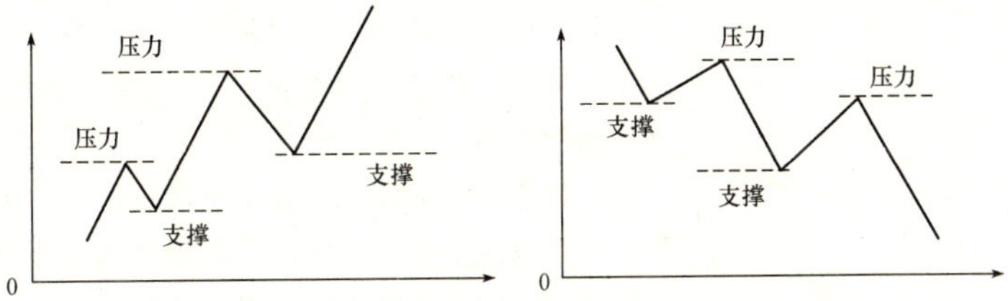

图6—7 支撑线和压力线（一）
（2）支撑线和压力线又有彻底阻止股价按原方向变动的可能。当一个趋势终结了，它就不可能创出新的低价或新的高价，这时的支撑线和压力线就显得异常重要。（图6—8）。
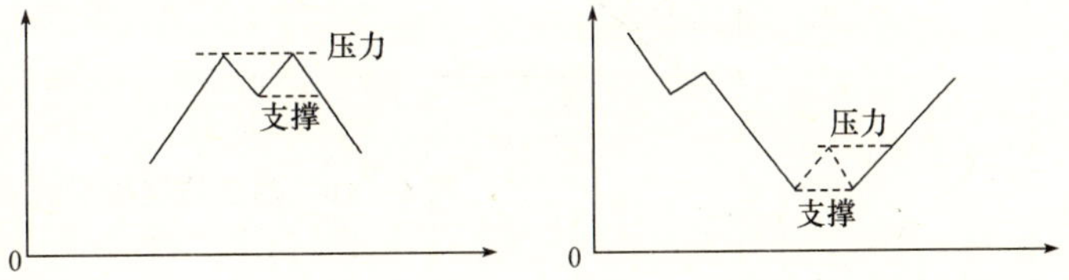

图6—8 支撑线和压力线（二）</td></tr>
</table>

考点五　趋势线、通道线、黄金分割线、百分比线的画法及应用（表6—8）

表6—8　　趋势线、通道线、黄金分割线、百分比线的画法及应用

<table>
<tr><th colspan="2">项　目</th><th>内　容</th></tr>
<tr><td rowspan="2">趋势线</td><td>趋势线的画法</td><td>连接一段时间内价格波动的高点或低点可画出一条趋势线。在上升趋势中，将两个低点连成一条直线，就得到上升趋势线；在下降趋势中，将两个高点连成一条直线，就得到下降趋势线。如图6—9中的直线L。标准的趋势线必须由两个以上的高点或低点连接而成。

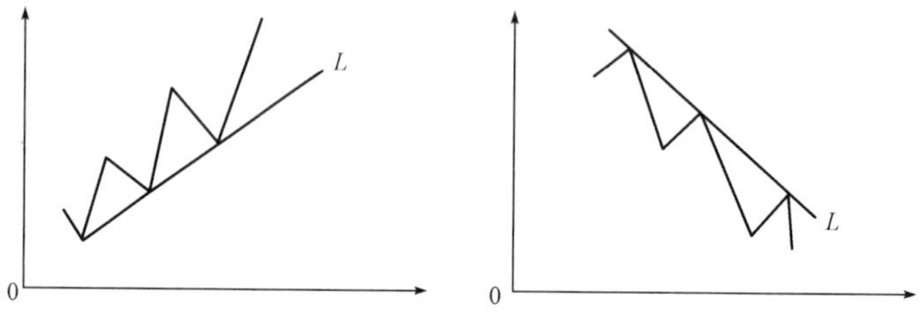

图6—9　趋势线</td></tr>
<tr><td>趋势线的应用</td><td>（1）对价格今后的变动起约束作用，使价格总保持在这条趋势线的上方（上升趋势线）或下方（下降趋势线）。实际上，就是起支撑和压力的作用。
（2）趋势线被突破后，就说明股价下一步的走势将要反转。越重要、越有效的趋势线被突破，其转势的信号越强烈。被突破的趋势线原来所起的支撑和压力作用，现在将相互交换角色（图6—10）。

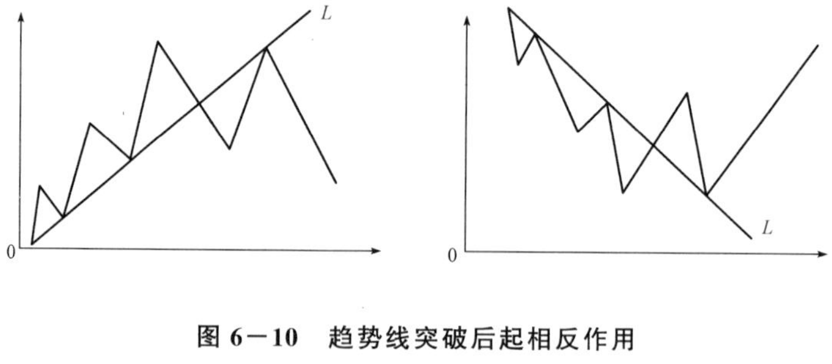

图6—10　趋势线突破后起相反作用</td></tr>
<tr><td>通道线</td><td>通道线的画法</td><td>通道线又称通道线或管道线，是基于趋势线的一种方法。在已经得到了趋势线后，通过第一个峰和谷可以画出这条趋势线的平行线，这条平行线就是轨道线，如图6—11中的虚线。</td></tr>
</table>

续表

项　目		内　容
通道线	通道线的画法	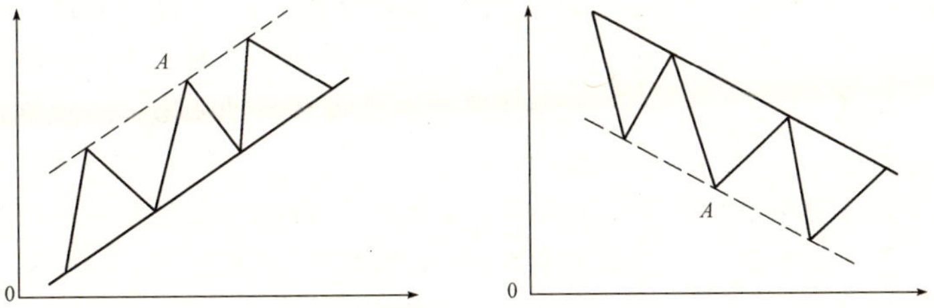 **图 6—11　通道线**
	通道线的应用	通道线的作用是限制股价的变动范围，让它不能变得太离谱。一个轨道一旦得到确认，那么价格将在这个通道里变动。对上面或下面的直线的突破将意味着行情有一个大的变化。 与突破趋势线不同，对通道线的突破并不是趋势反转的开始，而是趋势加速的开始，即原来的趋势线的斜率将会增加，趋势线的方向将会更加陡峭（图 6—12）。 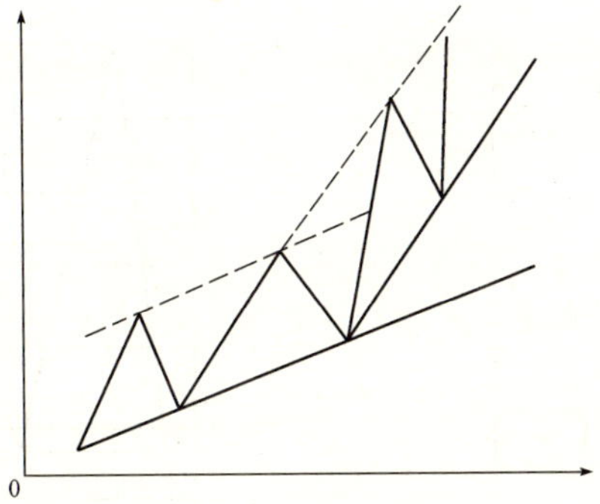 **图 6—12　趋势的加速**
黄金分割线	黄金分割线的画法	绝大多数股票分析软件上都有画线辅助功能，黄金分割线的作图比较简单，画法如下： （1）首先是找到分析软件的画线功能将其点击； （2）在画线工具栏中点击黄金分割选项； （3）如果股价正处见底回升的阶段，以此低点为基点，用鼠标左键点击此低点，并按住鼠标左键不放，拖动鼠标使边线对齐相应的高点，即回溯这一下跌波段的峰顶，松开鼠标左键系统即生成向上反弹上档压力位的黄金分割线； （4）如果股价正处于见顶回落的阶段，以此高点为基点，用鼠标左键点击此高点，并按住鼠标左键不放，拖动鼠标使边线对齐相应的低点，即回溯这一上涨波段的谷底，松开鼠标左键系统即生成黄金分割线

续表

<table>
<tr><th colspan="2">项　目</th><th>内　容</th></tr>
<tr><td>黄金分割线</td><td>黄金分割线的应用</td><td>黄金分割线是利用黄金分割比率进行的切线画法，在行情发生转势后，无论是止跌转升或止升转跌，以近期走势中重要的高点和低点之间的涨跌额作为计量的基数，将原涨跌幅按 0.191、0.382、0.5、0.618、0.809 分割为 5 个黄金点，股价在反转后的走势将可能在这些黄金分割点上遇到暂时的阻力或支 撑。黄金分割的原理源自弗波纳奇神奇数字即大自然数字，0.6180339……是众所周知的黄金分割比率，是相邻的弗波纳奇级数的比率，反映了弗波纳奇级数的增长，反映了大自然的静态美与动态美。据此又推算出 0.191、0.382、0.809 等，其中黄金分割线中运用最经典的数字为 0.382、0.618，极易产生支撑与压力</td></tr>
<tr><td rowspan="2">百分比线</td><td>百分比线的画法</td><td>百分比线是利用百分比率的原理进行的分析，可使股价前一次的涨跌过程更加直观。百分比线是将上一次行情中重要的高点和低点之间的涨跌幅按 1/8、2/8、1/3、3/8、4/8、5/8、2/3、6/8、7/8、8/8 的比率生成百分比线，如图 6—13 所示。
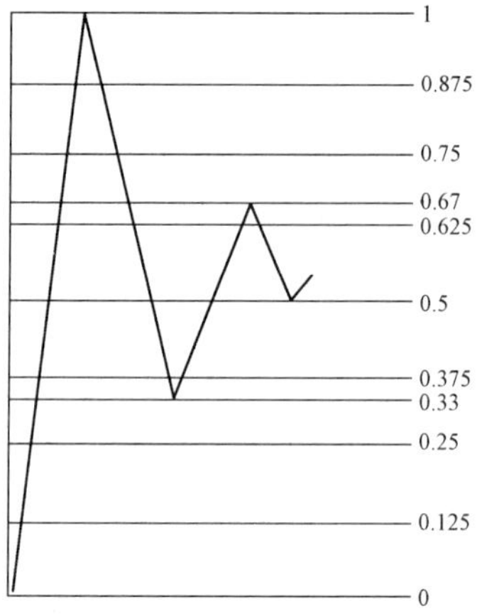

图 6—13　百分比线
在各比率中，4/8 最为重要，1/3、3/8 及 5/8、2/3 四条距离较近的比率也十分重要，往往起到重要的支撑与压力位作用</td></tr>
<tr><td>百分比线的应用</td><td>百分比线考虑问题的出发点是人们的心理因素和一些整数的分界点。当股价持续向上，涨到一定程度，肯定会遇到压力，遇到压力后，就要向下回撤，回撤的位置很重要。黄金分割提供了几个价位，百分比线也提供了几个价位。以这次上涨开始的最低点和开始向下回撤的最高点两者之间的差，分别乘上几个特别的百分比数，就可以得到未来支撑位可能出现的位置</td></tr>
</table>

考点六　形态理论概念

形态理论正是通过研究股价所走过的轨迹，分析和挖掘曲线告诉我们的一些多空双方力量的对比结果，进而指导我们的行动。

趋势的方向发生变化一般不是突然来到的，变化都有一个发展的过程。形态理论通过研究股价曲线的各种形态，发现股价正在进行的行动方向。

考点七　反转突破形态（表 6—9）

表 6—9　　反转突破形态

项目		内容
定义及分类		反转突破形态描述了趋势方向的反转，是投资分析中应该重点关注的变化形态。反转变化形态主要有头肩形态、双重顶（底）形态、圆弧顶（底）形态、喇叭形以及 V 形反转形态等多种形态
头肩形态	头肩顶	头肩顶形态是一个可靠的沽出时机，一般通过连续的 3 次起落构成该形态的 3 个部分，也就是要出现 3 个局部的高点。中间的高点比另外两个都高，称为头；左右两个相对较低的高点称为肩。这就是头肩顶形态名称的由来（图 6—14 左图）。 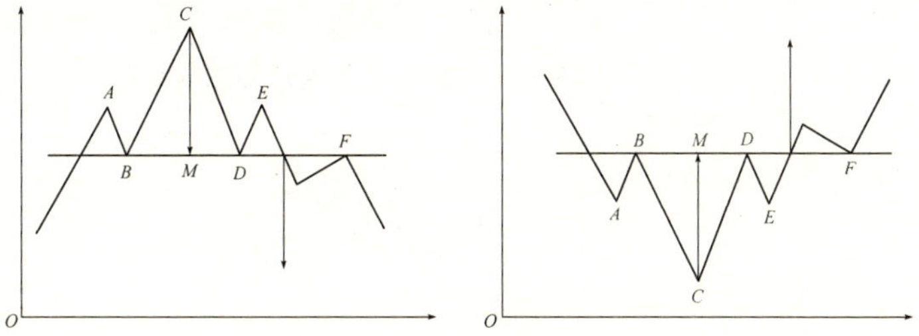 **图 6—14　头肩顶和头肩底** 头肩顶形态是一个长期趋势的转向形态，一般出现在一段升势的尽头。这一形态具有如下特征：（1）一般来说，左肩与右肩高点大致相等，有时右肩较左肩低，即颈线向下倾斜；（2）就成交量而言，左肩最大，头部次之，而右肩成交量最小，即呈梯状递减；（3）突破颈线不一定需要大成交量配合，但日后继续下跌时成交量会放大。 当颈线被突破，反转确认以后，大势将下跌。下跌的深度，可以借助头肩顶形态的测算功能进行
头肩形态	头肩底	头肩底是头肩顶的倒转形态，是一个可靠的买进时机。这一形态的构成和分析方法，除了在成交量方面与头肩顶有所区别外，其余与头肩顶类同，只是方向正好相反，如图 6—14 的右图。例如，上升改成下降，高点改成低点，支撑改成压力。

续表

<table>
<tr><th colspan="2">项　目</th><th>内　容</th></tr>
<tr><td rowspan="2">头肩形态</td><td>头肩底</td><td>值得注意的是，头肩顶形态与头肩底形态在成交量配合方面的最大区别是：头肩顶形态完成后，向下突破颈线时，成交量不一定放大；而头肩底形态向上突破颈线，若没有较大的成交量出现，可靠性将大为降低，甚至可能出现假的头肩底形态</td></tr>
<tr><td>复合头肩形态</td><td>股价变化经过复杂而长期的波动所形成的形态可能不只是标准的头肩型形态，会形成所谓的复合头肩形态。这种形态与头肩形态基本相似，只是左右肩部或者头部出现多于一次。其形成过程也与头肩形态类似，分析意义也和普通的头肩形态一样，往往出现在长期趋势的底部或顶部。复合头肩形态一旦完成，即构成一个可靠性较大的买进或沽出时机</td></tr>
<tr><td colspan="2">双重顶形态和
双重底形态</td><td>双重顶形态和双重底形态就是市场上众所周知的 M 头和 W 底，是一种极为重要的反转形态，它在实际中出现得也非常频繁。与头肩形态相比，就是没有头部，只是由两个基本等高的峰或谷组成。如图 6－15 所示，是这种形态的简单形状。
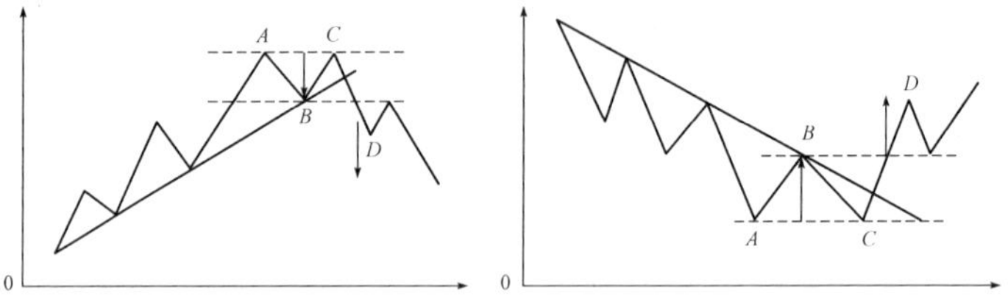

图 6－15　双重顶和双重底
双重顶反转形态一般具有如下特征：
（1）双重顶的两个高点不一定在同一水平，两者相差少于 3％就不会影响形态的分析意义；
（2）向下突破颈线时不一定有大成交量伴随，但日后继续下跌时成交量会扩大；
（3）双重顶形态完成后的最小跌幅度量度方法是由颈线开始，至少会下跌从双头最高点到颈线之间的差价距离。
对于双重底，有完全相似或者说完全相同的结果。只要将对双重顶的介绍反过来叙述就可以了。比如，向下说成向上，高点说成低点，支撑说成压力。需要注意的是，双重底的颈线突破时必须有大成交量的配合，否则即可能为无效突破</td></tr>
</table>

续表

<table>
<tr><th>项　　目</th><th>内　　容</th></tr>
<tr><td>三重顶（底）形态</td><td>
三重顶（底）形态是双重顶（底）形态的扩展形式，也是头肩顶（底）形态的变形，由三个一样高或一样低的顶和底组成。与头肩形的区别是头的价位回缩到与肩部差不多相等的位置，有时甚至低于或高于肩部一点。
图 6—16 是三重顶（底）形态的简单图形。它的颈线差不多是水平的，三个顶（底）也差不多是相等高度。
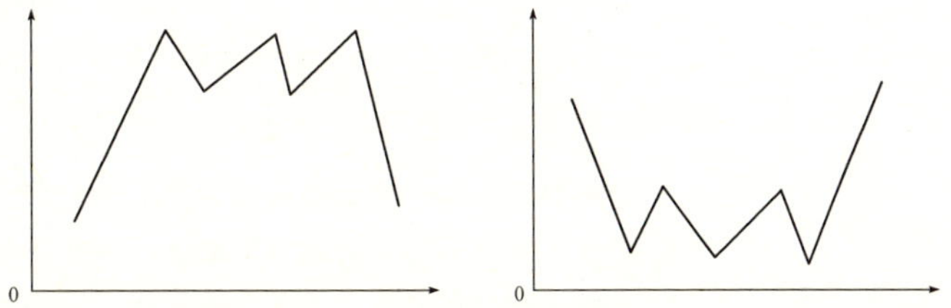

图 6—16　三重顶（底）
应用和识别三重顶（底）的方法主要是用识别头肩形态的方法。头肩形态适用的方法三重顶（底）都适用，这是因为三重顶（底）从本质上说就是头肩形态。
与一般头肩形态最大的区别是，三重顶（底）的颈线和顶部（底部）连线是水平的，这就使得三重顶（底）具有矩形的特征。比起头肩形态来说，三重顶（底）更容易演变成持续形态，而不是反转形态。另外，三重顶（底）的顶峰与顶峰，或谷底与谷底的间隔距离和时间在分析时不必相等。此外，如果三重顶（底）的三个顶（底）的高度从左到右依次下降（上升），则三重顶底就演变成了直角三角形态。这些都是我们在应用三重顶（底）时应该注意的地方
</td></tr>
<tr><td>圆弧形态</td><td>
将股价在一段时间的顶部高点用折线连起来，每一个局部的高点都考虑到，我们有时可能得到一条类似于圆弧的弧线，盖在股价之上；将每个局部的低点连在一起也能得到一条弧线，托在股价之下，如图 6—17 所示。
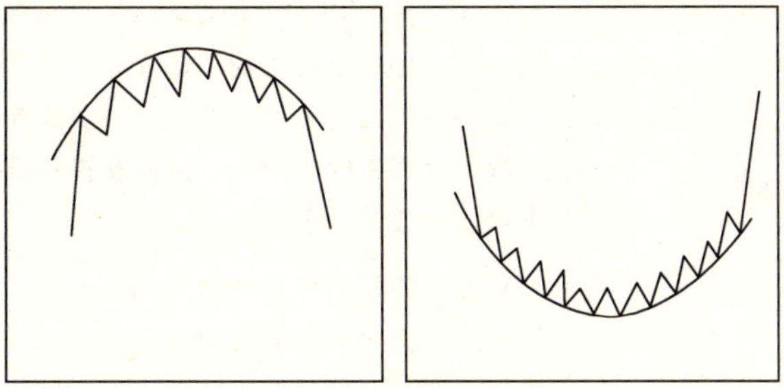
图 6—17　圆弧顶和圆弧底
</td></tr>
</table>

续表

项　　目	内　　容
圆弧形态	圆弧形态具有如下特征： （1）形态完成、股价反转后，行情多属暴发性，涨跌急速，持续时间也不长，一般是一口气走完，中间极少出现回档或反弹。因此，形态确信后应立即顺势而为，以免踏空、套牢。 （2）在圆弧顶或圆弧底形态的形成过程中，成交量的变化都是两头多，中间少。越靠近顶或底成交量越少，到达顶或底时成交量达到最少。在突破后的一段，都有相当大的成交量。 （3）圆弧形态形成的时间越长，今后反转的力度就越强，越值得人们去相信这个圆弧形。一般来说，应该与一个头肩形态形成的时间相当
喇叭形	喇叭形也是一种重要的反转形态。它大多出现在顶部，是一种较可靠的看跌形态。更为可贵的是，喇叭形在形态完成后，几乎总是下跌，不存在突破是否成立的问题。这种形态在实际中出现的次数不多，但是一旦出现，则极为有用。 喇叭形的正确名称应该是扩大形或增大形。因为这种形态酷似一个喇叭，故得名。如图 6—18 所示是喇叭形的图形。 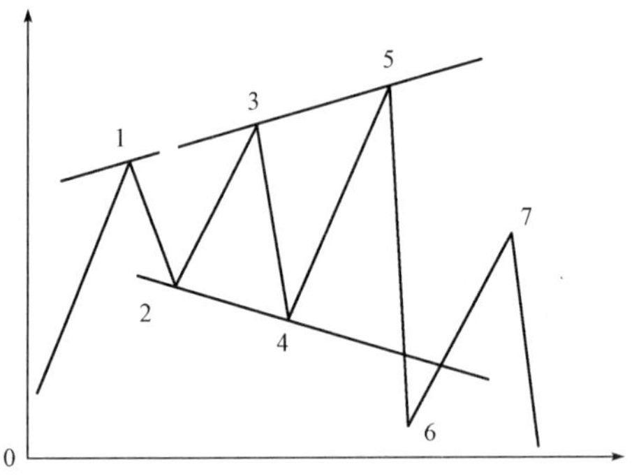 **图 6—18　喇叭形态** 喇叭形态具有如下特征：（1）喇叭形一般是一个下跌形态，暗示升势将到尽头，只有在少数情况下股价在高成交量配合下向上突破时，才会改变其分析意义；（2）在成交量方面，整个喇叭形态形成期间都会保持不规则的大成交量，否则难以构成该形态；（3）喇叭形走势的跌幅是不可量度的，一般说来，跌幅都会很大；（4）喇叭形源于投资者的非理性，因而在投资意愿不强、气氛低沉的市道中，不可能形成该形态
V 形反转	V 形走势是一种很难预测的反转形态，它往往出现在市场剧烈的波动之中。无论 V 形顶还是 V 形底的出现，都没有一个明显的形成过程，这一点同其他反转形态有较大的区别，因此往往让投资者感到突如其来甚至难以置信。图 6—19 是 V 形和倒 V 形的简单图示。

续表

项　　目	内　　容
V 形反转	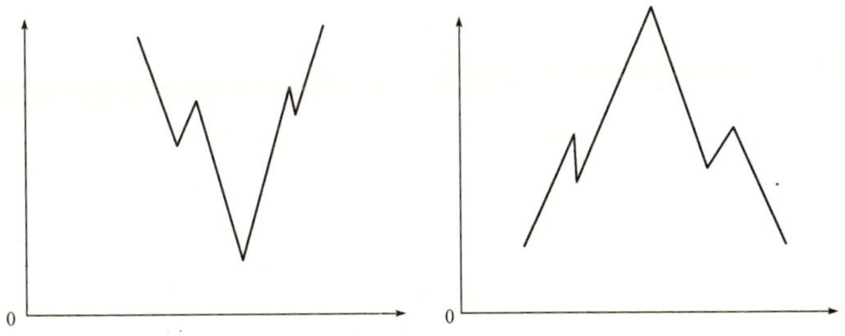 **图 6－19　V 形和倒 V 形** V 形走势的一个重要特征是在转势点必须有大成交量的配合，且成交量在图形上形成倒 V 形。若没有大成交量，则 V 形走势不宜信赖。V 形是一种失控的形态，在应用时要特别小心

考点八　缺口（表 6－10）

表 6－10　缺口

项　　目	内　　容
缺口定义	缺口，通常又称为跳空，是指证券价格在快速大幅波动中没有留下任何交易的一段真空区域。从这个意义上说，缺口也属于形态的一种。缺口的出现往往伴随着向某个方向运动的一种较强动力。缺口的宽度表明这种运动的强弱
普通缺口	普通缺口经常出现在股价整理形态中，特别是出现在矩形或对称三角形等整理形态中。由于股价仍处于盘整阶段，因此，在形态内的缺口并不影响股价短期内的走势。普通缺口具有的一个比较明显特征是，它一般会在 3 日内回补；同时，成交量很小，很少有主动的参与者。如果不具备这些特点，就应考虑该缺口是否属于普通缺口形态。普通缺口的支撑或阻力效能一般较弱。 普通缺口的这种短期内必补的特征，给投资者短线操作带来了一个机会，即当向上方向的普通缺口出现之后，在缺口上方的相对高点抛出证券，待普通缺口封闭之后买回证券；而当向下方向的普通缺口出现之后，在缺口下方的相对低点买入证券，待普通缺口封闭之后再卖出证券。这种操作方法的前提是必须判明缺口是否为普通缺口，且证券价格的涨跌是否达到一定的幅度

续表

项　目	内　容
突破缺口	突破缺口是证券价格向某一方向急速运动，跳出原有形态所形成的缺口。突破缺口蕴含较强的动能，常常表现为激烈的价格运动，具有极大的分析意义，一般预示行情走势将要发生重大变化。突破缺口的形成在很大程度上取决于成交量的变化情况，特别是向上的突破缺口。若突破时成交量明显增大，且缺口未被封闭（至少未完全封闭），则这种突破形成的缺口是真突破缺口。若突破时成交量未明显增大，或成交量虽大，但缺口短期内很快就被封闭，则这缺口很可能是假突破缺口。 一般来说，突破缺口形态确认以后，无论价位（指数）的升跌情况如何，投资者都必须立即作出买入或卖出的指令，即向上突破缺口被确认立即买入，向下突破缺口被确认立即卖出，因为突破缺口一旦形成，行情走势必将向突破方向纵深发展
持续性缺口	持续性缺口是在证券价格向某一方向有效突破之后，由于急速运动而在途中出现的缺口，它是一个趋势的持续信号。在缺口产生的时候，交易量可能不会增加，但如果增加的话，则通常表明一个强烈的趋势。 持续性缺口的市场含义非常明显，它表明证券价格的变动将沿着既定的方向发展变化，并且这种变动距离大致等于突破缺口至持续性缺口之间的距离，即缺口的测量功能。持续性缺口一般不会在短期内被封闭，因此，投资者可在向上运动的持续性缺口附近买入证券或者在向下运动的持续性缺口附近卖出证券，而不必担心是否会套牢或者踏空
消耗性缺口	消耗性缺口一般发生在行情趋势的末端，表明股价变动的结束。若一轮行情走势中已出现突破缺口与持续性缺口，那么随后出现的缺口就很可能是消耗性缺口。判断消耗性缺口最简单的方法就是考察缺口是否会在短期内封闭。若缺口封闭，则消耗性缺口形态可以确立。消耗性缺口容易与持续性缺口混淆，它们的最大区别是：消耗性缺口出现在行情趋势的末端，而且伴随着大的成交量。 由于消耗性缺口形态表明行情走势已接近尾声，因此，投资者在上升行情出现消耗性缺口时应及时卖出证券，而在下跌趋势中出现消耗性缺口时买入证券

【真题回顾】

一、单项选择题（以下备选项中只有一项符合题目要求）

1. *K* 线理论起源于（　　）。

A. 美国　　B. 日本　　C. 印度　　D. 英国

【答案】B

【解析】本题考核的是K线理论的基本内容。K线又称为日本线，起源于200多年前的日本。

2. 实际股价形态中出现最多的一种形态是(　　)。

A. 双重顶（底）形态　　B. 喇叭形以及V形反转形态

C. 头肩形态　　D. 圆弧顶（底）形态

【答案】C

【解析】本题考核的是实际股价形态。头肩形态在实际股价形态中出现最多，也是最著名和最可靠的反转突破形态。它一般可分为三种类型，即：头肩顶、头肩底以及复合头肩形态。

3. 关于持续整理形态，以下说法不正确的是(　　)。

A. 矩形在其形成的过程中极可能演变成三重顶（底）形态，所以在面对矩形和三重顶（底）进行操作时，几乎都要等到突破之后才能采取行动

B. 当矩形突破后，其涨跌幅度通常等于矩形本身宽度，这是矩形形态的测算功能

C. 旗形大多发生在市场极度活跃、股价运动近乎直线上升或下降的情况下

D. 上升楔形是一种反映股价上升的持续整理形态

【答案】D

【解析】本题考核的是持续整理形态的内容。上升楔形是指股价经过一次下跌后产生强烈技术性反弹，价格升至一定水平后又掉头下落，但回落点比前次高，然后又上升至新高点，再回落，在总体上形成一浪高于一浪的势头。

二、组合型选择题（以下备选项中只有一项最符合题目要求）

1. 下列对于缺口的描述，正确的是(　　)。

Ⅰ. 缺口也是一种形态

Ⅱ. 缺口宽度表明股价向某个方向运动的强弱

Ⅲ. 缺口将成为日后较强的支撑或阻力区域

Ⅳ. 持续性缺口一般会在短期内被封闭

A. Ⅰ、Ⅱ、Ⅳ　　B. Ⅰ、Ⅲ、Ⅳ　　C. Ⅱ、Ⅲ、Ⅳ　　D. Ⅰ、Ⅱ、Ⅲ

【答案】D

【解析】本题考核的是缺口的概念。持续性缺口是一个趋势的持续信号，一般不会在短期内被封闭。

2. 属于持续整理形态的有(　　)。

Ⅰ. 喇叭形形态　　Ⅱ. 楔形形态　　Ⅲ. V形形态　　Ⅳ. 旗形形态

A. Ⅰ、Ⅱ　　B. Ⅰ、Ⅲ　　C. Ⅱ、Ⅳ　　D. Ⅲ、Ⅳ

【答案】C

【解析】本题考核的是持续整理形态。持续整理形态包括三角形、矩形、旗型和楔形。

3. 根据股价移动规律，股价曲线形态可以分为(　　)。

Ⅰ. 持续整理形态　　Ⅱ. 波浪运动形态

Ⅲ. 反转突破形态　　Ⅳ. 周期循环形态

A. Ⅱ、Ⅲ　　B. Ⅰ、Ⅳ　　C. Ⅰ、Ⅲ　　D. Ⅱ、Ⅳ

【答案】C

【解析】本题考核的是股价曲线形态。根据股价移动规律，股价曲线形态可以分为反转突破形态和持续整理形态。反转突破形态描述的是趋势方向的反转变化；持续整理形态表现为，股价向一个方向经过一段时间的快速运行后，在一定区域内上下窄幅波动，而不再继续原趋势，等待时机成熟后再继续前进。

【典型习题】

1. 关于 K 线理论，说法正确的是(　　)。

A. 在其他条件相同时，实体越长，表明多方力量越强

B. 在其他条件相同时，上影线越长，越有利于空方

C. 在其他条件相同时，下影线越短，越有利于多方

D. 在其他条件相同时，上影线长于下影线，有利于多方

2. 一般而言，当(　　)时，股价形态不构成反转形态。

A. 股价形成头肩底后突破颈线位并上涨一定形态高度

B. 股价完成旗形形态

C. 股价形成双重顶后突破颈线位并下降一定形态高度

D. 股价形成双重底后突破颈线位并上涨一定形态高度

3. 关于圆弧形态，下列各项中表述正确的是(　　)。

A. 圆弧形态又被称为圆形形态

B. 圆弧形态形成的时间越短，今后反转的力度可能就越强

C. 圆弧形态形成过程中，成交量的变化没有规律

D. 圆弧形态是一种持续整理形态

4. 头肩顶形态是一个长期趋势的转向形态，一般出现在一段升势的尽头，这一形态具有(　　)的特征。

Ⅰ. 一般来说，左肩与右肩高点大致相等，有时右肩较左肩低，即颈线向下倾斜

Ⅱ. 就成交量而言，左肩最大，头部次之，而右肩成交量最小，即呈梯形递减

Ⅲ. 突破颈线不一定需要大成交量配合，但日后继续下跌时，成交量会放大

Ⅳ. 突破颈线需要大成交量配合，突破后继续下跌时，不一定需要大成交量

A. Ⅰ、Ⅱ、Ⅳ　　B. Ⅰ、Ⅱ、Ⅲ　　C. Ⅰ、Ⅳ　　D. Ⅱ、Ⅲ、Ⅳ

5. 在涨跌停板制度下，量价分析基本判断为(　　)。

Ⅰ. 涨停量小，将继续上扬；跌停量小，将继续下跌

Ⅱ. 涨停中途被打开次数越多、时间越久、成交量越大，反转下跌的可能性越小；同样，跌停中途被打开次数越多、时间越久、成交量越大，则反转上升的可能性越小

Ⅲ. 涨停关门时间越早，次日涨势可能性越大；跌停关门时间越早，次日跌势可能性越大

Ⅳ. 封住涨停板的买盘数量大小和封住跌停板时卖盘数量大小说明买卖盘力量大小

A. Ⅰ、Ⅲ、Ⅳ　　B. Ⅰ、Ⅱ、Ⅲ　　C. Ⅰ、Ⅳ　　D. Ⅱ、Ⅲ、Ⅳ

6. 缺口技术分析理论中，缺口常可分为(　　)。

Ⅰ. 普通缺口　　Ⅱ. 突破缺口　　Ⅲ. 持续性缺口　　Ⅳ. 消耗性缺口

A. Ⅰ、Ⅲ、Ⅳ　　B. Ⅰ、Ⅱ、Ⅲ

C. Ⅰ、Ⅳ　　D. Ⅰ、Ⅱ、Ⅲ、Ⅳ

【参考答案】

1. B　2. B　3. A　4. B　5. A　6. D

第三节　技术分析方法及应用

【考点归纳】

- ➢ 熟悉技术分析方法的分类及其特点。
- ➢ 了解技术分析的应用前提和适用范围

【考点解读】

考点一　技术分析方法的分类及特点（表 6—11）

表 6—11　技术分析方法的分类及特点

项　目	内　容
指标类	指标类是根据价、量的历史资料，通过建立一个数学模型，给出数学上的计算公式，得到一个体现证券市场的某个方面内在实质的指标值。指标反映的内容大多是无法从行情报表中直接看到的，它可为我们的操作提供指导方向。常见的指标有相对强弱指标（RSI）、随机指标（KDJ）、趋向指标（DMI）、平滑异同移动平均线（MACD）、能量潮（OBV）、心理线（PSY）、乖离率（BIAS）等

续表

项　　目	内　　容
切线类	切线类是按一定方法和原则，在根据股票价格数据所绘制的图表中画出一些直线，然后根据这些直线的情况推测股票价格的未来趋势，为投资操作提供参考。这些直线就叫切线。切线的画法最为重要，画得好坏直接影响预测的结果。常见的切线有趋势线、轨道线、黄金分割线、甘氏线、角度线等
形态类	形态类是根据价格图表中过去一段时间走过的轨迹形态来预测股票价格未来趋势的方法。价格走过的形态是市场行为的重要部分，从价格轨迹的形态中，我们可以推测出证券市场处在一个什么样的大环境之中，由此对今后的投资给予一定的指导。主要的形态有 M 头、W 底、头肩顶、头肩底等十几种
K 线类	*K* 线类是根据若干天的 *K* 线组合情况，推测证券市场中多空双方力量的对比，进而判断证券市场行情的方法。*K* 线图是进行各种技术分析最重要的图表。人们经过不断总结经验，发现了一些对股票买卖有意义的 *K* 线组合，而且新的研究结果也在不断被发现、被运用
波浪类	波浪理论是把股价的上下变动和不同时期的持续上涨、下跌看成是波浪的上下起伏，认为股票的价格运动遵循波浪起伏的规律，数清楚了各个浪就能准确地预见到跌势已接近尾声、牛市即将来临，或是牛市已到了强弩之末、熊市即将来到。波浪理论较之别的技术分析流派，最大的区别就是能提前很长时间预计到行情的底和顶，而别的流派往往要等到新的趋势已经确立之后才能看到。但是，波浪理论又是公认的较难掌握的技术分析方法

考点二　技术分析的应用前提和适用范围（表 6—12）

表 6—12　　技术分析的应用前提和适用范围

项　　目	内　　容
技术分析的应用前提	作为一种投资分析工具，技术分析是以一定假设条件为前提的。这些假设是：市场行为涵盖一切信息、证券价格沿趋势移动和历史会重演
技术分析的适用范围	简单地说，技术分析适用于进行在时间上较短的行情预测。要进行周期较长的分析必须依靠别的因素，这是应用技术分析最应该注意的问题。技术分析的另一个值得注意的问题是，它所得到的结论不是绝对的命令，仅仅是一种建议的性质。得到的结论都应该是以概率的形式出现，不要把它当成万能的工具

【真题回顾】

技术分析的基础是(　　)。

A. 市场行为涵盖一切信息　　B. 市场总是理性的

C. 证券价格随经济周期变化而波动　　D. 价格历史不会重演

【答案】 A

【解析】 本题考核的是技术分析的基础。市场行为涵盖一切信息，这条假设是进行技术分析的基础。该假设的主要思想是：任何一个影响证券市场的因素，最终都必然体现在股票价格的变动上。外在的、内在的、基础的、政策的和心理的因素，以及其他影响股票价格的所有因素，都已经在市场行为中得到了反映。

【典型习题】

1. 在技术分析方法中，按一定方法和原则，在根据股票价格数据所绘制的图表中画出一些直线，然后根据这些直线的情况推测股票价格的未来趋势，为投资操作提供参考，这是(　　)方法。

A. 指标类　　B. 切线类　　C. 形态类　　D. 波浪类

2. 技术分析方法包括(　　)。

Ⅰ. 指标类　　Ⅱ. 切线类　　Ⅲ. 形态类　　Ⅳ. 波浪类

A. Ⅰ、Ⅲ、Ⅳ　　B. Ⅰ、Ⅱ、Ⅲ

C. Ⅰ、Ⅳ　　D. Ⅰ、Ⅱ、Ⅲ、Ⅳ

【参考答案】

1. B　　2. D

第七章　量化分析

第一节　理论基础

【考点归纳】

> ➢ 熟悉量化投资分析的特点。
> ➢ 了解量化投资分析的理论基础。
> ➢ 了解量化投资分析的主要内容和方法

【考点解读】

考点一　量化投资分析的特点（表7—1）

表7—1　　量化投资分析的特点

项　目	内　容
量化投资系统性	量化投资系统性：通过多层次的量化模型多角度的观察及海量数据的观察，捕捉许多的投资机会
量化投资纪律性	量化投资纪律性：严格执行数量化投资模型所给出的投资建议，可以克服人性最大的弱点
量化投资准确性	量化投资准确性：准确客观地评价交易机会，克服主观情绪的偏差，通过全面、系统性扫描捕捉错误定价和错误估值带来的机会
量化投资分散化	量化投资分散化：即靠概率取胜。这表现为：一是定量投资不断从历史中挖掘有望在未来重复的历史规律并且加以使用，这些历史规律都是有比较大概率获胜的策略。二是依靠筛选出股票组合来取胜的，而不是一个或几个股票取胜，从投资组合的理念来看也是捕获大概率获胜的股票，而不是押宝到单个的股票上
量化投资及时性	量化投资及时性：能及时快速地跟踪市场变化，不断发现能够提供超额收益的新统计模型，寻找新的交易机会

考点二　量化投资分析的理论基础

量化投资理论是严格基于经典投资理论的两个假设而建立的，这两个假设分别是市场有效假设和无套利机会原则。市场有效假设认为，在现代有效金融市场中，市场是不可能被打败的，也就是，不存在超额回报，回报与风险必然成正比。市场中天然蕴含着一个风险与收益交换的机制，其中投资者提出需求而市场提供供给，在一个有效的市场中，风险回报机制也意味着超额回报由承担超额风险而来。

与市场有效假设紧密相关的是无套利机会原则，也就是金融市场是不可预测的，无风险套利机会并不存在。主流的金融理论主张市场是不可预测的，因为一旦市场能够被预测，那么它就不再有效，获取超额回报可以不再承担多余的风险。而投资者会蜂拥而至，最终抹平无风险套利机会，市场将重新恢复有效。

事实上量化投资在的基本核心在于其从理论上完成了关证券价值和交易流程的完整概念梳理，并且通过数理模型的方式用计算机程序模拟了出来。最关键的是，量化交易理论认为投资在市场中关于收益与风险的机制是动态的，它并没有排除掉资产回报是有可能超额并且可以预估的这种可能性。在以市场有效假设和无套利机会原则为基础的理论上，量化投资对市场风险和收益模型提出了自己的看法。

考点三　量化投资分析的主要内容

量化投资分析的主要内容是将投资理念及策略通过具体指标、参数的设计，体现到具体的模型中，让模型对市场进行不带任何情绪的跟踪。相对于传统投资方式来说，量化投资分析具有快速高效、客观理性、收益与风险平衡和个股与组合平衡等四大特点。

考点四　量化投资分析的方法（表 7－2）

表 7－2　　量化投资分析的方法

项　目	内　容
人工智能	人工智能是研究使用计算机来模拟人的某些思维过程和智能行为（如学习、推理、思考、规划等）的学科，主要包括计算机实现智能的原理、制造类似于人脑智能的计算机，使计算机能实现更高层次的应用。人工智能将涉及计算机科学、心理学、哲学和语言学等学科，可以说几乎是自然科学和社会科学的所有学科，其范围已远远超出了计算机科学的范畴，人工智能与思维科学的关系是实践和理论的关系，人工智能是处于思维科学的技术应用层次，是它的一个应用分支。 从思维观点看，人工智能不仅限于逻辑思维，还要考虑形象思维、灵感思维才能促进人工智能的突破性发展，数学常被认为是多种学

续表

项目		内容
人工智能		科的基础科学，因此人工智能学科也必须借用数学工具。数学不仅在标准逻辑、模糊数学等范围发挥作用，进入人工智能学科后也能促进其得到更快的发展。 金融投资是一项复杂的、综合了各种知识与技术的学科，对智能的要求非常高。所以人工智能的很多技术可以用于量化投资分析中，包括专家系统、机器学习、神经网络、遗传算法等
数据挖掘	概念	数据挖掘是从大量的、不完全的、有噪声的、模糊的、随机的数据中提取隐含在其中的、人们事先不知道的，但又是潜在有用的信息和知识的过程
	关联分析	关联分析是研究两个或两个以上变量的取值之间存在某种规律性。分类就是找出一个类别的概念描述，它代表了这类数据的整体信息，即该类的内涵描述，并用这种描述来构造模型，一般用规则或决策树模式表示。分类是利用训练数据集通过一定的算法而求得分类规则。分类可被用于规则描述和预测
	预测	预测是利用历史数据找出变化规律，建立模型，并由此模型对未来数据的种类及特征进行预测。预测关心的是精度和不确定性，通常用预测方差来度量
	聚类	聚类就是利用数据的相似性判断出数据的聚合程度，使得同一个类别中的数据尽可能相似，不同类别的数据尽可能相异
小波分析	概念	小波就是小的波形。所谓“小”是指它具有衰减性；而称之为“波”则是指它的波动性，其振幅正负相间的震荡形式。与傅里叶变换相比，小波变换是时间（空间）频率的局部化分析，它通过伸缩平移运算对信号（函数）逐步进行多尺度细化，最终达到高频处时间细分，低频处频率细分，能自动适应时频信号分析的要求，从而可聚焦到信号的任意细节，解决了傅里叶变换的困难问题，成为继傅里叶变换以来在科学方法上的重大突破，因此也有人把小波变换称为数学显微镜
	作用	小波分析在量化投资中的主要作用是进行波形处理。任何投资品种的走势都可以看做是一种波形，其中包含了很多噪音信号。利用小波分析，可以进行波形的去噪、重构、诊断、识别等，从而实现对未来走势的判断
支持向量机		支持向量机方法是通过一个非线性映射，把样本空间映射到一个高维乃至无穷维的特征空间中，使得在原来的样本空间中非线性可分的问题转化为在特征空间中的线性可分的问题。简单地说，就是

续表

<table>
<tr><th colspan="2">项　目</th><th>内　容</th></tr>
<tr><td colspan="2">支持向量机</td><td>升维和线性化。升维就是把样本向高维空间做映射，一般情况下这会增加计算的复杂性，甚至会引起维数灾难，因而人们很少问津。但是作为分类、回归等问题来说，很可能在低维样本空间无法线性处理的样本集，在高维特征空间中却可以通过一个线性超平面实现线性划分（或回归）。
一般的升维都会带来计算的复杂化，SVM 方法巧妙地解决了这个难题：应用核函数的展开定理，就不需要知道非线性映射的显式表达式；由于是在高维特征空间中建立线性学习机，所以与线性模型相比，不但几乎不增加计算的复杂性，而且在某种程度上避免了维数灾难。这一切要归功于核函数的展开和计算理论。
正因为有这个优势，使得 SVM 特别适合于进行有关分类和预测问题的处理，这就使得它在量化投资中有了很大的用武之地</td></tr>
<tr><td rowspan="3">分形理论</td><td>概念</td><td>被誉为大自然的几何学的分形理论，是现代数学的一个新分支，但其本质却是一种新的世界观和方法论。它与动力系统的混沌理论交叉结合，相辅相成。它承认世界的局部可能在一定条件下，在某一方面（形态、结构、信息、功能、时间、能量等）表现出与整体的相似性，它承认空间维数的变化既可以是离散的也可以是连续的，因而极大地拓展了研究视野</td></tr>
<tr><td>原则</td><td>自相似原则和迭代生成原则是分形理论的重要原则。它表示分形在通常的几何变换下具有不变性，即标度无关性。分形形体中的自相似性可以是完全相同的，也可以是统计意义上的相似。迭代生成原则是指可以从局部的分形通过某种递归方法生成更大的整体图形</td></tr>
<tr><td>启示</td><td>分形理论既是非线性科学的前沿和重要分支，又是一门新兴的横断学科。作为一种方法论和认识论，其启示是多方面的：一是分形整体与局部形态的相似，启发人们通过认识部分来认识整体，从有限中认识无限；二是分形揭示了介于整体与部分、有序与无序、复杂与简单之间的新形态、新秩序；三是分形从一特定层面揭示了世界普遍联系和统一的图景</td></tr>
<tr><td>随机过程</td><td>概念</td><td>随机过程是一连串随机事件动态关系的定量描述。随机过程论与其他数学分支如位势论、微分方程、力学及复变函数论等有密切的联系，是在自然科学、工程科学及社会科学各领域中研究随机现象的重要工具。随机过程论目前已得到广泛的应用，在诸如天气预报、统计物理、天体物理、运筹决策、经济数学、安全科学、人口理论、可靠性及计算机科学等很多领域都要经常用到随机过程的理论来建立数学模型</td></tr>
</table>

续表

项	目	内 容
随机过程	方法	研究随机过程的方法多种多样，主要可以分为两大类：一类是概率方法，其中用到轨道性质、随机微分方程等；另一类是分析的方法，其中用到测度论、微分方程、半群理论、函数堆和希尔伯特空间等，实际研究中常常两种方法并用。另外组合方法和代数方法在某些特殊随机过程的研究中也有一定作用。研究的主要内容有：多指标随机过程、无穷质点与马尔科夫过程、概率与位势及各种特殊过程的专题讨论等。其中，马尔科夫过程很适于金融时序数列的预测，是在量化投资中的典型应用

【真题回顾】

一、单项选择题（以下备选项中只有一项符合题目要求）

量化分析法的特点不包括（　　）。

A. 纪律性　　B. 系统性　　C. 及时性　　D. 集中化

【答案】 D

【解析】 本题考核的是量化分析法的特点。量化分析法有五大方面的特点：(1) 纪律性；(2) 系统性；(3) 及时性；(4) 准确性；(5) 分散化。

二、组合型选择题（以下备选项中只有一项最符合题目要求）

下列属于量化投资涉及的数学和计算机方面的方法的有（　　）。

Ⅰ. 人工智能　　Ⅱ. 随机过程　　Ⅲ. 小波分析　　Ⅳ. 分形理论

A. Ⅰ、Ⅱ、Ⅲ　　B. Ⅰ、Ⅱ、Ⅳ

C. Ⅰ、Ⅲ、Ⅳ　　D. Ⅰ、Ⅱ、Ⅲ、Ⅳ

【答案】 D

【解析】 本题考核的是量化投资涉及的数学和计算机方面的方法。除Ⅰ、Ⅱ、Ⅲ、Ⅳ四项外，属于量化投资涉及的数学和计算机方面的方法还包括数据挖掘。

【典型习题】

1. 在量化投资分析的特点中，在通过多层次的量化模型多角度的观察及海量数据的观察，捕捉许多的投资机会是指（　　）。

A. 量化投资分散化　　B. 量化投资准确性

C. 量化投资系统性　　D. 量化投资纪律性

2. 下列属于量化投资分析方法的是（　　）。

Ⅰ. 人工智能　　Ⅱ. 数据挖掘　　Ⅲ. 小波分析　　Ⅳ. 支持向量

A. Ⅰ、Ⅱ、Ⅲ　　B. Ⅰ、Ⅱ、Ⅳ

C. Ⅰ、Ⅲ、Ⅳ　　D. Ⅰ、Ⅱ、Ⅲ、Ⅳ

【参考答案】

1. C　　2. D

第二节　量化投资技术

【考点归纳】

> ➤ 了解量化选股、量化投资纪律性、股指期货套利、商品期货套利、统计套利、算法交易、资产配置及风险控制等量化投资技术

【考点解读】

考点　量化投资技术（表 7—3）

表 7—3　　**量化投资技术**

项　目	内　容
量化选股	量化选股就是利用数量化的方法选择股票组合，期望该股票组合能够获得超越基准收益率的投资行为，研究表明，板块、行业轮动在机构投资者的交易中最为获利的盈利模式是基于行业层面进行周期性和防御性的轮动配置，这也是机构投资者最普遍采用的策略。此外，周期性股票在扩张性货币政策时期表现较好，而在紧缩环境下则支持非周期性行业。行业收益差在扩张性政策和紧缩性政策下具有显著的差异
量化投资纪律性	量化择时是指利用某种方法来判断大势的走势情况，是上涨还是下跌或者是盘整。如果判断是上涨，则买入持有；如果判断是下跌，则卖出清仓；如果判断是震荡，则进行高抛低吸，这样可以获得远远超越简单买入持有策略的收益率，所以择时交易是收益率最高的一种交易方式。但是由于大盘趋势和宏观经济、微观企业、国家政策、国际形势等密切相关，想要准确判断大盘走势具有相当的难度。 量化择时方法分别是趋势择时、市场情绪择时、有效资金模型、牛熊线、Hurst 指数、SVM 分类、SWARCH 模型及异常指标模型
股指期货套利	总体上看，股指期货套利和商品套利都是期货套利交易的一种类型，其原理都是在市场价格关系处于不正常状态下进行双边交易以获取低风险差价。 股指期货套利和商品期货套利的主要区别在于期货合约标的的属性不同。商品期货合约的标的是有形商品，有形商品就涉及到商品的

续表

项　目	内　容
股指期货套利	规格、性能、等级、耐久性以及仓储、运输和交割等等，从而会对套利产生重要影响。股指期货的标的是股票指数，指数只是一个无形的概念，不存在有形商品的相关限制，同时股指期货的交割采用现金交割，因此在交割和套利上都有很大的便利性。此外，股指期货由于成分股分红不规律，融资成本不一以及现货指数设计等原因，其理论价格相对商品期货更难准确定价。这些区别是造成股指期货套利和商品期货套利在具体类别上差异的主要原因
商品期货套利模式	与股指期货套利类似，商品期货同样存在套利策略，在买入或卖出某种期货合约的同时，卖出或买入相关的另一种合约，并在某个时间同时将两种合约平仓。在交易形式上它与套期保值有些相似，但套期保值是在现货市场买入（或卖出）实货、同时在期货市场上卖出（或买入）期货合约；而套利却只在期货市场上买卖合约，并不涉及现货交易。 商品期货套利模式分别为：期现套利、跨期套利、跨市场套利和跨品种套利
统计套利	统计套利是将套利建立在对历史数据进行统计分析的基础之上，估计相关变量的概率分布，并结合基本面数据进行分析以用以指导套利交易。相比于无风险套利，统计套利少量增加了一些风险，但是由此可获得的套利机会将数倍于无风险套利
算法交易	算法交易，也称为自动交易，黑盒交易，是利用电子平台，输入涉及算法的交易指令，以执行预先设定好的交易策略。算法中包含许多变量，包括时间，价格，交易量，或者在许多情况下，由“机器人”发起指令，而无需人工干预。算法交易广泛应用于投资银行，养老基金，共同基金，以及其他买方机构投资者，以把大额交易分割为许多小额交易来应付市场风险和冲击。卖方交易员，例如做市商和一些对冲基金，为市场提供流动性，自动生成和执行指令
资产配置及风险控制	资产配置是指根据投资需求将投资资金在不同资产类别之间进行分配，通常是将资产在低风险、低收益证券与高风险、高收益证券之间进行分配。 风险控制是指风险管理者采取各种措施和方法，消灭或减少风险事件发生的各种可能性，或风险控制者减少风险事件发生时造成的损失

【真题回顾】

一、单项选择题（以下备选项中只有一项符合题目要求）

用算法交易的终极目标是（　　）。

A. 获得 alpha（α）　　B. 获得 beta（β）

C. 快速实现交易　　D. 减少交易失误

【答案】 A

【解析】 本题考核的是算法交易的终极目标。算法交易又称自动交易、黑盒交易，是指利用电子平台，通过使用计算机程序来发出交易指令，执行预先设定好的交易策略。算法交易的终极目标就是获得 alpha。

二、组合型选择题（以下备选项中只有一项最符合题目要求）

量化投资技术中的量化择时方法不包括（　　）。

Ⅰ. 趋势择时　　Ⅱ. 卢中性策略　　Ⅲ. 有效资金模型　　Ⅳ. 跨期套利

A. Ⅰ、Ⅱ　　B. Ⅰ、Ⅲ　　C. Ⅱ、Ⅳ　　D. Ⅲ、Ⅳ

【答案】 C

【解析】 本题考核的是量化投资技术中的量化择时方法。量化投资策略中量化择时的方法有：(1) 趋势择时；(2) 市场情绪择时；(3) 有效资金模型；(4) 牛熊线等。Ⅱ项属于统计套利的方法；Ⅳ项属于股指期货套利的方法。

【典型习题】

以下属于量化择时方法的是（　　）。

Ⅰ. 趋势择时　　Ⅱ. 市场情绪择时

Ⅲ. 有效资金模型　　Ⅳ. 跨期套利

A. Ⅰ、Ⅲ、Ⅳ　　B. Ⅰ、Ⅱ、Ⅲ

C. Ⅰ、Ⅳ　　D. Ⅰ、Ⅱ、Ⅲ、Ⅳ

【参考答案】

D

第三节　量化分析的应用

【考点归纳】

- 了解量化投资技术的应用前提和适用范围。
- 了解量化分析的主要应用

【考点解读】

考点一　量化投资技术的应用前提和适用范围

量化分析法较多采用复杂的数理模型和计算机数值模拟，能够提供较为精细化的分析结论。但它对使用者的定量分析技术有较高要求，不易为普通公众所接受。此外，量化分析法所采用的各种数理模型本身存在模型风险，一旦外部环境发生较大变化，原有模型的稳定性就会受影响。此外，量化分析法往往需要和程序化交易技术相结合，对交易系统的速度和市场数据的精确度有较高要求，这也在一定程度上限制了其应用范围。

考点二　量化分析的主要应用（表 7—4）

表 7—4　量化分析的主要应用

项　目		内　容
估值		(1) 绝对估值是通过对上市公司历史及当前的基本面的分析和对未来反应公司经营状况的财务数据的预测获得上市公司股票的内在价值。 (2) 相对估值是使用市盈率、市净率、市售率、市现率等价格指标与其他多只股票（对比系）进行对比，如果低于对比系的相应的指标值的平均值，股票价格被低估，股价将很有希望上涨，使得指标回归对比系的平均值
选股	基本面选股	基本面选股，通过对上市公司财务指标的分析，找出影响股价的重要因子，通过建立股价与因子之间的关系模型得出对股票收益的预测。 股价与因子的关系模型分为结构模型和统计模型，其中，结构模型是给出股票的收益和因子之间的直观表达，包括三种选股方法：价值型、成长型、价值成长型。统计模型是用统计方法提取出近似线性无关的因子建立模型，包括：主成分法、极大似然法等
选股	多因素选股	多因素选股，通过寻找引起股价共同变动的因素，建立收益与联动因素间线性相关关系的多因素模型。 影响股价的共同因素包括宏观因子、市场因子和统计因子。通过逐步回归和分层回归的方法对三类因素进行选取，然后通过主成分分析选出解释度较高的某几个指标来反映原有的大部分信息
选股	动量、反向选股	动量、反向选股，是指事先对股票收益和交易量设定条件，然后分析股票在过去短期时间内的表现，当条件满足时买进或卖出股票的投资策略
资产配置		资产配置是指资产类别选择、投资组合中各类资产的配置比例以及对这些混合资产进行实时管理。资产配置一般包括战略资产配置、战术资产配置和资产混合配置。资产配置包括三大层次，分别是全球资产配置、大类资产配置和行业风格配置

续表

项　　目	内　　容
绩效评估	基金是一种集合投资产品，它具有风险分散、专业化管理、变现性强等特点，要对基金有一个全面的评价，绩效评估能够提供较好的视角与方法。对基金的绩效进行评估的指标和方法包括：风险调整收益、择时选股能力、业绩归因分析、业绩持续性和 Fama 的业绩分解等
基于行为金融学的投资策略	股票市场的一系列与理性人假设不符合的异常现象，如：日历效应、股权溢价之谜、期权微笑、封闭式基金折溢价之谜、小盘股效应等，使得诸多研究学者放松关于投资者是完全理性的严格假设，形成了具有重要影响力的学术流派——行为金融学。目前国际金融市场中比较常见且相对成熟的行为金融投资策略包括动量投资策略、反向投资策略、小盘股策略和时间分散化策略等
程序化交易	程序化交易是指任何含有 15 只股票以上或单值为 100 万美元以上的交易。目前程序化交易策略主要包括：（1）数量化程序交易策略；（2）动态对冲策略；（3）指数套利策略；（4）配对交易策略；（5）久期平均策略等

【典型习题】

1. 量化选股的方法不包括（　　）。

A. 基本面选股　　B. 多因素选股

C. 动量、反向选股　　D. 定向选股

2. 属于程序化交易策略的是（　　）。

Ⅰ. 数量化程序交易策略

Ⅱ. 动态对冲策略

Ⅲ. 指数套利策略

Ⅳ. 配对交易策略

A. Ⅰ、Ⅲ、Ⅳ　　B. Ⅰ、Ⅱ、Ⅲ

C. Ⅰ、Ⅳ　　D. Ⅰ、Ⅱ、Ⅲ、Ⅳ

【参考答案】

1. D　　2. D

第八章　股票

第一节　基本理论

【考点归纳】

> ➢ 熟悉股票估值原理。
> ➢ 熟悉预期收益率和风险的含义和计算。
> ➢ 掌握各类估值方法的特点。
> ➢ 掌握公司价值和股权价值的概念及计算方法

【考点解读】

考点一　股票股价原理（表8—1）

表8—1　　**股票股价原理**

项　目	内　容
虚拟资本及其价格	随着信用制度的日渐成熟，产生了对实体资本的各种要求权，这些要求权的票据化就是有价证券，以有价证券形态存在的资本就称为虚拟资本。我们将要讨论的股票、债券均属虚拟资本的范畴。作为虚拟资本载体的有价证券，本身并无价值，其交换价值或市场价格来源于其产生未来收益的能力。它们的价格运动形式具体表现为： （1）其市场价值由证券的预期收益和市场利率决定，不随职能资本价值的变动而变动； （2）其市场价值与预期收益的多少成正比，与市场利率的高低成反比； （3）其价格波动，既决定于有价证券的供求，也决定于货币的供求
市场价格	有价证券的市场价格是指该证券在市场中的交易价格，反映了市场参与者对该证券价值的评估。根据产生该价格的证券交易发生时间，我们通常又将其区分为历史价格、当前价格和预期市场价格

续表

项　　目	内　　容
内在价值	市场价格对投资者至关重要，很多投资者仅仅因为预期市场价格上涨而买入证券，因预期市场价格下跌而卖出证券。这个概念大致有两层含义：一是内在价值是一种相对“客观”的价格，由证券自身的内在属性或者基本面因素决定，不受外在因素（比如短期供求关系变动、投资者情绪波动等）影响。二是市场价格基本上是围绕内在价值形成的。 现代金融学关于证券估值的讨论，基本上是运用各种主观的假设变量，结合相关金融原理或者估值模型，得出某种理论价格，并认为那就是证券的内在价值。在这种理论的指导下，投资行为简化为： 市场价格＜内在价值→价格被低估→买入证券 市场价格＞内在价值→价格被高估→卖出证券
公允价值	投资者可以参考当前的市场价格来估计自己持有（或打算买入/卖出）的证券价值，也可以运用特定的估值模型计算证券的内在价值。在证券市场完全有效的情况下，证券的市场价格与内在价值是一致的，但是现实中的证券市场却并非完全有效。多数情况下，两者存在差异，而且两者均存在缺陷。 （1）在某些情况下，某种证券可能没有活跃的市场价格（例如股票停牌）；有些情况下，即便发生了交易，交易价格可能也未必真实。因此，采用市场价格来为证券估值不完全可靠。 （2）估值模型千差万别，相关变量和假设各不相同，内在价值并不具有唯一性。著名投资人巴菲特甚至宣称，很多情况下，用模型定价等于“用神话定价”
安全边际	格雷厄姆和多德在其经典著作《证券分析》一书中数十次提及安全边际概念。按照他们的理论，安全边际是指证券的市场价格低于其内在价值的部分，任何投资活动均以之为基础。“就债券或优先股而言，它通常代表盈利能力超过利率或者必要红利率，或者代表企业价值超过其优先索偿权的部分；对普通股而言，它代表了计算出的内在价值高于市场价格的部分，或者特定年限内预期收益或红利超过正常利息率的部分”
货币的时间价值	货币的时间价值是指货币随时间的推移而发生的增值。
复利	由于资金具有时间价值，如果将时间价值让渡给别人（把钱贷给别人），将会得到一定的报酬（利息）。换言之，货币时间价值的存在使得资金的借贷具有利上加利的特性，我们将其称为复利。在复利条件下，一笔资金的期末价值（或称为终值、到期值）的计算公式如下：

续表

项　目	内　容
复利	$FV=PV\cdot(1+i)^n$ 式中　FV——终值； PV——本金（现值）； i——每期利率； n——期数。 若每期付息 m 次，则到期本利和变为： $FV=PV\cdot(1+i/m)^{mn}$
现值和贴现	对给定的终值计算现值的过程，我们称为贴现。现值（PV）计算公式为： $PV=\frac{FV}{(1+i)^n}$
现金流贴现与净现值	投资项目、企业和有价证券都存在现金流。所谓现金流，就是在不同时点上流入或流出相关投资项目（或企业，或有价证券）的一系列现金。从财务投资者的角度看，买入某个证券就等于买进了未来一系列现金流，证券估值也就等价于现金流估值。我们通常用时间轴来描述有价证券的现金流

考点二　预期收益率和风险的含义和计算（表 8—2）

表 8—2　　预期收益率和风险的含义和计算

项　目		内　容
预期收益率	预期收益率的含义	预期收益率也称为期望收益率，是指如果事件不发生的话可以预计到的收益率。预期收益率可以是指数收益率也可以是对数收益率，即以市场指数的变化率或指数变化率的对数来表示预期收益率
	预期收益率的计算	投资者投资的目的是为了得到收益，预期收益率是投资者承受各种风险应得的补偿，预期收益率为无风险收益率和风险补偿的加总，资产的预期收益率计算公式如下： $E(r_i)=r_f+p_i[E(r_m)-r_f]$ 式中　$E(r_i)$——资产 i 的预期收益率； r_f——无风险收益率； P_i——资产的贝塔系数； $E(r_m)$——市场平均收益率
风险	风险的含义	风险指对投资者预期收益的背离，或者说是证券收益的不确定性。证券投资的风险指证券预期收益变动的可能性及变动幅度。与证券投资相关的所有风险被称为总风险，总风险可分为：系统风险和非系统风险

续表

项目		内容
风险	风险的计算	(1) 计算证券投资收益低于其期望收益的概率。 (2) 计算证券投资出现负收益的概率。 (3) 计算证券投资的各种可能收益与其期望收益之间的离差，即证券收益的方差或标准差

考点三 绝对估值

绝对估值是指通过对证券基本财务要素的计算和处理得出该证券的绝对金额。各种基于现金流贴现的方法均属此类，见表8—3。

表8—3 贴现现金流估值法基本框架

模型	现金流	贴现率
红利贴现模型	预期红利	必要回报率
企业自由现金流贴现模型	企业自由现金流	加权平均资本成本
股东现金流贴现模型	股东自由现金流	必要回报率
经济利润估值模型	经济利润	加权平均资本成本

考点四 相对估值

相对估值的哲学基础在于，不能孤立地给某个证券进行估值，而是参考可比证券的价格，相对地确定待估证券价值。通常需要运用证券的市场价格与某个财务指标之间存在的比例关系对证券进行估值。如常见的市盈率、市净率、市售率、市值回报增长比等均属相对估值方法，见表8—4。

表8—4 相对估值常用指标比较

指标	指标简称	适用	不适用
市盈率	P/E	周期性较弱企业、一般制造业、服务业	亏损公司、周期性公司
市净率	P/B	周期性公司、重组型公司	重置成本变动较大的公司、固定资产较少的服务行业
市销率	P/S	销售收入和利润率较稳定的公司	销售不稳定的公司
经济增加值与利息折旧摊销前收入比	EV/EBIDA	资本密集、准垄断或具有巨额商誉的收购型公司	固定资产更新变化较快的公司
市值回报增长比	PEG	IT等成长性行业	成熟行业

考点五　资产价值

根据企业资产负债表的编制原理，企业的资产价值、负债价值与权益价值三者之间存在下列关系：

权益价值＝资产价值－负债价值

因此，如果可以评估出三个因素中的两个，则剩下的一个也就可以计算出来了。常用方法包括重置成本法和清算价值法，分别适用于可以持续经营的企业和停止经营的企业。

考点六　其他估值方法

（1）无套利定价。无套利定价的理论基础是经济学的一价定律，指相同的商品在同一时刻只能以相同的价格出售，否则市场参与者就会低买高卖，最终导致价格趋同。根据这一原理，合理的金融资产价格应该消除套利机会。

（2）风险中性定价。在现实世界中，投资者会有不同的风险偏好，从而导致金融资产估值必须选择不同的贴现率。风险中性定价假设投资者不存在不同的风险偏好，对风险均持中性态度，从而简化了分析过程，可以采用无风险利率作为贴现率。

考点七　公司价值和股权价值的概念及计算（表8－5）

表8－5　　公司价值和股权价值的概念及计算

项　目	内　容
公司价值	公司价值，或称企业价值，是该企业预期自由现金流量以其加权平均资本成本为贴现率折现的现值，它与企业的财务决策密切相关，体现了企业资金的时间价值、风险以及持续发展能力。公司价值的计算公式为： 公司价值＝普通股的市值＋少数股东权益的市值－关联公司股权的市值＋优先股股权的市值－现金与现金等价物
股权计算	根据预期企业自由现金流数值，用加权平均资本成本作为贴现率，计算企业的总价值，然后减去企业的负债价值，得到企业股权价值。即： 股权价值＝公司价值－负债

【真题回顾】

单项选择题（以下备选项中只有一项符合题目要求）

假设某公司在未来无限时期支付的每股股利为5元，必要收益率为10%。当前股票市价为45元，则对于该股票投资价值的说法正确的是（　　）。

A. 该股票有投资价值　　B. 该股票没有投资价值

C. 依市场情况来确定投资价值　　D. 依个人偏好来确定投资价值

【答案】 A

【解析】 本题考核的是股票投资价值。根据零增长模型股票内在价值决定公式，可得：$V=\frac{D_0}{K}=\frac{5}{10\%}=50$（元），即：股票内在价值为50元，大于股票的市场价格45元，说明股票价值被低估，因此有投资价值。

【典型习题】

1. 以下各项不属于虚拟资本的价格运动形式的是（　　）。

A. 其市场价值由证券的预期收益和市场利率决定

B. 其市场价值与预期收益的多少成正比，与市场利率的高低成反比

C. 其价格波动，既决定于有价证券的供求，也决定于货币的供求

D. 随职能资本价值的变动而变动

2. 货币随时间的推移而发生的增值是（　　）。

A. 时间价值　　B. 复利　　C. 现值　　D. 贴现

3. 以下属于绝对估值法的是（　　）。

Ⅰ. 红利贴现模型　　Ⅱ. 企业自由现金流贴现模型

Ⅲ. 股东现金流贴现模型　　Ⅳ. 经济利润估值模型

A. Ⅰ、Ⅲ、Ⅳ　　B. Ⅰ、Ⅱ、Ⅲ

C. Ⅰ、Ⅳ　　D. Ⅰ、Ⅱ、Ⅲ、Ⅳ

4. 以下属于相对估值法的是（　　）。

Ⅰ. 市盈率　　Ⅱ. 市净率

Ⅲ. 市销率　　Ⅳ. 市值回报增长比

A. Ⅰ、Ⅲ、Ⅳ　　B. Ⅰ、Ⅱ、Ⅲ

C. Ⅰ、Ⅳ　　D. Ⅰ、Ⅱ、Ⅲ、Ⅳ

【参考答案】

1. D　　2. A　　3. D　　4. D

第二节　绝对估值法

【考点归纳】

> ➢ 熟悉现金流贴现法的原理。
> ➢ 掌握自由现金流的含义。

> ➢ 熟悉公司自由现金流（FCFF）、股权自由现金流（FCFE）、股利贴现模型（DDM）等现金流贴现法的步骤。
> ➢ 了解贴现率的内涵。
> ➢ 掌握股权资本成本与公司整体平均资金成本（WACC）的概念。
> ➢ 掌握公司整体平均资金成本（WACC）的计算公式。
> ➢ 掌握资本资产定价模型（CAPM）参数的确定方式。
> ➢ 熟悉两阶段、三阶段模型的特点及参数设置的规则

【考点解读】

考点一　现金流贴现法的原理和自由现金流的含义（表8—6）

表8—6　　现金流贴现法的原理和自由现金流的含义

项　　目	内　　容
现金流贴现法的原理	现金流贴现模型是运用收入的资本化定价方法来决定普通股票内在价值的方法。按照收入的资本化定价方法，任何资产的内在价值是由拥有资产的投资者在未来时期所接受的现金流决定的。由于现金流是未来时期的预期值，因此必须按照一定的贴现率返还成现值。也就是说，一种资产的内在价值等于预期现金流的贴现值。常用的现金流贴现模型有两类，一是红利贴现模型，二是自由现金流贴现模型
自由现金流的含义	自由现金流量，就是企业产生的、在满足了再投资需要之后剩余的现金流量，这部分现金流量是在不影响公司持续发展的前提下可供分配给企业资本供应者（股东和债权人）的最大现金额。通常，可以将自由现金流分为企业自由现金流（FCFF）和股东自由现金流（FCFE）两种

考点二　红利贴现模型的一般公式和内部收益率（表8—7）

表8—7　　红利贴现模型的一般公式和内部收益率

项　　目	内　　容
一般公式	对大多数股票投资者而言，投资股票主要是为了获取未来支付的红利以及买卖差价，预期现金流即为预期未来支付的股息以及未来的卖出价格。因此，贴现现金流模型的一般公式如下： $V=\frac{D_1}{1+k}+\frac{D_2}{(1+k)^2}+\frac{D_3}{(1+k)^3}+\cdots+\frac{D_\infty}{(1+k)^\infty}$ $=\sum_{t=1}^{\infty}\frac{D_t}{(1+k)^t}$

续表

项　　目	内　　容
一般公式	式中　V——股票在期初的内在价值； D_t——时期 t 末以现金形式表示的每股股息； K——一定风险程度下现金流的适合贴现率，即必要收益率。 在上式中，假定所有时期内的贴现率都是一样的。需要指出的是，股票期初的内在价值与该股票的投资者在未来时期是否中途转让无关。根据上式，可以引出净现值的概念。净现值（NPV）等于内在价值（V）与成本（P）之差，即： $$NPV = V - P = \sum_{t=1}^{\infty} \frac{D_t}{(1+k)^t} - P$$ 式中　P——在 $t=0$ 时购买股票的成本。 如果 $NPV>0$，意味着所有预期的现金流入的现值之和大于投资成本，即这种股票被低估价格，因此购买这种股票可行。 如果 $NPV<0$，意味着所有预期的现金流入的现值之和小于投资成本，即这种股票价格被高估，因此不可购买这种股票
内部收益率	内部收益率就是指使得投资净现值等于零的贴现率。如果用 k^* 代表内部收益率，根据内部收益率的定义可得下式： $$NPV = V - P = \sum_{t=1}^{\infty} \frac{D_t}{(1+k^*)^t} - P = 0$$ 所以　$$P = \sum_{t=1}^{\infty} \frac{D_t}{(1+k^*)^t}$$ 由此可见，内部收益率实际上是使得未来股息流贴现值恰好等于股票市场价格的贴现率。 由上式可以解出内部收益率 k^*。将 k^* 与具有同等风险水平股票的必要收益率后相比较：如果 $k^*>k$ 后，则可以考虑购买这种股票；如果 $k^*<k$，则不要购买这种股票。运用现金流贴现模型决定普通股票内在价值存在一个困难，即投资者必须预测所有未来时期支付的股息。由于普通股票没有一个固定的生命周期，因此通常要给无穷多个时期的股息流加上一些假定，以便于计算股票的内在价值

考点三　零增长模型（表 8－8）

表 8－8　　零增长模型

项　　目	内　　容
公式	零增长模型假定股息增长率等于零，即 $g=0$。也就是说，未来的股息按一个固定数量支付。根据这个假定，我们用 D_0 来替换 D_t，得：

续表

项　　目	内　　容
公式	$$V=\sum_{t=1}^{\infty}\frac{D_0}{(1+k)^t}=D_0\sum_{t=1}^{\infty}\frac{1}{(1+k)^t}$$ 因为 $k>0$，按照数学中无穷级数的性质，可知： $$\sum_{t=1}^{\infty}\frac{1}{(1+k)^t}=\frac{1}{k}$$ 因此，零增长模型公式为： $$V=\frac{D_0}{k}$$ 式中　V——股票的内在价值； D_0——未来每期支付的每股股息； k——必要收益率
内部收益率	零增长模型也可用于计算投资于零增长证券的内部收益率。用证券的当前价格 P 代替 y，用 k^*（内部收益率）替换 k，零增长模型可变形为： $$P=\sum_{t=1}^{\infty}\frac{D_0}{(1+k^*)^t}=\frac{D_0}{k^*}$$ 进行转换，可得： $$k^*=\frac{D_0}{P}\times 100\%$$
应用	零增长模型的应用似乎受到相当的限制，毕竟假定对某一种股票永远支付固定的股息是不合理的，但在特定的情况下，对于决定普通股票的价值仍然是有用的。在决定优先股的内在价值时这种模型相当有用，因为大多数优先股支付的股息是固定的

考点四　不变增长模型（表 8－9）

表 8－9　　**不变增长模型**

项　　目	内　　容
公式	不变增长模型可以分为两种形式：一种是股息按照不变的增长率增长；另一种是股息以固定不变的绝对值增长。相比之下，前者比后者更为常见。因此，我们主要对股息按照不变增长率增长这种情况进行介绍。如果我们假设股息永远按不变的增长率增长，就可以建立不变增长模型。假设时期 t 的股息为： $$D_t=D_{t-1}(1+g)=D_0(1+g)^t$$ 将 $D_t=D_0(1+g)^t$ 代入现金流贴现模型式中，可得： $$V=\sum_{t=1}^{\infty}\frac{D_0(1+g)^t}{(1+k)^t}=D_0\sum_{t=1}^{\infty}\frac{(1+g)^t}{(1+k)^t}$$

续表

项　　目	内　　容
公式	运用数学中无穷级数的性质，如果 $k>g$，可得： $$\sum_{t=1}^{\infty}\frac{(1+g)^t}{(1+k)^t}=\frac{1+g}{k-g}$$ 从而得出不变增长模型： $$V=D_0\frac{1+g}{k-g}$$ 由于 $D_1=D_0$（$1+g$），有时把公式写成： $$V=\frac{D_1}{k-g}$$
内部收益率	利用不变增长模型同样可以用于求解股票的内部收益率。首先，用股票的市场价格 P 代替 V；其次，用 k^* 代替 k，其结果是： $$P=D_0\frac{1+g}{k^*-g}$$ 经过变换，可得： $$k^*=\left(D_0\frac{1+g}{P}+g\right)\times 100\%=\left(\frac{D_1}{P}+g\right)\times 100\%$$
应用	零增长模型实际上是不变增长模型的一个特例。假定增长率 g 等于零，股息将永远按固定数量支付，这时不变增长模型就是零增长模型。从这两种模型来看，虽然不变增长的假设比零增长的假设有较小的应用限制，但是在许多情况下仍然被认为是不现实的。但由于不变增长模型是多元增长模型的基础，因此这种模型是极为重要的

考点五　可变增长模型（表 8—10）

表 8—10　　**可变增长模型**

项　　目	内　　容
公式	二阶段增长模型假定在时间 L 以前，股息以一个不变的增长速度 g_1 增长；在时间 L 后，股息以另一个不变的增长速度 g_2 增长。在此假定下，我们可以建立二元可变增长模型： $$V=\sum_{t=1}^{L}D_0\frac{(1+g_1)^t}{(1+k)^t}+\sum_{t=L+1}^{\infty}D_L\frac{(1+g_2)^{t-L}}{(1+k)^t}$$ $$=\sum_{t=1}^{L}D_0\frac{(1+g_1)^t}{(1+k)^t}+\frac{1}{(1+k)^L}\times\sum_{t=L+1}^{\infty}D_L\frac{(1+g_2)^{t-L}}{(1+k)^{t-L}}$$ $$=\sum_{t=1}^{L}D_0\frac{(1+g_1)^t}{(1+k)^t}+\frac{1}{(1+k)}\times\frac{D_{L+1}}{k-g_2}$$ 式中　$D_{L+1}=D_0(1+g_1)^t(1+g_2)$

续表

项　目	内　容
内部收益率	在可变增长模型中，用股票的市场价格 P 代替 V，k^* 代替 k，同样可以计算出内部收益率 k^*。不过，由于可变增长模型相对较为复杂，不容易直接得出内部收益率，因此，主要采取试错法来计算 k^*。 试错法的主要思路是，首先估计一个收益率水平 k_1^*，将其代入可变增长模型中。如果计算出在此收益率水平下股票的理论价值低于股票的市场价格，则认为估计的收益率水平高于实际的内部收益率 k^*。同理，如果计算出在此收益率水平下股票的理论价值低于股票的市场价格，则认为估计的收益率水平高于实际的内部收益率 k^*。这样，通过反复试错，所估计的收益率水平将逐步逼近实际的内部收益率水平
应用	从本质上来说，零增长模型和不变增长模型都可以看成是可变增长模型的特例。例如，在二阶段增长模型中，当两个阶段的股息增长率都为零时，二阶段增长模型就是零增长模型；当两个阶段的股息增长率相等且不为零时，二阶段增长模型就是不变增长模型。相对于零增长模型和不变增长模型而言，二阶段增长模型较为接近实际情况。然而，对于股票的增长形态，我们可以给予更细的分析，以更贴近实际情况。与二阶段增长模型相类似，我们还可以建立三阶段甚至多阶段增长模型，其原理、方法和应用方式与二阶段增长模型相似，证券分析者可以根据自己的实际需要加以考虑

考点六　企业自由现金流贴现模型（表 8－11）

表 8－11　　企业自由现金流贴现模型

项　目	内　容
企业自由现金流的计算	与红利贴现模型相似，也分为零增长、固定增长、多阶段几种情况，只是将各期红利改为各期企业自由现金流。企业自由现金流计算公式如下： $FCFF = EBIT \times (1-T) + D\&A - \Delta NWC - CapEx + Other$ ＝息税前利润×（1－所得税率）＋折旧和摊销－净营运资本量－资本性投资＋其他现金来源 式中　$EBIT$——息税前利润（扣除所得税和利息前的利润）； $D\&A$——折旧和摊销； ΔNWC——净营运资本量

续表

项目	内容
贴现率	企业自由现金流贴现模型采用企业加权平均资本成本（WACC）为贴现率。计算公式如下： $$WACC=\frac{E}{E+D}\times K_E+\frac{D}{E+D}\times K_D\times(1-T)$$ 式中 E——股票市值； D——负债市值（通常采用账面值）； T——公司所得税税率； K_E——公司股本成本； K_D——公司负债成本
计算步骤	根据预期企业自由现金流数值，用加权平均资本成本作为贴现率，计算企业的总价值。然后减去企业的负债价值，得到企业股权价值。然后用企业股权价值除以发行在外的总股数，即可获得每股价格

考点七 股东自由现金流贴现模型（表 8－12）

表 8－12 股东自由现金流贴现模型

项目	内容
股东自由现金流的定义与计算	股东自由现金流（FCFE），指公司经营活动中产生的现金流量，在扣除公司业务发展的投资需求和对其他资本提供者的分配后，可分配给股东的现金流量。 计算公式如下： FCFE＝FCFF－用现金支付的利息费用＋利息税收抵减－优先股股利
贴现率	采用股东要求的必要回报率作为贴现率
计算步骤	首先计算未来各期期望 FCFE，确定股东要求的必要回报率，作为贴现率计算企业的权益价值 VE，进而计算出股票的内在价值

考点八 贴现率的内涵

贴现率是指将未来支付改变为现值所使用的利率，或指持票人以没有到期的票据向银行要求兑现，银行将利息先行扣除所使用的利率。这种贴现率也指再贴现率，即各成员银行将已贴现过的票据作担保，作为向中央银行借款时所支付的利息。

换言之，当商业银行需要调节流动性的时候，要向央行付出的成本。理论上讲，央行通过调整这种利率，可以影响商业银行向央行贷款的积极性，从而达到调控整个货币体系利率和资金供应状况的目的，是央行调控市场利率的重要工具之一。

贴现率政策是西方国家的主要货币政策。中央银行通过变动贴现率来调节货币供给量和利息率，从而促使经济扩张或收缩。当需要控制通货膨胀时，中央银行提高贴现率，这样，商业银行就会减少向中央银行的借款，商业银行的储备金就会减少，而商业银行的利息将得到提高，从而导致货币供给量减少。当经济萧条时，银行就会增加向中央银行的借款，从而储备金增加，利息率下降，扩大了货币供给量，由此起到稳定经济的作用。但如果银行已经拥有可供贷款的充足的储备金，则降低贴现率对刺激放款和投资也许不太有效。中央银行的再贴现率确定了商业银行贷款利息的下限。

考点九　股权资本成本与公司整体平均资金成本（表8—13）

表8—13　　股权资本成本与公司整体平均资金成本

项　　目	内　　容
股权资本成本概念	股权资本成本是根据金融学理论计算出来的要求投资回报率，是投资者投资企业股权时所要求的收益率。 “股权资本成本”是根据金融学理论计算出来的要求投资回报率。假设某个上市公司的股权资本成本是10%，则意味着投资者的平均回报率必须达到10%才能补偿其投资于该股票的风险
股权资本成本观点	(1) 企业为取得和使用这部分资金所花费的代价，包括筹资成本和使用该资金的成本。 (2) 股权资本成本是投资于某一项目或企业的机会成本。 由此形成两种不同的计量方法：前者按实际支付的本利和的现值作为计量依据；后者按投资者要求的报酬率来计量。 这两种观点分别从资本使用方和投资方的角度来分析股权资本成本的实质。从市场经济角度出发，后者被大多数人所认同；根据风险与收益相匹配的原理，股权资本成本只能从投资者的角度来分析，其大小可以用特定投资中投资者所期望的报酬率来衡量，并表现为期望的股利和资本利得等
公司整体平均资金成本	公司整体平均资金成本又称为加权平均资本成本，是指企业以各种资本在企业全部资本中所占的比重为权数，对各种长期资金的资本成本加权平均计算出来的资本总成本。加权平均资本成本可用来确定具有平均风险投资项目所要求收益率

考点十　公司整体平均资金成本的计算公式

公司整体平均资金成本计算方法为每种资本的成本乘以占总资本的比重，然后将各种资本得出的数目加起来。

WACC 的计算公式为：

$$WACC=(E/V)\times R_e+(D/V)\times R_d\times(1-T_c)$$

式中　R_e——股本成本；

R_d——债务成本；

E——公司股本的市场价值；

D——公司债务的市场价值；

V——$E+D$；

E/V——股本占融资总额的百分比；

D/V——债务占融资总额的百分比；

T_c——企业税率。

考点十一　资本资产定价模型参数的确定方式（表 8－14）

表 8－14　资本资产定价模型参数的确定方式

项　　目	内　　容
资本资产定价模型	当资本市场达到均衡时，风险的边际价格是不变的，任何改变市场组合的投资所带来的边际效果是相同的，即增加一个单位的风险所得到的补偿是相同的。按照 β 的定义，代入均衡的资本市场条件下，得到资本资产定价模型： $E(r_i)=r_f+\beta_{im}+[E(r_m)-r_f]$ 资本资产定价模型的说明如下：(1) 单个证券的期望收益率由两个部分组成，无风险利率以及对所承担风险的补偿风险溢价。(2) 风险溢价的大小取决于 β 值的大小。β 值越高，表明单个证券的风险越高，所得到的补偿也就越高。(3) β 度量的是单个证券的系统风险，非系统性风险没有风险补偿。 式中　$E(r_i)$——资产 i 的预期回报率； r_f——无风险利率； β_{im}——[Beta 系数]，即资产 i 的系统性风险； $E(r_m)$——市场 m 的预期市场回报率； $E(r_m)-r_f$——市场风险溢价，即预期市场回报率与无风险回报率之差
无风险投资收益率 R_f	无风险投资收益率是指在资本市场上可以获得的风险极低的投资机会的收益率。通常将各种类型的政府债券作为这种投资机会的典型代表，由此将政府债券的收益率看做无风险投资收益率 R_f。收益率与投资时间和期限密切相关，政府债券的利率也是随发行时的资本市场状况和期限的长短而变化的。为此，应在资本市场上选择与投资期限相近的政府债券收益率作为无风险利率 R_f
资本市场平均投资收益率 R_m	资本市场的充分竞争性和有效性以及投资者追求收益最大化的动机决定了资本市场具有一个均衡的投资收益率，但在实践上几乎无法计算出资本市场投资收益率的均衡点。因此，通常以股票价格指数替代均衡投资收益率作为 CAPM 模型的平均投资收益率 R_m。因为股票价格指数的收益率变动剧烈，在实际计算中采用一个较长的时间段（一般为 10 年）用其平均股票价格指数收益作为 R_m 的参考值

续表

项　　目	内　　容
风险校正系数 β	风险校正系数的估计相当困难。通常的做法是根据资本市场同一行业内具有可比性公司的股票 β 值作为拟投资项目的风险校正系数。资产的 β 系数反映了资产收益率相对市场变化的敏感程度。由于在有效组合的情况下，投资者只有市场整体变动的风险，因而 β 系数恰好能反映该资产的风险大小。β 系数越大，则对市场敏感度越高，因而风险就越大，反之，则越小

考点十二　两阶段、三阶段模型（表 8－15）

表 8－15　　两阶段、三阶段模型

项　　目	内　　容
两阶段模型	两阶段增长模型就是假设企业增长呈现两个阶段：第一阶段为超常增长阶段，又称为观测期，其增长率高于永续增长率，实务中的预测期一般为 5～7 年；第二阶段是永续增长阶段，又称永续期，增长率为正常稳定的增长率。对达到稳定期前的预测期长度的估计非常重要。通常假设预测期为一个不稳定的发展期，即投资资本回报率与资本成本不相等。但长久的竞争最终使投资报酬率等于其资本成本，也就是最终会达到稳定期，因此预测期的长短会间接影响企业价值的大小。因此有必要根据行业的发展状况与公司的竞争战略地位估计公司的预测期长度。 该模型对企业股权价值计算的核心是正确区分观察期和永续期，并正确计算两个阶段的现金流量和折现系数。判断企业是否进入永续增长状态的标志有两个：第一，在永续增长状态下，企业具有稳定的销售增长率，其大约等于宏观经济的名义增长率；第二，企业具有稳定的投资资本回报率，并与资本成本接近
三阶段模型	三阶段增长模型是基于假设所有的公司都经历三个阶段，与产品的生命周期的概念相同。在成长阶段，由于生产新产品并扩大市场份额，公司取得快速的收益增长。在过渡阶段，公司的收益开始成熟并且作为整体的经济增长率开始减速，在这一点上，公司处于成熟阶段，公司收入继续以整体经济的速度增长。在超常阶段假设红利的增长率为常数 g_n；在过渡阶段不妨假设红利增长率以线性的方式从 g_a 变化为 g_n，g_n 是稳定阶段的红利增长率。如果 $g_a > g_n$，在过渡期表现为递减的红利率；反之，表现为递增的红利增长率。 三个阶段的红利增长关系如图 8－1 所示。 从图中能够看出：公司股票的价值是高增长阶段、过渡阶段的预期红利的现值和稳定增长阶段价格的现值总和。并且当 t 等于 T_a 时，红利增长率等于 g_a；当 t 等于 T_n 时，红利增长率等于 g_n；在过渡期

续表

项　　目	内　　容
三阶段模型	内任何时点上的红利增长率为： $g_t = g_a - (g_a - g_n)\dfrac{(t - T_a)}{T_n - T_a}$，$(g_a > g_n)$ 如果再假定初期的红利水平 D_0，写出三阶段增长模型的计算公式为： $P_0 = D_0 \sum_{t=1}^{T_a} \left(\dfrac{1+g_a}{1+T}\right)^t + \sum_{t=T_a+1}^{T_n} \left[\dfrac{D_{t-1}(1+g_t)}{(1+r)^t}\right] + \dfrac{D_{T_n}(1+g_n)}{(1+r)^{T_n}(r-g_n)}$ 其中：r——股权要求收益率（假定其不变，可以放宽该假设）。 上式中的三项分别对应于红利的三个增长阶段。且我们也能够看到此公式较为复杂，使用起来不方便。不过，大家不必担心，目前已有人将它编成程序写在计算器里，只要输入变量值就能算出结果。 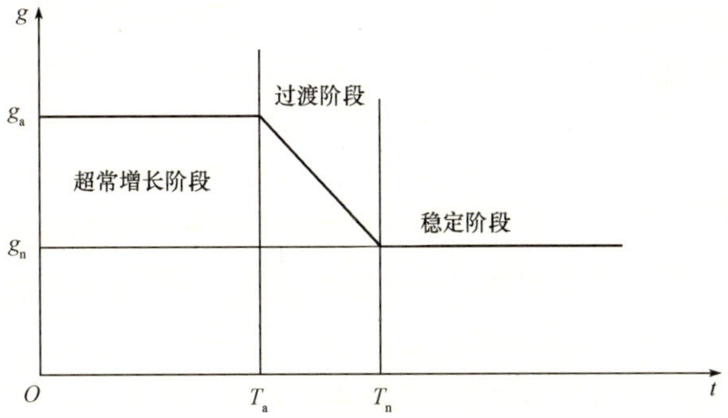 **图 8－1　三阶段股息增长模型**

【真题回顾】

一、单项选择题（以下备选项中只有一项符合题目要求）

1. 采用自由现金流模型进行估值与（　　）相似，也分为零增长模型、固定增长模型、多阶段增长模型几种情况。

A. 资本资产定价模型　　B. 均值方差模型

C. 红利（股利）贴现模型　　D. 套利定价模型

【答案】 C

【解析】 本题考核的是红利（股利）贴现模型。常用的现金流贴现模型有：(1) 红利贴现模型；(2) 自由现金流贴现模型。与红利贴现模型相似，企业自由现金流的计算也分为零增长、固定增长、多阶段几种情况，区别在于将各期红利改为各期企业自由现金流。

2. 股权资本成本的基本含义是（　　）。

A. 在一级市场认购股票支付的金额

B. 在二级市场认购股票支付的金额

C. 为使股票价格不下跌，企业应在二级市场增持的金额

D. 为使股票的市场价格不受影响，企业应从所募集资金中所获得的最小收益率

【答案】 D

【解析】 本题考核的是股权资本成本的基本含义。股权资本成本是投资者投资企业股权时所要求的收益率。估计股权资本成本的方法很多，国际上最常用的有红利增长模型、资本资产定价模型和套利定价模型等。

3. 现金流贴现模型是运用收入的（　　）方法来决定普通股内在价值。

A. 成本导向定价　B. 资本化定价　　C. 转让定价　　　D. 竞争导向定价

【答案】 B

【解析】 本题考核的是现金流贴现模型。现金流贴现模型（DCF）是运用收入的资本化定价方法来决定普通股票内在价值。一种资产的内在价值等于预期现金流的贴现值。常用的现金流贴现模型有：(1) 红利贴现模型；(2) 自由现金流贴现模型。另外，还有一些分析师采用经济利率贴现法。

二、组合型选择题（以下备选项中只有一项最符合题目要求）

1. 下列表述正确的是（　　）。

Ⅰ. 按照现金流贴现模型，股票的内在价值等于预期现金流之和

Ⅱ. 现金流贴现模型中的贴现率又称为必要收益率

Ⅲ. 当股票净现值大于零，意味着该股票股价被低估

Ⅳ. 现金流贴现模型是运用收入的资本化定价方法决定普通股票内在价值的方法

A. Ⅰ、Ⅱ　　　　B. Ⅰ、Ⅲ、Ⅳ

C. Ⅱ、Ⅲ、Ⅳ　　　　D. Ⅰ、Ⅱ、Ⅲ、Ⅳ

【答案】 C

【解析】 本题考核的是现金流贴现模型。现金流贴现模型下，一种资产的内在价值等于预期现金流的贴现值，对股票而言，预期现金流即为预期未来支付的股息，即：股票的内在价值等于预期现金流的贴现值之和。

2. 下列关于股票内部收益率的描述，正确的是（　　）。

Ⅰ. 在同等风险水平下，如果内部收益率大于必要收益率，可考虑买进该股票

Ⅱ. 内部收益率就是指使得投资净现值等于零的贴现率

Ⅲ. 不同投资者利用现金流贴现模型估值的结果相等

Ⅳ. 内部收益率实质上就是使得未来股息贴现现值恰好等于股票市场价格的

贴现率

A. Ⅰ、Ⅱ、Ⅲ　　B. Ⅰ、Ⅱ、Ⅳ

C. Ⅰ、Ⅲ、Ⅳ　　D. Ⅰ、Ⅱ、Ⅲ、Ⅳ

【答案】 B

【解析】 本题考核的是股票内部收益率。不同股息增长率的假定派生出不同类型的贴现现金流量模型，估值结果不一定相等，如：股权自由现金流模型和公司自由现金流模型采用的贴现率不同，前者是评估公司的股权资本成本，后者则是评估公司的加权资本成本。

3. 资本资产定价模型表明资产 i 的收益由（　　）组成。

Ⅰ. 无风险收益率

Ⅱ. 市场收益率为零时资产 i 的预期收益率

Ⅲ. 资产 i 依赖于市场收益变化的部分

Ⅳ. 资产收益中不能被指数解释的部分

A. Ⅰ、Ⅱ、Ⅲ、Ⅳ　　B. Ⅰ、Ⅱ、Ⅳ

C. Ⅰ、Ⅲ、Ⅳ　　D. Ⅰ、Ⅲ

【答案】 D

【解析】 本题考核的是资本资产定价模型。根据资本资产定价模型，单个证券的期望收益率由以下两个部分构成：(1) 无风险利率；(2) 风险溢价，风险溢价的大小取决于度量单个证券系统风险的 β 值，β 值越高，则风险溢价越高。

【典型习题】

1. 以下不属于企业自由现金流贴现模型情况的是（　　）。

A. 零增长　　B. 固定增长　　C. 多阶段　　D. 不增长

2. （　　）的主要思路是，首先估计一个收益率水平 k_1^*，将其代入可变增长模型中。

A. 估算法　　B. 试错法　　C. 假定法　　D. 内设法

3. 根据金融学理论计算出来的要求投资回报率是（　　）。

A. 贴现率　　B. 股权资本成本

C. 平均资金成本　　D. 企业自由现金

4. 关于资本资产定价模型的说明正确的是（　　）。

Ⅰ. 单个证券的期望收益率由两个部分组成，无风险利率以及对所承担风险的补偿风险溢价

Ⅱ. 风险溢价的大小取决于 β 值的大小

Ⅲ. β 值越高，表明单个证券的风险越高，所得到的补偿也就越高

Ⅳ. β 度量的是单个证券的系统风险，非系统性风险没有风险补偿

A. Ⅰ、Ⅲ、Ⅳ　　B. Ⅰ、Ⅱ、Ⅲ

C. Ⅰ、Ⅳ　　D. Ⅰ、Ⅱ、Ⅲ、Ⅳ

【参考答案】

1. D　　2. B　　3. B　　4. D

第三节　相对估值法

【考点归纳】

- 掌握相对估值法的原理与步骤。
- 了解可比公司的特征。
- 熟悉市盈率倍数的概念及应用。
- 熟悉企业价值倍数（EV/EBITDA）的概念及应用。
- 熟悉市盈率相对盈利增长比率（PEG）法的概念及应用。
- 熟悉市净率、市售率的概念及应用

【考点解读】

考点一　相对估值法的原理与步骤（表 8－16）

表 8－16　相对估值法的原理与步骤

项　目		内　容
相对估值法的原理		基于公司未来可预测的收入、净利润等财务指标，且所有相对估值法的共同使用条件是要能找到可比公司，对于某些商业模式极为独特、或者所从事的领域极为细分的公司，由于难以找到可比公司，相对估值法难以适用
相对估值法的步骤	选取可比公司	可比公司是指公司所处的行业、公司的主营业务或主导产品、资本结构、企业规模、市场环境、风险度以及盈利能力等方面相同或相近的公司
	计算目标公司的企业价值或者股价	常用的估值倍数包括市盈率倍数、市净率倍数、EV/EBITDA 倍数等
	计算适用于目标公司的可比指标	通常，选取可比公司的可比指标的平均数或者中位数作为目标公司的指标值
	计算可比公司的估值目标	用这个可比指标值乘以目标公司相应的财务指标，从而计算出目标公司的企业价值或者股价

考点二　可比公司的特征

可比公司指的是公司所处的行业、市场环境、公司的主营业务或主导产品、企业规模、资本结构、盈利能力以及风险程度等方面相同或者相近的公司。

可比公司与甲公司商业模式类似、与甲公司在同一行业、拥有可上市交易的长期债券。

考点三　市盈率估价方法（表8－17）

表8－17　　市盈率估价方法

项　目		内　容
市盈率概念		市盈率（P/E）又称价格收益比或本益比，是每股价格与每股收益之间的比率，其计算公式为： $$市盈率=\frac{每股价格}{每股收益}$$ 如果我们能分别估计出股票的市盈率和每股收益，那么我们就能由此公式估计出股票价格。这种评价股票价格的方法就是市盈率估价方法
简单估计法	算术平均数法或中间数法	这种方法就是将股票各年的市盈率历史数据排成序列，剔除异常数据（过高或过低者），求取算术平均数或是中间数，以此作为对未来市盈率的预测。这一方法适用于市盈率比较稳定的股票
	趋势调整法	这种方法是在算术平均数法或中间数法的基础上再进行调整。假设根据算术平均数法或中间数法已经求得市盈率的一个估计值，这时我们再分析市盈率时间序列的变化趋势。这种分析方法可以在坐标纸上进行，以画趋势线的方法求得一个增减趋势的量的关系式，然后对上面的市盈率的估计值进行修正
	回归调整法	这种方法也是在算术平均数法或中间数法的基础上再进行调整的。先按方法一求出一个市盈率的估计值，据此认为该值是市盈率的正常值，根据异常值总是向正常值回归的趋势，我们对下一年的市盈率作如下预测：如果这一年的市盈率高于这个值，就认为下一年的市盈率值将会向下调整；反之，则认为会向上调整
市场决定法	市场预期回报率倒数法	在不变增长模型中，我们可以进一步假定：第一，公司利润内部保留率为固定不变的b；第二，再投资利润率为固定不变的r，股票持有者的预期回报率与再投资利润率相当。由第二个假设不难得到： $$E_t=E_{t-1}+rI_{t-1}$$ 式中　E——收益； I——再投资。 再由第一个假设得到： $$I_{t-1}=bE_{t-1}$$

续表

项目		内容
市场决定法	市场预期回报率倒数法	代入前面的式子得到： $$E_t=E_{t-1}+brE_{t-1}=E_{t-1}(1+br)$$ 这样，可以得到收益的增长率（g_E）： $$g_E=\frac{E_t-E_{t-1}}{E_{t-1}}=br$$ 由于第一个假设，股息的增长率（g）一定与收益的增长率相同，即： $$g=g_D=g_E=br$$ 因此，不变增长模型可以变形为： $$P_0=\frac{D_0(1+g)}{k-br}$$ 在股票持有者的预期回报率与再投资利润率相当的假设下，即 $r=k$，则： $$P_0=\frac{D_0(1+g)}{r-br}$$ $$r=k=\frac{D_0(1+g)}{(1-b)P_0}=\frac{D_1}{(1-b)P_0}=\frac{E_1}{P_0}$$ $$D_1=(1-b)E_1$$ 从上面的分析中可以看出，在一定的假设条件之下，股票持有者预期的回报率恰好是市盈率的倒数。因此，我们可以通过对各种股票市场预期回报率的分析对市盈率进行预测
	市场归类决定法	在有效市场的假设下，风险结构等类似的公司，其股票市盈率也应相同。因此，只要选取风险结构类似的公司求取市盈率的平均数，就可以此作为市盈率的估计值
回归分析法		回归分析方法是指利用回归分析的统计方法，通过考察股票价格、收益、增长、风险、货币的时间价值和股息政策等各种因素变动与市盈率之间的关系，得出能够最好解释市盈率与这些变量间线性关系的方程，进而根据这些变量的给定值对市盈率大小进行预测的分析方法

考点四　企业价值倍数的概念及应用（表 8－18）

表 8－18　　企业价值倍数的概念及应用

项目	内容
企业价值倍数概念	企业价值倍数，是评估公司价值的指标。企业倍数估值从潜在收购方的角度评估公司的价值，估价过程中包含了债务，而其他估值倍数，例如市盈率则没有包含这方面的考虑

续表

项　　目	内　　容
企业价值倍数应用	企业价值倍数和市盈率等相对估值法指标的用法一样，其倍数相对于行业平均水平或历史水平较高通常说明高估，较低说明低估，不同行业或板块有不同的估值（倍数）水平。但企业价值倍数较市盈率有明显优势，首先由于不受所得税率不同的影响，使得不同国家和市场的上市公司估值更具可比性；其次不受资本结构不同的影响，公司对资本结构的改变都不会影响估值，同样有利于比较不同公司估值水平；最后，排除了折旧摊销这些非现金成本的影响（现金比账面利润重要），可以更准确地反映公司价值。但企业价值倍数更适用于单一业务或子公司较少的公司估值，如果业务或合并子公司数量众多，需要做复杂调整，有可能会降低其准确性

考点五　市盈率相对盈利增长比率法的概念及应用（表 8－19）

表 8－19　　市盈率相对盈利增长比率法的概念及应用

项　　目	内　　容
市盈率相对盈利增长比率法的概念	市盈率相对盈利增长比率（PEG）指标是用公司的市盈率除以公司的盈利增长速度。当时在选股的时候就是选那些市盈率较低，同时它们的增长速度又是比较高的公司，这些公司有一个典型特点就是 PEG 会非常低。 市盈增长比率（PEG 值）是从市盈率衍生出来的一个比率，由股票的未来市盈率除以每股盈余（EPS）的未来增长率预估值得出。粗略而言，PEG 值越低，股价遭低估的可能性越大，这一点与市盈率类似。须注意的是，PEG 值的分子与分母均涉及对未来盈利增长的预测，出错的可能较大。计算 PEG 值所需的预估值，一般取市场平均预估，即追踪公司业绩的机构收集多位分析师的预测所得到的预估平均值或中值
市盈率相对盈利增长比率法的应用	用 PEG 指标选股的好处就是将市盈率和公司业绩成长性对比起来看，其中的关键是要对公司的业绩作出准确的预期。 投资者普遍习惯于使用市盈率来评估股票的价值，但是，当遇到一些极端情况时，市盈率的可操作性就有局限，比如市场上有许多远高于股市平均市盈率水平，甚至高达上百倍市盈率的股票，此时就无法用市盈率来评估这类股票的价值。 但如果将市盈率和公司业绩成长性相对比，那些超高市盈率的股票看上去就有合理性了，投资者就不会觉得风险太大了，这就是 PEG 估值法。PEG 虽然不像市盈率和市净率使用得那样普及，但同样是非常重要的，在某些情况下，还是决定股价变动的决定性因素

考点六　市净率、市售率的概念及应用（表8－20）

表8－20　　市净率、市售率的概念及应用

项　　目	内　　容
市净率	市净率是指股票市场价格与每股净资产的比率，其计算公式为： 市净率＝股票市场价格/每股净资产 通过市净率定价法估计股票发行价格时，首先应根据审核后的净资产计算出发行人的每股净资产；然后，根据二级市场的平均市净率、发行人的行业情况、发行人的经营状况及其净资产收益率等拟定发行市净率；最后，依据发行市净率与每股净资产的乘积决定发行价
市售率	市售率为股票价格与每股销售收入之比，市售率高的股票相对价值较高，以市售率为评分依据，给予0到100之间的一个评分，市售率评分越高，相应的股票价值也较高。 市售率＝股票价格/（每股）销售收入×100% 用每股价格与每股销售额计算出来的市售率可以明显反映出新兴市场公司的潜在价值，市售率是评价公司股票价值的一个重要指标

【真题回顾】

一、单项选择题（以下备选项中只有一项符合题目要求）

如果中央银行倾向于降低无风险收益率，那么我们可以预测公司的平均资金成本（WACC）将会（　　）。

A. 无法确定　　B. 不变　　C. 上升　　D. 下降

【答案】 D

【解析】 本题考核的是公司的平均资金成本。平均资金成本的公式为：$WACC=\frac{E}{E+D}\times K_E+\frac{D}{E+D}\times K_D\times(1-T)$。由于中央银行倾向于降低无风险收益率，因此，公司的负债成本KD下降，公司的平均资金成本随之下降。

二、组合型选择题（以下备选项中只有一项最符合题目要求）

市净率与市盈率都可以作为反映股票价值的指标，（　　）。

Ⅰ. 市盈率越大，说明股价处于越高的水平

Ⅱ. 市净率越大，说明股价处于越高的水平

Ⅲ. 市盈率通常用于考察股票的内在价值，多为长期投资者所重视

Ⅳ. 市净率通常用于考察股票的内在价值，多为长期投资者所重视

A. Ⅰ、Ⅲ　　B. Ⅰ、Ⅳ　　C. Ⅰ、Ⅱ、Ⅳ　　D. Ⅱ、Ⅲ、Ⅳ

【答案】C

【解析】本题考核的是市净率与市盈率。市盈率通常用于考察股票的供求状况，更为短期投资者所关注。

【典型习题】

1. 以下属于市盈率估价方法中市场决定法的是（ ）。

A. 算术平均数法或中间数法

B. 趋势调整法

C. 回归调整法

D. 回报率倒数法

2. 甲公司目前没有上市债券，在采用可比公司法测算公司的债务资本成本时，选择的可比公司应具有的特征有（ ）。

Ⅰ. 与甲公司商业模式类似

Ⅱ. 与甲公司在同一行业

Ⅲ. 拥有可上市交易的长期债券

Ⅳ. 与甲公司在同一生命周期阶段

A. Ⅰ、Ⅲ B. Ⅰ、Ⅳ C. Ⅰ、Ⅱ、Ⅲ D. Ⅱ、Ⅲ、Ⅳ

3. 简单估计法包括（ ）。

Ⅰ. 算术平均数法或中间数法

Ⅱ. 趋势调整法

Ⅲ. 回归调整法

Ⅳ. 预期回报率倒数法

A. Ⅰ、Ⅲ B. Ⅰ、Ⅳ C. Ⅰ、Ⅱ、Ⅲ D. Ⅱ、Ⅲ、Ⅳ

【参考答案】

1. D 2. C 3. C

第九章 固定收益证券

第一节 基本理论

【考点归纳】

- 熟悉基准利率、货币市场利率的概念。
- 熟悉决定利率方向与变化幅度的因素。
- 熟悉经济基本面、资金面与收益率曲线的关系。
- 了解不同经济阶段收益率曲线的特点

【考点解读】

考点一 基准利率、货币市场利率的概念（表9—1）

表9—1 基准利率、货币市场利率的概念

项 目	内 容
基准利率	基准利率是金融市场上具有普遍参照作用的利率，其他利率水平或金融资产价格均可根据这一基准利率水平来确定。基准利率是利率市场化的重要前提之一，在利率市场化条件下，融资者衡量融资成本，投资者计算投资收益，以及管理层对宏观经济的调控，客观上都要求有一个普遍公认的基准利率水平作参考。所以，从某种意义上讲，基准利率是利率市场化机制形成的核心
货币市场利率	货币市场利率包括同业拆借利率、商业票据利率、国债回购利率、国债现货利率、外汇比价等。从利率形成的机制看，货币市场利率对社会资金供求关系有着灵敏性和高效性，是反映市场资金状况、衡量金融产品收益率的重要指标。 国外一些国家利率市场化都先从发展货币市场入手，通过增加短期金融工具品种和扩大货币市场规模来完善货币市场，使非贷款类短期金融资产利率自由化，产生一个可靠的货币利率信号，形成对银行存贷款利率的促动，最终形成市场化的利率体系。央行也以货币市场利率水平为依据，监控市场利率水平，预测市场利率走势，制定基础利率。所以，货币市场利率是利率市场化的关键环节

考点二　决定利率方向与变化幅度的因素（表 9－2）

表 9－2　决定利率方向与变化幅度的因素

项　目	内　容
基准利率	马克思的利率决定观认为，利率取决于平均利润率，介于零和平均利润率之间。 利率的高低取决于总利润在贷款人和借款人之间的分割比例。 利率具有三个特点：长期内平均利润率处于下降趋势，影响利率出现相同的趋势；利润率下降缓慢，利率比较稳定；利率决定具有一定的偶然性
投资和储蓄	古典学派投资与储蓄都与利率相关，投资是利率的减函数，储蓄是利率的增函数即利率越高，人们越愿意储蓄，从而储蓄越多，当储蓄与投资相等时，利率得以决定
货币供求	凯恩斯的流动性偏好理论根据货币市场的均衡分析利率水平。该理论认为，均衡的利率水平由货币供给和货币需求决定。 货币需求由交易需求、预防需求和投机需求这三种需求构成。其中，交易需求、预防需求与收入相关，投机需求与利率相关。货币供给是一个外生变量，由政府决定。利率决定于货币供求数量。货币需求量基本取决于人们的流动性偏好。如果人们对流动性的偏好强，愿意持有的货币数量就增加，当货币的需求大于货币的供给时，利率上升；反之利率则下降。因此，利率是由流动性偏好曲线与货币供给曲线共同决定的。“流动性陷阱”：当利率极低时，由于货币需求无限大，利率将不再变动，即无论增加多少货币供应，货币都会被储存起来，不会对利率产生任何影响，这就是凯恩斯利率决定理论中著名的“流动性陷阱”
借贷资金供求	可贷资金理论认为利率是使用借贷资金的代价，而借贷资金的需求则与利率成反向相关关系，借贷资金的供求的均衡决定利率水平。 当市场上借贷资金供不应求时，利率就会上升；反之，当市场上借贷资金供过于求时，利率就会下降
商品市场与货币市场同时实现均衡的条件	IS-LM 模型认为均衡利率水平是由商品市场与货币市场同时实现均衡的条件所决定的。当货币市场和商品市场达到均衡状态时，利率水平也达到了均衡状态
通货膨胀预期	物价的变动主要表现为货币本身的升值或贬值：物价下跌，货币升值；物价上涨，货币贬值。借贷双方在决定接受某一水平的名义利率时，都要考虑到对未来物价预期变动的补偿，以防止自己因货币的实际价值发生变动而亏损。所以，在预期通货膨胀率上升时，利率水平有很强的上升趋势；反之，在预期通货膨胀率下降时，利率水平也趋于下降

续表

项　　目	内　　容
货币政策	中央银行为实现其特定的经济目标而采用的各种控制和调节货币供应量或信用量的方针和措施的总称，包括信贷政策、利率政策和外汇政策。 （1）当中央银行刺激经济时，会增加货币投入量，使可贷资金的供给增加，可贷资金供给曲线向右移动，此时利率下降。 （2）当中央银行限制经济过度膨胀时，会减少货币供给，使可贷资金的供给减少，可贷资金供给曲线向左移动，此时利率上升

考点三　经济基本面、资金面与收益率曲线的关系

基本面即公司的经营业绩、盈利能力和成长性，是影响公司股价的决定性因素。经营业绩是判断股价的关键，从表面上看，似乎股价与效率、业绩之间没有直接关系，但从长远眼光来看，公司经营效率、业绩的提高，可以带动股价上涨；效率低下，业绩不振，股价也跟着下跌。“股价随业绩调整”是股市不变的原则，有时候，行情跌与业绩脱离关系，只是偶然现象，不管股价怎样千变万化，最后还是脱离不了业绩。时间能证明，只有业绩是股价最强烈的支持力量。长期投资者只要把握了股价与业绩的这种相互关系，就会在股票投资中稳操胜券。

资金面一词多出现在投资理财领域，表示货币供应量以及市场调控政策对金融产品的支持能力。资金面的指标包括广义货币供应量、印花税、央行利率等。

收益率曲线是显示一组货币和信贷风险均相同，但期限不同的债券或其他金融工具收益率的图表。纵轴代表收益率，横轴则是距离到期的时间。收益率是指个别项目的投资收益率，利率是所有投资收益的一般水平，在大多数情况下，收益率等于利率，但也往往会发生收益率与利率的背离，这就导致资本流入或流出某个领域或某个时间，从而使收益率向利率靠拢。债券收益率在时期中的走势未必均匀，这就有可能形成向上倾斜、水平以及向下倾斜的三种收益曲线。

考点四　不同经济阶段收益率曲线的特点（表9－3）

表9－3　　不同经济阶段收益率曲线的特点

项　　目	内　　容
陡直的收益率曲线	一般出现在紧随经济衰退后的经济扩张初期。这时候，经济停滞已经压抑短期利率，但是一旦增长的经济活动重新建立对资本的需求（及对通胀的恐惧），利率一般会开始上升
倒置的收益率曲线	传统上，表示经济即将会缓慢下来。财务机构通常会以短期利率借贷，并会长期借出资金。一般而言，当长期利率高于短期利率而两者又相对性高，在这种情况下，银行的借贷通常较低。一般来说，

续表

项　目	内　容
倒置的收益率曲线	较低的企业借贷额会导致信贷紧缩、业务缓慢以及经济减弱。 减少发行长期债券促使投资者购买年期较长的债券，进而拉高长期债券的价格以及压低其收益率，于是产生倒置曲线。（债券价格与收益率的走向相反）然而，联储在 2001 年进行了激进的减息措施，在压低短期利率的情况下，收益率曲线返回传统的上升形状

【真题回顾】

组合型选择题（以下备选项中只有一项最符合题目要求）

债券的利率期限结构主要包括（　　）收益率曲线。

Ⅰ. 反向　　Ⅱ. 水平　　Ⅲ. 正向　　Ⅳ. 拱形

A. Ⅰ、Ⅱ、Ⅲ　　B. Ⅱ、Ⅲ、Ⅳ

C. Ⅰ、Ⅲ、Ⅳ　　D. Ⅰ、Ⅱ、Ⅲ、Ⅳ

【答案】 D

【解析】 本题考核的是债券的利率期限结构。债券的利率期限结构是指债券的到期收益率与到期期限之间的关系，主要包括四类收益率曲线：反向、水平、正向和拱形。

【典型习题】

1.（　　）的利率决定观认为，利率取决于平均利润率，介于零和平均利润率之间。

A. 尤金　　B. 马克思　　C. 古典学派　　D. 凯恩斯

2. 一般出现在紧随经济衰退后的经济扩张初期，这时候，经济停滞已经压抑短期利率，但是一旦增长的经济活动重新建立对资本的需求（及对通胀的恐惧），利率一般会开始上升，这描述的是不同经济阶段（　　）的特点。

A. 陡直的收益率曲线　　B. 倒置的收益率曲线

C. 回升的收益率曲线　　D. 下降的收益率曲线

3. 货币需求由（　　）构成。

Ⅰ. 交易需求　　Ⅱ. 预防需求　　Ⅲ. 投机需求　　Ⅳ. 变动需求

A. Ⅰ、Ⅱ、Ⅲ　　B. Ⅱ、Ⅲ、Ⅳ

C. Ⅰ、Ⅲ、Ⅳ　　D. Ⅰ、Ⅱ、Ⅲ、Ⅳ

4. 债券收益率在时期中的走势未必均匀，这就有可能形成（　　）。

Ⅰ. 收益曲线　　Ⅱ. 向上倾斜

Ⅲ. 投机需求　　Ⅳ. 水平以及向下倾斜

A. Ⅰ、Ⅱ、Ⅲ　　B. Ⅱ、Ⅲ、Ⅳ　　C. Ⅰ、Ⅲ、Ⅳ　　D. Ⅰ、Ⅱ、Ⅳ

【参考答案】

1. B　　2. A　　3. A　　4. D

第二节　债券定价

【考点归纳】

➢ 掌握债券的概念和分类。

➢ 熟悉不同类别债券累计利息的计算和实际支付价格的计算。

➢ 熟悉债券现金流的确定因素。

➢ 掌握债券贴现率的概念及计算公式。

➢ 熟悉债券估值模型。

➢ 熟悉债券当期收益率、到期收益率、即期利率、持有期收益率、赎回收益率的计算。

➢ 掌握收益率曲线的概念及类型。

➢ 熟悉期限结构的影响因素及利率期限结构理论。

➢ 熟悉资产证券化产品、非公开定向债务融资工具（PPN）、中小企业私募债、城投债、市政债、项目收益债券的风险及定价方法

【考点解读】

考点一　债券的概念和分类（表9—4）

1. 债券的概念

债券是一种有价证券。由于债券的利息通常是事先确定的，所以债券是固定利息证券（定息证券）的一种。在金融市场发达的国家和地区，债券可以上市流通，并且承诺按特定利率支付利息并按约定条件偿还本金的债权债务凭证。

2. 债券的分类

表9—4　债券的分类

项目		内容
按发行主体划分	政府债券	政府债券是政府为筹集资金而发行的债券。主要包括国债、地方政府债券等，其中最主要的是国债。国债因其信誉好、利率优、风险小而又被称为“金边债券”。除了政府部门直接发行的债券外，有些国家把政府担保的债券也划归为政府债券体系，称为政府保证债券。这种债券由一些与政府有直接关系的公司或金融机构发行，并由政府提供担保

续表

项　　目		内　　容
按发行主体划分	金融债券	金融债券是由银行和非银行金融机构发行的债券。在我国目前金融债券主要由国家开发银行、进出口银行等政策性银行发行。金融机构一般有雄厚的资金实力，信用度较高，因此金融债券往往有良好的信誉
	公司（企业）债券	在国外，没有企业债和公司债的划分，统称为公司债。在我国，企业债券是按照《企业债券管理条例》规定发行与交易、由国家发展与改革委员会监督管理的债券，在实际中，其发债主题为中央政府部门所属机构、国有独资企业或国有控股企业，因此，它在很大程度上体现了政府信用。公司债券管理机构为中国证券监督管理委员会，发债主题为按照《公司法》设立的公司法人，在实践中，其发行主体为上市公司，其信用保障是发债公司的资产质量、经营状况、盈利水平和持续赢利能力等。公司债券在证券登记结算公司统一登记托管，可申请在证券交易所上市交易，其信用风险一般高于企业债券。2008 年 4 月 15 日起施行的《银行间债券市场非金融企业债务融资工具管理办法》进一步促进了企业债券在银行间债券市场的发行，企业债券和公司债券成为我国商业银行越来越重要的投资对象
按财产担保划分	抵押债券	抵押债券是以企业财产作为担保的债券，按抵押品的不同又可以分为一般抵押债券、不动产抵押债券、动产抵押债券和证券信托抵押债券。以不动产如房屋等作为担保品，称为不动产抵押债券；以动产如适销商品等作为提供品的，称为动产抵押债券；以有价证券如股票及其他债券作为担保品的，称为证券信托债券。一旦债券发行人违约，信托人就可将担保品变卖处置，以保证债权人的优先求偿权
	信用债券	信用债券是不以任何公司财产作为担保，完全凭信用发行的债券。政府债券属于此类债券。这种债券由于其发行人的绝对信用而具有坚实的可靠性。除此之外，一些公司也可发行这种债券，即信用公司债。与抵押债券相比，信用债券的持有人承担的风险较大，因而往往要求较高的利率。为了保护投资人的利益，发行这种债券的公司往往受到种种限制，只有那些信誉卓著的大公司才有资格发行。除此以外在债券契约中都要加入保护性条款，如不能将资产抵押其他债权人、不能兼并其他企业、未经债权人同意不能出售资产、不能发行其他长期债券等

续表

项目		内容
按债券形态分类	实物债券（无记名债券）	实物债券是一种具有标准格式实物券面的债券。它与无实物票卷相对应，简单地说就是发给你的债券是纸质的而非电脑里的数字。 在其券面上，一般印制了债券面额、债券利率、债券期限、债券发行人全称、还本付息方式等到各种债券票面要素。其不记名，不挂失，可上市流通。实物债券是一般意义上的债券，很多国家通过法律或者法规对实物债券的格式予以明确规定。实物债券由于其发行成本较高，将会被逐步取消
	凭证式债券	凭证式国债是指国家采取不印刷实物券，而用填制“国库券收款凭证”的方式发行的国债。我国从1994年开始发行凭证式国债。凭证式国债具有类似储蓄、又优于储蓄的特点，通常被称为“储蓄式国债”，是以储蓄为目的的个人投资者理想的投资方式。从购买之日起计息，可记名、可挂失，但不能上市流通。与储蓄类似，但利息比储蓄高
	记账式债券	记账式债券指没有实物形态的票券，以电脑记账方式记录债权，通过证券交易所的交易系统发行和交易。我国近年来通过沪、深交易所的交易系统发行和交易的记账式国债就是这方面的实例。如果投资者进行记账式债券的买卖，就必须在证券交易所设立账户。所以，记账式国债又称无纸化国债
按是否可转换划分	可转换债券	可转换债券是指在特定时期内可以按某一固定的比例转换成普通股的债券，它具有债务与权益双重属性，属于一种混合性筹资方式。由于可转换债券赋予债券持有人将来成为公司股东的权利，因此其利率通常低于不可转换债券。若将来转换成功，在转换前发行企业达到了低成本筹资的目的，转换后又可节省股票的发行成本。根据《公司法》的规定，发行可转换债券应由国务院证券管理部门批准，发行公司应同时具备发行公司债券和发行股票的条件
	不可转换债券	不可转换债券是指不能转换为普通股的债券，又称为普通债券。由于其没有赋予债券持有人将来成为公司股东的权利，所以其利率一般高于可转换债券
按付息的方式划分	零息债券	零息债券，也叫贴现债券，是指债券券面上不附有息票，在票面上不规定利率，发行时按规定的折扣率，以低于债券面值的价格发行，到期按面值支付本息的债券。从利息支付方式来看，贴现国债以低于面额的价格发行，可以看做是利息预付，因而又可称为利息预付债券、贴水债券。是期限比较短的折现债券

续表

项　目		内　容
按付息的方式划分	定息债券	固定利率债券是将利率印在票面上并按其向债券持有人支付利息的债券。该利率不随市场利率的变化而调整，因而固定利率债券可以较好地抵制通货紧缩风险
	浮息债券	浮动利率债券的息票率是随市场利率变动而调整的利率。因为浮动利率债券的利率同当前市场利率挂钩，而当前市场利率又考虑到了通货膨胀率的影响，所以浮动利率债券可以较好地抵制通货膨胀风险。其利率通常根据市场基准利率加上一定的利差来确定。浮动利率债券往往是中长期债券
按是否能够提前偿还划分	可赎回债券	可赎回债券是指在债券到期前，发行人可以以事先约定的赎回价格收回的债券。公司发行可赎回债券主要是考虑到公司未来的投资机会和回避利率风险等问题，以增加公司资本结构调整的灵活性。发行可赎回债券最关键的问题是赎回期限和赎回价格的制定
	不可赎回债券	不可赎回债券是指不能在债券到期前收回的债券
按偿还方式不同划分	一次到期债券	一次到期债券是发行公司于债券到期日一次偿还全部债券本金的债券
	分期到期债券	分期到期债券可以减轻发行公司集中还本的财务负担
按计息方式分类	单利债券	单利债券指在计息时，不论期限长短，仅按本金计息，所生利息不再加入本金计算下期利息的债券
	复利债券	复利债券与单利债券相对应，指计算利息时，按一定期限将所生利息加入本金再计算利息，逐期滚算的债券
	累进利率债券	累进利率债券指年利率以利率逐年累进方法计息的债券。累进利率债券的利率随着时间的推移，后期利率比前期利率更高，呈累进状态
按债券是否记名分类		按债券上是否记有持券人的姓名或名称，分为记名债券和无记名债券。这种分类类似于记名股票与无记名股票的划分。 在公司债券上记载持券人姓名或名称的为记名公司债券；反之为无记名公司债券。两种债券在转让上的差别也与记名股票、无记名股票相似

续表

项　　目	内　　容
按是否参加公司盈余分配分类	按是否参加公司盈余分配，分为参加公司债券和不参加公司债券。 债权人除享有到期向公司请求还本付息的权利外，还有权按规定参加公司盈余分配的债券，为参加公司债券；反之为不参加公司债券
按能否上市分类	按能否上市，分为上市债券和非上市债券。 可在证券交易所挂牌交易的债券为上市债券；反之为非上市债券。上市债券信用度高，价值高，且变现速度快，故而容易吸引投资者，但上市条件严格，并要承担上市费用

考点二　不同类别债券累计利息的计算和实际支付价格的计算（表9—5）

表9—5　　不同类别债券累计利息的计算和实际支付价格的计算

项　　目	内　　容
短期债券	通常全年天数定为360天，半年定为180天。利息累积天数则分为按实际天数（ACT）计算（ACT/360、ACT/180）和按每月30天计算（30/360、30/180）两种
中长期附息债券	全年天数有的定为实际全年天数，也有的定为365天。累计利息天数也分为实际天数、每月按30天计算两种。 我国交易所市场对附息债券的计息规定是全年天数统一按365天计算；利息累积天数规则是按实际天数计算，算头不算尾，且闰年2月29日不计息
贴现式债券	我国目前对于贴现发行的零息债券按照实际天数计算累计利息，闰年2月29日也计利息，公式为： $应计利息额=\frac{到期总付额-发行价格}{起息日至到期日的天数}\times 起息日至结算日的天数$

考点三　债券现金流的确定因素（表9—6）

表9—6　　债券现金流的确定因素

项　　目	内　　容
债券的面值和票面利率	除少数本金逐步摊还的债券外，多数债券在到期日按面值还本。票面利率通常采用年单利表示，票面利率乘以付息间隔和债券面值即得到每期利息支付金额。短期债券一般不付息，而是到期一次性还本，因此要折价交易
计付息间隔	债券在存续期内定期支付利息，我国发行的各类中长期债券通常是每年付息一次，欧美国家则是半年一次。付息间隔短的债券，风险相对较小

续表

项　目	内　容
债券的嵌入式期权条款	一般来说，凡是有利于发行人的条款都会相应降低债券价值，反之，有利于持有人的条款都会提高债券的价值
债券的税收待遇	投资者拿到的实际上是税后的现金流，因此，免税债券与可比的应纳税债券相比，价值要大一些
其他因素	债券的付息方式、债券的币种等因素都会影响债券的现金流

考点四　债券贴现率的概念及计算公式（表9—7）

表9—7　债券贴现率的概念及计算公式

项　目	内　容
债券贴现率概念	债券贴现率是指投资者对债券要求的最低回报率，也称为必要回报率。 债券贴现率＝真实无风险收益率＋预期通货膨胀率＋风险溢价
真实无风险收益率	真实无风险收益率，是指真实资本的无风险回报率，理论上由社会资本平均回报率决定
预期通货膨胀率	预期通货膨胀率，是对未来通货膨胀率的估计值
风险溢价	风险溢价，根据各种债券的风险大小而定，是投资者因承担投资风险而获得的补偿。债券投资的主要风险因素包括违约风险（信用风险）、流动性风险、汇率风险等

考点五　债券估值模型（表9—8）

表9—8　债券估值模型

项　目	内　容
计算公式	根据现金流贴现的基本原理，不含嵌入式期权的债券理论价格计算公式为： $$P=\sum_{t=1}^{T}\frac{C_t}{(1+y)^t}$$ 式中　P——债券理论价格； T——债券距到期日时间长短（通常按年计算）； t——现金流到达的时间； C——现金流金额； y——贴现率（通常为年利率）

续表

项　　目	内　　容
零息债券定价	零息债券不计利息，折价发行，到期还本，通常 1 年期以内的债券为零息债券。其定价公式为： $$P=\frac{FV}{(1+y)^T}$$ 上式中，FV 为零息债券的面值
付息债券定价	零息债券可以视为一组零息债券的组合。附息债券是指在债券券面上附有息票的债券，或是按照债券票面载明的利率及支付方式支付利息的债券。附息债券可以视为一组零息债券的组合，用零息债券的定价公式分别为其中每只债券定价，加总后即为附息债券的理论价格。用公式表示： $$P=\sum_{t=1}^{n}\frac{C_t}{(1+y_t)^t}$$ 式中　P——债券理论价格； n——债券距到期日时间长短（通常按年计算）； t——现金流到达的时间； C——现金流金额； y_t——贴现率（通常为年利率）。
累息债券定价	与付息债券不同的是，累息债券也有票面利率，但是规定到期一次性还本付息。可将其视为面值等于到期还本付息额的零息债券，并按零息债券定价公式定价

考点六　债券收益率（表 9－10）

表 9－10　　债券收益率

项　　目	内　　容
债券当期收益率	当期收益率又称直接收益率，是指利息收入所产生的收益，通常每年支付两次，它占了公司债券所产生收益的大部分。 当期收益率是债券的年息除以债券当前的市场价格所计算出的收益率。它并没有考虑债券投资所获得的资本利得或是损失，只在衡量债券某一期间所获得的现金收入相较于债券价格的比率，其计算公式为： $$i_c=\frac{C}{P_b}$$ 式中　i_c——当期收益率； P_b——息票债券的价格； C——年息票利息

续表

项　　目	内　　容
到期收益率	所谓到期收益，是指将债券持有到偿还期所获得的收益，包括到期的全部利息。到期收益率又称最终收益率，是投资购买国债的内部收益率，即可以使投资购买国债获得的未来现金流量的现值等于债券当前市价的贴现率。 它相当于投资者按照当前市场价格购买并且一直持有到满期时可以获得的年平均收益率。 设 F 为债券的面值，C 为按票面利率每年支付的利息，P_v 为债券当前市场价格，r 为到期收益率，则： $$P_v=\sum_{t=1}^{n}\frac{C_t}{(1+r)^t}+\frac{F}{(1+r)^n}$$ $$P_v=\frac{C_1}{1+r}+\frac{C_2}{(1+r)^2}+\cdots+\frac{C_n}{(1+r)^n}+\frac{F}{(1+r)^n}$$
即期利率	即期利率是指债券票面所标明的利率或购买债券时所获得的折价收益与债券面值的比率。它是某一给定时点上无息证券的到期收益率。 债券有两种基本类型：有息债券和无息债券。购买政府发行的有息债券，在债券到期后，债券持有人可以从政府得到连本带利的一次性支付，这种一次性所得收益与本金的比率就是即期利率。购买政府发行的无息债券，投资者可以低于票面价值的价格获得，债券到期后，债券持有人可按票面价值获得一次性的支付，这种购入价格的折扣额相对于票面价值的比率则是即期利率。 t 年期即期利率的计算公式： $$P_t=\frac{M_t}{(1+S_t)^t}$$ P_t 是 t 年期无息债券的当前市价，M_t 是到期价值，S_t 是 t 年期即期利率
持有期收益率	持有期收益率（HPR）是一个重要的投资效率指标，它是指从购入到卖出这段特有期限里所能得到的收益率。持有期收益率和到期收益率的差别在于将来值的不同。债券持有期收益率是指债券持有人在持有期间获得的收益率，能综合反映债券持有期间的利息收入情况和资本损益水平，其计算公式为： $$\text{HPR}=\frac{\text{卖出价格}-\text{买入价格}+\text{持有期间的利息}}{\text{买入价格}\times\text{持有年限}}\times 100\%$$

续表

项　　目	内　　容
赎回收益率	赎回收益率（YTC）以平均年收益率表示，用以衡量从购买日到债券被发行人购回日，个人从债券投资中得到的收益。YTC一般指的是第一赎回收益率，即假设赎回发生在第一次可赎回的时间，从购买到赎回的内在收益率。 首次赎回收益率是累计到首次赎回日止，利息支付额与指定的赎回价格加总的现金流量的现值等于债券赎回价格的利率。赎回收益率的计算公式为： $$P=\sum_{t=1}^{n^*}\frac{C}{(1+Y)^t}+\frac{M^*}{(1+Y)^{n^*}}$$ 式中　C——利息收入； Y——赎回收益率； P——发行价格； n^*——直至第一个赎回日的时期数（年数）； M^*——赎回价格

考点七　收益率曲线的概念及类型（表9—11）

表9—11　　收益率曲线的概念及类型

项　　目	内　　容
收益率曲线的概念	收益率曲线是分析利率走势和进行市场定价的基本工具，也是进行投资的重要依据。国债在市场上自由交易时，不同期限及其对应的不同收益率，形成了债券市场的“基准利率曲线”。市场因此而有了合理定价的基础，其他债券和各种金融资产均在这个曲线基础上，考虑风险溢价后确定适宜的价格
收益率曲线的类型	收益率曲线按照曲线形状可划分为：正向收益率曲线、反向收益率曲线、水平收益率曲线和拱形收益率曲线。四条曲线的形状如图9—1所示。 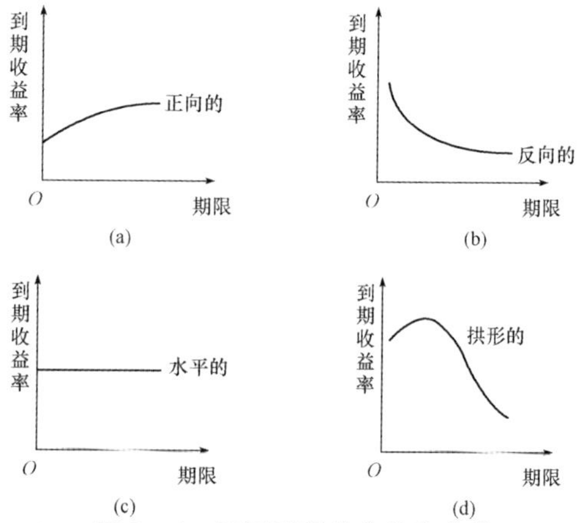 **图9—1　不同形状的收益率曲线**

考点八　期限结构的影响因素及利率期限结构理论（表 9－12）

表 9－12　　期限结构的影响因素及利率期限结构理论

<table>
<tr><th colspan="2">项　目</th><th>内　容</th></tr>
<tr><td colspan="2">期限结构的影响因素</td><td>利率期限结构是指在某一时点上，不同期限资金的收益率与到期期限之间的关系。利率的期限结构反映了不同期限的资金供求关系，揭示了市场利率的总体水平和变化方向，为投资者从事债券投资和政府有关部门加强债券管理提供可参考的依据。
影响期限结构的因素主要有：对未来利率变动方向的预期；债券预期收益中可能存在的流动性溢价；市场利率低下或者资金在长期和短期市场之间流动可能存在的障碍</td></tr>
<tr><td rowspan="3">利率期限结构理论</td><td>市场预期理论的理论要点</td><td>（1）利率期限结构完全取决于对未来利率的市场预期。如果预期未来利率上升，则利率期限结构会呈上升趋势；如果预期未来利率下降，则利率期限结构会呈下降趋势。
（2）某一时点的各种期限债券的即期利率是不同的。
（3）长期债券是短期债券的理想替代物</td></tr>
<tr><td>流动性偏好理论的理论要点</td><td>（1）相信投资者并不认为长期债券是短期债券的理想替代物。
（2）投资者在接受长期债券时会要求对他接受的与债券的较长的偿还期限相联系的风险给予补偿。
（3）远期利率不再只是对未来即期利率的无偏估计，还包含了流动性溢价，即远期利率和未来的预期即期利率之间的差额。
（4）利率期限结构上升的情况要多于利率期限结构下降的情况</td></tr>
<tr><td>假设条件</td><td>市场分割理论认为预期理论的假设条件在现实中是不成立的，因此也不存在预期形成的收益曲线；事实上整个金融市场是被不同期限的债券所分割开来的，而且不同期限的债券之间完全不能替代。
该理论认为，由于存在法律、偏好或其他因素的限制，投资者和债券的发行者都不能无成本地实现资金在不同期限的证券之间的自由转移。因此，证券市场并不是一个统一的无差别的市场，而是分别存在着短期市场、中期市场和长期市场。不同市场上的利率分别各市场的供给和需求决定。当长期债券供给曲线与需求曲线的交点高于短期债券供给曲线与需求曲线的交点时，债券的收益率曲线向上倾斜；相反，当长期债券供给曲线与需求曲线的交点低于短期债券供给曲线与需求曲线的交点时，债券的收益率曲线向下倾斜</td></tr>
</table>

考点九　资产证券化产品、非公开定向债务融资工具（PPN）、中小企业私募债、城投债、市政债、项目收益债券的风险及定价方法

1. 资产证券化产品的风险及定价方法（表9—13）

表9—13　　资产证券化产品的风险及定价方法

项　目		内　容
资产证券化产品的风险	欺诈风险	从美国证券市场及其他国家证券市场中的一些案例我们可以了解到，由于欺诈的发生而使投资者受损的例子屡见不鲜。陈述书、保证书、法律意见书、会计师的无保留意见书及其他类似文件被仍不足以控制欺诈风险的发生
	法律风险	虽然法律函件及意见书原本是为了消除外部的风险因素，但有时法律的不明确性及条款的变化本身往往成为整个交易过程中的风险因素，事实上法律风险是资产证券化过程中一直伴随且起关键作用的一种风险
	金融管理风险	资产证券化是金融管理发展的高峰，它代表了履约、技术和结构技巧的完美的平衡。如果任一因素发生故障，整个交易可能面临风险。我们把这种风险称为金融管理风险，主要包括参与者不能按协议进行交易，设备不能按要求运作如电脑故障，以及交易机制出现故障等
	等级下降风险	从已有的证券化实例中人们已经证实，资产证券化特别容易受到等级下降的损害，因为资产证券化交易的基础包含许多复杂多样的因素，如果这些因素之一恶化，整个证券发行的等级就会陷入危险境地，从而对市场产生巨大的影响
资产证券化产品的定价方法		资产证券化产品定价分为绝对估值与相对估值两种，业内以相对估值为主。相对估值是指将证券化产品的收益率与基准收益率对比，并计算两者之间的利差。常用的利差有名义利差、零波动率利差和OAS。名义利差和零波动率利差虽然简单直接，但缺陷也是明显的，两者都没有考虑到证券化产品通常含有嵌入式期权。因此，OAS在证券化产品定价中更常用。由于多数证券化产品的现金流都依赖于利率变化，即是路径依赖的，因此使用蒙特卡洛模拟计算OAS

2. 非公开定向债务融资工具的风险及定价方法（表9—14）

表9—14　　非公开定向债务融资工具的风险及定价方法

项　目	内　容
非公开定向债务融资工具的风险	非公开定向发行是指具有法人资格的非金融企业，向银行间市场特定机构投资人发行债务融资工具，并在特定机构投资人范围内流通转让的行为。

续表

项　　目	内　　容
非公开定向债务融资工具的风险	在银行间债券市场以非公开定向发行方式发行的债务融资工具称为非公开定向债务融资工具。在风险方面，虽然是非公开发行债券，但PPN的违约风险相对而言较低。一方面，目前已发行债券的评级普遍较高；另一方面，目前我国PPN的主承销商主要是银行和中信、中金两家券商，承销商的资金实力和声誉形成进一步的偿债担保
非公开定向债务融资工具的定价方法	在市场定价方面，非公开定向工具的发行价格、发行利率、所涉费率遵循自律规则，按市场方式确定，与公开发行债务融资工具相比存在着一定的流动性溢价

3. 中小企业私募债和城投债（表9—15）

表9—15　　中小企业私募债和城投债

项　　目	内　　容
中小企业私募债	中小企业私募债的风险主要包括信用风险、流动性风险、市场风险、道德风险等。信用风险指发债主体违约的风险，是中小企业私募债最大的风险。流动性风险是由于中小企业私募债交投不活跃导致的投资者被迫持有到期的风险。市场风险是未来市场价格（利率、汇率、股票价格、商品价格等）的不确定性带来的风险，它影响债券的实际收益率。道德风险是指参与主体在最大限度地增进自身效用的同时做出不利于他人的行动的风险
城投债	城投债是指为地方经济和社会发展筹集资金，由地方政府投融资平台公司发行的债券，包括企业债、公司债、中期票据、短期融资券、非公开定向债务融资工具（PPN）等。 城投债的风险主要体现在，地方政府目前从事的融资项目多为基建设施，其盈利往往取决于未来地价的攀升情况。这种以未来土地资源收益做溢价的借债融资方式，往往蕴含巨大风险

4. 市政债和项目收益债券（表9—16）

表9—16　　市政债和项目收益债券

项　　目	内　　容
市政债概念	地方政府债券也被称为市政债券，是指地方政府根据信用原则、以承担还本付息责任为前提而筹集资金的债务凭证，是指有财政收入的地方政府及地方公共机构发行的债券。地方政府债券一般用于交通、通讯、住宅、教育、医院和污水处理系统等地方性公共设施的建设

续表

项　　目	内　　容
市政债的风险	在中国经济转轨的特定历史背景下，允许地方政府发行市政收益债券会面临诸种风险，这不仅有相对于发行者和购买者而言的市场风险，还有相对于政府而言的公共风险和财政风险，以及由中国现在体制因素带来的信用风险。 （1）政府作为投资主体，监督和约束机制不健全。 （2）地方财政的非独立责任性。 （3）地方政府信用评级缺失。 （4）原有隐性债务的历史负担。 （5）地方政企不分的隐患
市政债的定价方法	基于我国债券市场的现状，在实践操作中，需要从以下几方面形成和完善市政债券的定价制度： （1）以国债收益率作为市政债券定价的基准利率； （2）对地方政府进行信用评级，确定市政债券市场风险利率； （3）推广更为市场化的簿记路演询价定价方式
项目收益债券	项目收益债券，是由项目实施主体或其实际控制人发行的，与特定项目相联系的，债券募集资金用于特定项目的投资与建设，债券的本息偿还资金完全或主要来源于项目建成后运营收益的企业债券。 与一般企业债相比，项目收益债券信用分析应主要关注：项目运营收入的测算，账户资金到账和划转的设置，差额补偿人的信用资质、偿债能力、偿债意愿等

【真题回顾】

一、单项选择题（以下备选项中只有一项符合题目要求）

1. 拱形利率曲线，表示期限相对较短的债券，利率与期限（　　）。

A. 相关度低　　B. 呈反向关系　　C. 不相关　　D. 呈正向关系

【答案】 D

【解析】 本题考核的是利率与期限的关系。拱形收益率曲线表示，期限相对较短的债券，利率与期限呈正向关系；期限相对较长的债券，利率与期限呈反向关系。

2. 某无息债券的面值为1000元，期限为2年，发行价为880元，到期按面值偿还。该债券的到期收益率为（　　）。

A. 6%　　B. 6.6%　　C. 12%　　D. 13.2%

【答案】 B

【解析】本题考核的是债券的到期收益率。根据到期收益率的计算公式：$880=\frac{1000}{(1+\gamma)^2}$，求得到期收益率 $y=6.6\%$。

二、组合型选择题（以下备选项中只有一项最符合题目要求）

关于贴现债券，下列说法正确的是（　　）。

Ⅰ. 在票面上不规定利率
Ⅱ. 属于折价方式发行的债券
Ⅲ. 在发行时将利息预先扣除
Ⅳ. 在债券发行后才按期支付利息

A. Ⅰ、Ⅳ
B. Ⅰ、Ⅱ、Ⅲ
C. Ⅱ、Ⅲ
D. Ⅰ、Ⅱ、Ⅲ、Ⅳ

【答案】B

【解析】本题考核的是贴现债券的内容。贴现债券又称为"贴水债券"，是指在票面上不规定利率，发行时按某一折扣率以低于票面金额的价格发行的债券，债券发行价与票面金额之间的差额相当于预先支付的利息，到期时按面额偿还本息。

【典型习题】

1. 为筹集资金而发行的债券是（　　）。

A. 金融债券
B. 政府债券
C. 公司债券
D. 抵押债券

2. 按付息的方式划分可将债券分为（　　）。

Ⅰ. 零息债券
Ⅱ. 贴现债券
Ⅲ. 定息债券
Ⅳ. 浮息债券

A. Ⅰ、Ⅳ
B. Ⅰ、Ⅱ、Ⅲ
C. Ⅱ、Ⅲ
D. Ⅰ、Ⅱ、Ⅲ、Ⅳ

3. 按发行主体划分可将债券分为（　　）。

Ⅰ. 政府债券
Ⅱ. 金融债券
Ⅲ. 公司（企业）债券
Ⅳ. 浮息债券

A. Ⅰ、Ⅳ
B. Ⅰ、Ⅱ、Ⅲ
C. Ⅱ、Ⅲ
D. Ⅰ、Ⅱ、Ⅲ、Ⅳ

4. 影响期限结构的因素主要有（　　）。

Ⅰ. 对未来利率变动方向的预期
Ⅱ. 债券预期收益中可能存在的流动性溢价
Ⅲ. 市场利率低下
Ⅳ. 资金在长期和短期市场之间流动可能存在的障碍

A. Ⅰ、Ⅳ
B. Ⅰ、Ⅱ、Ⅲ
C. Ⅱ、Ⅲ
D. Ⅰ、Ⅱ、Ⅲ、Ⅳ

5. 在利率期限结构理论中流动性偏好理论的理论要点是（　　）。

Ⅰ. 相信投资者并不认为长期债券是短期债券的理想替代物

Ⅱ. 投资者在接受长期债券时会要求对他接受的与债券的较长的偿还期限相联系的风险给予补偿

Ⅲ. 远期利率不再只是对未来即期利率的无偏估计，还包含了流动性溢价，即远期利率和未来的预期即期利率之间的差额

Ⅳ. 利率期限结构上升的情况要多于利率期限结构下降的情况

A. Ⅰ、Ⅳ　　B. Ⅰ、Ⅱ、Ⅲ

C. Ⅱ、Ⅲ　　D. Ⅰ、Ⅱ、Ⅲ、Ⅳ

【参考答案】

1. B　2. D　3. B　4. D　5. D

第三节　债券评级

【考点归纳】

- 掌握信用利差的概念、影响因素及其计算。
- 熟悉信用利差和信用评级的关系。
- 了解债券评级的概念和主要等级标准。
- 了解主要的债券评级机构。
- 了解常见的影响债券评级的因素及其与评级的关系。
- 熟悉常见的影响债券评级的财务指标及计算。
- 了解我国信用体系的特点

【考点解读】

考点一　信用利差的概念、影响因素及其计算（表 9—17）

表 9—17　信用利差的概念、影响因素及其计算

项　目	内　容
信用利差的概念	信用利差也称为质量利差，是指除了信用等级不同，其他所有方面都相同的两种债券收益率之间的差额，它代表了仅仅用于补偿信用风险而增加的收益率

续表

项　目		内　容
信用利差的影响因素	宏观经济形势	根据经济运行各方面的内在联系，通过能够取得的经济指标，对宏观经济形势作出判断。与此相适应，宏观经济形势分析主要采用定性与定量相结合的方法
	市场流动性	债券的供给数量与信用利差成正向相关关系，债券的供给数量越大，信用利差越高，反之，债券供给越小，信用利差越低；而资金面与信用利差成反向相关关系，即银行可利用资金越高，信用利差越小，反之，银行可利用资金越低，信用利差则越大
	股市波动性	信用利差与股市的波动幅度成负向相关关系，股市波动幅度越大，信用利差越小；股市波动幅度越小，信用利差则越大
信用利差的计算		信用利差＝贷款或证券收益－相应的无风险证券的收益

考点二　信用利差和信用评级的关系

信用评级是由独立、公正的中介机构所出具的反映债券信用风险程度的评级结论。一般情况下，信用等级越高，债券违约风险越低，信用利差也越小。目前，我国短期融资券和中期票据的发行利率主要由债项及主体的信用评级和交易商协会发行利率下限规定决定。至于企业债和公司债发行利率以银行间机构询价确定，但是银行间机构对利率的估值主要基于债券和发行人的信用级别。因此，信用评级差异是划分债券利差区间的主要因素。

与宏观经济相关的信用风险影响因素债券的发行主体是存在于整个宏观大环境中的，宏观因素会影响债券的违约率，同时也会影响债券的投资价值，从而影响企业债券的利差。

考点三　债券评级的概念和主要等级标准（表9－18）

表9－18　　债券评级的概念和主要等级标准

项　目	内　容
债券评级的概念	债券信用评级是以企业或经济主体发行的有价债券为对象进行的信用评级。债券信用评级大多是企业债券信用评级，是对具有独立法人资格企业所发行某一特定债券，按期还本付息的可靠程度进行评估，并标示其信用程度的等级。这种信用评级，是为投资者购买债券和证券市场债券的流通转让活动提供信息服务。国家财政发行的国库券和国家银行发行的金融债券，由于有政府的保证，因此不参加债券信用评级。地方政府或非国家银行金融机构发行的某些有价证券，则有必要进行评级

续表

项　　目		内　　容
债券评级的主要等级标准	债券信用评级A级债券	债券信用评级A级债券是最高级别的债券，其特点是： （1）本金和收益的安全性最大； （2）它们受经济形势影响的程度较小； （3）它们的收益水平较低，筹资成本也低。 对于A级债券来说，利率的变化比经济状况的变化更为重要。因此，一般人们把A级债券称为信誉良好的“金边债券”，对特别注重利息收入的投资者或保值者是较好的选择
	债券信用评级B级债券	债券信用评级B级债券对那些熟练的证券投资者来说特别有吸引力，因为这些投资者不情愿只购买收益较低的A级债券，而甘愿冒一定风险购买收益较高的B级债券。 B级债券的特点是： （1）债券的安全性、稳定性以及利息收益会受到经济中不稳定因素的影响； （2）经济形势的变化对这类债券的价值影响很大； （3）投资者冒一定风险，但收益水平较高，筹资成本与费用也较高。 因此，对B级债券的投资，投资者必须具有选择与管理证券的良好能力。对愿意承担一定风险，又想取得较高收益的投资者，投资B级债券是较好的选择
	折叠债券信用评级C级和D级	折叠债券信用评级C级和D级是投机性或赌博性的债券。从正常投资角度来看，没有多大的经济意义但对于敢于承担风险，试图从差价变动中取得巨大收益的投资者，C级和D级债券也是一种可供选择的投资对象

考点四　主要的债券评价机构

债券评级机构就是对债券进行评级的专门机构，各国叫的名称不同，美国叫做“全国认定的统计评级机构”，承担债券的评级和有关的统计工作，定期公布评级结果和统计数字。在西方国家，债券评级机构一般都是私营企业，其经营不受政府的干预，但要得到政府认可的债券评级资格。

目前国际上公认的最威性信用评级机构主要有美国标准普尔公司、美国穆迪投资服务公司、加拿大债券级别服务公司、日本公司债券研究所和上海远东资信评估公司等。其中，美国标准普尔公司和穆迪投资服务公司负责评级的债券很广泛，包括地方政府债券、公司债券、外国债券等。由于它们占有详尽的资料，采用先进科学的分析技术，又有丰富的实践经验和大量专门人才，因此它们所做出的信用评级具有很高的权威性。标准普尔公司信用等级标准从高到低可划分为：

AAA 级、AA 级、A 级、BBB 级、BB 级、B 级、CCC 级、CC 级、C 级和 D 级。穆迪投资服务公司信用等级标准从高到低可划分为：Aaa 级、Aa 级、A 级、Baa 级、Ba 级、B 级、Caa 级、Ca 级和 C 级。两家机构信用等级划分大同小异。前四个级别的债券信誉高、违约风险小，是投资级债券；第五级以后的债券信誉低，是投机级债券。

考点五　影响债券评级的因素及其与评级的关系（表 9－19）

表 9－19　　影响债券评级的因素及其与评级的关系

项　目	内　容
公司发展前景	包括分析判断债券发行公司所处行业的状况，如是“朝阳产业”，还是“夕阳产业”，分析评价公司的发展前景、竞争能力、资源供应的可靠性等。一般而言，公司发展前景越好，信用评级越高，反之则越低
公司的财务状况	公司的财务状况包括分析评价公司的债务状况、偿债能力、盈利能力、周转能力和财务弹性，及其持续的稳定性和发展变化趋势。公司的财务状况越好，其债券的信用评级也越高，反之则越低
公司债券的约定条件	公司债券的约定条件包括分析评价公司发行债券有无担保及其他限制条件、债券期限、还本付息方式

考点六　影响债券评级的财务指标及计算（表 9－20）

表 9－20　　影响债券评级的财务指标及计算

项　目		内　容
收益性	销售额盈利率	销售额盈利率是以折旧付利之前的盈利占销售额的百分比来表示的，即销售额盈利率＝折旧付利之前的盈利/销售额×100%，它显示了支付资本费用（折旧、利息）及税金之前的盈利能力
	长期资本付利前盈利率	长期资本付利前盈利率＝付利完税前的盈利额/长期资本×100%＝付利完税前的盈利额/（长期债务＋优先股东持有份额＋权益账户）×100%
	利息支付能力	利息支付能力＝付利前盈利额/利息支付额，它是测定企业可以在何种程度上以盈利保证支付利息的直接指标
财务构成	资本化比率	资本化比率＝长期债务/（长期债务＋优先股东份额＋权益账户）×100%
	有息负债比率	有息负债比率＝（短期债务＋长期债务）/（短期债务＋长期债务＋优先股股东份额＋权益账户）×100%
	负债比率	负债比率＝总负债/（权益账户－无形资产）×100%，这一比率越高，意味着在资金紧张时期越缺乏财务弹性

续表

项目		内容
财务弹性	资金流量比率	资金流量比率＝折旧前盈利/长期债务余额×100%，它是反映企业营业活动每年创造的内部资金占长期债务比例的指标。资金流量比率的倒数可以反映以内部资金偿还全部长期债务所需的偿还年数
	流动比率	流动比率＝流动资产/流动负债×100%。这一比率越高，表明流动资产扣除流动负债后产生剩余资金的程度越高
	周转资本比率	周转资本比率＝（流动资产－流动负债）/长期债务余额×100%。对于长期债券持有者来说，这一比率越高，安全感就越大
	销售债务周转率	销售债务周转率＝销售额/债权×100%。这一比率越低，维持销售额所需的资金越多
清算价值		清算价值是指公司撤销或解散时，资产经过清算后，每一股份所代表的实际价值。在理论上，清算价值等于清算时的账面价值，但由于公司的大多数资产只以低价售出，再扣除清算费用后，清算价值往往小于账面价值。 清算价值＝纯资产/长期债务余额×100%，假定纯有形资产能够以账面价格卖掉，则清算价值表示长期债权人能在何种程度上从资产销售上收回债权

考点七　我国信用体系的特点（表9－21）

表9－21　我国信用体系的特点

项目	内容
有偿性	财政分配，无论是财政收入，还是财政支出一般而言是无偿的，而以国家信用形式筹集或运用的资金不但有偿，还要付息
临时性和暂借性	国家以信用形式筹集的资金，有别于税收等其他财政收入，以信用形式筹集的资金不是经常性财政收入，而是临时、暂借性收入，到期需还本付息
周转性	一般财政支出是一次性无偿支付，无需周转，也无需还本付息。而国家信用资金是以信用形式分配的，因此，信用资金的贷出必须按期收回，周转使用，并保证信用资金本身的完整和增殖
选择性和灵活性	正常的财政支出是以国家统一制定的标准、制度和预算规定为依据，而国家信用资金的投放，在不违背国家政策的前提下，为保证国家信用资金能按期收回，周转使用，并保证资金的完整和增值，所以在贷款的使用方面、选择贷款对象和项目等方面，较之其他财政支出有一定选择性和灵活性

续表

项　　目	内　　容
来源多样性	国家信用的资金来源既包括社会暂时闲置资金，也包括财政预算资金
政策性	国家信用以推行、贯彻国家政策为己任，不以盈利为唯一目标。国家信用担保既不是财产，也不是收益，而是政府的信誉

【真题回顾】

单项选择题（以下备选项中只有一项符合题目要求）

实践中，通常采用（　　）来确定不同债券的违约风险大小。

A. 收益率差　　B. 风险溢价　　C. 信用评级　　D. 信用利差

【答案】 C

【解析】 本题考核的是不同债券的违约风险。实践中，通常采用信用评级来确定不同债券的违约风险大小，不同信用等级债券之间的收益率差则反映了不同违约风险的风险溢价，因此也称为信用利差。

【典型习题】

1. 信用利差的影响因素不包括（　　）。

A. 宏观经济形势　　B. 市场流动性

C. 股市波动性　　D. 股价差距性

2. 关于债券信用评级 A 级债券的特点的描述，不正确的是（　　）。

A. 本金和收益的安全性最大

B. 它们受经济形势影响的程度较小

C. 它们的收益水平较低，筹资成本也低

D. 债券的安全性、稳定性以及利息收益会受到经济中不稳定因素的影响

3. 下列属于 B 级债券的特点是（　　）。

Ⅰ. 债券的安全性、稳定性以及利息收益会受到经济中不稳定因素的影响

Ⅱ. 经济形势的变化对这类债券的价值影响很大

Ⅲ. 投资者冒一定风险，但收益水平较高，筹资成本与费用也较高

Ⅳ. 它们的收益水平较低，筹资成本也低

A. Ⅰ、Ⅳ　　B. Ⅰ、Ⅱ、Ⅲ

C. Ⅱ、Ⅲ　　D. Ⅰ、Ⅱ、Ⅲ、Ⅳ

4. 在债券评级的财务指标中，最常用的收益性指标有（　　）。

Ⅰ. 销售额盈利率

Ⅱ. 长期资本付利前盈利率

Ⅲ. 利息支付能力

Ⅳ. 资本化比率

A. Ⅰ、Ⅳ　　B. Ⅰ、Ⅱ、Ⅲ

C. Ⅱ、Ⅲ　　D. Ⅰ、Ⅱ、Ⅲ、Ⅳ

5. 我国信用体系的特点包括（　　）。

Ⅰ. 有偿性　　Ⅱ. 周转性

Ⅲ. 来源多样性　　Ⅳ. 政策性

A. Ⅰ、Ⅳ　　B. Ⅰ、Ⅱ、Ⅲ

C. Ⅱ、Ⅲ　　D. Ⅰ、Ⅱ、Ⅲ、Ⅳ

【参考答案】

1. D　2. D　3. B　4. B　5. D

第十章　衍生产品

第一节　基本理论

【考点归纳】

> ➤ 掌握衍生产品的种类和特征。
>
> ➤ 掌握股指期货合约乘数、保证金、交割结算价、基差、净基差等。
>
> ➤ 掌握期权内在价值、时间价值、行权价、历史波动率、隐含波动率等。
>
> ➤ 熟悉场外衍生品主要交易品种

【考点解读】

考点一　衍生产品的种类和特征

1. 衍生产品的种类（表 10－1）

表 10－1　　衍生产品的种类

项　目		内　容
根据产品形态分类	远期合约和期货合约	远期合约和期货合约都是交易双方约定在未来某一特定时间、以某一特定价格、买卖某一特定数量和质量资产的交易形式。期货合约是期货交易所制定的标准化合约，对合约到期日及其买卖的资产的种类、数量、质量作出了统一规定。远期合约是根据买卖双方的特殊需求由买卖双方自行签订的合约。因此，期货交易流动性较高，远期交易流动性较低
	期权交易	期权交易是买卖权利的交易。期权合约规定了在某一特定时间、以某一特定价格买卖某一特定种类、数量、质量原生资产的权利。期权合同有在交易所上市的标准化合同，也有在柜台交易的非标准化合同
	掉期合约	掉期合约是一种内交易双方签订的在未来某一时期相互交换某种资产的合约。更为准确地说，掉期合约是当事人之间签讨的在未来某一期间内相互交换他们认为具有相等经济价值的现金流的合约。较为常见的是利率掉期合约和货币掉期合约。掉期合约中规定的交换货币是同种货币，则为利率掉期；是异种货币，则为货币掉期

续表

项目		内容
根据原生资产分类		根据原生资产大致可以分为四类，即股票、利率、汇率和商品。如果再加以细分，股票类中又包括具体的股票和由股票组合形成的股票指数；利率类中又可分为以短期存款利率为代表的短期利率和以长期债券利率为代表的长期利率；货币类中包括各种不同币种之间的比值；商品类中包括各类大宗实物商品
根据交易方法分类	场内交易	场内交易，又称交易所交易，指所有的供求方集中在交易所进行竞价交易的交易方式。这种交易方式具有交易所向交易参与者收取保证金、同时负责进行清算和承担履约担保责任的特点。此外，由于每个投资者都有不同的需求，交易所事先设计出标准化的金融合同，由投资者选择与自身需求最接近的合同和数量进行交易。所有的交易者集中在一个场所进行交易，这就增加了交易的密度，一般可以形成流动性较高的市场。期货交易和部分标准化期权合同交易都属于这种交易方式
	场外交易	场外交易，又称柜台交易，指交易双方直接成为交易对手的交易方式。这种交易方式有许多形态，可以根据每个使用者的不同需求设计出不同内容的产品。同时，为了满足客户的具体要求、出售衍生产品的金融机构需要有高超的金融技术和风险管理能力。场外交易不断产生金融创新。但是，由于每个交易的清算是由交易双方相互负责进行的，交易参与者仅限于信用程度高的客户。掉期交易和远期交易是具有代表性的柜台交易的衍生产品

2. 衍生产品的特征（表 10－2）

表 10－2　　衍生产品的特征

项目	内容
未来性	衍生产品交易是现时对基础工具未来可能产生的结果进行交易。其交易在现在产生，而结果要到未来某一约定的时刻才能产生。未来性是衍生产品最基本的特性
杠杆效应	衍生产品通常采取保证金交易方式，即只要支付一定比例的保证金就能够进行全额交易，合约的终止一般也采取差价结算方式进行。衍生产品的保证金越低，杠杆效应越明显，风险也越大
风险性	衍生金融工具是为实现交易保值和风险防范而产生的金融创新，但其内在的杠杆作用和工具组合的复杂性、随便性同时也决定了它的高风险性

续表

项　　目	内　　容
虚拟性	虚拟性是指金融衍生工具所具有的独立与现实资本运动以外，能给金融衍生工具的持有者带来一定收入的特性
高度投机性	衍生金融工具虽然生来是管理风险的，但它的杠杆特点使得更多的投机者的投机交易得以实现，从而放大了金融市场的投机风险
设计的灵活性	对以场外交易方式进行的非标准化的衍生产品合约来讲，金融专家可以根据客户需要灵活设计；对在交易所挂牌交易的标准衍生产品合约来讲，也能根据市场需求提供更加细分的衍生品种
账外性	金融衍生产品是对未来的交易。根据现有的财务规则，其潜伏的盈亏或风险没法在财务报表中体现
组合性	从理论上讲，金融衍生产品可以有没有数种不同情势

考点二　股指期货的内容（表 10—3）

表 10—3　　**股指期货的内容**

项　　目	内　　容
合约乘数	在股指期货交易中，合约的价值是以一定的货币金额与标的指数的乘积来表示。这一定的货币金额是由合约所固定的，称为合约乘数
保证金	合约交易保证金是指投资者进行期货交易时缴纳的用来保证履约的资金，一般占交易合约价值的一定比例
交割结算价	交割结算价是指在进行交割时用于商品交收时所依据的基准价格。不同的交易所，以及不同的实物交割方式，交割结算价的选取也不尽相同。集中交割最后交易日交割结算价一般采用该期货合约自交割月第一个交易日起至最后交易日所有成交价格的加权平均价
基差	基差是指某一特定商品在某一特定时间和地点的现货价格与该商品在期货市场的期货价格之差，即：基差＝现货价格－期货价格。参照物不同，基差结果不同
净基差	净基差体现的是基差交易所隐含的期权的价值，一般情况下为正。但净基差的大小并不能从市场上直接获得，需要用基差扣减持有收益后得到，因此，净基差是一个计算出来的结果

考点三　期权（表10－4）

表10－4　期　权

项　目	内　容
内在价值	期权的内在价值，也称履约价值，是指期权持有者立即行使该期权合约所赋予的权利时所能获得的收益
时间价值	期权的时间价值是指期权购买者为购买期权而实际付出的期权费超过该期权的内在价值的那部分价值。与剩余期限和内在价值有关。一般来讲，剩余期限越长，时间价值越大；但当期权临近到期日时，在其他条件不变的情况下，时间价值下降速度加快，并逐渐趋于零
行权价	行权价格是指发行人发行权证时所约定的，权证持有人向发行人购买或出售标的证券的价格。 行权价格和权证价格紧密相关，行权价格依附于权证而存在。对认沽权证来说，行权价格高于行权期证券价格时，权证有内在价值；对认购权证来说，行权价格低于证券价格时，权证有内在价值
历史波动率	在股票市场中，历史波动率反映标的股价过去的波动。然而，由于股价波动难以预测，利用历史波动率对权证价格进行预测一般都不能保证准确，但是由于目前我国内地没有权证市场，因而无法获得权证价格，也就无法计算隐含波动率。因此权证发行商与投资者在权证发行初期只能利用历史波动率作参考
隐含波动率	隐含波动率是将市场上的期权或权证交易价格代入权证理论价格模型，反推出来的波动率数值。 由于期权定价模型给出了期权价格与五个基本参数（标的股价、执行价格、利率、到期时间、波动率）之间的定量关系，只要将其中前4个基本参数及期权的实际市场价格作为已知量代入定价公式，就可以从中解出唯一的未知量，其大小就是隐含波动率

考点四　场外衍生品主要交易品种（表10－5）

表10－5　场外衍生品主要交易品种

项　目	内　容
远期交易	远期交易是指买卖双方签订远期合同，规定在未来某一时期进行交易的一种交易方式。 外汇市场中的远期交易通常被表达为高于（升水）或低于（贴水）即期汇率的差价。如要获得实际远期外汇价格，只需将差价与即期汇率相加即可。 在外汇市场上，远期业务的工具是一份有固定格式和约束力的合

续表

项目		内容
远期交易		同，按照合同，投资人同意在将来某日期购入或售出一笔商定数额的另一币种货币。交易价格的计算以即期汇率为基础，再按合同生效至交易完成时之间的利率走势作一个调整。远期交易对于需要特殊交易的投资人是好的，但有不足之处，因为远期交易不能转让。远期外汇交易又称期汇交易，是预约购买与预约出卖的外汇业务，亦即买卖双方先行签订合同，规定买卖外汇的币种、金额、汇率和将来交割的时间，到规定的交割日期，再按照合同规定，卖方交汇，买方付款的外汇业务。 证券交易中的远期交易是指双方约定在未来某一时刻（或时间段内）按照现在确定的价格进行交易。 远期交易对象是交易双方私下协商达成的非标准化合约，它主要采用商品交收方式，并且具有很高的信用风险
外汇交易	利率互换	是指双方同意在未来的一定期限内根据同种货币的同样的名义本金交换现金流，其中一方的现金根据浮动利率计算出来，而另一方的现金流根据固定利率计算
	货币互换	是指将一种货币的本金和固定利息与另一货币的等价本金和固定利息进行交换
	商品互换	是一种特殊类型的金融交易，交易双方为了管理商品价格风险，同意交换与商品价格有关的现金流。它包括固定价格及浮动价格的商品价格互换和商品价格与利率的互换
	其他互换	股权互换、信用互换、气候互换和互换期权等

【真题回顾】

单项选择题（以下备选项中只有一项符合题目要求）

1. 下列期权中，时间价值最大的是（　　）。

A. 行权价为 7 的看跌期权，其权利金为 2，标的资产价格为 8

B. 行权价为 15 的看跌期权，其权利金为 2，标的资产价格为 14

C. 行权价为 23 的看跌期权，其权利金为 3，标的资产价格为 23

D. 行权价为 12 的看涨期权，其权利金为 2，标的资产价格为 13.5

【答案】C

【解析】本题考核的是时间价值的计算。时间价值＝权利金－内涵价值。看涨期权的内涵价值＝标的资产价格－执行价格；看跌期权的内涵价值＝执行价格－标的资产价格。如果计算结果小于 0，则内涵价值等于 0。A 项，时间价值

=2−0=2;B 项，时间价值=2−（15−14）=1；C 项，时间价值=3−0=3；D 项，时间价值=2−（13.5−12）=0.5。

2. 假设某持仓组合的 β_s 是 1.2，如果投资经理预测大盘会下跌，他准备将组合的 β_p 降至 0，假设现货市值 1000 万元，沪深 300 期货指数为 5000，β_N 为 1，则他可以在期货市场（　　），实现 alpha 套利。

A. 买入 8 份合约　　B. 买入 12 份合约

C. 卖空 12 份合约　　D. 卖空 8 份合约

【答案】 D

【解析】 本题考核的是 alpha 套利的内容。alpha 套利通过买入具有阿尔法值的证券组合产品，卖出指数期货，实现回避系统性风险下的超越市场指数的阿尔法收益。该投资经理持有现货，并且预测大盘会下跌，所以在期货市场应该卖空，期货头寸为：

$$合约份数=\frac{现货总价值}{单位期货合约价值}\times\beta=\frac{10000000}{300\times5000}\times1.2=8$$

【典型习题】

1. 衍生产品通常采取保证金交易方式，即只要支付一定比例的保证金就能够进行全额交易，合约的终止一般也采取差价结算方式进行。衍生产品的保证金越低，（　　）越明显，风险也越大。

A. 未来性　　B. 虚拟性　　C. 杠杆效应　　D. 高度投机性

2. 根据产品形态，衍生产品的种类可以分为（　　）。

Ⅰ. 远期　　Ⅱ. 期货　　Ⅲ. 期权　　Ⅳ. 掉期

A. Ⅰ、Ⅳ　　B. Ⅰ、Ⅱ、Ⅲ

C. Ⅱ、Ⅲ　　D. Ⅰ、Ⅱ、Ⅲ、Ⅳ

3. 下列有关衍生产品的特征描述正确的是（　　）。

Ⅰ. 未来性是衍生产品最基本的特性

Ⅱ. 衍生产品的保证金越低，杠杆效应越明显，风险也越大

Ⅲ. 衍生金融工具是为实现交易保值和风险防范而产生的金融创新

Ⅳ. 衍生金融工具虽然生来是管理风险的，但它的杠杆特点使得更多的投机者的投机交易得以实现，从而放大了金融市场的投机风险

A. Ⅰ、Ⅳ　　B. Ⅰ、Ⅱ、Ⅲ

C. Ⅱ、Ⅲ　　D. Ⅰ、Ⅱ、Ⅲ、Ⅳ

4. 下列关于股指期货的描述正确的是（　　）。

Ⅰ. 在股指期货交易中，合约的价值是以一定的货币金额与标的指数的乘积来表示

Ⅱ. 交割结算价是指在进行交割时用于商品交收时所依据的基准价格

Ⅲ. 净基差体现的是基差交易所隐含的期权的价值，一般情况下为负
Ⅳ. 基差＝现货价格－期货价格
A. Ⅰ、Ⅳ　　B. Ⅰ、Ⅱ、Ⅲ　　C. Ⅱ、Ⅲ　　D. Ⅰ、Ⅱ、Ⅳ

【参考答案】

1. C　　2. D　　3. D　　4. D

第二节　期货估值

【考点归纳】

- 熟悉股指期货定价理论。
- 熟悉股指期货套利和套期保值的定义、原理。
- 熟悉股指期货套利的主要方式。
- 熟悉期现套利、跨期套利、跨市场套利和跨品种套利的概念、原理。
- 熟悉 alpha 套利的概念、原理。
- 熟悉套期保值与期现套利的区别。
- 了解股指期货投资的风险。
- 掌握国债期货定价的基本原理。
- 熟悉基本指标基差、净基差、隐含回购利率的含义和计算方法

【考点解读】

考点一　股指期货

1. 股指期货定价理论和套期保值的概念及原理（表 10－6）

表 10－6　　股指期货定价理论和套期保值的概念及原理

项　目		内　容
股指期货定价理论	概念	股指期货也就是股票价格指数期货，也可称为股价指数期货、期指，是指以股价指数为标的物的标准化期货合约，双方约定在未来的某个特定日期，可以按照事先确定的股价指数的大小，进行标的指数的买卖，到期后通过现金结算差价来进行交割。作为期货交易的一种类型，股指期货交易与普通商品期货交易具有基本相同的特征和流程。股指期货是期货的一种，期货可以大致分为两大类，商品期货与金融期货

续表

项目		内容
股指期货定价理论	合理定价	股指期货是金融工程设计开发出的最成功的金融衍生品之一，股指期货套利交易不仅能纠正过度投机所造成的市场无效性，而且能锁定无风险的收益，是一种风险转嫁与价格修正的市场机制。研究股指期货套利的根本在于如何对股指期货进行合理定价，其定价模型是由传统的资产定价模型延伸发展而来，因而对传统的资产定价理论加以全面了解很有必要
	传统资产理论	传统的资产定价理论包括均衡定价理论、套利定价理论、随机折现因子定价理论等；衍生资产定价理论包括无风险套期保值原理、风险中性定价原理、动态自筹定价原理等
	期货定价研究	迄今为止，对期货定价的研究大都从持有成本模型和预期理论两方面来进行，其中持有成本模型是最广泛使用的定价模型。在持有成本模型框架下又包含有完美市场下的持有成本定价模型和考虑市场限制的区间定价模型两类
套期保值的概念及原理	概念	套期保值是指企业为规避外汇风险、利率风险、商品价格风险、股票价格风险、信用风险等，指定一项或一项以上套期工具，使套期工具的公允价值或现金流量变动，预期抵消被套期项目全部或部分公允价值或现金流量变动风险的一种交易活动。为了在货币折算或兑换过程中保障收益锁定成本，通过外汇衍生交易规避汇率变动风险的做法叫套期保值
	原理	外汇远期合约是进行套期保值的最基本的金融衍生工具之一。其优点在于当金融体系不完备、运行效率低下时，它是成本最低的套期保值方式。原因是交易相对简单，不需要保证金，涉及资金流动次数少，公司决策方式简明等。 卖出套期保值是为了防止现货价格在交割时下跌的风险而先在期货市场卖出与现货数量相当的合约所进行的交易方式。通常是在农场主为防止收割时，农作物价格下跌；矿业主为防止矿产开采以后价格下跌；经销商或加工商为防止货物购进而未卖出时价格下跌而采取的保值方式。 买入套期保值是指交易者先在期货市场买入期货，以便将来在现货市场买进现货时不致因价格上涨而给自己造成经济损失的一种套期保值方式。这种用期货市场的盈利对冲现货市场亏损的做法，可以将远期价格固定在预计的水平上。买入套期保值是需要现货商品而又担心价格上涨的投资者常用的保值方法

2. 股指期货套利的主要方式（表10－7）

表10－7 股指期货套利的主要方式

项目		内容
期现套利	概念	期现套利是指某种期货合约，当期货市场与现货市场在价格上出现差距，从而利用两个市场的价格差距，低买高卖而获利。理论上，期货价格是商品未来的价格，现货价格是商品目前的价格，按照经济学上的同一价格理论，两者间的差距，即“基差”（基差＝现货价格－期货价格）应该等于该商品的持有成本。一旦基差与持有成本偏离较大，就出现了期现套利的机会。其中，期货价格要高出现货价格，并且超过用于交割的各项成本，如运输成本、质检成本、仓储成本、开具发票所增加的成本等等。期现套利主要包括正向买进期现套利和反向买进期现套利两种
	实质	期现套利的实质是对现货指数和期货指数的基差进行投机。基差的变动是可以分析和预测的，分析正确可以获利，即使分析失误套利的风险也远比单向投机的风险低
	交易	股指期货的套利交易在一定程度上能够纠正股指期货的错误定价和过度投机导致的市场无效性，而且通过这种方法能够锁定并获得一定的无风险收益。从狭义的角度看，或者从真正意义的角度看，股指期货套利意指期现套利；从广义的角度看，股指期货套利类型包括期现套利、跨市场套利、跨品种套利、跨期套利等
跨期套利		所谓跨期套利就是在同一期货品种的不同月份合约上建立数量相等、方向相反的交易部位，最后以对冲或交割方式结束交易、获得收益的方式。最简单的跨期套利就是买入近期的期货品种，卖出远期的期货品种
跨市场套利		跨市套利，是指在某个市场买入（或者卖出）某一交割月份的某种商品合约的同时，在另一个市场上卖出（或者买入）同种商品相应的合约，以期利用两个市场的价差变动来获利。 跨市套利是在两个期货交易所买进和卖出相同交割月份的期货合约，并利用可能的地域差价来赚取利润。通常，跨市交易既可在国内交易所之间进行，也可在不同国家的交易所之间进行。中国金融市场上在不同市场上发行和交易的国债品种和数量很多，基本上每年每期国债都可以在银行间市场和交易所市场上市交易，但在交易所交易活跃的品种并不多，跨市场套利时有出现，并不经常

续表

项　　目	内　　容
跨品种套利	传统的跨品种套利通常以比价或价差来寻找套利机会，虽然此方法具有一定可行性，但是跨品种套利作为外联套利，其价差或比值通常是沿着趋势变化的，其一旦出现历史比值的高点（或价差）为今年比值的低点时，会造成套利的巨大损失。 跨品种套利主要是指在买入或卖出某种商品（合约）的同时，卖出或买入相关的另一种商品（合约），当两者的差价收缩或扩大至一定程度时，平仓了结的交易方式。从套利机制上讲，商品期货套利划分为两种套利类型：内因套利和关联套利

考点二　alpha 套利及套期保值与期现套利的区别（表 10－8）

表 10－8　　alpha 套利及套期保值与期现套利的区别

项　　目	内　　容
alpha 套利	阿尔法套利是指指数期货与具有阿尔法值的证券产品之间进行反向对冲套利，也就是做多具有阿尔法值的证券产品，做空指数期货，实现回避系统性风险下的超越市场指数的阿尔法收益。为实现阿尔法套利，选择或构建证券产品是关键。首先，兼具折价率与超额收益阿尔法的证券产品是进行阿尔法套利交易的首选，包括具有折价率，并能超越市场指数的认购权证、封闭式基金等。其次，具有超额收益阿尔法的证券产品是进行阿尔法套利交易的次选，主要包括开放式股票基金、股票、行业指数产品。 它在套利中属于典型的高收益、高风险套利方式。此种套利仅适合有能力挑选出具有稳定阿尔法证券产品的投资者，投资者在做阿尔法套利的时候应该与市场驱动因子监测体系结合起来分析
套期保值与期现套利的区别	（1）两者在现货市场上所处地位不同。 （2）两者的目的不同。期现套利交易的目的在于“利”，看到有利可图才进行买卖；而套期保值的根本目的在于“保值”，即为了避险而进行期货交易，具有必要性。 （3）操作方式及价位观不同

考点三　股指期货投资的风险（表 10－9）

表 10－9　　股指期货投资的风险

项　　目	内　　容
含义	股指期货市场的风险规模大、涉及面广，具有放大性、复杂性与可预防性等特征。股指期货风险类型较为复杂，从风险是否可控的角度划分，可分为不可控风险和可控风险；从交易环节可分为代理

续表

项　　目		内　　容
含义		风险、流动性风险、强制平仓风险；从风险产生主体可分为交易所风险、经纪公司风险、投资者风险与政府风险；从投资者面临的财务风险又可分为市场风险、信用风险、流动性风险、操作风险与法律风险
市场风险		市场风险是因价格变化使持有的期货合约的价值发生变化产生的风险，是期货交易中最常见、最需要重视的一种风险。导致期货交易的市场风险一般可分为自然环境因素、社会环境因素、政治法律因素、技术因素、心理因素等
信用风险		信用风险是指由于交易对手不执行履约责任而导致的风险。期货交易由交易所担保履约责任而几乎没有信用风险。现代期货交易的风险分担机制使信用风险的发生概率很小，但在重大风险事件发生时，或风险监控制度不完善时也会发生信用风险
流动性风险	流通量风险	流通量风险是指期货合约无法及时以合理价格建立或了结头寸的风险，这种风险在市况急剧走向某个极端时或者因进行了某种特殊交易想处理资产但不能如愿以偿时容易产生。通常以市场的广度和深度来衡量股指期货市场的流动性。广度是指在既定价格水平下满足投资者交易需求的能力，如果买卖双方均能在既定价格水平下获得所需的交易量，那么市场就是有广度的，如果买卖双方在既定价格水平下均要受到成交量的限制，那么市场就是窄的。深度是指市场对大额交易需求的承接能力，如果追加数量很小的需求可以使价格大幅度上涨，那么，市场就缺乏深度；如果数量很大的追加需求对价格没有大的影响，那么市场就是有深度的。较高流动性的市场，稳定性也比较高，市场价格更加合理
	资金量风险	资金量风险是指当投资者的资金无法满足保证金要求时，其持有的头寸面临强制平仓的风险
操作风险		操作风险是指因信息系统或内部控制方面的缺陷而导致意外损失的可能性。操作风险包括以下几方面：因负责风险管理的计算机系统出现差错，导致不能正确地把握市场风险，或因计算机制操作错误而破坏数据的风险；储存交易数据的计算机因灾害或操作错误而引起损失的风险；因工作责任不明确或工作程序不恰当，不能进行准确结算或发生作弊行为的风险；交易操作人员指令处理错误、不完善的内部制度与处理步骤等所造成的风险
法律风险		法律风险是指在期货交易中，由于相关行为（如签订的合同、交易的对象、税收的处理等）与相应的法规发生冲突致使无法获得当初所期待的经济效果甚至蒙受损失的风险

考点四　国债期货（表 10－10）

表 10－10　　**国债期货**

<table>
<tr><th colspan="2">项　目</th><th>内　容</th></tr>
<tr><td colspan="2">国债期货定价的基本原理</td><td>(1) 国债期货定价模型是基于最便宜可交割债券（CTD），而在交易过程中最便宜可交割债券（CTD）可能会不时发生变化；因此导致定价发生偏离，从而影响国债期货价格走势。
(2) 国债期货定价模型是需要转换因子将其转化为标准券</td></tr>
<tr><td rowspan="3">基本指标的含义与计算方法</td><td>基差</td><td>国债期货的基差是指国债现货价格与经过转换因子调整之后期货价格之间的差额。对于任何一只可交割债券，其基差为：
$$B=P-(F\cdot C)$$
式中　B——可交割国债的基差；
P——国债的即期价格；
F——国债期货的价格；
C——可交割国债的转换因子</td></tr>
<tr><td>净基差</td><td>净基差是考虑国债购买日到交割日期间的利息收入与资金机会成本（或回购融资成本）的基差，反映了购买国债现货用于国债期货合约交割的净成本。
净基差＝基差－持有收入＋融资成本</td></tr>
<tr><td>隐含回购利率</td><td>隐含回购利率是指买入国债现货并用于期货交割所得到的利率收益率。显然，隐含回购利率越高的国债现货价格越便宜，所以隐含回购利率最高的国债就是最便宜可交割国债。
如果购买国债后，在交割日之前没有利息支付，可交割国债的隐含回购利率计算公式为：
$$\text{隐含回购利率}=\frac{(\text{货报报价}\times\text{转换因子}+\text{交割日应计利息})-\text{国债购买价格}}{\text{国债购买价格}}\times\frac{365}{\text{交割日之前的天数}}$$</td></tr>
</table>

【真题回顾】

组合型选择题（以下备选项中只有一项最符合题目要求）

某债券基金持有 1 亿元的债券组合，债券组合的久期是 4.5，此时国债期货合约 CTD 券的久期是 5.0。经过分析，认为未来市场收益水平会下降，如果基金公司希望将债券组合的久期调整为 5.5，可以（　　）。

Ⅰ. 买入国债期货

Ⅱ. 买入久期为 8 的债券

Ⅲ. 买入 CTD 券

Ⅳ. 从债券组合中卖出部分久期较小的债券

A. Ⅰ、Ⅲ　　B. Ⅱ、Ⅳ　　C. Ⅰ、Ⅲ、Ⅳ　　D. Ⅱ、Ⅲ、Ⅳ

【答案】 B

【解析】 本题考核的是久期的相关内容。久期是债券各期现金流支付时间的加权平均值，该基金公司希望将债权组合的久期由4.5调整为5.5，可以选择买入久期大于5的债券或者从现有债券组合中卖出部分久期较小的债券。

【典型习题】

1. 在同一期货品种的不同月份合约上建立数量相等、方向相反的交易部位，最后以对冲或交割方式结束交易、获得收益的方式称为（　　）。

A. 期现套利　　B. 跨期套利　　C. 跨市场套利　　D. 跨品种套利

2. 在股指期货投资的风险中，因信息系统或内部控制方面的缺陷而导致意外损失的可能性是（　　）。

A. 市场风险　　B. 信用风险　　C. 流动性风险　　D. 操作风险

3. 在股价期货定价理论中，传统的资产定价理论包括（　　）。

Ⅰ. 均衡定价理论

Ⅱ. 套利定价理论

Ⅲ. 随机折现因子定价理论

Ⅳ. 无风险套期保值原理

A. Ⅰ、Ⅳ　　B. Ⅰ、Ⅱ、Ⅲ

C. Ⅱ、Ⅲ　　D. Ⅰ、Ⅱ、Ⅲ、Ⅳ

4. 股指期货投资的风险包括（　　）。

Ⅰ. 市场风险　　Ⅱ. 信用风险　　Ⅲ. 流动性风险　　Ⅳ. 操作风险

A. Ⅰ、Ⅳ　　B. Ⅰ、Ⅱ、Ⅲ

C. Ⅱ、Ⅲ　　D. Ⅰ、Ⅱ、Ⅲ、Ⅳ

【参考答案】

1. B　2. D　3. B　4. D

第三节　期权估值

【考点归纳】

- 了解期权定价原理和主要模型。
- 熟悉二叉树定价模型。
- 熟悉 Black-Scholes 定价模型和期权平价公式。

- 熟悉影响期权价值的因素。
- 熟悉期权投资的风险。
- 熟悉期权的分类。
- 了解期权 4 种基本头寸的风险收益结构。
- 了解期权方向性交易的原理和方法。
- 了解期权套利的原理和方法。
- 了解期权套期保值的原理和方法

【考点解读】

考点一　期权定价原理和主要模型（表 10－11）

表 10－11　　期权定价原理和主要模型

项　　目	内　　容
期权定价原理	期权的定价模型源自“随机漫步理论”，也就是认为标的资产的价格走势是独立的，今天的价格和昨天的价格没有任何关系，即价格是无法预测的。另外，市场也需要是有效市场。在这个假设下，一连串的走势产生“正态分布”，即价格都集中在平均值周围，而且距离平均值越远，频率便越会下跌。 期权的定价基础就是根据这个特征为基础的，即期权的模型是概率模型，计算的是以正态分布为假设基础的理论价格。但实际标的资产的价格走势并不一定是正态分布
主要模型	从期权定价获得诺贝尔经济学奖可以看出，期权的定价在每秒价值亿万的衍生品领域，它的突破带来的经济价值是无可估量的。在 100 多年的期权定价历史上，建立了各种定价模型。比较成熟和普遍的是用 1973 年提出来的 Black-Scholes（B-S）模型进行计算，也有比较普遍的是用二叉树定价模型，还有比较复杂的对波动率进行修正之后的 B－S 模型，以及用于美式期权的定价模型等

考点二　二叉树定价模型

二叉树定价模型又称二项期权定价模型，是假设股价波动只有向上和向下两个方向，且假设在整个考察期内，股价每次向上（或向下）波动的概率和幅度不变。模型将考察的存续期分为若干阶段，根据股价的历史波动率模拟出正股在整个存续期内所有可能的发展路径，并对每一路径上的每一节点计算权证行权收益和用贴现法计算出的权证价格。对于美式权证，由于可以提前行权，每一节点上权证的理论价格应为权证行权收益和贴现计算出的权证价格两者较大者。

考点三 Black-Scholes 定价模型和期权平价公式（表 10－12）

表 10－12 Black-Scholes 定价模型和期权平价公式

项目	内容
Black-Scholes 定价模型含义	1997 年 10 月 10 日，第二十九届诺贝尔经济学奖授予了两位美国学者，哈佛商学院教授罗伯特·默顿（RoBert Merton）和斯坦福大学教授迈伦·斯克尔斯（Myron Scholes）。他们创立和发展的布莱克-斯克尔斯期权定价模型（Black Scholes Option Pricing Model）为包括股票、债券、货币、商品在内的新兴衍生金融市场的各种以市价价格变动定价的衍生金融工具的合理定价奠定了基础
基本假设	（1）股票价格行为服从对数正态分布模式。 （2）在期权有效期内，无风险利率和金融资产收益变量是恒定的。 （3）市场无摩擦，即不存在税收和交易成本，所有证券完全可分割。 （4）金融资产在期权有效期内无红利及其他所得（该假设后被放弃）。 （5）该期权是欧式期权，即在期权到期前不可实施。 （6）不存在无风险套利机会。 （7）证券交易是持续的。 （8）投资者能够以无风险利率借贷
Black-Scholes 定价公式	$C=S\cdot N(d_1)-Le^{-rT}N(d_2)$ 其中： $d_1=\dfrac{\ln\dfrac{S}{L}+(r+0.5\cdot\sigma^2)T}{\sigma\cdot\sqrt{T}}$ $d_2=\dfrac{\ln\dfrac{S}{L}+(r-0.5\cdot\sigma^2)T}{\sigma\cdot\sqrt{T}}=d_1-\sigma\sqrt{T}$ 式中 C——期权初始合理价格； L——期权交割价格； S——所交易金融资产现价； T——期权有效期； r——连续复利计的无风险利率 H。 σ^2——年度化方差
期权平价公式	$C+Ke^{-rT}=P+S$ 式中 C——看涨期权的价格； Ke^{-rT}——为行权价 K 的现值（连续复利）； P——看跌期权的价格； S——标的证券现价

考点四　影响期权价值的因素（表10－13）

表10－13　影响期权价值的因素

影响因素	内　　容
协定价格与市场价格	协定价格与市场价格是影响期权价格的最主要因素。这两种价格的关系不仅决定了期权有无内在价值及内在价值的大小。而且还决定了有无时间价值和时间价值的大小。一般而言，协定价格与市场价格间的差距越大，时间价值越小；反之，则时间价值越大。这是因为时间价值是市场参与者因预期基础资产市场价格变动引起其内在价值变动而愿意付出的代价。当一种期权处于极度实值或极度虚值时，市场价格变动的空间已很小。只有在协定价格与市场价格非常接近或为平价期权时，市场价格的变动才有可能增加期权的内在价值，从而使时间价值随之增大
权利期间	权利期间是指期权剩余的有效时间，即期权成交日至期权到期日的时间。在其他条件不变的情况下，期权期间越长，期权价格越高；反之，期权价格越低。这主要是因为权利期间越长，期权的时间价值越大；随着权利期间缩短，时间价值也逐渐减少；在期权的到期日，权利期间为零，时间价值也为零。通常权利期间与时间价值存在同方向但非线性的影响
利率	利率，尤其是短期利率的变动会影响期权的价格。利率变动对期权价格的影响是复杂的：一方面，利率变化会引起期权基础资产的市场价格变化，从而引起期权内在价值的变化；另一方面，利率变化会使期权价格的机会成本变化；同时，利率变化还会引起对期权交易的供求关系变化，因而从不同角度对期权价格产生影响
基础资产价格的波动性	通常，基础资产价格的波动性越大，期权价格越高；波动性越小，期权价格越低。这是因为，基础资产价格波动性越大，则在期权到期时，基础资产市场价格涨至协定价格之上或跌至协定价格之下的可能性越大，因此，期权的时间价值，乃至期权价格，都将随基础资产价格波动的增大而提高，随基础资产价格波动的缩小而降低
基础资产的收益	基础资产的收益将影响基础资产的价格。在协定价格一定时，基础资产的价格又必然影响期权的内在价值，从而影响期权的价格。由于基础资产分红付息等将使基础资产的价格下降，而协定价格并不进行相应调整，因此，在期权有效期内，基础资产产生收益将使看涨期权价格下降，使看跌期权价格上升

考点五　期权投资的风险（表 10－14）

表 10－14　期权投资的风险

项　　目	内　　容
期权定价原理	价格波动风险是在国际进出口贸易中，双方按照确定的价格水平和确定的交割时间签订买卖合约之后，货物价格的任何变化，都会给参加交易的某一方造成一定的经济损失的可能性
市场流动性风险	市场流动性风险是指因市场成交量不足或缺乏愿意交易的对手，导致未能在理想的时点完成买卖的风险
强行平仓风险	强行平仓风险是指由于期货经纪公司根据交易所提供的结算结果每天都要对交易者的盈亏状况进行结算，所以当期货价格波动较大、保证金不能在规定时间内补足的话，交易者可能面临强行平仓风险。除了保证金不足造成的强行平仓外，还有当客户委托的经纪公司的持仓总量超出一定限量时，也会造成经纪公司被强行平仓，进而影响客户强行平仓的情形。因此，客户在交易时，要时刻注意自己的资金状况
合约到期风险	期权有到期日，一旦过了到期日，期权不再具有任何价值
行权失败风险	资者在提出行权后，如果没有备齐足额的资金或证券，就会被判定为行权失败，无法行使期权合约赋予的权利，因此投资者需要做好资金和证券的准备
交收违约风险	期权义务方无法在交收日备齐足额的资金或证券用于履约，就会被判定为违约。期权义务方违约，可能会面临罚金、限制交易权限等处罚措施，违约成本很高，应尽量避免出现违约

考点六　期权的分类（表 10－15）

表 10－15　期权的分类

项　　目		内　　容
按期权的权利来划分	看涨期权	所谓看涨期权，是指期权的买方享有在规定的有效期限内按某一具体的敲定价格买进某一特定数量的相关商品期货合约的权利，但不同时负有必须买进的义务
	看跌期权	所谓看跌期权，是指期权的买方享有在规定的有效期限内按某一具体的敲定价格卖出某一特定数量的相关商品期货合约的权利，但不同时负有必须卖出的义务
	双向期权	所谓双向期权，是指期权的买方既享有在规定的有效期限内按某一具体的敲定价格买进某一特定数量的相关商品期货合约的权利，又享有在商定的有效期限内按同一敲定价格卖出某一特定数量的相关商品期货合约的权利

续表

项　　目	内　　容
按期权的交割时间划分	按期权的交割时间划分，有美式期权和欧式期权两种类型。美式期权是指在期权合约规定的有效期内任何时候都可以行使权利。欧式期权是指在期权合约规定的到期日方可行使权利，期权的买方在合约到期日之前不能行使权利，过了期限，合约则自动作废
按期权合约上的标的划分	按期权合约上的标的划分，有股票期权、股指期权、利率期权、商品期权以及外汇期权等种类

考点七　期权 4 种基本头寸的风险收益结构（表 10—16）

表 10—16　　期权 4 种基本头寸的风险收益结构

项　　目	内　　容
买进看涨期权	买进看涨期权是指购买者支付权利金，获得以特定价格向期权出售者买入一定数量的某种特定商品的权利。当投资者预期某种特定商品市场价格上涨时，他可以支付一定的权利金买入看涨期权。 看涨期权多头的最大损益结果或到期的损益状况如图 10—1 所示。 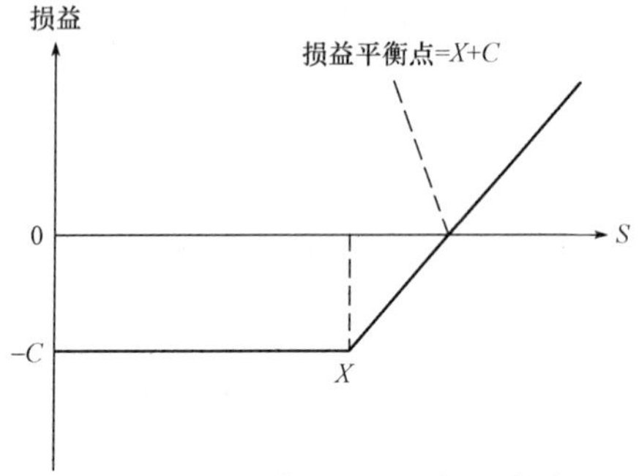 **图 10—1　看涨期权多头损益状态** C—看涨期权的价格；X—执行价格；S—标的资产价格 由图可知，标的资产价格越高，对看涨期权多头越有利
卖出看涨期权	卖出看涨期权是指卖出者获得权利金，若买入看涨期权者执行合约，卖出方必须以特定价格向期权买入方卖出一定数量的某种特定商品。看涨期权卖出方往往预期市场价格将下跌。 看涨期权空头的最大损益结果或到期时的损益状况如图 10—2 所示。

续表

项　　目	内　　容
卖出看涨期权	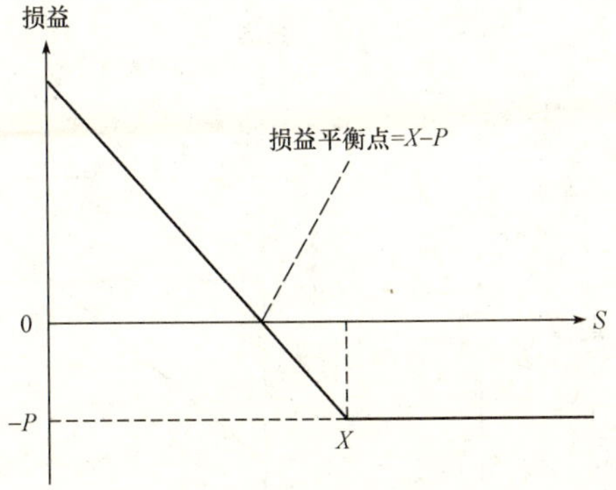 **图 10－2　看涨期权空头损益状态** 由图可知，标的资产价格越高，对看涨期权空头越不利
买进看跌期权	买进看跌期权是指购买者支付权利金，获得以特定价格向期权出售者卖出一定数量的某种特定商品的权利。看跌期权买入者往往预期市场价格将下跌。 看跌期权多头损益如图 10－3 所示。 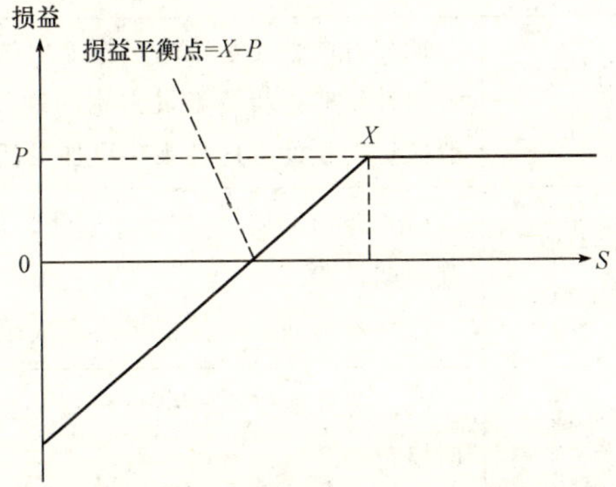 **图 10－3　看跌期权多头损益状态** *P*——看跌期权的价格，其余字母含义同图 10－1。 由图可知，标的资产价格越低，对看跌期权多头越有利，但获利有限，最大盈利为 $X-P$
卖出看跌期权	卖出看跌期权是指卖出者获得权利金，若买入看跌期权者执行合约，卖出方必须以特定价格向期权买入方买入一定数量的某种特定商品。当投资者预期某种特定商品市场价格上涨时，他往往卖出看跌期权。 看跌期权空头损益如图 10－4 所示。

续表

项目	内容
卖出看跌期权	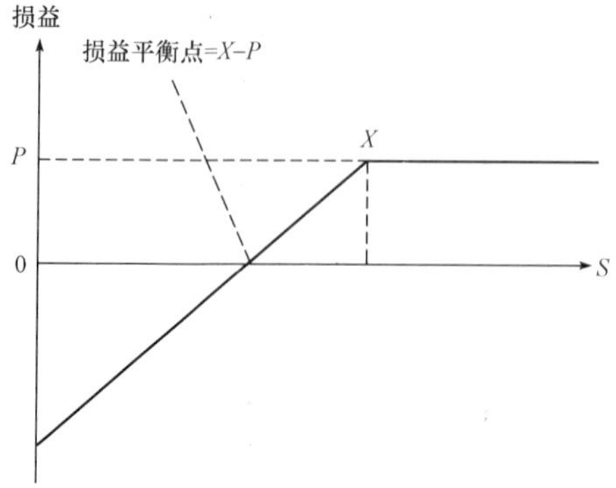 **图 10—4　看跌期权空头损益状态** 由图可知，标的资产价格越低，对看跌期权空头越不利，但损失有限，最大损失接近 $P-X$

考点八　期权方向性交易的原理和方法（表 10—17）

表 10—17　　期权方向性交易的原理和方法

项目		内容
期权方向性交易的原理		期权方向性交易策略是指如何选择期权的买人、卖出方向的策略。方向性策略是投资者最常用的期权策略之一。相比直接买人或卖出股票，期权的方向性策略更加灵活多样
期权方向性交易的方法	牛市行情交易策略	（1）若预期资产价格将上涨，但幅度不大，可以卖出看跌期权，赚取期权费。 （2）若预期资产价格将出现大幅上涨，可以买进看涨期权
	熊市行情交易策略	（1）若预期资产价格将出现小幅下跌，可以卖出看涨期权，赚取期权费。 （2）若预期资产价格大幅下跌，可以买进看跌期权

考点九　期权套利的原理和方法（表 10—18）

表 10—18　　期权套利的原理和方法

项目	内容
期权套利的原理	期权无风险套利是一种理想化的期权交易方式，即通过适当的期权组合在期权市场上实现无风险的利润。一般来说，在构造期权无风险套利时，应当遵循两条基本原则：买低卖高原则，即买进价值被低估的期权，卖出价值被高估的期权；风险对冲原则，即利用合成期权对冲买人或卖出实际期权的风险头寸

续表

项　目		内　容
期权套利的方法	看涨看跌平价关系与转换套利	看涨看跌平价关系是期权价格定价中最常见的期权间价格关系公式，即 $C+K\cdot e^{-rT}=P+S$，其中 C 表示看涨期权价格，K 表示执行价格，P 表示看跌期权价格，S 表示标的物价格。该关系显示了看涨期权和看跌期权间应当满足的价格关系，若不满足，则会产生无风险套利机会，套利策略为（反）转换套利
	价格顺序关系与价格倒挂套利	价格顺序关系是针对某一月份系列期权而言的，即对同一月份看涨（跌）期权，执行价格越大，权利金越低（高），若违背该关系，则可进行价格倒挂套利
	期权上下限关系与价格贴现套利	对于看涨期权：$S-K\cdot e^{-rT}\leqslant C\leqslant S$，对于看跌期权：$\max\cdot(S-K\cdot e^{-rT}-S，0)\leqslant P\leqslant K\cdot e^{-rT}$。 理论上，期权价格＝内涵价值＋时间价值，也就是说期权价格要大于等于内涵价值。而实际交易中，由于流动性及市场需求等因素，有些期权价格（这种机会常常出现在深度实值期权中）可能低于其内涵价值，此时套利出现

考点十　期权套期保值的原理和方法（表10－19）

表10－19　　期权套期保值的原理和方法

项　目	内　容
期权套期保值的原理	商品期权作为期货的衍生品，和标的物之间的价格存在着相关关系，也与其标的期货的价格紧密相连，这使得期权既可以为投资者手中的现货部位对冲，也可以为其期货部位进行对冲。期权的保值同样分为买期保值和卖期保值，但是保值的分类不是按照期权的头寸来定义，而是按照执行期权后所获得期货头寸来划分。买入看涨期权和卖出看跌期权执行后得到期货的多头头寸，称为期权的买期保值；买入看跌期权和卖出看涨期权执行后得到期货的空头头寸，称之为期权的卖期保值
期权套期保值的方法	与利用期货类似，投资者可以对已有头寸或未来要拥有的头寸利用期权进行对冲。买期保值和卖期保值是两种最基础的方式，也可以在两种方式之上继续构造符合投资者风险管理需求的组合进行对冲

【真题回顾】

组合型选择题（以下备选项中只有一项最符合题目要求）

1. 影响期权价格的主要因素有（　　）。

Ⅰ. 标的资产价格及期权执行价格　　Ⅱ. 标的资产价格波动率

Ⅲ. 距到期日剩余时间　　Ⅳ. 无风险利率

A. Ⅰ、Ⅱ、Ⅲ　　B. Ⅰ、Ⅲ、Ⅳ

C. Ⅱ、Ⅳ　　D. Ⅰ、Ⅱ、Ⅲ、Ⅳ

【答案】 D

【解析】 本题考核的是影响期权价格的因素。影响期权价格的因素有多种，主要影响因素有：期权的执行价格、标的资产价格、期权的剩余期限、无风险利率、标的资产价格波动率等。

2. 关于期权时间价值，下列说法正确的是（　　）。

Ⅰ. 期权价格与内涵价值的差额为期权的时间价值

Ⅱ. 理论上，在到期时，期权时间价值为零

Ⅲ. 如果其他条件不变，期权时间价值随着到期日的临近，衰减速度递减

Ⅳ. 在有效期内，期权的时间价值总是大于零

A. Ⅰ、Ⅱ　　B. Ⅰ、Ⅲ、Ⅳ　　C. Ⅰ、Ⅳ　　D. Ⅰ、Ⅱ、Ⅲ

【答案】 A

【解析】 本题考核的是期权时间价值的内容。当期权临近到期日时，如果其他条件不变，该期权的时间价值的衰减速度就会加快，而在到期日时，该期权就不再有任何时间价值；美式期权的时间价值总是大于等于0，实值欧式期权的时间价值可能小于0。

3. 二叉树模型的假设有（　　）。

Ⅰ. 标的资产的价格运动方向只有向上和向下两个方向

Ⅱ. 在整个考察期内，股价每次向上（或向下）波动的概率和幅度不变

Ⅲ. 只能在到期日执行

Ⅳ. 市场无摩擦

A. Ⅰ、Ⅱ　　B. Ⅰ、Ⅱ、Ⅲ　　C. Ⅱ、Ⅲ、Ⅳ　　D. Ⅰ、Ⅱ、Ⅳ

【答案】 D

【解析】 本题考核的是二叉树模型的假设。二叉树模型不但可对欧式期权进行定价，也可对美式期权、奇异期权以及结构化金融产品进行定价。二叉树期权定价模型假设股价波动只有向上和向下两个方向，且假设在整个考察期内，股价每次向上（或向下）波动的概率和幅度不变。模型的前提假定是市场无摩擦、无信用风险、无套利机会、无利率风险以及投资者可以以无风险利率借入或贷出资金。

【典型习题】

1. 不能作为 Black-Scholes 定价模型基本假设的是（　　）。

A. 市场无摩擦，即不存在税收和交易成本，所有证券完全可分割

B. 金融资产在期权有效期内无红利及其他所得（该假设后被放弃）

C. 该期权是欧式期权，即在期权到期前不可实施

D. 存在无风险套利机会

2. 按期权的权利来划分，可将期权划分为（　　）。

Ⅰ. 看涨期权　　Ⅱ. 看跌期权　　Ⅲ. 欧式期权　　Ⅳ. 美式期权

A. Ⅰ、Ⅳ　　B. Ⅰ、Ⅱ

C. Ⅱ、Ⅲ　　D. Ⅰ、Ⅱ、Ⅲ、Ⅳ

3. 影响期权价格的因素主要包括（　　）。

Ⅰ. 协定价格　　Ⅱ. 市场价格

Ⅲ. 权利期间　　Ⅳ. 基础资产的收益

A. Ⅰ、Ⅳ　　B. Ⅰ、Ⅱ

C. Ⅱ、Ⅲ　　D. Ⅰ、Ⅱ、Ⅲ、Ⅳ

4. 关于期权方向性交易的方法，描述正确的是（　　）。

Ⅰ. 若预期资产价格将上涨，但幅度不大，可以卖出看跌期权，赚取期权费

Ⅱ. 若预期资产价格将出现大幅上涨，可以买进看涨期权

Ⅲ. 若预期资产价格将出现小幅下跌，可以卖出看涨期权，赚取期权费

Ⅳ. 若预期资产价格大幅下跌，可以买进看跌期权

A. Ⅰ、Ⅳ　　B. Ⅰ、Ⅱ

C. Ⅱ、Ⅲ　　D. Ⅰ、Ⅱ、Ⅲ、Ⅳ

【参考答案】

1. D　2. B　3. D　4. D

第四节　其他衍生产品估值

【考点归纳】

- 掌握可转换债券的转股价、赎回、修正、回售和转换价值。
- 了解可转换债券的定价原理。
- 熟悉基金评价的指标体系和主要方法

【考点解读】

考点一　可转换债券（表10－20）

表10－20　可转换债券的相关内容

项　目	内　容
可转换债券	可转换债券是指其持有者可以在一定时期内按一定比例或价格将之转换成一定可转换债券数量的另一种证券的债券。 可转换债券是可转换公司债券的简称，又简称可转债。它是一种可以在特定时间、按特定条件转换为普通股票的特殊企业债券。可转换债券兼具债权和期权的特征。 公司发行的含有转换特征的债券。在招募说明中发行人承诺根据转换价格在一定时间内可将债券转换为公司普通股。转换特征为公司所发行债券的一项义务。可转换债券的优点为普通股所不具备的固定收益和一般债券不具备的升值潜力
转股价	转股价或转换比例，是指一定面额可转换债券可转换成普通股票的股数。用公式表示为： $$转换比例=\frac{可转换债券面额}{转换价格}$$
赎回	赎回是指发行人在发行一段时间后，可以提前赎回未到期的发行在外的可转换公司债券
修正	转换价格修正是指发行公司在发行可转换债券后，由于公司送股、配股、增发股票、分立、合并、拆细及其他原因导致发行人股份发生变动，引起公司股票名义价格下降时而对可转换债券的转换价格所做的必要调整
回售	回售是指公司股票在一段时间内连续低于转换价格达到某一幅度时，可转换公司债券持有人按事先约定的价格将所持有的可转换债券卖给发行人的行为
转换价值	转换价值＝转换比率×普通股票现行价格。可兑换债券的转换价值与可兑换债券市价之间的关系，是可兑换债券估价分析中的重要依据。决定两者之间关系变动的因素很多，其中最重要的是本股份公司的普通股票价格。当普通股票价格上升，可兑换债券的转换价值高于其市价时，把债券兑换成股票将有利可图

续表

<table>
<tr><th>项　　目</th><th>内　　容</th></tr>
<tr><td>定价原理</td><td>可转换债券的理论价值，又称“内在价值”，是指将可转换债券转股前的利息收入和转股时的转换价值按适当的必要收益率折算的现值。用公式表示为：
$$P=\sum_{t=1}^{n}\frac{C}{(1+r)^{t}}+\frac{CV}{(1+r)^{n}}$$
式中　P——可转换债券当前的理论价值；
t——时期数；
n——持有可转换债券的时期总数；
r——必要收益率；
C——可转换债券每期支付的利息；
CV——可转换债券在持有期期末的转换价值</td></tr>
</table>

考点二　基金评价的指标体系和主要方法（表 10－21）

表 10－21　　基金评价的指标体系和主要方法

<table>
<tr><th colspan="2">项　　目</th><th>内　　容</th></tr>
<tr><td colspan="2">含义</td><td>为了对基金业绩进行有效评价，必须考虑基金的投资目标与范围、基金的风险水平、基金的规模和时期选择等因素。系统的基金业绩评估需要从四个方面入手：计算绝对收益；计算风险调整后收益；计算相对收益；进行业绩归因。
传统的基金评价主要是评价基金单位净值和基金收益率。现代投资理论则在考虑风险调整的因素后对基金业绩进行评估，常用指标有夏普比率、特雷诺比率和詹森 a 等</td></tr>
<tr><td rowspan="2">基金单位资产净值</td><td>概念</td><td>基金资产净值是指在某一基金估值时点上，按照公允价格计算的基金资产的总市值扣除负债后的余额，该余额是基金单位持有人的权益。按照公允价格计算基金资产的过程就是基金的估值。
单位基金资产净值，即每一基金单位代表的基金资产的净值</td></tr>
<tr><td>计算</td><td>单位基金资产净值计算的公式为：
单位基金资产净值＝（总资产－总负债）/基金单位总数
其中，总资产是指基金拥有的所有资产（包括股票、债券、银行存款和其他有价证券等）按照公允价格计算的资产总额。总负债是指基金运作及融资时所形成的负债，包括应付给他人的各项费用、应付资金利息等。基金单位总数是指当时发行在外的基金单位的总量。
基金估值是计算单位基金资产净值的关键。基金往往分散投资于证券市场的各种投资工具，如股票、债券等，由于这些资产的市场价格是不断变动的，因此，只有每日对单位基金资产净值重新计算，才能及时反映基金的投资价值</td></tr>
</table>

续表

项　目	内　容
基金收益率	基金收益率的计算公式为： $$R_t=\frac{NAV_t+D_t-NAV_{t-1}}{NAV_{t-1}}$$ 式中　R_t——评价期的收益率； NAV_t——期末单位净资产； D_t——评价期每股收益分配； NAV_{t-1}——期初单位净资产
夏普比率	夏普比率，又被称为夏普指数，基金绩效评价标准化指标。夏普比率在现代投资理论的研究表明，风险的大小在决定组合的表现上具有基础性的作用。风险调整后的收益率就是一个可以同时对收益与风险加以考虑的综合指标，以期能够排除风险因素对绩效评估的不利影响。夏普比率就是一个可以同时对收益与风险加以综合考虑的三大经典指标之一。投资中有一个常规的特点，即投资标的的预期报酬越高，投资人所能忍受的波动风险越高；反之，预期报酬越低，波动风险也越低。所以理性的投资人选择投资标的与投资组合的主要目的为：在固定所能承受的风险下，追求最大的报酬；或在固定的预期报酬下，追求最低的风险。 夏普比率的计算公式为： $$S_p=\frac{\bar{R}_p-\bar{R}_f}{\sigma_p}$$ 式中　$\bar{R}_p$——基金的平均收益率； $\bar{R}_f$——平均无风险收益率； σ_p——基金收益率的标准差
特雷诺比率	由美国经济学家“杰克·特雷诺”发明的测算投资回报的指标。用于在系统风险基础之上对投资的收益风险进行调整。该指标反映基金承担单位系统风险所获得的超额收益。指数值越大，承担单位系统风险所获得的超额收益越高。 特雷诺比率计算公式为： $$T_p=\frac{\bar{R}_p-\bar{R}_f}{\beta_p}$$ 式中　T_p——特雷诺比率； $\bar{R}_p$——基金的平均收益率； $\bar{R}_f$——平均无风险收益率； β_p——系统风险

续表

项　目	内　容
詹森 α	詹森指数是测定证券组合经营绩效的一种指标，是证券组合的实际期望收益率与位于证券市场线上的证券组合的期望收益率之差。 詹森 α 用公式表示为： $\alpha_p = (\bar{R}_p - \bar{R}_f) - \beta_p(\bar{R}_M - \bar{R}_f)$ $= \bar{R}_p - [\bar{R}_f + \beta_p(\bar{R}_M - \bar{R}_f)]$ 式中　$\bar{R}_M$——市场平均收益率，其余字母同特雷诺比率

【真题回顾】

一、单项选择题（以下备选项中只有一项符合题目要求）

1. 某公司可转换债券的转换比例为50，当前该可转换债券的市场价格为1000元，那么，（　　）。

A. 该可转换债券当前的转换平价为50元

B. 当该公司普通股股票市场价格超过20元时，行使转换权对该可转换债券持有人有利

C. 当该公司普通股股票市场价格低于20元时，行使转换权对该可转换债券持有人有利

D. 当该公司普通股股票市场价格为30元时，该可转换债券的转换价值为2500元

【答案】B

【解析】本题考核的是转换债券的计算。转换平价＝可转换证券的市场价格/转换比例＝1000/50＝20（元）。当该公司普通股股票市场价格低于20元时，可转换证券持有人转股前所持有的可转换证券的市场价值大于实施转股后所持有的标的股票资产的市价总值，此时转股对持有人不利。当该公司普通股股票市场价格为30元时，该可转换债券的转换价值：标的股票市场价格×转换比例＝30×50＝1500（元）。

2. 以基础产品所蕴含的使用风险或违约风险为基础变量的金融衍生工具属于（　　）。

A. 货币衍生工具　　B. 利率衍生工具

C. 信用衍生工具　　D. 股权类产品的衍生工具

【答案】C

【解析】本题考核的是金融衍生工具的内容。货币衍生工具是指以各种货币作为基础工具的金融衍生工具；利率衍生工具是指以利率或利率的载体为基础工具的金融衍生工具；股权类产品的衍生工具是指以股票或股票指数为基础工具的

金融衍生工具。

二、组合型选择题（以下备选项中只有一项最符合题目要求）

金融衍生工具的基本特征包括（　　）。

Ⅰ．杠杆性　　Ⅱ．跨期性

Ⅲ．不确定性或高风险性　　Ⅳ．联动性

A. Ⅰ、Ⅱ、Ⅲ　　B. Ⅰ、Ⅲ、Ⅳ

C. Ⅲ、Ⅳ　　D. Ⅰ、Ⅱ、Ⅲ、Ⅳ

【答案】D

【解析】本题考核的是金融衍生工具的基本特征。金融衍生工具是与基础金融产品相对应的一个概念，指建立在基础产品或基础变量之上，其价格取决于基础金融产品价格（或数值）变动的派生金融产品。它具有4个显著特性：跨期性、杠杆性、联动性、不确定性或高风险性。

【典型习题】

1. 发行公司在发行可转换债券后，由于公司送股、配股、增发股票、分立、合并、拆细及其他原因导致发行人股份发生变动，引起公司股票名义价格下降时而对可转换债券的转换价格所做的必要调整称为（　　）。

A. 赎回　　B. 修正　　C. 回售　　D. 转换

2. 系统的基金业绩评估需要从（　　）入手。

Ⅰ．计算绝对收益　　Ⅱ．计算风险调整后收益

Ⅲ．计算相对收益　　Ⅳ．进行业绩归因

A. Ⅰ、Ⅳ　　B. Ⅰ、Ⅱ

C. Ⅱ、Ⅲ　　D. Ⅰ、Ⅱ、Ⅲ、Ⅳ

【参考答案】

1. B　　2. D　　3. D

第二部分　实战模拟试卷

实战模拟试卷一

一、单项选择题（共40题，每题0.5分，共20分。以下备选项中只有一项符合题目要求，不选、错选不得分）

1. 从业人员的后续职业培训学时是指在年检期间应达到的培训学时，从业人员年检期间培训学时为（　　）学时。

A. 8　　B. 15　　C. 18　　D. 20

2. 证券公司、证券投资咨询机构应当公平对待证券研究报告的发布对象，不得将证券研究报告的内容或者观点，优先提供给公司内部部门、人员或者特定对象属于（　　）。

A. 证券研究报告对象覆盖要求

B. 证券研究报告信息收集要求

C. 证券研究报告制作要求

D. 证券研究报告质量控制要求

3. 以下关于证券分析师应该受到的管理，说法正确的是（　　）。

A. 从业人员取得执业证书后辞职的，原聘用机构应当在其辞职后五日内向协会报告

B. 取得执业证书的人员，连续三年不在机构从业的，由证监会注销其执业证书

C. 协会、机构应当不定期组织取得执业证书的人员进行后续职业培训

D. 机构不得聘用未取得执业证书的人员对外开展证券业务

4. 以纵轴代表价格、横轴代表产量绘制某种农产品的需求曲线和供给曲线，假设其他条件不变，当生产成本上升时，在坐标图上就表现为这种农产品的（　　）。

A. 需求曲线将向左移动　　B. 供给曲线将向左移动

C. 供给曲线将向右移动　　D. 需求曲线将向右移动

5. 市场供给力量与需求力量相互抵消时所达到的价格水平称为（　　）。

A. 平均价格　　B. 平准价格　　C. 理论价格　　D. 均衡价格

6. 下列情况中，需求价格弹性最高的是（　　）。

A. 价格下降3%，需求量下降4%　　B. 价格上升2%，需求量下降2%

C. 价格下降 5%，需求量增加 3%　　D. 价格下降 1%，需求量增加 2%

7. 某银行向某公司发放贷款 100 万元，贷款期限为 1 年，假定月利率为 4.5‰，该公司在一年前按期偿还贷款时应付利息为（　　）元。

A. 4500　　B. 13500　　C. 6000　　D. 54000

8. 某投资者用 10000 元进行为期 1 年的投资，假定市场年利率为 6%，利息按半年复利计算，该投资者投资的期末价值为（　　）元。

A. 11236　　B. 10609　　C. 10600　　D. 10000

9. 反映任何一种证券组合期望收益水平与系统风险水平之间均衡关系的方程式是（　　）。

A. 马柯威茨方程　　B. 证券特征线方程

C. 资本市场线方程　　D. 证券市场线方程

10. 某种动物活到 10 岁以上的概率为 0.8，活到 15 岁的概率为 0.4，则现年 10 岁的这种动物活到 15 岁以上的条件概率是（　　）。

A. 0.32　　B. 0.4　　C. 0.5　　D. 0.76

11.（　　）是指模型的误差项间存在相关性。

A. 异方差　　B. 自相关　　C. 伪回归　　D. 多重共线性

12. 样本判定系数 R^2 的计算公式是（　　）。

A. $R^2=\frac{ESS}{RSS}$　　B. $R^2=\frac{ESS}{TSS}$　　C. $R^2=1-\frac{RSS}{ESS}$　　D. $R^2=\frac{RSS}{TSS}$

13. 英国天文学家艾尔蒙多·哈雷在其（　　）的遗作《论复利》中，已经推导出了年金现值计算公式。

A. 1202 年　　B. 1494 年　　C. 1761 年　　D. 1907 年

14. 在（　　）中，证券价格充分反映了历史上一系列交易价格和交易量中所隐含的信息，从而投资者不可能通过分析以往价格获得超额利润。

A. 半弱式有效市场　　B. 弱式有效市场

C. 半强式有效市场　　D. 强式有效市场

15. 关于量化分析法的特点，叙述错误的是（　　）。

A. 量化分析法对使用者的定量分析技术有较高要求，很容易为普通公众所接受

B. 量化分析法所采用的各种数理模型本身存在模型风险，一旦外部环境发生较大变化，原有模型的稳定性就会受影响

C. 量化分析法对交易系统的速度和市场数据的精确度有较高要求，在一定程度上限制了其应用范围

D. 量化分析法具有使用大量数据、模型和电脑的显著特点

16. 常见的战略性投资策略不包括（　　）。

A. 买入持有策略　　B. 固定比例策略

C. 浮动比例策略　　D. 投资组合保险策略

17. 政府实施新的经济政策或发布新的法规限制了某些资产的使用，使得资产价值下降，这种损耗一般称为（　　）。

A. 经济性贬值　　B. 功能性贬值

C. 时间性贬值　　D. 实体性贬值

18. 在相对估值常用指标中，（　　）适用于周期性较弱企业、一般制造业和服务业。

A. 市盈率　　B. 市净率

C. 市售率　　D. 市值回报增长率

19. 零息债券不计利息，折价发行，到期还本，通常（　　）以内的债券为零息债券。

A. 半年期　　B. 1 年期　　C. 2 年期　　D. 3 年期

20. 债券的（　　）是使债券未来现金流现值等于当前价格所用的相同的贴现率，也就是金融学中所谓的内部报酬率。

A. 当期收益率　　B. 持有期收益率

C. 到期收益率　　D. 赎回收益率

21. 目前我国证券市场推出的权证均为（　　）。

A. 债券类权证　　B. 股权类权证　　C. 商业类权证　　D. 其他权证

22. 不属于按权证的内在价值分类的是（　　）。

A. 平价权证　　B. 高价权证　　C. 价内权证　　D. 价外权证

23. 发展中国家的偿债率的警戒线为（　　）。

A. 20%　　B. 25%　　C. 30%　　D. 35%

24. 温和的通货膨胀是指年通货膨胀率低于（　　）的通货膨胀。

A. 10%　　B. 15%　　C. 20%　　D. 25%

25. 衡量工业企业产品出厂价格变动趋势和变动程度的指数是（　　）。

A. 零售物价指数　　B. 生产者价格指数

C. 消费物价指数　　D. 国民生产总值物价平减指数

26. 长期资本是指合同规定偿还期超过（　　）年的资本或未定偿还期的资本。

A. 1　　B. 2　　C. 3　　D. 4

27. 关于通货膨胀对证券市场的影响，叙述错误的是（　　）。

A. 温和的、稳定的通货膨胀对股价的影响较小

B. 严重的通货膨胀是很危险的，经济将被严重扭曲，货币加速贬值

C. 通货膨胀不仅产生经济影响，还可能产生社会影响，并影响投资者的心理和预期

D. 政府往往绝不会容忍通货膨胀存在，必然会使用某些宏观经济政策工具

来抑制通货膨胀

28. 相对强弱指标的英文简写是（　　）。

A. BLAS　　B. RSI　　C. DMI　　D. KDJ

29. 道氏理论中，不同种类的趋势最大的区别是（　　）。

A. 趋势持续期间成交量的大小

B. 趋势持续的方向不同

C. 趋势在不同的上升或下降预期中

D. 趋势持续时间的长短和波动幅度的大小

30. 证券投资技术分析以（　　）为分析对象。

A. 证券市场的总体变动趋势

B. 证券市场过去和现在的市场行为

C. 证券市场上各种信息

D. 证券市场数据和原始市场数据

31. 利用统计、数值模拟和其他定量模型进行的证券市场相关研究的一种方法是（　　）。

A. 道氏分析法　　B. 技术分析法　　C. 量化分析法　　D. 基本分析法

32. 股权自由现金流贴现模型中的现金流是（　　）。

A. 总资本　　B. 权益价值　　C. 资产总值　　D. 现金净流量

33. 某投资者投资 10000 元于一项期限为 3 年、年息 8%的债券（按年计息），按复利计算该项投资的终值为（　　）元。

A. 10800.12　　B. 12400.12　　C. 12597.12　　D. 13310.12

34. 上年末某公司支付每股股息为 2 元，预计在未来其股息按每年 4%的速度增长，必要收益率为 12%，则该公司股票的价值为（　　）元。

A. 28　　B. 26　　C. 24　　D. 22

35. 可变增长模型中计算内部收益率用股票的市场价格代替股票期初的内在价值，估计的内部收益率代替实际内部收益率，同样可以计算出内部收益率。不过由于此模型较复杂，主要采用（　　）来计算内部收益率。

A. 回归调整法　　B. 直接计算法　　C. 试错法　　D. 趋势调整法

36. 下列各项中，属于发行条款中直接影响债券现金流确定的因素是（　　）。

A. 税收待遇　　B. 市场利率　　C. 银行利率　　D. 基准利率

37. 收益率与期限的关系随着期限的长短由正向变为反向，这是（　　）收益率曲线的特征。

A. 正常的　　B. 拱形的　　C. 双曲线　　D. 反向的

38. 债券估值的基本原理是（　　）。

A. 风险中性定价　　B. 自由现金流

C. 成本重置　　　　　　　　　　　　D. 现金流贴现

39. 投资者进行金融衍生工具交易时，要想获得交易的成功，必须对利率、汇率、股价等因素的未来趋势作出判断，这是衍生工具的（　　）所致。

A. 投机性　　　B. 杠杆性　　　C. 风险性　　　D. 跨期性

40. 除交易所交易的标准化期权、权证之外，还存在大量场外交易的期权，这些新型期权通常被称为（　　）

A. 看跌期权　　　B. 现货期权　　　C. 期货期权　　　D. 奇异型期权

二、组合型选择题（共 80 题，每题 1 分，共 80 分。以下备选项中，只有一项最符合题目要求，不选、错选不得分）

41. 证券研究报告按研究内容分类，一般有（　　）。

Ⅰ. 宏观研究　　　Ⅱ. 行业研究　　　Ⅲ. 策略研究　　　Ⅳ. 公司研究

A. Ⅰ、Ⅱ、Ⅲ　　　　　　　　　　B. Ⅰ、Ⅲ、Ⅳ

C. Ⅱ、Ⅲ、Ⅳ　　　　　　　　　　D. Ⅰ、Ⅱ、Ⅲ、Ⅳ

42. 证券研究报告按研究品种分类，主要有（　　）。

Ⅰ. 股票研究　　　Ⅱ. 基金研究　　　Ⅲ. 债券研究　　　Ⅳ. 衍生品研究

A. Ⅰ、Ⅱ、Ⅲ　　　　　　　　　　B. Ⅰ、Ⅲ、Ⅳ

C. Ⅱ、Ⅲ、Ⅳ　　　　　　　　　　D. Ⅰ、Ⅱ、Ⅲ、Ⅳ

43. 下列关于证券公司、证券投资咨询机构及证券分析师在证券研究报告中应履行职责的说法正确的包括（　　）。

Ⅰ. 建立健全相关的管理制度，加强流程管理和内部控制

Ⅱ. 遵循独立、客观、公平、审慎原则，加强合规管理，提升研究质量和专业服务水平

Ⅲ. 应当建立证券研究报告的信息来源管理制度，加强信息收集环节的管理，维护信息来源的合法合规性

Ⅳ. 应当从组织设置、人员职责上，将证券研究报告制作发布环节与销售服务环节分开管理，以维护证券研究报告制作发布的独立性

A. Ⅰ、Ⅱ、Ⅲ　　　　　　　　　　B. Ⅰ、Ⅱ、Ⅳ

C. Ⅱ、Ⅲ、Ⅳ　　　　　　　　　　D. Ⅰ、Ⅱ、Ⅲ、Ⅳ

44. 按研究内容分类，证券研究报告可以分为（　　）。

Ⅰ. 宏观研究　　　Ⅱ. 行业研究　　　Ⅲ. 策略研究　　　Ⅳ. 公司研究

A. Ⅰ、Ⅱ、Ⅲ　　　　　　　　　　B. Ⅰ、Ⅱ、Ⅳ

C. Ⅱ、Ⅲ、Ⅳ　　　　　　　　　　D. Ⅰ、Ⅱ、Ⅲ、Ⅳ

45. 关于垄断竞争市场特征和生产者行为的说法，正确的有（　　）。

Ⅰ. 单个企业的需求曲线是一条向右下方倾斜的曲线

Ⅱ. 行业的需求曲线和个别企业的需求曲线是相同的

Ⅲ. 垄断竞争市场的产量一般低于完全竞争市场的产量

Ⅳ. 企业能在一定程度上控制价格

A. Ⅰ、Ⅱ、Ⅲ　B. Ⅰ、Ⅱ、Ⅳ　C. Ⅰ、Ⅲ、Ⅳ　D. Ⅱ、Ⅲ、Ⅳ

46. 当社会总供给大于总需求时，政府可实施的财政政策措施有（　　）。

Ⅰ. 增加财政补贴支出　Ⅱ. 实行中性预算平衡政策

Ⅲ. 缩小预算支出规模　Ⅳ. 降低税率

A. Ⅰ、Ⅱ　B. Ⅰ、Ⅳ　C. Ⅲ、Ⅳ　D. Ⅱ、Ⅲ、Ⅳ

47. 下列经济因素中，对长期总供给有决定性影响的有（　　）。

Ⅰ. 劳动　Ⅱ. 价格总水平　Ⅲ. 资本　Ⅳ. 技术

A. Ⅱ、Ⅲ　B. Ⅰ、Ⅲ、Ⅳ

C. Ⅱ、Ⅲ、Ⅳ　D. Ⅰ、Ⅱ、Ⅲ、Ⅳ

48. 在社会总需求大于社会总供给的经济过热时期，政府可以采取的财政政策有（　　）。

Ⅰ. 缩小政府预算支出规模　Ⅱ. 鼓励企业和个人扩大投资

Ⅲ. 减少税收优惠政策　Ⅳ. 降低政府投资水平

A. Ⅰ、Ⅱ　B. Ⅱ、Ⅲ　C. Ⅰ、Ⅱ、Ⅲ　D. Ⅰ、Ⅲ、Ⅳ

49. 根据凯恩斯的流动性偏好理论，决定货币需求的动机包括（　　）。

Ⅰ. 交易动机　Ⅱ. 预防动机　Ⅲ. 储蓄动机　Ⅳ. 投机动机

A. Ⅰ、Ⅲ　B. Ⅰ、Ⅱ、Ⅳ

C. Ⅱ、Ⅲ、Ⅳ　D. Ⅰ、Ⅱ、Ⅲ、Ⅳ

50. 通常情况下，影响某种商品的供给价格弹性大小的因素有（　　）。

Ⅰ. 该种商品替代品数量和相近程度

Ⅱ. 该种商品的用途

Ⅲ. 该种商品的生产自然条件状况

Ⅳ. 该种商品的生产周期

A. Ⅰ、Ⅱ　B. Ⅱ、Ⅳ　C. Ⅲ、Ⅳ　D. Ⅰ、Ⅱ、Ⅲ

51. 关于完全竞争市场的说法，正确的有（　　）。

Ⅰ. 所有企业都是价格的接受者

Ⅱ. 单个企业的需求曲线和整个行业的需求曲线相同

Ⅲ. 单个企业的需求曲线是一条平行于横轴的水平线

Ⅳ. 整个行业的需求曲线向右下方倾斜

A. Ⅰ、Ⅱ　B. Ⅱ、Ⅳ　C. Ⅰ、Ⅱ、Ⅲ　D. Ⅰ、Ⅲ、Ⅳ

52. 在金融工具四个性质之间，存在反比关系的是（　　）。

Ⅰ. 期限性与收益性　Ⅱ. 期限性与风险性

Ⅲ. 流动性与收益性　Ⅳ. 期限性与流动性

A. Ⅰ、Ⅱ　B. Ⅰ、Ⅲ　C. Ⅱ、Ⅲ　D. Ⅲ、Ⅳ

53. 关于 SML 和 CML，下列说法正确的有（　　）。

Ⅰ. 两者都表示有效组合的收益与风险关系

Ⅱ. SML 适合于所有证券或组合的收益风险关系，CML 只适合于有效组合的收益风险关系

Ⅲ. SML 以 β 描绘风险，而 CML 以 σ 描绘风险

Ⅳ. SML 是 CML 的推广

A. Ⅰ、Ⅲ　　B. Ⅰ、Ⅳ　　C. Ⅲ、Ⅳ　　D. Ⅱ、Ⅲ、Ⅳ

54. 一般而言，资本资产定价模型的应用领域包括（　　）。

Ⅰ. 资产估值　　Ⅱ. 资金成本预算

Ⅲ. 资源配置　　Ⅳ. 预测股票市场的变动趋势

A. Ⅰ、Ⅱ、Ⅲ　　B. Ⅰ、Ⅲ、Ⅳ

C. Ⅱ、Ⅲ、Ⅳ　　D. Ⅰ、Ⅱ、Ⅲ、Ⅳ

55. 提高 EVA® 的方法有（　　）。

Ⅰ. 削减成本，降低纳税，在不增加资金的条件下提高 NOPAT

Ⅱ. 对于某些业务从事有利可图的投资

Ⅲ. 当资金成本的节约可以超过 NOPAT 的减少时，应撤出资金

Ⅳ. 调整公司的资本结构，实现资金成本最小化

A. Ⅰ、Ⅱ、Ⅲ　　B. Ⅰ、Ⅱ、Ⅳ

C. Ⅰ、Ⅲ、Ⅳ　　D. Ⅰ、Ⅱ、Ⅲ、Ⅳ

56. 公司现金流主要来自（　　）。

Ⅰ. 公司融资　　Ⅱ. 公司投资　　Ⅲ. 公司变更　　Ⅳ. 公司经营

A. Ⅰ、Ⅱ、Ⅲ　　B. Ⅰ、Ⅱ、Ⅳ

C. Ⅰ、Ⅲ、Ⅳ　　D. Ⅱ、Ⅲ、Ⅳ

57. 尽管财务报表是按会计准则编制的，但不一定反映公司的实际情况，如（　　）。

Ⅰ. 有些数据是估计的，如无形资产摊销等

Ⅱ. 流动资产的余额是按历史成本减折旧或摊销计算的，不代表现行成本或变现价值

Ⅲ. 报表数据未按通货膨胀或物价水平调整

Ⅳ. 发生了非常或偶然的事项，如坏账损失，可能歪曲本期的净收益，使之不能反映盈利的正常水平

A. Ⅰ、Ⅱ、Ⅲ　　B. Ⅰ、Ⅱ、Ⅳ

C. Ⅰ、Ⅲ、Ⅳ　　D. Ⅱ、Ⅲ、Ⅳ

58. 下列说法中，错误的是（　　）。

Ⅰ. 每股营业现金净流量反映的是公司最小的分派股利能力

Ⅱ. 现金满足投资比率越大，说明资金自给率越高

Ⅲ. 现金股利保障倍数越大，说明支付现金股利的能力越弱

Ⅳ. 如果收益能如实反映公司业绩，则认为收益的质量好

A. Ⅰ、Ⅱ　B. Ⅰ、Ⅲ　C. Ⅲ、Ⅳ　D. Ⅲ、Ⅳ

59. 构成利润表的项目有（　　）。

Ⅰ. 应付股利　Ⅱ. 未分配利润

Ⅲ. 营业利润　Ⅳ. 营业收入

A. Ⅰ、Ⅱ　B. Ⅰ、Ⅳ　C. Ⅲ、Ⅳ　D. Ⅱ、Ⅳ

60. 计算市净率所需使用的数据包括（　　）。

Ⅰ. 每股净资产　Ⅱ. 市销率

Ⅲ. 每股市价　Ⅳ. 股息发放率

A. Ⅰ、Ⅱ　B. Ⅰ、Ⅲ　C. Ⅲ、Ⅳ　D. Ⅱ、Ⅳ

61. 反映公司偿债能力的财务比率指标是（　　）。

Ⅰ. 流动资产/流动负债　Ⅱ. （流动资产－存货）/流动负债

Ⅲ. 营业收入/平均流动资产　Ⅳ. 营业成本/平均存货

A. Ⅰ、Ⅱ　B. Ⅰ、Ⅳ　C. Ⅲ、Ⅳ　D. Ⅱ、Ⅳ

62. 关于应收账款周转率，下列说法正确的是（　　）。

Ⅰ. 应收账款周转率说明应收账款流动的速度

Ⅱ. 应收账款周转率等于销售收入与期末应收账款的比值

Ⅲ. 应收账款周转率越高，平均收账期越短，就意味着账款收回速度越快

Ⅳ. 应收账款周转率是企业从取得应收账款的权利到收回款项，转换为现金所需要的时间

A. Ⅰ、Ⅱ　B. Ⅰ、Ⅲ　C. Ⅲ、Ⅳ　D. Ⅱ、Ⅳ

63. 在沃尔评分法中，沃尔提出的信用能力指数包含了下列财务指标中的（　　）。

Ⅰ. 净资产/负债　Ⅱ. 销售额/应付账款

Ⅲ. 销售成本/存货　Ⅳ. 流动比率

A. Ⅰ、Ⅱ、Ⅲ　B. Ⅰ、Ⅱ、Ⅳ　C. Ⅰ、Ⅲ、Ⅳ　D. Ⅱ、Ⅲ、Ⅳ

64. 宏观经济分析主要探讨各经济指标和经济政策对证券价格的影响，其经济指标分为（　　）。

Ⅰ. 先行性指标　Ⅱ. 同步性指标

Ⅲ. 滞后性指标　Ⅳ. 稳定性指标

A. Ⅰ、Ⅱ、Ⅲ　B. Ⅰ、Ⅲ、Ⅳ　C. Ⅰ、Ⅱ、Ⅳ　D. Ⅱ、Ⅲ、Ⅳ

65. 根据投资决策的灵活性不同，投资决策可分为（　　）。

Ⅰ. 主动型策略　Ⅱ. 被动型策略

Ⅲ. 战略性投资策略　Ⅳ. 战术性投资策略

A. Ⅰ、Ⅱ　B. Ⅰ、Ⅲ　C. Ⅱ、Ⅳ　D. Ⅱ、Ⅲ

66. 债券投资策略种类比较复杂，通常可以按照投资的主动性程度，把债券投资策略分为（　　）。

Ⅰ. 消极投资策略　　Ⅱ. 积极投资策略

Ⅲ. 均值—回归策略　　Ⅳ. 动量策略

A. Ⅰ、Ⅲ　　B. Ⅰ、Ⅳ　　C. Ⅰ、Ⅱ　　D. Ⅱ、Ⅳ

67. 投资学中，通常把（　　）之和称为名义无风险收益率，一般用相同期限零息国债的到期收益率来近似。

Ⅰ. 真实无风险收益率　　Ⅱ. 风险溢价

Ⅲ. 预期通货膨胀率　　Ⅳ. 债券必要回报率

A. Ⅰ、Ⅱ　　B. Ⅰ、Ⅲ　　C. Ⅰ、Ⅳ　　D. Ⅲ、Ⅳ

68. 影响期权价格的主要因素有（　　）。

Ⅰ. 协定价格与市场价格　　Ⅱ. 权利期间

Ⅲ. 利率　　Ⅳ. 标的物价格的波动性

A. Ⅰ、Ⅱ、Ⅲ　　B. Ⅰ、Ⅲ、Ⅳ

C. Ⅰ、Ⅱ、Ⅳ　　D. Ⅰ、Ⅱ、Ⅲ、Ⅳ

69. 可转换证券的价值有（　　）。

Ⅰ. 投资价值　　Ⅱ. 转换价值　　Ⅲ. 理论价值　　Ⅳ. 市场价值

A. Ⅰ、Ⅱ、Ⅲ　　B. Ⅰ、Ⅲ、Ⅳ

C. Ⅰ、Ⅱ、Ⅳ　　D. Ⅰ、Ⅱ、Ⅲ、Ⅳ

70. 按权证的内在价值，可以将权证分为（　　）。

Ⅰ. 平价权证　　Ⅱ. 高价权证　　Ⅲ. 价内权证　　Ⅳ. 价外权证

A. Ⅰ、Ⅱ、Ⅲ　　B. Ⅰ、Ⅲ、Ⅳ

C. Ⅰ、Ⅱ、Ⅳ　　D. Ⅰ、Ⅱ、Ⅲ、Ⅳ

71. 一般来说，对股票市盈率的估计方法主要有（　　）。

Ⅰ. 简单估计法　　Ⅱ. 市场决定法

Ⅲ. 回归分析法　　Ⅳ. 净率估值法

A. Ⅰ、Ⅱ、Ⅲ　　B. Ⅰ、Ⅲ、Ⅳ

C. Ⅰ、Ⅱ、Ⅳ　　D. Ⅰ、Ⅱ、Ⅲ、Ⅳ

72. 按持有人权利行使性质不同，权证可分为（　　）。

Ⅰ. 认购权证　　Ⅱ. 认沽权证　　Ⅲ. 股本权证　　Ⅳ. 备兑权证

A. Ⅰ、Ⅱ　　B. Ⅰ、Ⅲ、Ⅳ

C. Ⅰ、Ⅱ、Ⅳ　　D. Ⅰ、Ⅱ、Ⅲ、Ⅳ

73. 宏观经济分析的意义有（　　）。

Ⅰ. 判断证券市场的总体变动趋势

Ⅱ. 把握整个证券市场的投资价值

Ⅲ. 掌握宏观经济政策对证券市场的影响力度与方向

Ⅳ. 了解中国股市表现和宏观经济相背离的原因

A. Ⅰ、Ⅱ、Ⅲ　　B. Ⅰ、Ⅲ、Ⅳ

C. Ⅰ、Ⅱ、Ⅳ　　D. Ⅰ、Ⅱ、Ⅲ、Ⅳ

74. 主权债务危机产生的负面影响主要有（　　）。

Ⅰ. 导致新的贸易保护

Ⅱ. 危机国财政紧缩、税收增加和失业率增加，社会矛盾激化

Ⅲ. 危机国货币贬值，资金外流

Ⅳ. 危机国国债收益率上升，筹资成本大幅度增加，甚至无法发行国债

A. Ⅰ、Ⅱ、Ⅲ　　B. Ⅰ、Ⅲ、Ⅳ

C. Ⅰ、Ⅱ、Ⅳ　　D. Ⅰ、Ⅱ、Ⅲ、Ⅳ

75. 宏观经济运行对证券市场的影响主要表现在（　　）。

Ⅰ. 企业经济效益　　Ⅱ. 居民收入水平

Ⅲ. 投资者对股价的预期　　Ⅳ. 资金成本

A. Ⅰ、Ⅱ、Ⅲ　　B. Ⅰ、Ⅲ、Ⅳ

C. Ⅰ、Ⅱ、Ⅳ　　D. Ⅰ、Ⅱ、Ⅲ、Ⅳ

76. 财政政策分为（　　）。

Ⅰ. 扩张性财政政策　　Ⅱ. 紧缩性财政政策

Ⅲ. 中性财政政策　　Ⅳ. 浮动性财政政策

A. Ⅰ、Ⅱ、Ⅲ　　B. Ⅰ、Ⅲ、Ⅳ

C. Ⅰ、Ⅱ、Ⅳ　　D. Ⅰ、Ⅱ、Ⅲ、Ⅳ

77. 正确地运用财政政策为证券投资决策服务，应把握的方面有（　　）。

Ⅰ. 关注有关的统计资料信息，认清经济形势

Ⅱ. 分析过去类似形势下的政府行为及其经济影响，据此预期政策倾向和相应的经济影响

Ⅲ. 关注年度财政预算，从而把握财政收支总量的变化趋势

Ⅳ. 在预见和分析财政政策的基础上，进一步分析相应政策对经济形势的综合影响

A. Ⅰ、Ⅱ、Ⅲ　　B. Ⅰ、Ⅲ、Ⅳ

C. Ⅰ、Ⅱ、Ⅳ　　D. Ⅰ、Ⅱ、Ⅲ、Ⅳ

78. 融资融券业务的积极影响主要表现在（　　）。

Ⅰ. 改变目前证券市场只能做多不能做空的单边市现状

Ⅱ. 增加资金和证券的供给，增强证券市场的流动性和连续性

Ⅲ. 将连通资本市场和货币市场，有利于促进资本市场和货币市场之间资源的合理有效配置

Ⅳ. 有利于提高监管的有效性

A. Ⅰ、Ⅱ、Ⅲ　　B. Ⅰ、Ⅲ、Ⅳ

C. Ⅰ、Ⅱ、Ⅳ　　　　　　　　D. Ⅰ、Ⅱ、Ⅲ、Ⅳ

79. 行业分析的主要任务包括（　　）。

Ⅰ. 解释行业本身所处的发展阶段

Ⅱ. 分析影响行业发展的各种因素

Ⅲ. 判断对行业影响的力度

Ⅳ. 预测并引导行业的未来发展趋势

A. Ⅰ、Ⅱ、Ⅲ　　　　　　　　B. Ⅰ、Ⅲ、Ⅳ

C. Ⅰ、Ⅱ、Ⅳ　　　　　　　　D. Ⅰ、Ⅱ、Ⅲ、Ⅳ

80. 上海证券交易所将上市公司分为（　　）。

Ⅰ. 工业　　Ⅱ. 地产业　　Ⅲ. 商业　　Ⅳ. 金融业

A. Ⅰ、Ⅱ、Ⅲ　　　　　　　　B. Ⅰ、Ⅲ、Ⅳ

C. Ⅰ、Ⅱ、Ⅳ　　　　　　　　D. Ⅰ、Ⅱ、Ⅲ、Ⅳ

81. 关于完全垄断型市场结构的特点，表述正确的有（　　）。

Ⅰ. 市场被独家企业所控制，其他企业不可以或不可能进入该行业

Ⅱ. 垄断者在制定产品的价格与生产数量方面的自由性是有限度的

Ⅲ. 产品缺少相近的替代品

Ⅳ. 垄断者能够根据市场的实际情况制定理想的价格和产量

A. Ⅰ、Ⅱ　　B. Ⅰ、Ⅲ　　C. Ⅱ、Ⅳ　　D. Ⅲ、Ⅳ

82. 一般来说，行业的生命周期可分为（　　）。

Ⅰ. 幼稚期　　Ⅱ. 成熟期　　Ⅲ. 成长期　　Ⅳ. 衰退期

A. Ⅰ、Ⅱ、Ⅲ　　　　　　　　B. Ⅰ、Ⅲ、Ⅳ

C. Ⅰ、Ⅱ、Ⅳ　　　　　　　　D. Ⅰ、Ⅱ、Ⅲ、Ⅳ

83. 分析师在具体判断某个行业所处的实际生命周期阶段的时候，应综合考虑（　　）。

Ⅰ. 行业规模　　Ⅱ. 利润率水平　　Ⅲ. 产出增长率　　Ⅳ. 开工率

A. Ⅰ、Ⅱ、Ⅲ　　　　　　　　B. Ⅰ、Ⅲ、Ⅳ

C. Ⅰ、Ⅱ、Ⅳ　　　　　　　　D. Ⅰ、Ⅱ、Ⅲ、Ⅳ

84. 品牌具有产品所不具有的开拓市场的多种功能，主要包括（　）。

Ⅰ. 品牌具有创造市场的功能

Ⅱ. 品牌具有联合市场的功能

Ⅲ. 品牌具有巩固市场的功能

Ⅳ. 品牌具有矫正结构失衡状态的功能

A. Ⅰ、Ⅱ、Ⅲ　　　　　　　　B. Ⅰ、Ⅲ、Ⅳ

C. Ⅰ、Ⅱ、Ⅳ　　　　　　　　D. Ⅰ、Ⅱ、Ⅲ、Ⅳ

85. 关于证券投资技术分析的要素，下列表述正确的有（　　）。

Ⅰ. 当价格下跌时，成交量继续增加，价格的下跌趋势可能将会继续

Ⅱ. 当价格上升时，成交量不再增加，价格的上升趋势可能将会改变

Ⅲ. 当价格下跌时，成交量不再增加，价格的下跌趋势可能将会改变

Ⅳ. 当价格上升时，成交量继续增加，价格的上升趋势可能将会继续

A. Ⅰ、Ⅱ、Ⅲ　　B. Ⅰ、Ⅲ、Ⅳ

C. Ⅰ、Ⅱ、Ⅳ　　D. Ⅱ、Ⅲ、Ⅳ

86. 证券投资技术分析的基本假设包括（　　）。

Ⅰ. 证券价格沿趋势移动　　Ⅱ. 市场行为涵盖一切信息

Ⅲ. 历史会重演　　Ⅳ. 市场总体变动趋势好转

A. Ⅰ、Ⅱ、Ⅲ　　B. Ⅰ、Ⅲ、Ⅳ

C. Ⅰ、Ⅱ、Ⅳ　　D. Ⅱ、Ⅲ、Ⅳ

87. 证券市场中，（　　）是技术分析的要素。

Ⅰ. 价格　　Ⅱ. 成交量　　Ⅲ. 时间　　Ⅳ. 空间

A. Ⅰ、Ⅱ、Ⅲ　　B. Ⅰ、Ⅲ、Ⅳ

C. Ⅰ、Ⅱ、Ⅳ　　D. Ⅰ、Ⅱ、Ⅲ、Ⅳ

88. 技术分析理论基础——道氏理论的主要原理包括（　　）。

Ⅰ. 主要趋势有四个阶段

Ⅱ. 市场平均价格指数可以解释和反映市场的大部分行为

Ⅲ. 趋势必须得到交易量的确认

Ⅳ. 一个趋势形成后将持续，直到趋势出现明显的反转信号

A. Ⅰ、Ⅱ、Ⅲ　　B. Ⅰ、Ⅲ、Ⅳ　　C. Ⅰ、Ⅱ、Ⅳ　　D. Ⅱ、Ⅲ、Ⅳ

89. 头肩顶形态是一个长期趋势的转向形态，一般出现在一段升势的尽头，这一形态具有（　　）的特征。

Ⅰ. 一般来说，左肩与右肩高点大致相等，有时右肩较左肩低，即颈线向下倾斜

Ⅱ. 就成交量而言，左肩最大，头部次之，而右肩成交量最小，即呈梯形递减

Ⅲ. 突破颈线不一定需要大成交量配合，但日后继续下跌时，成交量会放大

Ⅳ. 突破颈线需要大成交量配合，突破后继续下跌时，不一定需要大成交量

A. Ⅰ、Ⅱ、Ⅲ　　B. Ⅰ、Ⅲ、Ⅳ　　C. Ⅰ、Ⅱ、Ⅳ　　D. Ⅱ、Ⅲ、Ⅳ

90. 在涨跌停板制度下，量价分析基本判断为（　　）。

Ⅰ. 涨停量小，将继续上扬；跌停量小，将继续下跌

Ⅱ. 涨停中途被打开次数越多、时间越久、成交量越大，反转下跌的可能性越小；同样，跌停中途被打开次数越多、时间越久、成交量越大，则反转上升的可能性越小

Ⅲ. 涨停关门时间越早，次日涨势可能性越大；跌停关门时间越早，次日跌势可能性越大

Ⅳ. 封住涨停板的买盘数量大小和封住跌停板时卖盘数量大小说明买卖盘力量大小

A. Ⅰ、Ⅱ、Ⅲ　　B. Ⅰ、Ⅲ、Ⅳ　　C. Ⅰ、Ⅱ、Ⅳ　　D. Ⅱ、Ⅲ、Ⅳ

91. 缺口技术分析理论中，缺口常可分为（　　）。

Ⅰ. 普通缺口　　Ⅱ. 突破缺口　　Ⅲ. 持续性缺口　　Ⅳ. 消耗性缺口

A. Ⅰ、Ⅱ、Ⅲ　　B. Ⅰ、Ⅲ、Ⅳ

C. Ⅰ、Ⅱ、Ⅳ　　D. Ⅰ、Ⅱ、Ⅲ、Ⅳ

92. 下列属于资产配置三大层次的是（　　）。

Ⅰ. 全球资产配置　　Ⅱ. 大类资产配置

Ⅲ. 行业风格配置　　Ⅳ. 公司风格配置

A. Ⅰ、Ⅱ、Ⅲ　　B. Ⅰ、Ⅱ、Ⅳ　　C. Ⅰ、Ⅲ、Ⅳ　　D. Ⅱ、Ⅲ、Ⅳ

93. 量化投资技术包括（　　）。

Ⅰ. 量化选股　　Ⅱ. 量化择时

Ⅲ. 股指期货套利　　Ⅳ. 商品期货套利

A. Ⅰ、Ⅱ、Ⅲ　　B. Ⅰ、Ⅱ、Ⅳ

C. Ⅰ、Ⅲ、Ⅳ　　D. Ⅰ、Ⅱ、Ⅲ、Ⅳ

94. 常见的股票现金流贴现模型包括（　　）。

Ⅰ. 零增长模型　　Ⅱ. 可变增长模型

Ⅲ. 资本资产定价模型　　Ⅳ. 不变增长模型

A. Ⅰ、Ⅲ　　B. Ⅱ、Ⅳ　　C. Ⅰ、Ⅱ、Ⅲ　　D. Ⅰ、Ⅱ、Ⅳ

95. 计算股票市盈率所需数据有（　　）。

Ⅰ. 每股股利　　Ⅱ. 股利支付率　　Ⅲ. 股东权益　　Ⅳ. 每股市价

A. Ⅰ、Ⅱ　　B. Ⅲ、Ⅳ　　C. Ⅰ、Ⅱ、Ⅳ　　D. Ⅱ、Ⅲ、Ⅳ

96. 证券的绝对估计值法包括（　　）。

Ⅰ. 市盈率法　　Ⅱ. 现金流贴现模型

Ⅲ. 经济利润估值模型　　Ⅳ. 市值回报增长比法

A. Ⅰ、Ⅱ　　B. Ⅱ、Ⅲ　　C. Ⅰ、Ⅱ、Ⅳ　　D. Ⅱ、Ⅲ、Ⅳ

97. 有价证券作为虚拟资本的载体，其价格运动形式具体表现为（　　）。

Ⅰ. 市场价值由证券的预期收益和市场利率决定

Ⅱ. 市场价值随职能资本价值的变动而变动

Ⅲ. 市场价值与预期收益的多少成正比，与市场利率的高低成反比

Ⅳ. 价格波动，既决定于有价证券的供求，也决定于货币的供求

A. Ⅰ、Ⅲ　　B. Ⅱ、Ⅳ

C. Ⅰ、Ⅲ、Ⅳ　　D. Ⅰ、Ⅱ、Ⅲ、Ⅳ

98. 就债券或优先股而言，其安全边际通常代表（　　）。

Ⅰ. 盈利能力超过利率或者必要红利率

Ⅱ. 企业价值超过其优先索偿权的部分

Ⅲ. 计算出的内在价值高于市场价格的部分

Ⅳ. 特定年限内预期收益或红利超过正常利息率的部分

A. Ⅰ、Ⅱ　B. Ⅰ、Ⅲ　C. Ⅰ、Ⅲ、Ⅳ　D. Ⅱ、Ⅲ、Ⅳ

99. 下列各类公司或行业，不适宜采用市盈率进行估值的有（　）。

Ⅰ. 成熟行业　Ⅱ. 亏损公司　Ⅲ. 周期性公司　Ⅳ. 服务行业

A. Ⅰ、Ⅱ　B. Ⅰ、Ⅳ　C. Ⅱ、Ⅲ　D. Ⅱ、Ⅲ、Ⅳ

100. 资产价值估值的常用方法有（　）。

Ⅰ. 重置成本法　Ⅱ. 无套利定价

Ⅲ. 清算价值法　Ⅳ. 风险中性定价

A. Ⅰ、Ⅱ　B. Ⅰ、Ⅲ　C. Ⅱ、Ⅳ　D. Ⅱ、Ⅲ、Ⅳ

101. 在利率期限结构的分析中，下列关于市场预期理论的表述正确的有（　）。

Ⅰ. 长期债券不是短期债券的理想替代物

Ⅱ. 在特定时期内，各种期限债券的即期收益率相同

Ⅲ. 某一时点的各种期限债券的收益率是不同的

Ⅳ. 市场预期理论又称无偏预期理论

A. Ⅰ、Ⅱ、Ⅳ　B. Ⅰ、Ⅲ、Ⅳ

C. Ⅱ、Ⅲ、Ⅳ　D. Ⅰ、Ⅱ、Ⅲ、Ⅳ

102. 计算债券必要回报率所涉及的因素有（　）。

Ⅰ. 真实无风险收益率　Ⅱ. 预期通货膨胀率

Ⅲ. 风险溢价　Ⅳ. 持有期收益率

A. Ⅰ、Ⅲ　B. Ⅰ、Ⅱ、Ⅲ

C. Ⅱ、Ⅲ、Ⅳ　D. Ⅰ、Ⅱ、Ⅲ、Ⅳ

103. 按基础工具的种类，金融衍生工具可以分为（　）。

Ⅰ. 信用衍生工具　Ⅱ. 股权类产品的衍生工具

Ⅲ. 货币衍生工具　Ⅳ. 利率衍生工具

A. Ⅰ、Ⅱ、Ⅲ　B. Ⅰ、Ⅲ、Ⅳ

C. Ⅱ、Ⅲ、Ⅳ　D. Ⅰ、Ⅱ、Ⅲ、Ⅳ

104. 国际证监会组织认为，金融衍生工具的风险有（　）。

Ⅰ. 操作风险　Ⅱ. 信用风险　Ⅲ. 结算风险　Ⅳ. 市场风险

A. Ⅰ、Ⅱ　B. Ⅰ、Ⅱ、Ⅳ

C. Ⅲ、Ⅳ　D. Ⅰ、Ⅱ、Ⅲ、Ⅳ

105. 对手方根据提出需求的一方的特定需求设计场外期权合约的期间，对手方需要完成的工作有（　）。

Ⅰ. 评估所签订的场外期权合约给自身带来的风险

Ⅱ. 确定风险对冲的方式

Ⅲ. 确定风险对冲的成本

Ⅳ. 评估提出需求一方的信用

A. Ⅰ、Ⅱ、Ⅲ　　B. Ⅰ、Ⅲ、Ⅳ

C. Ⅱ、Ⅲ、Ⅳ　　D. Ⅰ、Ⅱ、Ⅲ、Ⅳ

106. 按照标的资产的不同，互换的类型基本包括（　　）。

Ⅰ. 利率互换　　Ⅱ. 货币互换　　Ⅲ. 股权互换　　Ⅳ. 商品互换

A. Ⅰ、Ⅱ　　B. Ⅰ、Ⅲ、Ⅳ

C. Ⅲ、Ⅳ　　D. Ⅰ、Ⅱ、Ⅲ、Ⅳ

107. 下列属于场外期权条款的有（　　）。

Ⅰ. 合约到期日　　Ⅱ. 合约基准日　　Ⅲ. 合约乘数　　Ⅳ. 合约标的

A. Ⅰ、Ⅱ、Ⅲ　　B. Ⅰ、Ⅲ、Ⅳ

C. Ⅱ、Ⅲ、Ⅳ　　D. Ⅰ、Ⅱ、Ⅲ、Ⅳ

108. 在正向市场上，如果投资者预期近期合约价格的（　　），适合进行熊市套利。

Ⅰ. 下跌幅度小于远期合约价格的下跌幅度

Ⅱ. 上涨幅度小于远期合约价格的上涨幅度

Ⅲ. 上涨幅度大于远期合约价格的上涨幅度

Ⅳ. 下跌幅度大于远期合约价格的下跌幅度

A. Ⅰ、Ⅱ　　B. Ⅰ、Ⅲ　　C. Ⅱ、Ⅳ　　D. Ⅲ、Ⅳ

109. Alpha套利可以利用成分股特别是权重大的股票的（　　）。

Ⅰ. 停牌　　Ⅱ. 除权　　Ⅲ. 涨跌停板　　Ⅳ. 成分股调整

A. Ⅰ、Ⅱ、Ⅲ　　B. Ⅰ、Ⅲ、Ⅳ

C. Ⅱ、Ⅲ、Ⅳ　　D. Ⅰ、Ⅱ、Ⅲ、Ⅳ

110. 一般而言，企业的经理人员应具备的素质有（　　）。

Ⅰ. 良好的道德品质修养

Ⅱ. 从事管理工作的愿望

Ⅲ. 人际关系协调能力

Ⅳ. 专业技术能力

A. Ⅰ、Ⅱ、Ⅲ　　B. Ⅰ、Ⅲ、Ⅳ

C. Ⅰ、Ⅱ、Ⅳ　　D. Ⅰ、Ⅱ、Ⅲ、Ⅳ

111. 公司经营战略分析的特征有（　　）。

Ⅰ. 纲领性　　Ⅱ. 全局性　　Ⅲ. 趋势性　　Ⅳ. 长远性

A. Ⅰ、Ⅱ、Ⅲ　　B. Ⅰ、Ⅲ、Ⅳ

C. Ⅰ、Ⅱ、Ⅳ　　D. Ⅰ、Ⅱ、Ⅲ、Ⅳ

112. 在公司偿债能力分析中，通常使用（　　）衡量短期偿债能力。

Ⅰ. 存货比率　　Ⅱ. 流动比率　　Ⅲ. 现金比率　　Ⅳ. 速动比率

A. Ⅰ、Ⅱ、Ⅲ　　B. Ⅰ、Ⅲ、Ⅳ　　C. Ⅰ、Ⅱ、Ⅳ　　D. Ⅱ、Ⅲ、Ⅳ

113. 公司调研是上市公司基本分析的重要环节，分析师通过公司调研需要达到的目的有（　　）。

Ⅰ. 深入了解公司可能面临的风险

Ⅱ. 核实公司公开信息中披露的信息

Ⅲ. 提高公司盈利预测模型中相关参数确定的准确性

Ⅳ. 通过与公司管理层的对话与交谈，深入了解公司管理层对公司未来战略的设想

A. Ⅰ、Ⅱ、Ⅲ　　B. Ⅰ、Ⅲ、Ⅳ

C. Ⅰ、Ⅱ、Ⅳ　　D. Ⅰ、Ⅱ、Ⅲ、Ⅳ

114. 现金流量表主要分（　　）产生的现金流量。

Ⅰ. 经营活动　　Ⅱ. 投资活动　　Ⅲ. 筹资活动　　Ⅳ. 管理活动

A. Ⅰ、Ⅱ、Ⅲ　　B. Ⅰ、Ⅲ、Ⅳ

C. Ⅰ、Ⅱ、Ⅳ　　D. Ⅰ、Ⅱ、Ⅲ、Ⅳ

115. 公司财务报表分析的一般目的是（　　）。

Ⅰ. 预测未来的发展趋势　　Ⅱ. 评价过去的经营业绩

Ⅲ. 确保规模经济的充分利用　　Ⅳ. 衡量现在的财务状况

A. Ⅰ、Ⅱ、Ⅲ　　B. Ⅰ、Ⅲ、Ⅳ

C. Ⅰ、Ⅱ、Ⅳ　　D. Ⅰ、Ⅱ、Ⅲ、Ⅳ

116. 证券投资技术分析的基本假设包括（　　）。

Ⅰ. 市场行为涵盖一切信息　　Ⅱ. 历史会重演

Ⅲ. 未来市场的走势　　Ⅳ. 证券价格沿趋势移动

A. Ⅰ、Ⅱ、Ⅲ　　B. Ⅰ、Ⅲ、Ⅳ

C. Ⅰ、Ⅱ、Ⅳ　　D. Ⅰ、Ⅱ、Ⅲ、Ⅳ

117. 市场波动的趋势中，主要趋势的阶段包括（　　）。

Ⅰ. 累积阶段

Ⅱ. 市场价格达到低谷后出现的一个累积期

Ⅲ. 上涨阶段

Ⅳ. 市场价格达到顶峰后出现的一个累积期

A. Ⅰ、Ⅱ、Ⅲ　　B. Ⅰ、Ⅲ、Ⅳ

C. Ⅰ、Ⅱ、Ⅳ　　D. Ⅰ、Ⅱ、Ⅲ、Ⅳ

118. 一般说来，证券投资技术分析方法可分为（　　）。

Ⅰ. 指标类　　Ⅱ. 切线类　　Ⅲ. 形态类　　Ⅳ. 波浪类

A. Ⅰ、Ⅱ、Ⅲ　　B. Ⅰ、Ⅲ、Ⅳ

C. Ⅰ、Ⅱ、Ⅳ　　D. Ⅰ、Ⅱ、Ⅲ、Ⅳ

119. 证券投资技术分析K线理论中，K线的主要形状包括（　　）。

Ⅰ. 光头阳线和光头阴线

Ⅱ. 十字形

Ⅲ. 光头光脚的阳线和阴线

Ⅳ. 一字形

A. Ⅰ、Ⅱ、Ⅲ　　B. Ⅰ、Ⅲ、Ⅳ

C. Ⅰ、Ⅱ、Ⅳ　　D. Ⅰ、Ⅱ、Ⅲ、Ⅳ

120. 关于多方与空方优势的衡量，说法正确的有（　　）。

Ⅰ. 上影线长于下影线，利于多方

Ⅱ. 上影线长于下影线，利于空方

Ⅲ. 下影线长于上影线，利于空方

Ⅳ. 下影线长于上影线，利于多方

A. Ⅰ、Ⅱ　　B. Ⅰ、Ⅲ　　C. Ⅱ、Ⅳ　　D. Ⅰ、Ⅳ

实战模拟试卷一参考答案

一、单项选择题

1. D	2. A	3. B	4. D	5. C
6. D	7. D	8. B	9. D	10. C
11. B	12. B	13. C	14. B	15. A
16. C	17. D	18. A	19. B	20. C
21. B	22. B	23. B	24. A	25. B
26. A	27. D	28. B	29. D	30. B
31. C	32. D	33. C	34. B	35. C
36. A	37. B	38. D	39. D	40. D

二、组合型选择题

41. D	42. D	43. D	44. D	45. C
46. B	47. B	48. D	49. B	50. C
51. D	52. D	53. D	54. A	55. D
56. B	57. C	58. B	59. C	60. B
61. A	62. B	63. C	64. A	65. A
66. C	67. B	68. D	69. B	70. D
71. A	72. A	73. D	74. D	75. D
76. A	77. D	78. D	79. D	80. A
81. A	82. D	83. D	84. A	85. D
86. A	87. B	88. D	89. A	90. B
91. D	92. A	93. D	94. D	95. C
96. B	97. C	98. A	99. C	100. B
101. C	102. B	103. D	104. D	105. A

106. D	107. D	108. C	109. D	110. D
111. C	112. D	113. D	114. A	115. C
116. C	117. B	118. D	119. D	120. C

实战模拟试卷二

一、单项选择题（共40题，每题0.5分，共20分。以下备选项中只有一项符合题目要求，不选、错选不得分）

1. 证券分析师研究和分析的因素不包括（　　）。

A. 证券市场　　B. 证券价值　　C. 证券变动趋势　D. 投资价值

2. 取得执业证书的人员，连续（　　）年不在机构从业的，由协会注销其执业证书。

A. 2　　B. 3　　C. 4　　D. 5

3. 证券研究报告可以使用的信息来源不包括（　　）。

A. 上市公司按照法定信息披露义务通过指定媒体公开披露的信息

B. 经公众媒体报道的上市公司及其子公司的其他相关信息

C. 证券公司通过市场调查，从上市公司及其子公司、供应商等处获取的内幕信息

D. 上市公司通过股东大会、新闻发布会、产品推介会等非正式公告方式发布的信息

4. 某产品的需求价格弹性系数小于1，则厂商为了增加销售收入，应该采取的销售策略是（　　）。

A. 薄利多销

B. 提高价格

C. 提价或降价都不会导致销售收入变化，厂商应该采用价格之外的策略

D. 先降价，后提价

5. 下列关于完全垄断市场的表述错误的是（　　）。

A. 在完全垄断市场上，企业的需求曲线就是市场需求曲线

B. 在完全垄断市场上，完全垄断企业的边际收益小于平均收益

C. 完全垄断企业进行产量和价格决策的基本原则是边际成本等于边际收益

D. 在完全垄断市场上，产品价格的高低不受市场需求的影响

6. 总需求曲线向下方倾斜的原因是（　　）。

A. 随着价格水平的下降，居民的实际财富下降，他们将增加消费

B. 随着价格水平的下降，居民的实际财富增加，他们将增加消费

C. 随着价格水平的上升，居民的实际财富下降，他们将增加消费

D. 随着价格水平的上升，居民的实际财富上升，他们将减少消费

7. 关于预期收益率、无风险利率、某证券的β值、市场风险溢价四者的关系，下列各项描述正确的是（　　）。

A. 预期收益率＝无风险利率－某证券的β值×市场风险溢价

B. 无风险利率＝预期收益率＋某证券的β值×市场风险溢价

C. 市场风险溢价＝无风险利率＋某证券的β值×预期收益率

D. 预期收益率＝无风险利率＋某证券的β值×市场风险溢价

8. 根据 CAPM 模型，下列说法错误的是（　　）。

A. 如果无风险利率降低，单个证券的收益率成正比降低

B. 单个证券的期望收益的增加与贝塔成正比

C. 当一个证券定价合理时，阿尔法值为零

D. 当市场达到均衡时，所有证券都在证券市场线上

9. 为了检验多元线性回归模型中被解释变量与所有解释变量之间线性关系在总体上是否显著，应该采用（　　）。

A. t 检验　　B. OLS

C. 逐个计算相关系数　　D. F 检验

10. 如果一个变量的取值完全依赖于另一个变量，各个观测点落在一条直线上，称为（　　）。

A. 完全相关　　B. 不相关　　C. 线性相关　　D. 正相关

11. 在多元回归模型中，置信度越高，在其他情况不变时，临界值 $t_{\alpha/2}$ 越大，回归系数的置信区间（　　）。

A. 越大　　B. 越小

C. 不变　　D. 根据具体情况而定

12. 当实施（　　）时，政府积极投资于能源、交通、住宅等建设，从而刺激相关产业如水泥、钢材、机械等行业的发展。

A. 紧缩性财政政策　　B. 中性财政政策

C. 扩张性财政政策　　D. 浮动性财政政策

13. 属于选择性政策工具的是（　　）。

A. 法定存款准备金率　　B. 再贴现政策

C. 公开市场业务　　D. 直接信用控制

14. 管理层开始有计划、有步骤地推出一系列旨在培育机构投资者的政策措施，这是证券市场机构投资者的发展的（　　）。

A. 第一阶段　　B. 第二阶段　　C. 第三阶段　　D. 第四阶段

15. 我国政府在入世谈判中对资本市场的逐步开放作出了实质性的承诺，关于这些承诺中叙述错误的是（　　）。

A. 承诺在加入 WTO 时开放 B 股业务

B. 外资证券商可直接从事 B 股业务，无需通过国内证券商与之合作

C. 外资证券商在中国的代表处可成为证券交易所的特殊会员

D. 外资证券经营机构可与中国证券经营机构成立合资资产管理公司，外资股份不超过20%

16. 从严格意义上讲，行业与产业有差别，主要是（　　）不一样。

A. 实施主体　　B. 适用范围　　C. 主要内容　　D. 投资价值

17. 关于完全竞争型市场特点的表述，错误的是（　　）。

A. 生产者众多，各种生产资料可以完全流动

B. 产品分有形和无形，其质量都是有差别的

C. 企业永远是价格的接受者而不是价格的制定者

D. 市场信息对买卖双方都是畅通的

18. 行业成熟的标志是（　　）。

A. 产品的成熟　　B. 技术上的成熟

C. 生产工艺的成熟　　D. 产业组织上的成熟

19. 影响行业景气的内在因素有（　　）。

A. 经济周期　　B. 宏观经济指标波动

C. 技术水平变化　　D. 上下游产业链的供应需求变动

20. 产业政策的核心是（　　）。

A. 产业组织政策与产业技术政策　　B. 产业结构政策与产业组织政策

C. 产业结构政策与产业布局政策　　D. 产业技术政策与产业布局政策

21. 产业布局政策的（　　）原则，即鼓励各地区根据自身资源、经济、技术条件，发展具有相对优势的产业。

A. 经济性　　B. 合理性　　C. 协调性　　D. 平衡性

22. 在进行行业分析的时候，较为常用的分析方法是（　　）。

A. 历史资料研究法　　B. 调查研究法

C. 归纳与演绎法　　D. 比较研究法

23. 在实际投资活动中，投资者对上市公司分析最重要的是（　　）。

A. 市场状况分析　　B. 经济政策走势分析

C. 财务状况分析　　D. 行业发展状况分析

24. 如果区位内上市公司的主营业务符合当地政府的（　　），一般会获得诸多政策支持，对上市公司的进一步发展有利。

A. 经营政策　　B. 产业政策　　C. 宏观政策　　D. 税收政策

25. 对公司（　　）进行预测，是判断公司估值水平及投资价值的重要基础。

A. 经营战略　　B. 扩张潜力　　C. 规模变动　　D. 盈利

26. 长期偿债能力是指公司偿还（　　）年以上债务的能力。

A. 1　　B. 2　　C. 3　　D. 4

27. 在技术分析方法的分类中，（　　）是根据价、量的历史资料，通过建立一个数学模型，给出数学上的计算公式，得到一个体现证券市场的某个方面内在实质的指标值。

A. 指标类　　B. 切线类　　C. 波浪类　　D. 形态类

28. 一般而言，当（　　）时，股价形态不构成反转形态。

A. 股价形成头肩底后突破颈线位并上涨一定形态高度

B. 股价完成旗形形态

C. 股价形成双重顶后突破颈线位并下降一定形态高度

D. 股价形成双重底后突破颈线位并上涨一定形态高度

29. 关于圆弧形态，下列各项中表述正确的是（　　）。

A. 圆弧形态又被称为圆形形态

B. 圆弧形态形成的时间越短，今后反转的力度可能就越强

C. 圆弧形态形成过程中，成交量的变化没有规律

D. 圆弧形态是一种持续整理形态

30. 在股权交易中，期权的买方为获得期权合约所赋予的权利而向期权的卖方支付的费用是（　　）。

A. 交易费　　B. 市场价格　　C. 期权的价格　　D. 时间价值

31. 有关零增长模型，下列说法正确的是（　　）。

A. 零增长模型的应用没有限制，假定对某一种股票永远支付固定的股利是合理的

B. 零增长模型决定普通股票的价值是不适用的

C. 在决定优先股的内在价值时，零增长模型相当有用，因为大多数优先股支付的股利是固定的

D. 零增长模型在任何股票的定价中都有用

32. 以下不属于简单估计法的是（　　）。

A. 利用历史数据进行估计　　B. 市场决定法

C. 回归估计法　　D. 市场归类决定法

33. 与到期收益率相比，持有期收益率的区别在于（　　）。

A. 期末通常采取一次还本付息的偿还方式

B. 期末通常采取分期付息、到期还本的偿还方式

C. 最后一笔现金流是债券的卖出价格

D. 最后一笔现金流是债券的到期偿还金额

34. 根据市场预期理论，如果即期利率随着期限增加而提高，即利率期限结构呈上升趋势，表明投资者预期未来即期利率会（　　）。

A. 下降　　B. 上升　　C. 不变　　D. 先升后降

35. 在进行贷款或融资活动时，贷款者和借款者并不能自由地在利率预期的基础上将证券从一个偿还期部分替换成另一个偿还期部分，或者说市场是低效的。这是（　　）的观点。

A. 市场预期理论　　B. 合理分析理论

C. 流动性偏好理论　　D. 市场分割理论

36.（　　）指的是某一特定地点的同一商品现货价格在同一时刻与期货合约价格之间的差额。

A. 凸度　　B. 基差　　C. 基点　　D. 久期

37. 按执行价格与标的资产市场价格的关系，期权可分为（　　）。

A. 看涨期权和看跌期权　　B. 商品期权和金融期权

C. 实值期权、虚值期权和平值期权　　D. 现货期权和期货期权

38. 进行货币互换的主要目的是（　　）。

A. 规避汇率风险　　B. 规避利率风险

C. 增加杠杆　　D. 增加收益

39. 针对同一外汇期货品种，在不同交易所进行的方向相反、数量相同的交易行为，属于外汇期货的（　　）。

A. 跨币种套利　　B. 跨市套利　　C. 跨期套利　　D. 期现套利

40. 套利的经济学基础是（　　）。

A. MM 定理　　B. 价值规律

C. 投资组合管理理论　　D. 一价定律

二、组合型选择题（共 80 题，每题 1 分，共 80 分。以下备选项中，只有一项最符合题目要求，不选、错选不得分）

41. 在证券公司、证券投资咨询机构发布的证券研究报告中，应当载明的事项包括（　　）。

Ⅰ. “证券研究报告”字样

Ⅱ. 证券公司、证券投资咨询机构名称

Ⅲ. 具备证券投资咨询业务资格的说明

Ⅳ. 署名人员的证券投资咨询执业资格证书编码

A. Ⅱ、Ⅲ　　B. Ⅰ、Ⅱ、Ⅳ

C. Ⅱ、Ⅲ、Ⅳ　　D. Ⅰ、Ⅱ、Ⅲ、Ⅳ

42. 下列关于证券研究报告的销售服务要求的表述，不正确的是（　　）。

Ⅰ. 发布证券研究报告相关人员的薪酬标准必须与外部媒体评价单一指标直接挂钩

Ⅱ. 与发布证券研究报告业务存在利益冲突的部门不得参与对发布证券研究报告相关人员的考核

Ⅲ. 证券公司就尚未覆盖的具体股票提供投资分析意见的，自提供之日起 3

个月内不得就该股票发布证券研究报告

Ⅳ. 证券公司、证券投资咨询机构应当设立发布证券研究报告相关人员的考核激励标准

A. Ⅰ、Ⅱ　　B. Ⅰ、Ⅲ

C. Ⅱ、Ⅲ. Ⅳ　　D. Ⅰ、Ⅱ、Ⅲ、Ⅳ

43. 证券分析师应当保持独立性，不因（　　）利益相关者的不当要求而放弃自己的独立立场。

Ⅰ. 公司内部其他部门　　Ⅱ. 资产管理公司

Ⅲ. 证券发行人　　Ⅳ. 上市公司

A. Ⅰ、Ⅱ、Ⅲ　　B. Ⅰ、Ⅱ、Ⅳ

C. Ⅱ、Ⅲ、Ⅳ　　D. Ⅰ、Ⅱ、Ⅲ、Ⅳ

44. 关于垄断竞争市场的说法，正确的有（　　）。

Ⅰ. 企业的需求曲线就是行业的需求曲线

Ⅱ. 不同企业生产的产品存在差别

Ⅲ. 企业不是完全的价格接受者

Ⅳ. 进入或退出市场比较容易

A. Ⅰ、Ⅱ、Ⅲ　　B. Ⅰ、Ⅱ、Ⅳ

C. Ⅱ、Ⅲ、Ⅳ　　D. Ⅰ、Ⅱ、Ⅲ、Ⅳ

45. 在供给曲线不变的情况下，需求的变动将引起（　　）。

Ⅰ. 均衡价格同方向变动　　Ⅱ. 均衡价格反方向变动

Ⅲ. 均衡数量同方向变动　　Ⅳ. 均衡数量反方向变动

A. Ⅰ、Ⅲ　　B. Ⅰ、Ⅳ　　C. Ⅱ、Ⅲ　　D. Ⅱ、Ⅳ

46. 完全垄断市场是一种比较极端的市场结构。在我国，下列市场接近于完全垄断市场的有（　　）。

Ⅰ. 小麦　　Ⅱ. 铁路　　Ⅲ. 邮政　　Ⅳ. 钢铁

A. Ⅰ、Ⅱ　　B. Ⅰ、Ⅳ　　C. Ⅱ、Ⅲ　　D. Ⅲ、Ⅳ

47. 下列属于垄断竞争市场结构的行业有（　　）。

Ⅰ. 玉米　　Ⅱ. 小麦　　Ⅲ. 啤酒　　Ⅳ. 糖果

A. Ⅰ、Ⅱ　　B. Ⅰ、Ⅳ　　C. Ⅱ、Ⅲ　　D. Ⅲ、Ⅳ

48. 下列有关储蓄投资恒等式的说法，正确的有（　　）。

Ⅰ. $I=S$　　Ⅱ. $I=S+(T-G)$

Ⅲ. $I=S+(M-X)$　　Ⅳ. $I=S+(T-G)+(M-X)$

A. Ⅰ、Ⅱ、Ⅲ　　B. Ⅰ、Ⅱ、Ⅳ　　C. Ⅰ、Ⅲ、Ⅳ　　D. Ⅱ、Ⅲ、Ⅳ

49. 下列表述正确的有（　　）。

Ⅰ. 总需求曲线是反映总需求与利率之间关系的曲线

Ⅱ. 总需求曲线上的点不表明产品市场与货币市场同时达到均衡

Ⅲ. 总需求曲线是表明总需求与价格水平之间关系的曲线

Ⅳ. 在以价格和收入为坐标的坐标系内，总需求曲线是向右下方倾斜的

A. Ⅰ、Ⅱ　　B. Ⅰ、Ⅳ　　C. Ⅱ、Ⅲ　　D. Ⅲ、Ⅳ

50. 短期总供给曲线是一条向右上方倾斜的曲线，这表明（　　）。

Ⅰ. 价格水平越高，投资的效率就越低

Ⅱ. 价格水平越高，国民收入水平越高

Ⅲ. 利率水平越高，投资的效率就越高

Ⅳ. 价格与国民收入同方向变动

A. Ⅰ、Ⅲ　　B. Ⅰ、Ⅳ　　C. Ⅱ、Ⅲ　　D. Ⅱ、Ⅳ

51. 证券市场线可以表示为（　　）。

Ⅰ. $E(r_P)=r_P+[E(r_M)-r_F]\beta_P$

Ⅱ. $E(r_P)=r_F+\beta_P E(r_M)-r_F\beta_P$

Ⅲ. $r_P=\alpha_P+\beta_P r_M+\varepsilon_P$

Ⅳ. $\sigma_P^2=\beta_P^2\sigma_M^2+\varepsilon_P^2$

A. Ⅰ、Ⅱ　　B. Ⅲ、Ⅳ　　C. Ⅰ、Ⅱ、Ⅲ　　D. Ⅰ、Ⅱ、Ⅳ

52. 资本市场线（CML）是以预期收益和标准差为坐标轴的平面上，表示风险资产的最优组合与一种无风险资产再组合的组合线。下列各项中属于资本市场线方程中的参数是（　　）。

Ⅰ. 市场组合的期望收益率　　Ⅱ. 无风险利率

Ⅲ. 市场组合的标准差　　Ⅳ. 风险资产之间的协方差

A. Ⅰ、Ⅱ、Ⅲ　　B. Ⅱ、Ⅲ、Ⅳ

C. Ⅰ、Ⅱ、Ⅳ　　D. Ⅰ、Ⅱ、Ⅲ、Ⅳ

53. 金融市场个体投资者出现的心理和行为偏差主要有（　　）。

Ⅰ. 处置效应　　Ⅱ. 羊群行为　　Ⅲ. 过度交易行为　Ⅳ. 本土偏差

A. Ⅰ、Ⅱ　　B. Ⅰ、Ⅱ、Ⅳ

C. Ⅱ、Ⅲ　　D. Ⅰ、Ⅱ、Ⅲ、Ⅳ

54. 投资者在判断与决策中出现认知偏差的原因主要有（　　）。

Ⅰ. 人性存在包括自私等弱点

Ⅱ. 人性存在包括趋利避害等弱点

Ⅲ. 投资者的认知中存在诸如有限的短时记忆容量等生理能力方面的限制

Ⅳ. 投资者的认知中存在诸如不能全面了解信息等生理能力方面的限制

A. Ⅰ、Ⅱ、Ⅲ　　B. Ⅰ、Ⅱ、Ⅳ

C. Ⅱ、Ⅲ、Ⅳ　　D. Ⅰ、Ⅱ、Ⅲ、Ⅳ

55. 回归分析是期货投资分析中重要的统计分析方法，而线性回归模型是回归分析的基础。线性回归模型的基本假设是（　　）。

Ⅰ. 被解释变量与解释变量之间具有线性关系

Ⅱ. 随机误差项服从正态分布

Ⅲ. 各个随机误差项的方差相同

Ⅳ. 各个随机误差项之间不相关

A. Ⅰ、Ⅱ、Ⅲ　B. Ⅰ、Ⅲ、Ⅳ

C. Ⅱ、Ⅲ、Ⅳ　D. Ⅰ、Ⅱ、Ⅲ、Ⅳ

56. 在用普通最小二乘法估计回归模型时，存在异方差问题将导致（　　）。

Ⅰ. 参数估计量非有效　Ⅱ. 变量的显著性检验无意义

Ⅲ. 模型的预测失效　Ⅳ. 参数估计量有偏

A. Ⅰ、Ⅱ、Ⅲ　B. Ⅰ、Ⅱ、Ⅳ　C. Ⅰ、Ⅲ、Ⅳ　D. Ⅱ、Ⅲ、Ⅳ

57. 根据误差修正模型，下列说法正确的是（　　）。

Ⅰ. 若变量之间存在长期均衡关系，则表明这些变量间存在着协整关系

Ⅱ. 建模时需要用数据的动态非均衡过程来逼近经济理论的长期均衡过程

Ⅲ. 变量之间的长期均衡关系是在短期波动过程中的不断调整下得以实现的

Ⅳ. 传统的经济模型通常表述的是变量之间的一种“长期均衡”关系

A. Ⅰ、Ⅱ、Ⅲ　B. Ⅰ、Ⅱ、Ⅳ　C. Ⅰ、Ⅲ、Ⅳ　D. Ⅱ、Ⅲ、Ⅳ

58. 下列关于相关系数 r 的说法正确的是（　　）。

Ⅰ. $|r|$ 越接近于 1，相关关系越强

Ⅱ. $r=0$ 表示两者之间没有关系

Ⅲ. 取值范围为 $-1\leqslant r\leqslant 1$

Ⅳ. $|r|$ 越接近于 0，相关关系越弱

A. Ⅰ、Ⅱ、Ⅲ　B. Ⅰ、Ⅱ、Ⅳ

C. Ⅰ、Ⅲ、Ⅳ　D. Ⅰ、Ⅱ、Ⅲ、Ⅳ

59. 白噪声过程需满足的条件有（　　）。

Ⅰ. 均值为 0　Ⅱ. 方差为不变的常数

Ⅲ. 序列不存在相关性　Ⅳ. 随机变量是连续型

A. Ⅰ、Ⅱ、Ⅲ　B. Ⅰ、Ⅱ、Ⅳ

C. Ⅰ、Ⅲ、Ⅳ　D. Ⅱ、Ⅲ、Ⅳ

60. 时间序列模型一般分为（　　）类型。

Ⅰ. 自回归过程　Ⅱ. 移动平均过程

Ⅲ. 自回归移动平均过程　Ⅳ. 单整自回归移动平均过程

A. Ⅰ、Ⅱ、Ⅲ　B. Ⅰ、Ⅱ、Ⅳ

C. Ⅰ、Ⅲ、Ⅳ　D. Ⅰ、Ⅱ、Ⅲ、Ⅳ

61. 下列关于区间预测说法正确的有（　　）。

Ⅰ. 样本容量 n 越大，预测精度越高

Ⅱ. 样本容量 n 越小，预测精度越高

Ⅲ. 置信区间的宽度在 x 均值处最小

Ⅳ. 预测点 x_0 离 x 均值越远精度越高

A. Ⅰ、Ⅲ　　B. Ⅰ、Ⅳ　　C. Ⅱ、Ⅲ　　D. Ⅱ、Ⅳ

62. 下列关于调整的 R^2 说法正确的是（　　）。

Ⅰ. 可剔除变量个数对拟合优度的影响

Ⅱ. R^2 的值永远小于 R^2

Ⅲ. 同时考虑了样本量与自变量的个数的影响

Ⅳ. 当 n 接近于 k 时，$\overline{R}^2$ 近似于 R^2

A. Ⅰ、Ⅲ　　B. Ⅱ、Ⅳ　　C. Ⅰ、Ⅱ、Ⅲ　　D. Ⅰ、Ⅲ、Ⅳ

63. 回归系数检验不显著的原因主要有（　　）。

Ⅰ. 变量之间的多重共线性　　Ⅱ. 变量之间的异方差性

Ⅲ. 模型变量选择的不当　　Ⅳ. 模型变量选择没有经济意义

A. Ⅰ、Ⅱ、Ⅲ　　B. Ⅰ、Ⅱ、Ⅳ

C. Ⅰ、Ⅲ、Ⅳ　　D. Ⅱ、Ⅲ、Ⅳ

64. 自相关检验方法有（　　）。

Ⅰ. DW 检验法　　Ⅱ. ADF 检验法　　Ⅲ. LM 检验法　　Ⅳ. 回归检验法

A. Ⅰ、Ⅱ、Ⅲ　　B. Ⅰ、Ⅱ、Ⅳ　　C. Ⅰ、Ⅲ、Ⅳ　　D. Ⅱ、Ⅲ、Ⅳ

65. 应用旗形时，要注意的问题包括（　　）。

Ⅰ. 旗形出现之前，一般应有一个旗杆

Ⅱ. 旗形持续的时间不能太长

Ⅲ. 旗形形成之前和被突破之后，成交量都很大

Ⅳ. 在旗形的形成过程中，成交量从左向右逐渐增加

A. Ⅰ、Ⅱ、Ⅲ　　B. Ⅰ、Ⅲ、Ⅳ

C. Ⅰ、Ⅱ、Ⅳ　　D. Ⅰ、Ⅱ、Ⅲ、Ⅳ

66. 人气型指标的类型包括（　　）。

Ⅰ. PSY　　Ⅱ. OBV　　Ⅲ. OBOS　　Ⅳ. ADL

A. Ⅰ、Ⅱ　　B. Ⅰ、Ⅲ　　C. Ⅱ、Ⅳ　　D. Ⅱ、Ⅲ

67. 有效边界 FT 上的切点证券组合 T 具有的重要特征包括（　　）。

Ⅰ. 当市场处于均衡状态时，最优风险证券组合 T 就等于市场组合

Ⅱ. 有效边界 FT 上的任意证券组合，即有效组合，均可视为无风险证券 F 与 T 的再组合

Ⅲ. T 是有效组合中唯一一个不含无风险证券而仅由风险证券构成的组合

Ⅳ. 切点证券组合 T 完全由市场确定，与投资者的偏好无关

A. Ⅰ、Ⅱ、Ⅲ　　B. Ⅰ、Ⅲ、Ⅳ　　C. Ⅰ、Ⅱ、Ⅳ　　D. Ⅱ、Ⅲ、Ⅳ

68. 对基金进行评价应当至少考虑的内容有（　　）。

Ⅰ. 基金投资决策系统及交易系统的有效性和一贯性

Ⅱ. 基金招募说明书和基金合同约定的投资方向、投资范围、投资方法和业

绩比较基准等

Ⅲ. 信息披露和风险控制能力

Ⅳ. 基金的风险收益特征

A. Ⅰ、Ⅱ、Ⅲ　　B. Ⅰ、Ⅲ、Ⅳ

C. Ⅰ、Ⅱ、Ⅳ　　D. Ⅰ、Ⅱ、Ⅲ、Ⅳ

69. 测量债券利率风险的方法中，久期所具有的性质包括（　　）。

Ⅰ. 多只债券的组合久期等于各债券久期的加权平均，其权数等于每只债券在组合中所占的比重

Ⅱ. 久期与到期收益率之间呈相反的关系，到期收益率越大，久期越小，但其边际作用效果也递减

Ⅲ. 债券的到期期限越长，久期也越长

Ⅳ. 久期与息票利率呈相反的关系，息票率越高，久期越短

A. Ⅰ、Ⅱ、Ⅲ　　B. Ⅰ、Ⅲ、Ⅳ

C. Ⅰ、Ⅱ、Ⅳ　　D. Ⅰ、Ⅱ、Ⅲ、Ⅳ

70. 套期保值之所以能够规避价格风险，是因为期货市场上存在（　　）的经济原理。

Ⅰ. 同品种的期货价格走势与现货价格走势一致

Ⅱ. 套期交易具有价格发现功能

Ⅲ. 随着期货合约到期日的临近，现货与期货价趋向一致

Ⅳ. 同损益同价格

A. Ⅰ、Ⅱ　　B. Ⅰ、Ⅲ　　C. Ⅱ、Ⅳ　　D. Ⅱ、Ⅲ

71. 证券研究报告主要包括涉及证券及证券相关产品的（　　）。

Ⅰ. 价值分析报告　　Ⅱ. 行业研究报告

Ⅲ. 可行性研究报告　　Ⅳ. 投资策略报告

A. Ⅰ、Ⅱ、Ⅲ　　B. Ⅰ、Ⅲ、Ⅳ

C. Ⅰ、Ⅱ、Ⅳ　　D. Ⅰ、Ⅱ、Ⅲ、Ⅳ

72. 证券公司探索形成的证券投资顾问业务流程主要（　　）环节。

Ⅰ. 服务提供　　Ⅱ. 形成服务产品

Ⅲ. 服务模式的选择和设计　　Ⅳ. 客户签约

A. Ⅰ、Ⅱ、Ⅲ　　B. Ⅰ、Ⅲ、Ⅳ

C. Ⅰ、Ⅱ、Ⅳ　　D. Ⅰ、Ⅱ、Ⅲ、Ⅳ

73. 权证根据权证行权所买卖的股票来源不同，可分为（　　）。

Ⅰ. 欧式权证　　Ⅱ. 美式权证　　Ⅲ. 股本权证　　Ⅳ. 备兑权证

A. Ⅰ、Ⅲ　　B. Ⅲ、Ⅳ　　C. Ⅰ、Ⅳ　　D. Ⅱ、Ⅳ

74. 资本资产定价模型的 β 系数的应用包括（　　）。

Ⅰ. 投资组合绩效评价　　Ⅱ. 证券的敏感性

Ⅲ. 风险控制　　Ⅳ. 证券的选择

A. Ⅰ、Ⅱ、Ⅲ　　B. Ⅰ、Ⅲ、Ⅳ

C. Ⅰ、Ⅱ、Ⅳ　　D. Ⅰ、Ⅱ、Ⅲ、Ⅳ

75. 产业作为经济学的专门术语，有严格的使用条件，产业的构成一般具有（　　）特点。

Ⅰ. 规模性　　Ⅱ. 职业化　　Ⅲ. 社会功能性　　Ⅳ. 单一性

A. Ⅰ、Ⅱ、Ⅲ　　B. Ⅰ、Ⅱ、Ⅳ　　C. Ⅱ、Ⅲ、Ⅳ　　D. Ⅰ、Ⅲ、Ⅳ

76. 债券投资的主要风险因素包括（　　）等。

Ⅰ. 违约风险　　Ⅱ. 信用风险　　Ⅲ. 流动性风险　　Ⅳ. 汇率风险

A. Ⅰ、Ⅱ、Ⅲ　　B. Ⅰ、Ⅲ、Ⅳ

C. Ⅰ、Ⅱ、Ⅳ　　D. Ⅰ、Ⅱ、Ⅲ、Ⅳ

77. 对于追求收益又厌恶风险的投资者而言，其无差异曲线的特点包括（　　）。

Ⅰ. 每个投资者的无差异曲线形成密布整个平面又互不相交的曲线簇

Ⅱ. 不同无差异曲线上的组合给投资者带来的满意程度不同

Ⅲ. 无差异曲线向上弯曲的程度大小反映投资者承受风险的能力强弱

Ⅳ. 不同投资者的无差异曲线簇可获得相同的最佳证券组合

A. Ⅰ、Ⅱ、Ⅲ　　B. Ⅰ、Ⅲ、Ⅳ

C. Ⅰ、Ⅱ、Ⅳ　　D. Ⅰ、Ⅱ、Ⅲ、Ⅳ

78. 通常可将自由现金流分为（　　）。

Ⅰ. 商业自由现金流

Ⅱ. 股东自由现金流

Ⅲ. 企业自由现金流

Ⅳ. 政府自由现金流

A. Ⅰ、Ⅲ　　B. Ⅲ、Ⅳ　　C、Ⅱ、Ⅳ　　D. Ⅱ、Ⅲ

79. 关于权利期间的叙述，正确的是（　　）。

Ⅰ. 权利期间是指期权剩余的有效时间，即期权成交日至期权到期日的时间

Ⅱ. 在其他条件不变的情况下，期权期间越长，期权价格越低

Ⅲ. 在期权的到期日，权利期间为零，时间价值也为零

Ⅳ. 通常，权利期间与时间价值存在同方向但非线性的影响

A. Ⅰ、Ⅱ、Ⅲ　　B. Ⅰ、Ⅲ、Ⅳ

C. Ⅰ、Ⅱ、Ⅳ　　D. Ⅰ、Ⅱ、Ⅲ、Ⅳ

80. 国内生产总值的表现形态包括（　　）。

Ⅰ. 价值形态　　Ⅱ. 产品形态　　Ⅲ. 收入形态　　Ⅳ. 支出形态

A. Ⅰ、Ⅱ、Ⅲ　　B. Ⅰ、Ⅲ、Ⅳ

C. Ⅰ、Ⅱ、Ⅳ　　D. Ⅰ、Ⅱ、Ⅲ、Ⅳ

81. 切点证券组合 T 的经济意义有（　　）。

Ⅰ. 所有投资者拥有完全相同的有效边界

Ⅱ. 每个投资者按照各自的偏好购买各种证券，其最终结果是每个投资者手中持有的全部风险证券所形成的风险证券组合在结构上恰好与切点证券组合 T 相同

Ⅲ. 所有有效组合都可视为无风险证券 F 与市场组合 M 的再组合

Ⅳ. 当市场处于均衡状态时，最优风险证券组合 T 就等于市场组合

A. Ⅰ、Ⅱ、Ⅲ　　B. Ⅰ、Ⅲ、Ⅳ

C. Ⅰ、Ⅱ、Ⅳ　　D. Ⅰ、Ⅱ、Ⅲ、Ⅳ

82. 我国现行货币统计制度将货币供应量划分为（　　）。

Ⅰ. 未流通现金　　Ⅱ. 流通中现金

Ⅲ. 狭义货币供应量　　Ⅳ. 广义货币供应量

A. Ⅰ、Ⅱ、Ⅲ　　B. Ⅰ、Ⅲ、Ⅳ　　C. Ⅰ、Ⅱ、Ⅳ　　D. Ⅱ、Ⅲ、Ⅳ

83. 公司盈利预测的假设内容主要包括（　　）。

Ⅰ. 销售收入预测　　Ⅱ. 行业未来增长率预测

Ⅲ. 生产成本预测　　Ⅳ. 管理和销售费用预测

A. Ⅰ、Ⅱ、Ⅲ　　B. Ⅰ、Ⅲ、Ⅳ

C. Ⅰ、Ⅱ、Ⅳ　　D. Ⅰ、Ⅱ、Ⅲ、Ⅳ

84. 税收具有（　　）的特征，它既是筹集财政收入的主要工具，又是调节宏观经济的重要手段。

Ⅰ. 强制性　　Ⅱ. 无偿性　　Ⅲ. 固定性　　Ⅳ. 随机性

A. Ⅰ、Ⅱ、Ⅲ　　B. Ⅰ、Ⅲ、Ⅳ

C. Ⅰ、Ⅱ、Ⅳ　　D. Ⅰ、Ⅱ、Ⅲ、Ⅳ

85. 实施积极财政政策对证券市场的影响有（　　）。

Ⅰ. 减少税收，降低税率，扩大减免税范围

Ⅱ. 扩大财政支出，加大财政赤字

Ⅲ. 减少国债发行

Ⅳ. 增加财政补贴

A. Ⅰ、Ⅱ、Ⅲ　　B. Ⅰ、Ⅲ、Ⅳ

C. Ⅰ、Ⅱ、Ⅳ　　D. Ⅰ、Ⅱ、Ⅲ、Ⅳ

86. 关于融资融券业务的风险，下列叙述正确的是（　　）。

Ⅰ. 融资融券业务对标的证券具有助涨助跌的作用

Ⅱ. 融资融券业务的推出使得证券交易更容易被操纵

Ⅲ. 融资融券业务可能会对金融体系的稳定性带来一定威胁

Ⅳ. 融资融券业务的推出可能会影响到监管的有效性

A. Ⅰ、Ⅱ、Ⅲ　　B. Ⅰ、Ⅲ、Ⅳ

C. Ⅰ、Ⅱ、Ⅳ　　D. Ⅰ、Ⅱ、Ⅲ、Ⅳ

87. 道·琼斯分类法将大多数股票分为（　　）。

Ⅰ. 运输业　　Ⅱ. 农业　　Ⅲ. 公用事业　　Ⅳ. 工业

A. Ⅰ、Ⅱ、Ⅲ　　B. Ⅰ、Ⅲ、Ⅳ

C. Ⅰ、Ⅱ、Ⅳ　　D. Ⅰ、Ⅱ、Ⅲ、Ⅳ

88. 简单估计法主要是利用历史数据进行估计，主要包括（　　）。

Ⅰ. 算术平均数法　Ⅱ. 中间数法　　Ⅲ. 趋势调整法　　Ⅳ. 回归调整法

A. Ⅰ、Ⅱ、Ⅲ　　B. Ⅰ、Ⅲ、Ⅳ

C. Ⅰ、Ⅱ、Ⅳ　　D. Ⅰ、Ⅱ、Ⅲ、Ⅳ

89. 行业的市场结构形式包括（　　）。

Ⅰ. 完全竞争　　Ⅱ. 垄断竞争　　Ⅲ. 寡头垄断　　Ⅳ. 完全垄断

A. Ⅰ、Ⅱ、Ⅲ　　B. Ⅰ、Ⅲ、Ⅳ

C. Ⅰ、Ⅱ、Ⅳ　　D. Ⅰ、Ⅱ、Ⅲ、Ⅳ

90. 一个行业内存在的基本竞争力量包括（　　）。

Ⅰ. 供方　　Ⅱ. 潜在入侵者　　Ⅲ. 需方　　Ⅳ. 替代产品

A. Ⅰ、Ⅱ、Ⅲ　　B. Ⅰ、Ⅲ、Ⅳ

C. Ⅰ、Ⅱ、Ⅳ　　D. Ⅰ、Ⅱ、Ⅲ、Ⅳ

91. 产业政策是国家干预或参与经济的一种形式，是国家（政府）系统设计的有关产业发展的政策目标和政策措施的总和。一般认为，产业政策可以包括（　　）。

Ⅰ. 产业方针政策　　Ⅱ. 产业结构政策

Ⅲ. 产业布局政策　　Ⅳ. 产业组织政策

A. Ⅰ、Ⅱ、Ⅲ　　B. Ⅰ、Ⅲ、Ⅳ　　C. Ⅰ、Ⅱ、Ⅳ　　D. Ⅱ、Ⅲ、Ⅳ

92. 从信息发布主体和发布渠道来看，证券市场上各种信息的来源主要有（　　）。

Ⅰ. 政府部门　　Ⅱ. 证券交易所

Ⅲ. 中国证券业协会　　Ⅳ. 证券登记结算公司

A. Ⅰ、Ⅱ、Ⅲ　　B. Ⅰ、Ⅲ、Ⅳ

C. Ⅰ、Ⅱ、Ⅳ　　D. Ⅰ、Ⅱ、Ⅲ、Ⅳ

93. 对波浪理论有重大贡献的人包括（　　）。

Ⅰ. 柯林斯　　Ⅱ. 威廉　　Ⅲ. 艾略特　　Ⅳ. 马柯威茨

A. Ⅰ、Ⅱ　　B. Ⅰ、Ⅲ　　C. Ⅱ、Ⅳ　　D. Ⅲ、Ⅳ

94. 股票价格走势的压力线是（　　）。

Ⅰ. 阻止股价上升的一条线　　Ⅱ. 一条直线

Ⅲ. 一条曲线　　Ⅳ. 只出现在上升行情中

A. Ⅰ、Ⅱ　　B. Ⅰ、Ⅲ　　C. Ⅱ、Ⅳ　　D. Ⅲ、Ⅳ

95. 下列关于技术分析中的缺口理论的说法，正确的是（　　）。

Ⅰ. 突破缺口被确认后，投资者应当立即作出买入或卖出指令，不应当顾虑价位（指数）的升跌

Ⅱ. 普通缺口一般短期内回补

Ⅲ. 突破缺口一般短期内回补

Ⅳ. 持续性缺口相对于消耗性缺口伴随较大的成交量

A. Ⅰ、Ⅱ　　B. Ⅰ、Ⅲ　　C. Ⅱ、Ⅳ　　D. Ⅲ、Ⅳ

96. 下列属于反转突破形态的是（　　）。

Ⅰ. 楔形　　Ⅱ. 头肩形

Ⅲ. 喇叭形　　Ⅳ. 三重顶（底）形

A. Ⅰ、Ⅱ、Ⅲ　　B. Ⅰ、Ⅲ、Ⅳ　　C. Ⅰ、Ⅱ、Ⅳ　　D. Ⅱ、Ⅲ、Ⅳ

97. 波浪理论考虑的因素主要有（　　）。

Ⅰ. 股价走势所形成的形态

Ⅱ. 股价走势图中各个高点和低点所处的相对位置

Ⅲ. 波浪的大小

Ⅳ. 完成某个形态所经历的时间长短

A. Ⅰ、Ⅱ、Ⅲ　　B. Ⅰ、Ⅲ、Ⅳ　　C. Ⅰ、Ⅱ、Ⅳ　　D. Ⅱ、Ⅲ、Ⅳ

98. 道氏理论认为市场的波动表现为几种趋势，它们是（　　）。

Ⅰ. 主要趋势　　Ⅱ. 次要趋势　　Ⅲ. 上涨趋势　　Ⅳ. 短暂趋势

A. Ⅰ、Ⅱ、Ⅲ　　B. Ⅰ、Ⅲ、Ⅳ　　C. Ⅰ、Ⅱ、Ⅳ　　D. Ⅱ、Ⅲ、Ⅳ

99. 根据各个算法交易中算法的主动程度不同，可以把不同算法交易分为（　　）。

Ⅰ. 自动型算法交易　　Ⅱ. 被动型算法交易

Ⅲ. 主动型算法交易　　Ⅳ. 综合型算法交易

A. Ⅱ、Ⅲ、Ⅳ　　B. Ⅰ、Ⅱ、Ⅲ

C. Ⅰ、Ⅱ、Ⅳ　　D. Ⅰ、Ⅱ、Ⅲ、Ⅳ

100. 在量化投资分析中，可以借鉴人工智能的技术包括（　　）。

Ⅰ. 专家系统　　Ⅱ. 机器学习　　Ⅲ. 神经网络　　Ⅳ. 遗传算法

A. Ⅰ、Ⅲ　　B. Ⅰ、Ⅱ、Ⅲ

C. Ⅱ、Ⅳ　　D. Ⅰ、Ⅱ、Ⅲ、Ⅳ

101. 以下指标，宜对固定资产更新变化较快的公司进行估值的是（　　）。

Ⅰ. 市盈率

Ⅱ. 市净率

Ⅲ. 经济增加值与利息折旧摊销前收入比

Ⅳ. 股价/销售额比率

A. Ⅰ、Ⅲ　　B. Ⅰ、Ⅱ、Ⅲ

C. Ⅰ、Ⅱ、Ⅳ　　D. Ⅰ、Ⅱ、Ⅲ、Ⅳ

102. 下列说法正确的有（　　）。

Ⅰ. 如果股票内部收益率小于必要收益率，则可购买该股票

Ⅱ. 运用现金流贴现模型估值时，投资者必须预测所有未来时期支付的股息

Ⅲ. 内部收益率是指使得投资净现值等于零的贴现率

Ⅳ. 内部收益率实际上就是股息率

A. Ⅰ、Ⅲ　　B. Ⅰ、Ⅳ　　C. Ⅱ、Ⅲ　　D. Ⅰ、Ⅲ、Ⅳ

103. 关于二元可变增长模型，下列说法正确的有（　　）。

Ⅰ. 相对于零增长和不变增长模型而言，二元增长模型更为接近实际情况

Ⅱ. 当两个阶段的股息增长率都相等时，二元增长模型应是零增长模型

Ⅲ. 多元增长模型建立的原理、方法和应用方式与二元模型类似

Ⅳ. 当两个阶段的股息增长率都为零时，二元增长模型应是零增长模型

A. Ⅰ、Ⅱ、Ⅲ　　B. Ⅰ、Ⅲ、Ⅳ

C. Ⅱ、Ⅲ、Ⅳ　　D. Ⅰ、Ⅱ、Ⅲ、Ⅳ

104. 下列关于盈利的说法正确的是（　　）。

Ⅰ. 一般情况下，预期公司盈利增加，可分配的股利也会相应增加，股票市场价格上涨

Ⅱ. 公司的盈利水平是影响股票投资价值的基本因素之一

Ⅲ. 一般情况下，预期公司盈利减少，可分配的股利相应减少，股票市场价格下降

Ⅳ. 股票价格的涨跌和公司盈利的变化不完全同时发生

A. Ⅰ、Ⅲ　　B. Ⅱ、Ⅳ

C. Ⅰ、Ⅱ、Ⅲ　　D. Ⅰ、Ⅱ、Ⅲ、Ⅳ

105. 以下（　　）情况说明股票价格被低估，因此购买这种股票可行。

Ⅰ. $NPV<0$

Ⅱ. $NPV>0$

Ⅲ. 内部收益率 k^* >具有同等风险水平股票的必要收益率后

Ⅳ. 内部收益率 k^* <具有同等风险水平股票的必要收益率后

A. Ⅰ、Ⅲ　　B. Ⅰ、Ⅳ　　C. Ⅱ、Ⅲ　　D. Ⅱ、Ⅳ

106. 关于市场归类决定法说法正确的是（　　）。

Ⅰ. 使用历史数据估计市盈率

Ⅱ. 需要有效市场的假定

Ⅲ. 市盈率的估计，需要选取风险结构类似的公司

Ⅳ. 使用回归分析法

A. Ⅰ、Ⅱ　　B. Ⅱ、Ⅲ　　C. Ⅲ、Ⅳ　　D. Ⅰ、Ⅱ、Ⅳ

107. 美国学者 Whitebeck 和 Kisor 用多重回归分析法发现在 1962 年 6 月 8 日的美国股票市场中的规律，建立市盈率与（　　）的关系。

Ⅰ. 收益增长率　　Ⅱ. 股息支付率

Ⅲ. 市场利率　　Ⅳ. 增长率标准差

A. Ⅰ、Ⅱ　　B. Ⅰ、Ⅲ　　C. Ⅰ、Ⅱ、Ⅲ　　D. Ⅰ、Ⅱ、Ⅳ

108. 当期收益率的缺点表现为（　　）。

Ⅰ. 零息债券无法计算当期收益

Ⅱ. 不能用于比较期限和发行人均较为接近的债券

Ⅲ. 一般不单独用于评价不同期限附息债券的优劣

Ⅳ. 计算方法较为复杂

A. Ⅰ、Ⅳ　　B. Ⅰ、Ⅲ　　C. Ⅱ、Ⅳ　　D. Ⅱ、Ⅲ、Ⅳ

109. 关于债券的即期利率，下列说法正确的有（　　）。

Ⅰ. 即期利率也称为零利率

Ⅱ. 即期利率是零息票债券到期收益率

Ⅲ. 即期利率是用来进行现金流贴现的贴现率

Ⅳ. 根据已知的债券价格，能够计算出即期利率

A. Ⅰ、Ⅱ、Ⅳ　　B. Ⅰ、Ⅲ、Ⅳ

C. Ⅱ、Ⅲ、Ⅳ　　D. Ⅰ、Ⅱ、Ⅲ、Ⅳ

110. （　　）是指买人现货国债并卖出相当于转换因子数量的期货合约。

Ⅰ. 买入基差　　Ⅱ. 卖出基差　　Ⅲ. 基差的多头　　Ⅳ. 基差的空头

A. Ⅰ、Ⅲ　　B. Ⅰ、Ⅳ　　C. Ⅱ、Ⅲ　　D. Ⅱ、Ⅳ

111. 利用国债期货进行风险管理时，确定利率期货套期保值比率比较典型的方法有（　　）。

Ⅰ. 数值分析法　　Ⅱ. 二叉树法　　Ⅲ. 基点价值法　　Ⅳ. 修正久期法

A. Ⅰ、Ⅱ、Ⅳ　　B. Ⅱ、Ⅳ　　C. Ⅰ、Ⅱ　　D. Ⅲ、Ⅳ

112. 下列关于国债期货的说法，正确的有（　　）。

Ⅰ. 以主权国家发行的国债为期货合约标的

Ⅱ. 全球交易活跃的国债期货品种主要是中长期国债期货

Ⅲ. 全球交易活跃的国债期货品种主要是短期国债期货

Ⅳ. 中长期国债期货一般采用实物交割

A. Ⅰ、Ⅱ　　B. Ⅰ、Ⅱ、Ⅳ　　C. Ⅱ、Ⅳ　　D. Ⅰ、Ⅲ、Ⅳ

113. 我国财政收入一般包括（　　）。

Ⅰ. 征收排污费收入　　Ⅱ. 捐赠收入

Ⅲ. 各项税收　　Ⅳ. 国有企业计划亏损补贴

A. Ⅰ、Ⅱ、Ⅲ　　B. Ⅰ、Ⅱ、Ⅳ

C. Ⅱ、Ⅲ、Ⅳ　　D. Ⅰ、Ⅱ、Ⅲ、Ⅳ

114. 以下关于卖出看跌期权的说法，正确的有（　　）。

Ⅰ. 如果预期标的物价格上涨，可卖出看跌期权

Ⅱ. 卖出看跌期权比卖出标的期货可获得更高的收益

Ⅲ. 如果现货持仓者担心价格下跌，可卖出看跌期权对冲风险

Ⅳ. 如果对手行权，看跌期权卖方可对冲持有的标的物空头头寸

A. Ⅰ、Ⅱ　　B. Ⅰ、Ⅳ　　C. Ⅱ、Ⅲ　　D. Ⅲ、Ⅳ

115. 标的物的市场价格（　　）对卖出看涨期权者有利。

Ⅰ. 波动幅度变小　Ⅱ. 下跌　　Ⅲ. 波动幅度变大　Ⅳ. 上涨

A. Ⅰ、Ⅱ　　B. Ⅰ、Ⅳ　　C. Ⅱ、Ⅲ　　D. Ⅲ、Ⅳ

116. 关于卖出看涨期权的目的，以下说法正确的是（　　）。

Ⅰ. 为获得权利金价差收益　　Ⅱ. 为赚取权利金

Ⅲ. 有限锁定期货利润　　Ⅳ. 为限制交易风险

A. Ⅰ、Ⅱ　　B. Ⅰ、Ⅲ　　C. Ⅱ、Ⅲ　　D. Ⅲ、Ⅳ

117. 为避免现货价格上涨的风险，交易者可进行的操作有（　　）。

Ⅰ. 买人看涨期货期权　　Ⅱ. 买入看跌期货期权

Ⅲ. 买进看涨期货合约　　Ⅳ. 卖出看涨期货期权

A. Ⅰ、Ⅲ　　B. Ⅰ、Ⅳ　　C. Ⅱ、Ⅲ　　D. Ⅱ、Ⅳ

118. 公司产品分析的内容包括（　　）。

Ⅰ. 公司经营战略　　Ⅱ. 公司产品的品牌战略

Ⅲ. 公司产品的市场占有情况　　Ⅳ. 公司产品的竞争能力

A. Ⅰ、Ⅱ　　B. Ⅱ、Ⅲ、Ⅳ　　C. Ⅰ、Ⅳ　　D. Ⅰ、Ⅱ、Ⅳ

119. 对上市公司所处经济区位内的自然条件与基础条件分析，有利于（　　）。

Ⅰ. 分析该上市公司的发展前景

Ⅱ. 判断上市公司的发展是否会受到当前的自然条件和基础条件制约

Ⅲ. 判断上市公司的主营业务是否符合当地政府的产业政策

Ⅳ. 分析该上市公司的财务状况

A. Ⅰ、Ⅱ　　B. Ⅰ、Ⅲ　　C. Ⅱ、Ⅲ　　D. Ⅲ、Ⅳ

120. 公司调研的主要内容包括（　　）。

Ⅰ. 公司生产经营情况　　Ⅱ. 公司财务与会计信息

Ⅲ. 公司发展战略　　Ⅳ. 公司募集资金投向及使用情况

A. Ⅰ、Ⅱ、Ⅳ　　B. Ⅰ、Ⅲ、Ⅳ

C. Ⅱ、Ⅲ、Ⅳ　　D. Ⅰ、Ⅱ、Ⅲ、Ⅳ

实战模拟试卷二参考答案

一、单项选择题

1. D	2. B	3. C	4. B	5. D
6. B	7. D	8. A	9. D	10. A
11. A	12. C	13. D	14. B	15. D
16. B	17. B	18. A	19. C	20. B
21. B	22. D	23. C	24. B	25. D
26. A	27. A	28. B	29. A	30. C
31. C	32. C	33. C	34. B	35. D
36. B	37. C	38. A	39. B	40. D

二、组合型选择题

41. D	42. B	43. D	44. C	45. A
46. C	47. D	48. B	49. D	50. D
51. C	52. A	53. D	54. D	55. D
56. A	57. D	58. C	59. A	60. D
61. A	62. C	63. C	64. C	65. A
66. A	67. D	68. C	69. D	70. B
71. C	72. D	73. B	74. B	75. A
76. D	77. A	78. D	79. B	80. A
81. C	82. D	83. B	84. A	85. D
86. A	87. B	88. D	89. D	90. D
91. D	92. D	93. B	94. A	95. A
96. D	97. C	98. C	99. A	100. D
101. C	102. C	103. B	104. D	105. C

106. B	107. D	108. B	109. D	110. A
111. D	112. B	113. D	114. B	115. A
116. A	117. A	118. B	119. A	120. D